中山大学港澳珠江三角洲研究中心
中山大学粤港澳发展研究院

# 粤港澳大湾区发展研究报告

(2019—2020)

## YUEGANGAO DAWANQU
### FAZHAN YANJIU BAOGAO

(2019—2020)

符正平 何俊志 黎熙元 主编

·广州·

版权所有　翻印必究

**图书在版编目（CIP）数据**

粤港澳大湾区发展研究报告（2019—2020）/符正平，何俊志，黎熙元主编．—广州：中山大学出版社，2021.1
ISBN 978-7-306-07072-2

Ⅰ．①粤… Ⅱ．①符… ②何… ③黎… Ⅲ．①城市群—区域经济发展—研究报告—广东、香港、澳门—2019—2020　Ⅳ．①F127.6

中国版本图书馆 CIP 数据核字（2020）第 228924 号

**粤港澳大湾区发展研究报告（2019—2020）**
YUEGANGAO DAWANQU FAZHAN YANJIU BAOGAO（2019—2020）

| | |
|---|---|
| 出 版 人： | 王天琪 |
| 策划编辑： | 曾育林 |
| 责任编辑： | 曾育林 |
| 封面设计： | 曾　斌 |
| 责任校对： | 周昌华 |
| 责任技编： | 何雅涛 |
| 出版发行： | 中山大学出版社 |
| 电　　话： | 编辑部 020 - 84110776，84111996，84111997，84110779 |
| | 发行部 020 - 84111998，84111981，84111160 |
| 地　　址： | 广州市新港西路 135 号 |
| 邮　　编： | 510275　传　真：020 - 84036565 |
| 网　　址： | http://www.zsup.com.cn　E-mail：zdcbs@mail.sysu.edu.cn |
| 印 刷 者： | 佛山市浩文彩色印刷有限公司 |
| 规　　格： | 787mm×1092mm　1/16　31 印张　550 千字 |
| 版次印次： | 2021 年 1 月第 1 版　2021 年 1 月第 1 次印刷 |
| 定　　价： | 128.00 元 |

如发现本书因印装质量影响阅读，请与出版社发行部联系调换

# 序言：推进粤港澳大湾区研究的深度发展

自中共中央发布《粤港澳大湾区发展规划纲要》以来，随着粤港澳大湾区规划纲要的逐步落实，相关的研究成果也不断涌现。除了相关的学术论文和专著，粤港澳三地的一些机构也陆续发布了一系列报告。目前，可以公开查阅到的综合性报告包括：中山大学粤港澳发展研究院（港澳珠江三角洲研究中心）推出的《粤港澳大湾区发展报告（2018）》、毕马威中国联合汇丰和香港总商会共同主编的《粤港澳大湾区深度研究报告》、澳门科技大学社会和文化研究所主编的《粤港澳大湾区发展报告（2018—2019）》等。与此平行的是，一些机构还围绕着某些重要的专题而组织了专题性报告，例如《粤港澳大湾区可持续发展指数报告》《粤港澳大湾区高质量发展报告》《粤港澳大湾区协同创新发展报告》《2020粤港澳数字大湾区融合创新发展报告》等。另外，一些地区性智库还立足于本地情况而提出了专门的对策性报告，例如，香港汇贤智库提出的《粤港澳大湾区发展建议书》和以广州为基础而提出的《粤港澳大湾区建设与广州发展报告》等。值得一提的是，广东省社会科学院组织编写的《粤港澳大湾区建设报告》蓝皮书，已经出版了年度系列报告。可以预知的是，随着大湾区建设步伐的推进，我们还将看到更为多元的研究大湾区发展的各种报告出炉。

在多元化和多层次的研究报告已经形成基本格局的背景下，我们之所以要推出一套新的《粤港澳大湾区发展研究报告》，主要基于如下考虑：

一是推动理论研究与政策研究的深度融合。中山大学港澳珠江三角洲研究中心作为教育部人文社会科学百所重点基地之一，长期专门承担着本领域的教学和科研工作，有一支专门研究粤港澳合作的教学和科研工作队伍。2015年以来，以港澳珠江三角洲研究中心为基础而组建的粤港澳发展研究院，更多地承担了政策研究的任务。虽然我们一直努力联系校内外的学术力量共同研究相关问题并推动二者之间的融合，但是由于理论研究和政策研究发表渠道的差异，一些理论研究成果没能直接转化为政策性成果，一些政策性研究成果也没能有效结合理论性探索。在本书中，我们力图将一些同时承担过两种研究的学者组织到同一个平台，以探索两种研究的转换路径并进行相应的对话。尽管并不是每一篇报告都同时具有两种要素，但是从成果中可以看出，我们的作者都力图实现：在政策性研究中提供必要的理论基础，在理论性研究中导出政策性建议。

二是扩大时空视角的范围。在纵向视角方面，为了更为清楚地了解各个领域的发展状况，我们的研究成果都超出了单个年度范围，一部分作品是在梳理粤港澳发展前期合作的基础上来思考大湾区建设过程中相关专题的变化脉络。在横向视角方面，相关研究不仅仅聚焦于粤港澳大湾区的内部发展问题，还涉及国际比较、国际合作、陆海联系，以及大湾区与国内其他区域的合作与发展框架。与此同时，一些报告还明确基于国内外环境的新变化而提出一些大湾区研究中的新议题。

三是倡导多学科的合作研究。整体而言，我们的作者群来自经济学、地理学、社会学、法学和旅游学等多个学科，甚至一些单篇报告也是多学科的学者合作的成果。这种布局不但有利于我们综合性地揭示大湾区发展过程中的各种面相，同时也展现了不同的学科在理论、方法和关注点方面的差异。在一定意义上，大湾区内外的合作，也体现为多学科和多机构的研究人员之间的合作。

感谢中山大学出版社支持我们的这项工作。我们希望通过上述努力继续推进粤港澳大湾区研究的深度发展。当然，我们的研究成果也存在不少局限甚至错漏之处，诚望读者批评指正。

何俊志
中山大学粤港澳发展研究院常务副院长
兼中山大学港澳珠江三角洲研究中心主任
2020 年 9 月 10 日

# 目 录

## 第一编 建设粤港澳大湾区国际科技创新中心

**第一章 发展基于科学的产业，提升基础研究能力**
　　　　——粤港澳大湾区建设国际科创中心的必由之路
　　　　…………………………………………… 符正平　王　曦 / 3
　一、粤港澳大湾区在我国科技发展中的使命与责任 …………… 4
　二、基于科学的产业：先进湾区发展的必由之路 ……………… 5
　三、打造粤港澳大湾区科学产业的建议 ………………………… 9
　四、着重发展基于科学的产业是粤港澳大湾区发展的繁荣之道 …… 21
　五、总结 …………………………………………………………… 25

**第二章 深港澳科技创新、科技金融与知识产权合作现状与建议**
　　　　………………………………………… 彭　曦　程钰舒 / 27
　一、创新科技合作 ………………………………………………… 27
　二、科技金融合作 ………………………………………………… 30
　三、知识产权法律合作 …………………………………………… 32
　四、政策建议 ……………………………………………………… 36

## 第二编 基础设施互联互通与空间布局

**第三章 粤港澳大湾区空间发展新态势** ………………… 李立勋 / 43
　一、空间连接显著强化 …………………………………………… 43
　二、空间合作分层推进 …………………………………………… 48
　三、空间开发模式转型 …………………………………………… 55

四、空间扩散效应显现 …………………………………………………… 63
　　五、结语 …………………………………………………………………… 67
第四章　国际三大湾区发展模式对粤港澳大湾区建设的启示
　　……………………………………………………………… 郑　蕴 / 70
　　一、国际三大湾区发展经验 ……………………………………………… 70
　　二、国际三大湾区发展经验要点 ………………………………………… 79
　　三、粤港澳大湾区与国际三大湾区的对比分析 ………………………… 80
　　四、启示与小结 …………………………………………………………… 83

# 第三编　产业体系建设

第五章　粤港澳大湾区产业协同分工布局机制与路径 ………… 彭　曦 / 87
　　一、产业协同分工布局理论背景 ………………………………………… 87
　　二、产业分工布局现状与问题 …………………………………………… 89
　　三、粤港澳产业协同分工机制设计 ……………………………………… 94
　　四、粤港澳产业协同分工发展路径 ……………………………………… 96
　　五、结论与建议 …………………………………………………………… 98
第六章　粤港澳大湾区海洋经济发展战略研究 …… 袁持平　陈　静 / 102
　　一、建设国际一流湾区和世界级城市群的海洋发展战略 …………… 103
　　二、建设国际海洋科技创新中心的海洋发展战略 …………………… 105
　　三、建设"一带一路"重要支撑区的海洋发展战略 ………………… 108
　　四、建设内地与港澳深度合作示范区的海洋发展战略 ……………… 110
　　五、建设宜居宜业宜游的优质生活圈的海洋发展战略 ……………… 111
第七章　粤港澳大湾区邮轮产业发展研究 ………… 罗悦铭　符正平 / 115
　　一、我国邮轮产业发展形势 …………………………………………… 116
　　二、粤港澳大湾区邮轮产业发展历程 ………………………………… 119
　　三、粤港澳大湾区邮轮产业发展现状 ………………………………… 122
　　四、粤港澳大湾区邮轮母港竞合分析 ………………………………… 130
　　五、粤港澳大湾区邮轮产业发展存在的问题 ………………………… 142
　　六、粤港澳大湾区邮轮产业发展对策建议 …………………………… 143

# 第四编　生态文明建设

**第八章　粤港澳大湾区生态环境保护协同机制的优化构建**
　　……………………………… 古小东　夏　斌　夏家馨 / 149
　一、粤港澳大湾区生态环境协同保护现状分析……………… 150
　二、粤港澳大湾区生态环境保护协同机制评析……………… 155
　三、粤港澳大湾区生态环境保护协同机制的优化构建……… 160
　四、结论……………………………………………………… 169

# 第五编　建设优质生活圈

**第九章　深化粤港澳三地旅游合作，推进粤港澳大湾区建设世界级**
**　　　　旅游目的地**　……………… 孙九霞　王学基　罗婧瑶 / 173
　一、粤港澳大湾区深化旅游合作，建设世界级旅游目的地的基础
　　　……………………………………………………………… 173
　二、粤港澳大湾区旅游融合发展的难点与问题……………… 176
　三、深化旅游合作以促进粤港澳交流融合…………………… 179
　四、建设粤港澳大湾区世界级旅游目的地的政策建议……… 181

**第十章　探索建设粤港澳大湾区社会服务创新试验区**
　　………………………………………… 岳经纶　陈泳欣 / 186
　一、粤港澳大湾区发展社会服务的优势……………………… 187
　二、粤港澳大湾区发展社会服务的现实障碍………………… 190
　三、对策建议：探索建设粤港澳大湾区社会服务创新试验区… 193
　四、未来展望：构建与经济发展相协调的湾区社会服务共同体… 196

**第十一章　2019粤港澳大湾区高校师生跨境流动报告：现状、困境与**
**　　　　　对策**　………………………………… 许长青　周丽萍 / 198
　一、问题缘起………………………………………………… 198
　二、现状与诉求……………………………………………… 199
　三、问题与困境……………………………………………… 206

四、影响因素 ·················································································· 210
　　五、政策建议 ·················································································· 216
　　六、结语 ························································································· 219
第十二章　粤港澳大湾区跨境创业：问题与对策
　　　　　　——以珠海横琴建设香港青年创业基地为例
　　　　　　　　　　　　　　　　　　　　　　　 廖唐勇　张光南 / 221
　　一、香港青年跨境创业现状 ······························································ 222
　　二、香港青年跨境创业存在的问题 ···················································· 223
　　三、创业基地建设：全球经验与中国实践 ········································· 225
　　四、香港青年跨境创业基地建设原则：以珠海横琴为例 ··················· 228
　　五、香港青年跨境创业（横琴）基地建设：政策建议 ······················· 230
第十三章　港澳青创扶持政策的实施进程、实践样本及推进建议
　　　　　　　　　　　　　　　　　　　　　　　　　　　 方木欢 / 235
　　一、大湾区港澳青创扶持政策的实施现状 ········································· 236
　　二、大湾区推进港澳青创的样本经验 ················································ 241
　　三、港澳青创扶持政策面临的问题及改进完善 ·································· 249

# 第六编　粤港澳大湾区市场一体化

第十四章　粤港澳大湾区人员、货物通关便利化问题研究
　　　　　　　　　　　　　　　　　　　　　　　 符正平　汪　洋 / 257
　　一、粤港澳大湾区通关便利化研究背景 ············································· 257
　　二、粤港澳大湾区通关便利化现状研究 ············································· 258
　　三、粤港澳大湾区通关便利化存在的问题 ········································· 261
　　四、欧盟通关便利化政策研究与借鉴 ················································ 272
　　五、粤港澳大湾区人员与货物通关便利化改善建议 ·························· 276
第十五章　粤港澳大湾区法律服务业发展研究 ················· 伍俐斌 / 283
　　一、粤港澳大湾区法律服务业现状 ···················································· 284
　　二、粤港澳大湾区法律服务业面临的主要问题 ·································· 294
　　三、促进粤港澳大湾区法律服务业发展的建议 ·································· 302

第十六章　探索粤港澳三地"最大公约数"与形成更加紧密的经贸
　　　　　合作研究 ················· 史欣向 / 311
　　一、探索粤港澳3个关税区"最大公约数"的重大意义 ········· 311
　　二、粤港澳3个关税区经贸合作基本情况 ················· 312
　　三、粤港澳3个单独关税区在合作互通方面面临的主要问题 ······· 318
　　四、支持和促进三地关税制度连接通道建设新举措 ············ 322
第十七章　中美贸易摩擦对粤港澳大湾区的影响及应对
　　　　　············ 王　珏　符正平　汪　洋　肖　曦　马咏琪 / 327
　　一、中美贸易摩擦回顾 ··························· 327
　　二、中美贸易摩擦的影响 ························· 331
　　三、中美贸易摩擦对粤港澳大湾区的影响及应对 ············ 344
　　四、粤港澳大湾区应对中美贸易战的建议 ················ 357

# 第七编　粤港澳大湾区社会协同指数研究

第十八章　粤港澳大湾区社会协同指数的构建方法 ······ 黎熙元等 / 363
　　一、引言 ································· 366
　　二、文献回顾：从经济合作、政策协同到社会融合 ············ 367
　　三、研究方法和指标框架 ························· 388
第十九章　粤港澳大湾区社会融合指数研究 ··········· 黎熙元等 / 393
　　一、粤港澳大湾区社会融合研究 ····················· 393
　　二、粤港澳大湾区社会融合指标与数据 ················· 395
　　三、港澳居民湾区社会融入心态 ····················· 397
　　四、大湾区内地居民包容港澳程度与大湾区社会融合指数 ······· 402
第二十章　粤港澳大湾区政策协同指数研究 ··········· 黎熙元等 / 413
　　一、粤港澳大湾区政策协同研究回顾 ··················· 413
　　二、粤港澳大湾区政策协同指标体系与数据 ··············· 419
　　三、粤港澳大湾区政策协同指数 ····················· 419
第二十一章　粤港澳大湾区经济协同指数研究 ········· 黎熙元等 / 444
　　一、粤港澳大湾区经济发展现状 ····················· 444

二、粤港澳大湾区经济协同指标体系与数据…………………………… 452
三、粤港澳大湾区经济协同指数…………………………………………… 456
四、香港与内地经济协同数据……………………………………………… 461

第二十二章　粤港澳大湾区综合社会协同指数 ………… 黎熙元等 / 468
　一、群体分化与港澳居民融入大湾区心态………………………………… 468
　二、社会融合：大湾区西部基础良好，可进一步发挥优势……………… 470
　三、政策协同：穗深表现良好，教育政策推进积极……………………… 471
　四、经济协同：金融合作走强，实体产业合作趋弱……………………… 472
　五、粤港澳大湾区综合社会协同指数……………………………………… 474
　六、讨论：共同市场、区域整合与社会协同……………………………… 475

# 第一编

## 建设粤港澳大湾区国际科技创新中心

# 第一章 发展基于科学的产业，提升基础研究能力
## ——粤港澳大湾区建设国际科创中心的必由之路

符正平 王 曦[①]

2019年2月18日，在全国两会即将召开之际，党中央、国务院适时地发布了《粤港澳大湾区发展规划纲要》（以下简称《规划纲要》），描绘出一幅广阔的发展蓝图。《规划纲要》坚持新发展理念，充分认识和利用"一国两制"制度优势、港澳独特优势和广东改革开放先行先试优势，探索出一条大型城市群合作发展之路。《规划纲要》提出要将粤港澳大湾区打造成充满活力的世界级城市群和具有全球影响力的国际科技创新中心，"瞄准世界科技和产业发展前沿，大力发展新技术、新产业、新业态、新模式"。当前摆在我们面前的问题是，如何实现科学技术在湾区发展中的作用，在借鉴世界先进湾区发展经验的基础上，走出粤港澳大湾区自己的路子，快速、扎实、高效地推动大湾区成为世界先进的国际科技创新中心。本着科学发展及产业发展的基本规律，本文试图从一类特别的产业（即"基于科学的产业"）的发展规律出发，给出粤港澳大湾区进军世界科技型大湾区的相关建议。

---

[①] 符正平，中山大学粤港澳发展研究院副院长、中山大学自贸区综合研究院院长、管理学院教授；王曦，南华大学经济管理与法学学院讲师、管理学博士。

# 一、粤港澳大湾区在我国科技发展中的使命与责任

粤港澳大湾区指的是广州、佛山、肇庆、深圳、东莞、珠海、江门、中山、惠州广东省9个城市与香港、澳门2个特别行政区一同组建的大型城市群（即"9+2"湾区城市群），面积达5.65万平方千米，人口接近7000万，当前经济总量已达1.4万亿美元。粤港澳大湾区已成为我国建设世界级城市群和全球竞争的重要空间载体。

粤港澳大湾区目前是我国具有经济活力、创新氛围最浓、人口素质较高的地区之一。该地区具备较为完备的制造业、服务业和教育研究产业，也是外地人才的重要聚集地、社会金融资源的活跃地域。因此，该地区承载了国家推动技术创新、产业革命和经济发展的重要期望，成为我国继续改革开放的重要窗口和试验区。

广东省是大湾区的重要组成部分，加上毗邻香港、澳门，是中国改革开放的前沿阵地。香港是知名的国际金融中心、科技中心，澳门是连接葡语国家合作关系的桥梁。因此，"9+2"湾区城市群自然承担着我国科技发展的重要使命。其一，该地区是探索跨境经济发展、对接港澳新模式的前哨。国家主席习近平在香港签署《深化粤港澳合作推进大湾区建设框架协议》之际，对该地区的对接融通提出了殷切期望，希望"全面推进内地与香港、澳门互利合作"。其二，该地区成为我国推出"湾区名片"的桥头堡。世界上通过湾区带动地域发展的成功典型包括纽约湾区、旧金山湾区和东京湾区等。粤港澳大湾区成为最有希望与之并列或者赶超它们的活力湾区。其三，该地区吸纳的科创资源提供了重要的技术、金融、人才储备，成为我国新兴产业的策源地，承载着我国经济发达地区科技跨越式发展的希望。

地域优势、人才优势、科技优势赋予粤港澳大湾区争创国际领先的科技创新中心的使命与责任。然而，纽约、旧金山和东京湾区已经于20世纪起步，且发展迅猛，堪称发达国家持续发展的强劲动力。如果粤港澳大湾区本着学习模仿、亦步亦趋的模式进行追赶，势必继续拉大与其他先进湾区的差距。增强粤港澳大湾区的经济动力，开创我国特有的湾区发展模式，必然需要在其他湾区发展先进经验的基础上，夯实内功，打好基础，激发大湾区科技、产业和经济发展的内生动力。发展"基于科学的产业"，成为这一发展过程中绕不开的路径。

## 二、基于科学的产业：先进湾区发展的必由之路

举世闻名的三大湾区（纽约湾区、旧金山湾区和东京湾区）在快速发展中均强化了科技创新的动能，为实现地区的协同创新与跨越式发展奠定了坚实的基础。究其原因，发展"基于科学的产业"成为其各自成长壮大的法宝。

### 1. 基于科学产业的内涵

基于科学产业截至目前还没有一个精准严格的定义，对此概念的界定需要借助其对立面"基于技术的产业"（以下简称"技术产业"）及两类产业发展的驱动源头。科学产业的驱动源头是基于科学的创新，即在技术发明的过程中依赖尖端科学领域的新发现。例如，成功分离石墨烯是一类尖端科学技术的前沿成果，由此引发的海水淡化、DNA测序技术突破就构成一类"基于科学的创新"。因此，海水的深加工、基因探测成为基于科学的产业。再者，晶体管技术的突破作为基于科学的创新，成功激活了心电图仪器制造业的兴起，这类设备的制造就成为新兴的科学产业。与科学产业相对的技术产业，其驱动源头是技术本身的演化，是在既有技术上的持续改进。例如，通过改进铁路架桥设备，造桥效率有了较大提高，这属于技术进步，而不属于科学突破。

由于技术产业所依赖的技术进步分布于科学发展"线性模型"的下游，因此仅为原有产业的延续，而且技术产业的发展一般不会开创全新的产业范畴。相反，科学产业所依赖的一般是原始性创新，作为全新产业范畴，它一般会演化为第一代创新模型的上游，从而驱动下游产业的起步与发展。鉴于上述对比可以发现，科学产业是对新原理、新规律认识的结果，它着眼于基础研究，进而引领并带动其他后续研发行为。

科学产业的引领带动作用逐渐被社会重视。在社会实践中，技术跨越与赶超的实例也不断见证着此类产业所引发的后来居上的强劲动力。德国

在学习英国方面关于苯胺染料的前沿知识后,通过增加基础研究方面的投入,在19世纪最后30年实现了有机化学领域的引领式发展。有机化学也成为德国开创的新生科学产业。德国通过相似的模式,在制药产业也实现了对英国的跨越式赶超。然而,美国之后在生物制药领域的原始创新,又实现了对德国制药业的赶超,对青霉素的开创性提取和研发成为这场竞赛的关键节点。

既往事实已经多次证明,发展科学产业、推动基础研究、重视原始创新是突破既有竞争格局的重要环节。在当前推动粤港澳大湾区打造国际科创中心的关键时期,借鉴世界上其他三大湾区发展科学产业的经验,成为我国弯道超车的必由之路。

**2. 世界知名湾区的科学产业**

纽约湾区、旧金山湾区和东京湾区是目前世界湾区经济发展的优秀典型。在三大湾区迅猛发展中,都能找到科学产业发展的强劲动能。

纽约湾区由纽约州、康涅狄格州、新泽西州等组成,面积约为3.35万平方千米,2015年的GDP达到了1.4万亿美元。这一湾区的发展正是在科学产业的主导下实现的,进入20世纪后,几乎每一次技术革命都促成了该地区的产业升级,异军突起的新兴产业基本上都发展成为纽约湾区的支柱产业。2009年,纽约市政府发布《多元化城市:纽约经济多样化项目》,着眼对城市未来经济增长至关重要的创新活动,瞄准生物技术、信息通信技术等前沿尖端行业。超过1000家科技创新企业聚集于此,微软、谷歌、雅虎、3COM等信息通信技术公司的杰出代表,以及辉瑞、强生、惠氏等生物医药企业将总部或者研发中心设置于此。

旧金山湾区是美国西海岸加利福尼亚州北部的一个大都会区,陆地面积1.8万平方千米,人口超过760万,2015年的GDP已经达到7855亿美元。该湾区被誉为国际"科技湾区",高科技硅谷位于湾区南部,是当今世界著名的高新技术企业集聚地。该地区的拳头产业集中在几大基础研究领域,包括计算机、电子信息、生物、空间、海洋、通信、能源材料等。硅谷对创新领域的偏好集中在对社会有颠覆性影响的技术,因此创新成果会带来下游产业的跟进式发展。由超过1万家科技创新企业组成的高新技术产业集群将科学、研发与生产融为一体。

东京湾区以东京为中心，以关东平原为腹地，包含东京、横滨、川崎、千叶、横须贺等几个大中城市，面积约为 13562 平方千米，涵盖人口 4100 万人，占日本人口的 1/3。该地区在日本政府"日本复兴战略"的指引下重点打造具有国际竞争力的新产业，2014 年又在新版科技创新战略"科学技术创新综合战略 2014"的驱动下，把科技创新作为城市发展的主导功能，把科技研发作为城市经济的主导产业，把培育科技创新"引擎"企业和世界一流大学作为重点任务。东京湾区业已形成典型的内生型全球科技创新中心。通过产学合作，东京湾区强调创新链前端的基础科学和技术，注重事实知识（know-what）和原理知识（know-why）。总结该湾区发展的成功经验时，注重前瞻性产业布局成为重中之重。自 2013 年开始，东京实施了"技术创新中心计划"，该计划不以当前社会的需求为出发点进行知识技术的发展和改良，而是以 10 年后的社会愿景为出发点来布局。

总而言之，三大国际著名湾区在创建科技创新湾区的同时，均将打造尖端科技高地作为关键举措，即从前沿科技发力、围绕核心技术打造产业链条，形成以拳头产业为核心、辅助产业为外围的整体竞争优势，其中的基础研究与原始创新动能功不可没。可见，科学产业是湾区发展的龙头，坚持引领式而不是跟进式科技创新，才是各大湾区成功的关键经验。

**3. 粤港澳大湾区具备发展科学产业的优势**

由于科学产业相对于技术产业所带来的经济带动作用更强，全局性影响更深，助推作用更持久，因此成为粤港澳大湾区进军国际科创中心的必由之路，而且粤港澳大湾区本身也具备承担这一使命的相对优势。

首先，粤港澳大湾区拥有地理区位优势。该地区北通我国中部城市群，南依东南亚，陆海空交通发达。作为中国"一带一路"的桥头堡，第二、三产业发达，产业链条齐全，是汇聚科技资源、人力资源和金融资源的优良港湾。

其次，粤港澳大湾区具备跨地域整合优势。广东、香港特别行政区、澳门特别行政区三地在两种制度、三个关税区之间相互协同，便于发挥各自的强项。香港特别行政区是著名的国际金融中心，存在创新科技、检测及认证、医疗服务、文化创意、环境保护、教育服务六大优势行业。数据显示，2016年，香港金融服务行业增加值为4291亿港元，旅游行业增加值为1124亿港元，贸易及物流行业增加值为5231亿港元，专业服务及其他工商业支援服务行业增加值为3029亿港元。2016年，上述4个主要行业累计增加值达13675亿港元。广东具备较为发达的制造业，经过多年发展，珠江东岸电子信息产业和珠江西岸先进装备制造业双翼发展的产业格局，初步构建起广东的综合制造优势。根据广东省社会科学院企业竞争力研究中心发布的《2017年广东省制造业500强企业研究报告》，广东制造业500强企业九成聚集在珠三角地带，企业集聚和产业集群规模凸显。另外，一方面，澳门发挥葡语纽带作用，连接世界上接近2.5亿葡语系人口，助力"一带一路"的扩展与辐射；另一方面，澳门本身的特色产业（例如，中医药科技产业）已经蓄势待发。2011年粤澳合作中医药科技产业园正式落地横琴，它是《粤澳合作框架协议》下第一个落地项目，开启了澳门主导、粤澳两地特区政府共建的合作模式，也将中医药产业推向世界。可见，湾区内优势特色产业具备整合的便利，在地理毗邻的条件下便于协同共进。

最后，湾区内多年积累的科技资源是助推科学产业发展的强大基础。高等学府是科研人才的摇篮，而仅香港一地就有5所高校入围2018年发布的QS世界大学排名Top 200。广州有5所高校入选教育部一流大学建设高校或一流学科建设高校，共18个学科入选"双一流"建设学科名单。同时，湾区内蕴藏在企业内的科技动能比较丰富。作为顶尖企业的培育地，世界500强中有80%将亚太总部落户在香港。在内地一侧，珠三角地区集聚着腾讯、网易、华为、中兴、大疆等一些自主研发能力突出的优势企业。2018年，广东国家级高新技术企业增加到3万家，跃居全国第一；高新技术产品产值达6.7万亿元，年均增长11.4%；有效发明专利量、PCT国际专利申请量及专利综合实力连续多年居全国首位，技术自给率和科技进步贡献率分别达72.5%和58%。

粤港澳大湾区凭借天然优越的地理位置、各具特色的产业格局以及丰富的科研资源，成为推动科学产业发展的理想港湾。当前的主要任务，需要围绕世界级科技创新中心的宏伟目标，科学谋划、合理布局、提前铺排，力争利用好既有优势，对标国际知名湾区和国内发达地区，努力缩小差距。

## 三、打造粤港澳大湾区科学产业的建议

打造粤港澳大湾区的科学产业，必然需要着眼基础研究，重视人力、硬件、企业活力、创新制度等在引领式创新中的作用。

**1. 粤港澳大湾区在基于科学产业方面的定位**

作为大湾区的产业承接方，广东省本身的产业定位决定了大湾区的未来发展方向。根据2020年《广东省人民政府关于培育发展战略性支柱产业集群和战略性新兴产业集群的意见》（粤府函〔2020〕82号）的精神，新一代电子信息、绿色石化、智能家电、汽车产业、先进材料、现代轻工纺织、软件与信息服务、超高清视频显示、生物医药与健康、现代农业与食品产业被确定为十大战略支柱产业，半导体与集成电路、高端装备制造、智能机器人、区块链与量子信息、前沿新材料、新能源、激光与增材制造、数字创意、安全应急与环保、精密仪器设备被确定为十大战略性新兴产业。广东省的产业发展定位与谋划体现了当前全省产业发展的基底、优势和未来预判，体现了产业聚焦与精准发力的基本思路。站在基于科学的产业划分的视角，当前产业定位的重心有待进一步凝聚，将重要资源与财力继续向难以模仿、难以复制、稀缺性、不易流动的产业类型聚集，打造"我有他无""我强他弱""我引领他跟随"的独特产业类型，抢占产业链"微笑曲线"的制高点。

根据上述产业选择方向，结合当前相关研究成果，有必要界定广东省产业发展定位中的相关产业"倾向于"基于科学的程度。表1-1从总体上勾画了当前主要产业类型归属于基于科学的产业或者基于技术的产业的定量指标，为广东省产业类型界定提供了宝贵的评判依据。按照倾向值由大到小排序，值越大则越倾向于基于科学的产业；反之，更倾向于基于技术的产业。

表1-1 各类产业归属科学或技术的程度

| 产业类型 | 产业名称 | 倾向值 |
| --- | --- | --- |
| 基于科学的产业 | 生物化学 | 67.57541723 |
| | 制药业 | 61.16999586 |
| | 有机化学 | 52.19728074 |
| | 糖工业 | 50.12695456 |
| | 化妆品 | 40.64227384 |
| | 农林牧渔 | 38.49531911 |
| | 食品工程 | 37.5878855 |
| | 无机化学 | 35.99289442 |
| | 医用材料 | 35.44207732 |
| | 纳米相关产业 | 35.00139335 |
| | 电疗、磁疗、放射疗、超声波疗,肥料 | 32.43480152 |
| | 肥料制造 | 31.86847418 |
| | 测绘 | 27.69145273 |
| | 石油化工 | 26.25411416 |
| | 染料、涂料、抛光剂、大然树脂、黏合剂 | 26.18446232 |
| | 数据处理 | 25.88540434 |
| | 计算 | 25.88540434 |
| | 微观结构技术 | 24.73317789 |
| | 水泥、混凝土、人造石、陶瓷、耐火材料 | 21.74873249 |
| | 电通信 | 19.80406603 |
| | 造纸 | 19.01359706 |
| | 可植入医疗器械 | 17.72855376 |
| | 电子 | 17.65667416 |
| | 基本电子电路 | 17.65667416 |
| | 核物理、核工程 | 13.38116656 |
| | 玻璃、矿棉或渣棉 | 10.51565831 |
| | 医学 | 8.63935774 |

续上表

| 产业类型 | 产业名称 | 倾向值 |
|---|---|---|
| 基于技术的产业 | 冶金 | -4.101248653 |
| | 太空技术 | -8.238330238 |
| | 控制技术 | -10.27671059 |
| | 烟草 | -16.10753658 |
| | 皮革 | -16.51267037 |
| | 纺织 | -19.78034463 |
| | 土层或岩石的钻进、采矿 | -22.04807696 |
| | 塑料制作与加工 | -23.11776643 |
| | 武器 | -24.19709305 |
| | 半导体 | -24.99815479 |
| | 木材或类似材料的加工和保存 | -26.12795263 |
| | 光学 | -28.68582227 |
| | 金属铸造和加工 | -29.22261662 |
| | 电力 | -31.48385198 |
| | 铁路 | -31.66351553 |
| | 船舶 | -32.34474293 |
| | 燃烧设备与方法 | -32.34658201 |
| | 电影摄影 | -32.91348836 |
| | 发动机和泵 | -33.64848643 |
| | 机床 | -34.06939848 |
| | 服装、鞋帽 | -34.61723042 |
| | 理疗器械 | -35.00495508 |
| | 包装 | -36.44636208 |
| | 机械工程 | -36.62011126 |
| | 印刷 | -37.84170126 |
| | 汽车 | -37.97181378 |
| | 运动、游戏、娱乐活动 | -38.37866674 |
| | 家具 | -38.59866477 |

续上表

| 产业类型 | 产业名称 | 倾向值 |
| --- | --- | --- |
| 基于技术的产业 | 照明 | -38.68203803 |
| | 建筑物 | -39.59074435 |
| | 道路、铁路或桥梁建设 | -40.2381784 |
| | 水利工程与给排水 | -42.18412807 |

资料来源：张鹏，雷家骕. 基于科学的创新与产业：相关概念探究与典型产业识别［J］. 科学学研究，2015，33（9）：1313-1323，1356.

根据上述分类原则及倾向性界定，广东省大力发展的二十大产业（粤府函〔2020〕82号）可以获得初步的类别划分（表1-2）。十大支柱产业中可划入基于科学的产业的有5种，分别是新一代电子信息、绿色石化、先进材料、生物医药与健康、现代农业与食品。十大新兴产业中可划入基于科学的产业有4种，即半导体与集成电路、区块链与量子信息、前沿新材料、新能源。

在产值可知的各类产业中，超万亿元的产业有新一代电子信息、智能家电、软件与信息服务，除第一个之外，均为基于技术的产业。在超过4000亿元的产业中，基于科学的产业只有2个，而基于技术的产业有4个。总体而言，基于科学的产业少于基于技术的产业。在十大新兴产业中，基于科学的产业有4个，某些被发达国家"卡脖子"的产业，如半导体与集成电路，已被作为重点发展的新兴产业。

当前，广东省政府关于上述二十大产业的发展定位已经为大湾区的产业发展奠定了重要基础，为实现本地区科技创新与跨越式发展，有必要在基于科学的产业中重点投入，实现从0到1的创造式进步，再通过这些产业的孕育成长成熟，带动更多相关和周边产业的孵化与成熟，最终实现大湾区科技创新整体实力的大幅度提高。

**2. 疏通大湾区三地规则文化和标准的差异**

内地与港澳在法律、制度、标准、习惯、文化等方面的确存在一系列差异，但正如港珠澳大桥成功建设和运营所证明的那样，大湾区三地完全可以在承认差异、尊重差异的基础上，去发掘"两制"各自的优势、长处，

表1-2 广东省二十大产业基本情况

| 规划类别 | 产业类型 | 基于科学或技术 | 对标产业类型 | 基于科学倾向得分 | 2019年的产值/亿元 |
|---|---|---|---|---|---|
| 战略支柱产业 | 新一代电子信息 | 基于科学 | 电子 | 17.65667416 | 4.16万 |
| | 绿色石化 | 基于科学 | 有机化学 | 52.19728074 | 不详 |
| | 智能家电 | 基于技术 | 无 | | 1.49万 |
| | 汽车产业 | 基于技术 | 汽车 | -37.97181378 | 7813.46 |
| | 先进材料 | 基于科学 | 纳米相关产业 | 35.00139335 | 2500（2018年） |
| | 现代轻工纺织 | 基于技术 | 纺织 | -19.78034463 | 不详 |
| | 软件与信息服务 | 基于技术 | 无 | | 1万（2018年） |
| | 超高清视频显示 | 基于技术 | 电通信 | 19.80406603 | 6000 |
| | 生物医药与健康 | 基于科学 | 生物化学 | 67.57541723 | 4000（预计目标值） |
| | 现代农业与食品 | 基于科学 | 食品工程 | 37.5878855 | 1300 |
| | 半导体与集成电路 | 基于技术 | 半导体 | -24.99815479 | 主要靠进口 |
| | 高端装备制造 | 基于技术 | 机械工程 | -36.62011126 | 不详 |
| | 智能机器人 | 基于技术 | 无 | | 1000 |
| | 区块链与量子信息 | 基于科学 | 电通信 | 19.80406603 | 200 |
| 战略新兴产业 | 前沿新材料 | 基于科学/技术 | 无 | | 2500（2018年） |
| | 新能源 | 基于技术 | 电力 | -31.48385198 | 2900 |
| | 激光与增材制造 | 基于技术 | 印刷/建筑物 | -37.84170126/-39.59074435 | 30（2015年） |
| | 数字创意 | 基于技术 | 运动、游戏、娱乐活动 | -38.37866674 | 632.2（2018年动漫产业）1811（2018年手游产业） |
| | 精密仪器设备 | 基于技术 | 机床 | -34.06939848 | 不详 |

寻求互补共赢的机会。这一重要工程的完工是一项标志性的尝试,为三地的融合互助提供了良好的典范。

然而,在涉及三地产业、技术、研发、沟通方式等的差异方面,仍需要下大力气克服,对影响对接交流的规则层面的障碍,应力求尽早排除。以课题组针对三地关于中药材的调研走访结果为例,粤港澳对中医药的检验审批规则不尽相同,尤以香港地区对该类制品的标准限定更为宽松,这导致香港地区畅销的中医药材产品不便顺利通过内地的审核体系,对三地的中医药技术研发合作构成繁杂的掣肘。下一步,应重点抓好对接营商环境、对接科技创新政策、更好衔接民生领域规则。

### 3. 构建稳定的三地协调反馈沟通平台

三地交流环境的差异明显,客观上凸显了互动中差错规避机制的重要性。当前围绕大湾区建设的官方与官方、民间与民间、官方与民间的沟通平台数目众多,体现了交流的迫切性。但是,仍缺乏合作制度制定者之间稳定的联络渠道和信息反馈通路。在沟通层面,还需要加大官方层面的互联互通,建立基础性的沟通和交流通道,再带动民间的来往与互动,促成三地"两制"的优势互补。课题组针对内地一侧某些科研机构的调研发现,三地官方性质的学术交流受到诸多因素的限制,例如,以国家机关身份存在的内地研究机构,其人员在访问香港、澳门时,涉及"参公管理",相比事业单位人员的要求更加严格,这在一定程度上抑制了出访交流。官方科研部门的设备采购受到公务员单位的性质界定,无法享受同类其他机构的采购退税政策,导致经费更加紧张,量入为出,限制了既定经费的购买力。

当前非常需要跳出两两合作的小圈子,在粤港澳三地之间搭建有影响力、有操作性、有执行力的共管平台,可以协调制定大湾区统一的科技交流政策。同时,中央层面制定的总体战略部署是三地融通的总体指导方针,非常期待中央出台更多引领性政策,催生合作机制落地开花,释放更多合作空间,激发更广泛的合作活力。三地融通是一个宏伟的目标,科技、人员、资金、服务、器材设备的流动,受到诸多通道规则的约束与管控。为实现粤港澳大湾区的良性互动,这些通道更需要富有创造力、预见性和开拓精神的再设计。

**4. 发挥高等学府的人才优势，吸引尖端科研人才和技术人才落户湾区**

近年来，广东高校毕业生人数逐年上升成为常态，2016 年约为 54.5 万人，2017 年约为 56 万人，2018 年约为 57 万人。广东成为是国内人才大省。2017 年，仅深圳一座城市的各类人才总量超过 510 万人，占全市常住人口的 42.9%。香港作为教育产业的高地，也为该地区不断输送着高质量科技人才队伍。当前，还需要继续狠抓人才引进政策，将湾区的流动人才转变为存量人才，增强人力资源汇聚效应。同时，要认清该地区科技领军人才不足的问题，加大学科带头人的吸纳与留存。例如，根据当前中国科学院的公开信息，就职于广东地区的科学院院士仅 21 人，位居各省市第六，与北京（406 人）、上海（101 人）的差距甚大；就职于广东地区的工程院院士仅 15 人，位列各省市第八，与北京（183 人）的差距明显。同时，广东省高水平人才的培养力度还须加强。当前，北京地区的博士后科研流动站所属高校高达 102 家，上海有 32 家，而广东省仅有 15 家，粤港澳湾区的高水平人才汇聚效应还须进一步提质升级。2017 年，中共广东省委组织部、省人力资源和社会保障厅等 13 个部门联合印发了《关于加快新时代博士和博士后人才创新发展的若干意见》，这是广东省建设科技创新强省，加快集聚创新人才，打造汇聚国内外一流创新人才高地的新举措，政策推进的效果令人期待。

**5. 强化科研院所的建设力度，打造高水平基础研究设施**

打造科学产业，争创国际领先的科技创新中心，需要粤港澳地区具备前沿战略领域的"关键核心技术源头供给能力"，因此需要设立匹配粤港澳大湾区发展的国家实验室。目前，粤港澳大湾区拥有国际一流大学及全国高等院校 170 多所，拥有 40 多家国家重点实验室。然而，《2017 年国家重点实验室年度报告》显示，广东的国家重点实验室总数与北京、上海还有差距。因此，当前急需提升基础研究的必备硬件，启动建设更多省级实验室，筹建国家实验室实现突破，新增建设大科学装置，打造国家级科技创新平台。加快建设散裂中子源、中微子实验二期、加速器驱动嬗变研究装置、强流重离子加速器、未来网络、南海海底科学观测网和激光加速器等国家级重大科技基础设施。谋划推进南方光源、多模态跨尺度生物医学成像设施、材料基因组平台、人类细胞谱系等建设。

以全省研发支出水平计算,广东省在全国排名较高。根据2019年广东省统计年鉴的数据,广东2018年在研发支出经费方面已经超过北京和上海,但是在基础科研方面的投入、研发经费占GDP的比重方面仍然落后。如表1-3所示。

表1-3 京沪粤2018年研发支出情况对比

| 地区 | 研发支出(亿元) | 基础研究经费投入(亿元) | 研发经费占GDP的比重(%) |
|---|---|---|---|
| 北京 | 1870.8 | 277.78 | 5.65 |
| 上海 | 1359.2 | 105.69 | 3.77 |
| 广东 | 2704.7 | 115.18 | 3.68 |

注:数据源自京沪粤三地2019年统计年鉴。

**6. 树立企业在大湾区科技创新中的主体角色,激活企业在科学产业中的研发动力**

京沪粤三地高新技术企业认定数量对比如表1-4所示。

表1-4 京沪粤三地高新技术企业认定数量对比

| 年份 | 广东 | 年度累计 | 北京 | 年度累计 | 上海 | 年度累计 |
|---|---|---|---|---|---|---|
| 2013 | 790 | 790 | 1641 | 1641 | 925 | 925 |
| 2014 | 1504 | 2294 | 3645 | 5286 | 1936 | 2861 |
| 2015 | 1896 | 4190 | 4224 | 9510 | 1467 | 4328 |
| 2016 | 7475 | 11665 | 6167 | 15677 | 2306 | 6634 |
| 2017 | 12146 | 23811 | 8747 | 24424 | 3247 | 9881 |
| 2018 | 11431 | 35242 | 9789 | 34213 | 3653 | 13534 |
| 2019 | 10525 | 45767 | 3520 | 37733 | 6124 | 19658 |
| 总计 | 45767 | | 37733 | | 19658 | |

注:根据高新技术企业认定管理工作网络发布的逐次数据手工统计。

面向世界科技前沿,面向经济主战场,面向国家和广东重大需求,集聚高端创新资源,充分发挥企业生力军作用,鼓励企业同高校、科研院所协作申报国家重点实验室。围绕企业提出的受制于人、"卡脖子"的重大技术需求,建立产业目标导向科学问题库。加快高新技术企业树标提质,向企业开放省基础与应用基础研究基金申报渠道，提升企业开展基础与应用基础研究能力。可以借鉴纽约湾区的做法，扶持对城市未来经济增长至关重要的企业创新活动，把培育科技创新"引擎型"企业和世界一流大学作为同等重要的任务，持之以恒，持续推进。将企业需求提升到社会创新的高等级目标，产学合作与产研合作都紧密围绕企业需求展开。当前粤港澳大湾区的研发经费支出占GDP比重达2.7%，和美国、德国处于同一水平线，但是企业自主研发的经费投入尚显不足，需要努力缩小大湾区企业研发投入占地方研发投入比例同东京湾区80%的差距，学习东京湾区的经验，提升本土企业主动搞研发、愿意大投入的热情，降低企业对外资、公共研发的依存度，将本土企业打造成科技创新的绝对主力，引导企业在科技革命中明晰前沿技术动态、抢占发展先机。

高新技术企业是科技创新的生力军，被认定的高新技术企业数量也体现出省域企业创新的活力与成效。自2013年国家开始统一认定高新技术企业以来，广东从2013年仅有790家认定企业到2019年达10525家（图1-1），实现了认定数量的突飞猛进。在与北京、上海两地的对比中，认定数量的起点低，后劲足，2013年三地总共认定数量中，广东占比略超20%，到2019年，这一比例已超40%（图1-2），实现了反超京沪的飞跃。

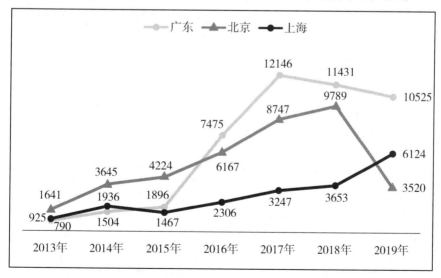

图1-1 京沪粤三地高新技术企业逐年认定数量对比（单位：家）

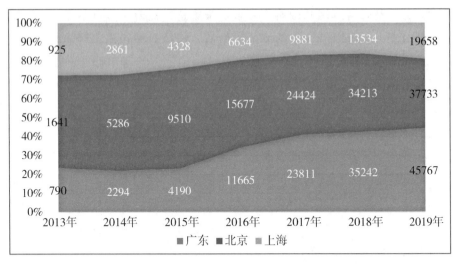

图1-2 京沪粤三地高新技术企业逐年累计认定数量对比

为推动企业和科研机构的研发动力,必须重视知识产权的辨识、评价与市场价值。独立研发、中试到市场推广的全过程,往往超过了一家企业的能力,技术专利的研发者与购买推广者的前后合作,将有利于知识链与技术链的分工与合作,促进研发与生产的专业化,进而激发产业链的蓬勃壮大。但是,广东当前在知识经济活跃度上的表现可以概括为"大而不壮"。一方面,全省发明专利申请数量屡创新高,2018年已达到113201件;另一方面,在技术合同成交方面,总金额多而不强。例如,北京在专利发明申请总量上与广东基本持平,但是技术合同成交总额是广东的3倍多;而上海在专利发明申请总量只占广东大约一半的情况下,技术合同成交总额却与广东接近(表1-5)。"躺在专利上的技术没有发挥市场价值",使得广东在技术转化方面的努力仍有空间。

表1-5 京沪粤三地的发明专利与技术合同成交情况对比

| 地区 | 技术合同成交总额(亿元) | 发明专利申请量(项) |
| --- | --- | --- |
| 北京 | 4957.8 | 117664 |
| 上海 | 1303.2 | 62755 |
| 广东 | 1387.0 | 113201 |

注:数据源自京沪粤三地2019年统计年鉴。

### 7. 吸纳高科技企业总部落户湾区，发挥总部经济的辐射带动作用

纽约湾区、旧金山湾区和东京湾区都是世界 500 强企业布局总部或者地区总部的重点区域，其中，落户纽约的美国 500 强企业接近总数的 1/3。建设粤港澳大湾区的科学产业，也需要重视大型高科技企业落户带来的总部经济利好。根据中国人民大学中国经济改革与发展研究院发布的《2018 中国企业创新能力百强排行榜》，落户广东与北京的百强企业数量并列第一（22 家）。在吸引世界 500 强企业落户方面，粤港澳大湾区凭借 17 家的总数在国内遥遥领先，但与纽约湾区的 22 家、旧金山湾区的 28 家，以及东京湾区的 60 家相比仍有差距。当前尚须培育更多本地企业争取世界 500 强的排名，也需要吸引更多国外 500 强企业将总部、地区总部或者研发机构落户粤港澳大湾区，借助顶尖企业的龙头带动作用，升级地区创新氛围，借以吸纳更多外部创新资源服务本地科学产业的发展。

### 8. 积极打造粤港澳大湾区的创新生态

实现湾区发展从经济中心向科技创新中心的转型，建立适用于结构转型和创新创业的生态系统，积极对接科学产业的构建与培育。根据《中国区域创新能力评价报告 2017》的数据，广东的区域创新能力已经超越江苏和北京，位列各省市之首。由世界知识产权组织披露的《2018 年全球创新指数》显示，中国香港在全球创新投入次级指数排名中位列第八；在全球科技集群的排名中，东京—横滨再次位居榜首，深圳—香港位居第二。可见，粤港澳大湾区存在相当强势的创新基础，这为该地区科学产业的发展提供了坚实的后盾。然而，还须认识到地区创新生态的建立不能仅靠整合各自的优势资源。简单地把科学园区、科研机构、高等学府组合在某个区域是难以复制出下一个"硅谷"的。硅谷的优势不仅表现为领先的技术和经济优势，还表现为促进大学、企业、科技、市场紧密结合，哺育创新型企业持续成长、繁荣共生的创新生态系统。实现从经济中心向科技创新中心的转型，关键在于能否形成适于结构转型和创新创业的生态系统。因此，必须强调创新环境的制度设计，为粤港澳大湾区科学产业的发展营造融洽、高效、协调的创新生态，调动产、学、研及风险投资类社会金融服务行业的共同力量，加快技术、资本、信息、人才、设备设施等资源要素的互动与融合共享，推动科技协同创新体系的形成与深度融合发展。

国家级高新区是当前最高级别的科技企业聚集区，也是各地区争相竞争的科技平台。在多年的发展中，广东利用这一平台吸纳了大量高科技企业入驻，创新生态氛围逐步形成。截至2019年，广东地区已经获批14个国家高新区，属全国各地区之最多。需要指出的是，广东所有国家级高新区的入统企业总数不及北京中关村一家高新区入统的企业数量，其中，高新技术类入统企业数量与北京差距明显。广东国家级高新区工业总产值相当于北京和上海的3倍，甚至高于北京与上海之和，但在单个高新区的工业产值方面远远落后于上述两个地区（表1-6）。因此，在地区创新生态方面，广东还需要依托国家级高新区的平台，继续深化创新氛围，吸纳更多高科技企业入驻，不仅需要在企业数量和工业产值总量上继续提高，而且需要在创新效能上加大投入。

表1-6 京沪粤三地国家级高新区统计对比

| 地区 | 国家高新区个数 | 高新区工业总产值（亿元） | 高新区入统企业个数 | 高新区入统高新技术企业个数 |
|---|---|---|---|---|
| 北京 | 1 | 11129.1 | 22110 | 14330 |
| 上海 | 2 | 11703.4 | 6190 | 4417 |
| 广东 | 14 | 33191.8 | 14878 | 10343 |

注：统计数据截至2018年年底。

### 9. 优化粤港澳大湾区的大科学装置布局

目前环境下，大科学装置的重要战略意义不仅在于纯粹的科学技术研究，还在于凝聚科技创新资源和推动经济社会发展。作为一种"高密度科技创新资源聚合体"，大科学装置有可能成为粤港澳大湾区应对全球性创新资源竞争的强有力"抓手"。

当前，广东布局的大科学装置主要有东莞散裂中子源项目、江门中微子试验站、国家超级计算深圳中心、深圳国家基因库、大亚湾中微子实验、国家超级计算广州中心、惠州强流重离子加速器和加速器驱动嬗变研究装置8个大科学装置。这8个大科学装置项目虽然落户于粤港澳大湾区，但是这些大科学装置在粤港澳大湾区科技创新的现有研究中，尚未得到足够的重视。主要原因如下：

（1）从整体上看，广东的大科学装置布局过于分散，距离经济、社会、产业与教育中心较远，不能与粤港澳大湾区规划的几大科技创新带连成一体，未能产生聚合效应，亦未能围绕大科学装置形成相应的重大科技合作平台。

（2）从组织层面看，中国大科学装置的现有投资与管理模式存在问题，影响大科学装置的效能发挥。在中国，大科学装置往往就是依托在中国科学院或研究型大学的某个二级单位，采用"中央（部委）—省（市）—托管与共建单位"的投资模式，例如，国家超级计算广州中心的依托单位是中山大学数据科学与计算机学院，由国家科技部、广东省人民政府、广州市人民政府、国防科技大学和中山大学共同建设。在中国，托管单位与基于大科学装置建造的实验室之间的冲突，主要表现在两者的激励和考核评价等制度上，而冲突的后果是大科学装置的专有资源被托管单位追逐、耗散。更重要的是，在中国当前以单位制和项目制等为主导性体制逻辑的背景下，这种托管模式的另一个后果是，大科学装置成为"条块分割"、"锦标赛"排名以及"行政级别升格"的竞争手段，单位对资源的独占性和单位与其他单位间资源的不可流动性成为大科学装置的运行常态。换言之，这种组织模式与中国当前以"城市群""湾区经济"为主体的发展趋势严重不符。

为了解决这些问题，使粤港澳大湾区的大科学装置得到充分的利用，并充分发挥其在科学产业与创新产业中的重大战略作用，需要做到：①力争国家在粤港澳大湾区合理布局更多大科学装置；②创新大科学装置的投资与管理模式，在中央的主导下，以各城市为主体，从城市合作层面投资和管理大科学装置，在此基础上，由各投资城市政府共同成立跨行政边界的粤港澳大湾区大科学理事会，共同管理和运营设施；③基于大科学装置整合多项国家科技政策和战略资源。

## 四、着重发展基于科学的产业是粤港澳大湾区发展的繁荣之道

剑桥大学的2020年科学报告指出，基于科学的创新日益明显，基于科

学的产业将成为经济体系中最具活力的因素,甚至改变经济发展模式并引发新一轮产业革命。基于科学的产业是由科学研究直接推动,其发展强烈依赖新科学发现的产业,比如,新能源、新材料、人工智能、生物化学等。杨建昆(2016)的研究指出,基于科学的行业中的"追赶模式",与基于技术的行业中的"追赶"有很大差异,主要是基于科学的行业中的"追赶"依赖于科学与产业的互动作用。粤港澳三地经济基础雄厚,但面临着基础研究和应用基础研究薄弱的发展短板,对此应借助粤港澳大湾区建设国际科技创新中心的历史机遇,着重培育和发展基于科学的产业,以期推动大湾区经济高质量发展。国际科技创新中心建设为粤港澳大湾区率先培育和发展基于科学的产业提供了历史性机遇。如何抓住这一机遇,笔者认为,主要依托以下两点。

**1. 从自身角度出发,充分发挥已有科创中心与相关产业集群的带动作用**

目前,在基于科学的产业方面,粤港澳大湾区已经培育了许多有一定规模与基础的产业集群,比如,以深圳、广州、惠州、东莞为节点的高端电子信息制造业区,以广州、深圳为节点的珠三角机器人产业聚集区,以广州、深圳、珠海为节点的生物医药产业聚集区,以及以广州、深圳、佛山为主要节点的珠三角新材料产业聚集区。

以深圳和广州的高端电子信息制造业区为例,这一集群具备较高水平的研发能力。近年,深圳企业与国内外知名企业、科研机构和高校联合成立研发机构,建设上百家市级以上企业工程中心、工程实验室和重点实验室,其中,国家级以上科研载体超过20家。作为电子信息产业的核心行业,深圳软件和信息技术服务企业承担的国家科技重大专项项目不断取得突破,在网络操作系统、中间件、新一代无线通信和高性能芯片等领域掌握了一批核心技术。连续几年,中兴、华为PCT国际专利申请总量全国领跑。同时,深圳的电子信息产业已经形成一个个聚集区,并且吸引了一大批高端重大项目,国家电子信息产业基地、国家服务外包基地、国家软件出口基地、国家电子商务示范城市相继落户深圳。

同时,在无人机这一新兴且典型基于科学的产业方面,以深圳大疆无人机为核心的中国无人机企业不断向外扩张,形成欧美传统市场与拉美、澳大利亚、加拿大等新兴市场齐头并进的局面，逐渐占据了全球民用无人机市场的主导地位。仅深圳一座城市，就占据了全球民用小型无人机约70%的市场份额，从深圳口岸出口的无人机占全球出口总量的95%以上。

而在另一典型产业——生物医药产业，广州市医药产业集群已经形成了"两中心多区域的布局"，拥有广州国际生物岛、广州科学城、中新广州知识城等生物产业聚集区。在产业规模方面，黄埔全区生物医药产业企业总数600多家，其中，高新技术企业200多家，规模以上企业工业总产值500亿元。广州市还拥有完整的医药产业"产学研"技术创新体系，形成了由10多所高等院校、40多家研究院所、70多个省级以上重点学科、5个国家重点实验室、7个国家工程技术研究中心（工程实验室）和400多家研发型企业组成的生物医药技术创新网络，工程化研究和产业化能力日益突出，是中国重要的医药创新源头之一。深圳则以创新药物研发和产业化、药品制剂出口和医药研发外包体系为核心的产业体系发展较快，技术研发优势突出为特色，其中，有依托华大基因研究院所组建的中国首个、世界第四个国家基因库，还有中国科学院生物医学信息与健康工程学重点实验室、北京大学深圳研究院化学基因组学国家重点实验室等中国研发平台。

在大湾区内加快发展基于科学的企业已初具氛围，而且在大湾区内布局建设的重大科技基础设施集群，将为粤港澳三地加快培育和发展基础科学的产业提供科学理论来源。粤港澳大湾区未来将集聚国际一流的科学人才，源源不断地产出基础研究成果，由此必将有更多的基于科学的企业涌现。

### 2. 加强与港澳的合作

港澳具有基础研究和应用基础研究方面的优势，特别是在人工智能、生物医药等方面的研究在全球领先。

举例来说，人工智能是第四次工业革命的主要推动力，其特性是自动化和连接性。随着互联网连接装置受到广泛应用以及云端运算科技日益进步，人工智能已经成为当今的主流技术，对金融、营销、零售和物流等许多行业而言也日趋重要。而2017年5月，《泰晤士高等教育》发表其对人工智能学术论文的分析结果，香港在该领域的加权引用影响指数排行全球第三。香港也拥有不少顶尖的私营人工智能科技公司，例如商汤科技

(SenseTime)。该公司由香港中文大学信息工程系汤晓鸥教授及其研究团队共同创立。汤教授研发了采用深度学习演算法的新型人面识别系统,准确率超过99%,而商汤科技也只花了3年时间,便于2017年发展成独角兽初创企业。网上贷款平台WeLab是另一例子。该公司利用人工智能技术,为客户提供个人化贷款建议。相关创新及科技基金看准香港在人工智能方面的优势,过去3年拨款资助84个与人工智能及机械人有关的项目,涉及金额超过3.4亿港元。此外,香港特别行政区政府也会在运输、海关检查及网络安全等公共和城市管理服务中增加使用人工智能技术。在2017年12月公布的《香港智慧城市蓝图》中,政府承诺建设基础设施,帮助公私营机构采用更多人工智能技术。在此基础上,加强与香港在人工智能方面的合作非常重要。这方面的合作,一方面是"产学研"融合,积极打造人工智能产业的全球高地。2018年5月,阿里巴巴、商汤科技及香港科学园宣布一项新举措,成立非牟利的香港人工智能及数据实验室,以支持和推动香港发展成全球人工智能中心。实验室的目标是推动香港的人工智能产业发展,包括协助初创企业把旗下技术商业化、激发创新思维,以及促进人工智能领域的知识共享。2018年6月15日,香港中文大学(深圳)—京东集团人工智能联合实验室正式揭牌成立。联合实验室将发挥双方优势,通过联合培养博士生、联合研究等多种形式,在计算机视觉、自然语言处理和机器学习等人工智能领域开展深度合作,构建国际一流的"产学研"一体化创新体系和完备的生态系统。实验室的成立正是在大湾区框架下深港创新合作模式的一个缩影:此前,香港研发—内地转化的模式,催生了大疆创新、商汤科技等一大批独角兽企业。这一次,联合实验室的设立,同时利用香港与内地的科研资源,科研成果由双方共享,共同推进产业化,预示着香港与内地的科技合作进入"共建共享"时代。另一方面,高校需要高度重视人工智能与机器人学科建设和人才培养。目前,香港中文大学、香港大学、澳门大学分别在深圳、广州、珠海设立校区,高校重点发展的研究领域与方向均包括机器人与人工智能方向,并建成了一批产业相关的重点实验室,如华南理工大学的教育部大数据与机器人智能粤港澳重点实验室、教育部自主系统与网络控制重点实验室、广州市机器人软件及复杂信息处理重点实验室、广州市脑机交互关键技术及应用重点实验室、香港中文大学（深圳）机器人与人工智能实验室、中山大学多媒体实验室和人机互联实验室等。此外，东莞、南沙等地与机器人、人工智能相关的科研院所林立，为人工智能与机器人关键技术研发、技术创新等提供了强大的智力支撑。

大湾区加快培育和发展基于科学的产业也面临挑战。"一个国家、两种制度、三个关税区"是粤港澳大湾区的突出特点，也是在大湾区内发展基于科学的产业的最大难点。加快培育和发展基于科学的产业，需要粤港澳三地创新要素充分融合，需要充分发挥人才引领创新的作用，需要营造有利于竞争的营商环境。这意味着粤港澳大湾区需要加快建立有利于粤港澳三地协同发展的新机制，深化创新合作和体制机制改革。因此，粤港澳大湾区需要多方面发力，加快发展基于科学的产业。应制定粤港澳大湾区加快发展基于科学的产业的战略规划，明确有别于以往的产业发展路径。将培育和发展基于科学的企业作为发展基于科学的产业的具体抓手。粤港澳大湾区应积极培育和发展基于科学的企业，将其作为发展基于科学的产业的具体抓手；同时可鼓励科学家主导或参与这类企业的创办或经营，在其完成原单位基本工作任务的前提下，不影响其在原单位的职称晋升、薪酬待遇、奖励申报，等等。选定具体产业领域，制定可操作的产业创新与发展政策。在聚焦发展的基于科学的产业的行业门类上，应结合大湾区实际情况，选择重点产业领域，优先加快培育和发展，不可四面出击。

当前大湾区建设已经起航上路，走高端、引领式发展路子，符合当前三地科技创新能力的底子，也受国际贸易宏观环境对我国自主创新技术打压的明确影响。中兴通讯被美国高通中断供应芯片，华为被西方设限且蓄意围堵。诸多迹象表明，我国技术创新的瓶颈阶段已经逐步到来。今后一段时间，我国必须走基于科学的创新之路，从源头上发现科技爆点，在应用上追逐商业转化。大湾区需要在竞争优势上逐步树立起自身有别于国际竞争者的优势技术，成为下一个世界级高科技汇聚地。

## 五、总结

打造粤港澳大湾区的国际科创中心地位，已上升为我国的国家战略，这是我国迎接国际竞争、直面科技革命的重大举措，有益于提升粤港澳三地的整体竞争力，功在当代，利在千秋。坚定不移地走科学产业的发展之路，是当前无法绕开的必经之路。"中国要强盛、要复兴，就一定要大力发展科学技术！""关键核心技术是要不来、买不来、讨不来的！"习近平总书记在 2018 年中国科学院第十九次院士大会、中国工程院第十四次院士上的这些金句振聋发聩，提醒我们要走自主创新之路，基础研究难度再大也必须克服。当今国际竞争环境形势逼人，挑战逼人，使命逼人。只有把握大势、抢占先机、直面问题、迎难而上，瞄准世界科技前沿，引领科学技术发展，才能从根本上打造出在国际上响当当，能与其他优秀国际大湾区并驾齐驱，甚至反超他们的粤港澳大湾区。

# 第二章 深港澳科技创新、科技金融与知识产权合作现状与建议

彭 曦 程钰舒[①]

深港澳三地的合作,为粤港澳大湾区国家战略贡献了合作的范式。2003年CEPA(《内地与香港关于建立更紧密经贸关系的安排》)实施以来,内地和香港的交往越来越频繁,在多个补充协议的推动下,投资贸易便利化取得一定突破,两地营商环境差距有所缩小。2004年以来,深港、深澳(澳门)政府每年召开一次深港合作会议,研究有关合作的议题,并签署了一系列重要协议。深港、深澳(澳门)合作机制逐步建立和完善,合作领域逐渐扩大,合作水平明显提升,促进了区域经济的发展。在基础设施方面,西部通道中的深圳湾跨海公路大桥及深圳湾口岸的建成。河套落马洲地区的港深创新科技园自2017年两地政府签署合作备忘录之后,促进了粤港两地高新科技研发和成果转化,共同提升了两地产业的生产力和竞争力。

## 一、科技创新合作

科技创新合作是未来深圳与大湾区的发展机遇所在,也是深圳与港澳合作的突破点。《粤港澳大湾区发展规划纲要》对在大湾区内进行科技创新合作等方面做了明确指示,包括:支持粤港澳设立联合创新专项资金,就重大科研项目联合攻关,允许相关资金在大湾区跨境使用;共建国家级科技成果孵化基地和粤港澳青年创业就业基地等成果转化平台;以及合作构

---

[①] 彭曦,中山大学自贸区综合研究院博士后;程钰舒,中山大学自贸区综合研究院博士后。

建多元化、国际化、跨区域的科技创新投融资体系等。在此过程中，需要充分发挥粤港澳科技研发与产业创新优势。

深圳从传统的加工贸易到当前需要迈入全球科技创新城市，以往深港澳之间的合作模式，必然不能适应新发展的要求。并且随着香港经济逐渐"脱实向虚"，粤港澳三地产业关联度逐步降低。而香港的主要产业为金融业，占其 GDP 比重超过 90%，澳门则是博彩业，三地之间传统产业关联度逐渐降低。由于香港本地没有更多的就业选择，所以香港青年就业结构性问题突出。通过 2017 年香港的就业人数行业分布数据也可以看出，在公共行政、社会及个人服务上，香港地区的就业人数达到了约 103 万人，占香港总就业人数的 25% 以上，而香港着重发展的特色金融等现代服务业的就业人数比重也仅仅只有 20%。深圳产业对电子信息制造业依赖程度过大，其他产业则面临"高端进不来，低端流出去"的困境。澳门也面临产业单一，须多元化的难题。三地对产业合作都有共同的意愿，建立区域产业一体化融合发展政策，不仅仅是解决经济发展的问题，更是从根本上帮助、解决港澳融入内地发展的问题，也能更好地促进深港澳互利合作共赢。

在科研投入上，深圳研发投入强度大，科研人才储备多，港澳在研发投入上相对不足。深圳在研发投入上优势明显，领先港澳。根据统计年鉴，深圳研发投入占 GDP 比重连续 3 年在 4% 以上，并呈持续增长趋势。2018 年，深圳研发投入强度高达 4.2%，居全球前列，与韩国、以色列相当；而港澳研发投入维持在相对较低水平，占 GDP 比重分别维持在 0.8% 和 0.1%。如图 2-1 所示。

在研发人员上，2017 年，深圳拥有研发人员 281369 人，香港有 29846 人，澳门约有 20914 人；而从每百万人拥有研发人员数看，深圳低于澳门。2017 年，深圳每百万人拥有研发人员数 2245.9 人，澳门有 3227.5 人，香港仅为 403.8 人。深圳在人才结构上还有较大提升空间。如图 2-2 所示。

从研发机构类别来看，深圳的研发开支绝大部分由企业构成，高等院校以及政府研发资金虽然占比不高，但从 2015 年开始增速较快，尤其是高等院校。香港研发资金则基本由企业及高等院校各占一半，高等院校略微高出企业。政府机构拨付的研发经费历年来呈稳步增长态势，与其近年来对科创重视程度的提升有关。如表 2-1 所示。

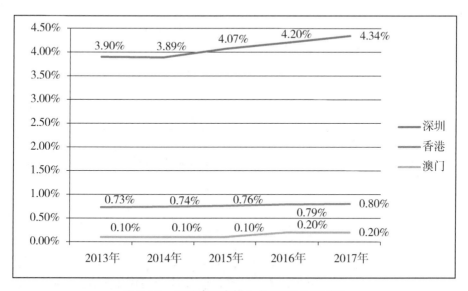

图2-1 深港澳研发投入占GDP比重对比

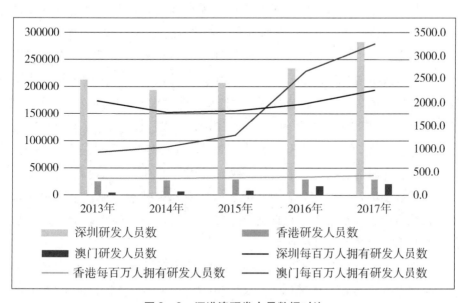

图2-2 深港澳研发人员数据对比

表2-1 深圳与香港按机构类别划分的研发占总研发开支对比

| 机构类别 | 城市 | 2012年 | 2013年 | 2014年 | 2015年 | 2016年 | 2017年 |
|---|---|---|---|---|---|---|---|
| 企业/工商机构 | 香港 | 44.9% | 44.9% | 44.5% | 43.8% | 43.3% | 44.2% |
| | 深圳 | 94.7% | 93.9% | 93.9% | 94.1% | 94.3% | 92.6% |
| 高等教育机构 | 香港 | 51.1% | 51.1% | 51.6% | 52.3% | 52.1% | 50.9% |
| | 深圳 | 0.4% | 0.4% | 0.4% | 1.1% | 1.3% | 1.9% |
| 政府机构 | 香港 | 4.0% | 3.9% | 3.9% | 4.0% | 4.6% | 4.8% |
| | 深圳 | 4.4% | 5.1% | 4.6% | 4.9% | 4.8% | 6.2% |

## 二、科技金融合作

科技金融是促进各种创新要素集聚，引导社会资源不断投入科技创新的重要手段。深圳市高度重视科技金融体系建设，为企业提供多元融资渠道、产品和服务，并牵头成立了全国第一家科技金融联盟，促进科技金融资源的有效对接互动。目前，深圳市的科技金融服务体系取得了较大进展：①创新型金融机构规模不断壮大。截至2018年6月底，深圳市共有4家创新型法人金融机构、2家科技小额贷款公司、3家科技融资担保公司，浦发硅谷银行国内第2家分行也获得深圳银监局筹建批复。②科技金融专营实力持续增强。截至2018年6月末，深圳辖内12家银行设立了43家科技特色支行，其中，有29家中资银行设立或明确专门部门统筹科技金融发展。③科技金融专属信贷模式逐步建立。截至2018年6月末，辖内有18家银行建立了科技金融差异化信贷管理模式，银行针对科技型企业特点，建立有别于传统企业的授信准入、风险评级、审查审批和贷后管理制度，进一步提高科技型企业的信贷管理水平。

深圳是中国VC/PE积极性最强、投资最活跃的城市。近年来，深圳VC/PE管理机构数量及规模迅速扩展。2017年，中国创投机构前10名、前20名中，有约一半的创投机构位于深圳。截至2017年，深圳的VC/PE机构累计近5万家，注册资本超过了2.7万亿元，机构数量和管理资本约占全国的 1/3。深圳市投资基金同业公会发布的最新数据显示，截至 2017 年 6 月底，深圳私募基金管理人共计 3910 家，深圳私募基金数量共 10287 只，实缴规模 14666 亿元。此外，基金业协会登记情况显示，截至 2018 年，深圳的私募基金管理人、管理基金数量和管理基金规模分别达到 4629 家、13523 只和 17955 亿元。其中，私募基金管理人数量占全国的 18.93%。

深圳是全国政府引导基金市场化程度最高的地区。为推进深圳市科技创新和城市建设的发展，深圳市于 2015 年设立了总计 1000 亿元的发展引导基金，包括民生事业 300 亿元，创新创业 200 亿元，新兴产业 200 亿元，城市基础设施投资引导基金 100 亿元，助力深圳现代化国际化创新型城市建设。2018 年，为进一步完善深圳的创新生态，深圳市又设立天使投资引导基金，首期规模为 50 亿元人民币，不断增强创新创业活力。通过市场化、专业化的政府引导基金运作，深圳充分发挥市场资源配置作用和财政资金引导放大作用，引导社会资本投向天使类项目，加速培育深圳市天使投资、早期投资。作为全国最大规模的政府投资引导基金，截至 2018 年 6 月底，深创投累计管理 2963.57 亿元人民币，资产管理规模位居行业前列；已投资项目 889 个，数量位居国内创投行业第一位；247 家被投企业实现退出，其中，140 家分别在全球 16 个资本市场上市；截至 2018 年 12 月底，深圳市政府投资引导基金共审核通过 131 只子基金设立方案，子基金总认缴规模逾 3300 亿元，其中，引导基金认缴出资 750 亿元，已实际完成出资超过 300 亿元。虽然目前深圳市政府引导基金规模已达全国第一，但是对于中小型科创企业而言，要找到其心仪的 GP 其实比较难。

香港向来是亚洲第二大私募基金中心。粤港澳大湾区规划提出，支持香港私募基金参与粤港澳大湾区内创新型科技企业融资，为该地区私募股权发展带来新动力。截至 2018 年 6 月底，香港私募基金规模达 1520 亿美元，约占亚洲私募基金规模的 16%，继续保持亚洲第二大私募基金中心的地位。同时，2018 年上半年香港私募基金集资规模为 120 亿美元，占亚洲集资额的 20%。此外，根据香港证监会的数据，2018 年 12 月 31 日，香港资产及财富管理业务的管理资产达 239550 亿港元（30590 亿美元）。在粤港澳大湾区规划出台后，可以引进更多香港的基金参与深圳高科技企业的投资，为深圳的科技创新提供活力。

澳门作为近年来粤港澳大湾区人均GDP最高的地区，经济实力与特点为其发展特色金融提供了有力支撑。得益于港珠澳大桥的基础设施优势、香港优势金融服务的溢出和澳门葡语系国家联系平台，澳门的特色金融服务可为深圳提供广阔的合作机会。几年来，在国家大力倡导澳门经济适度多元化发展的背景下，澳门的金融业得到了较快发展，特别是在发展租赁、财富管理和人民币清算特色金融服务方面，成效更为突出。同时，澳门也具有开放的贸易环境和金融体制。例如，澳门对国际基金进入持开放态度，澳门金管局允许2300多只国际基金在澳门宣传推广基金业务，具体包括股票基金、债券基金、地产基金、机会策略基金、产业基金等各种类型的基金。澳门的金融差异化优势，可以为深圳提供广阔的合作机会，取长补短，形成深港澳独特的金融竞争优势。

## 三、知识产权法律合作

知识产权保护是激发创新原始动力的基本保障。近年来，深圳不断加大知识产权保护力度，创建一流的国家知识产权强市，取得显著成绩。据悉，2018年年底，中国（深圳）知识产权保护中心就已正式揭牌运行，面向新能源和互联网等重点产业开展知识产权快速协同保护。而2019年3月《深圳经济特区知识产权保护条例》正式实施，明确指出对知识产权侵权行为可先禁止再处罚，堪称深圳知识产权保护道路上的里程碑。目前，深圳不仅知识产权创造能力再上新台阶，专利申请授权量、商标申请注册量等多项指标居全国前列，而且体制机制亦取得重大成就。表2-2对此做了一些简单梳理：

表2-2 知识产权法律法规梳理

| 领域 | 主体 | 知识产权保护进展 | |
|---|---|---|---|
| 知识产权行政执法 | 深圳市市场监督管理局 | 组织"护航""雷霆""溯源""剑网"等系列专项行动,制定电子证据取证、专利侵权判定等知识产权保护工作指引 | 共查处知识产权侵权案件1224件,同比增长36.6%,结案1082件,移送公安机关涉嫌犯罪案件51件,罚没款642.35万元 |
| | 深圳海关 | 开展"龙腾"行动和中俄、粤港海关知识产权联合执法行动 | 共采取知识产权保护措施2928批次,立案361件,涉及货物总数逾2456万件,案值4.01亿元 |
| 知识产权司法保护 | 深圳市公安机关 | "春雷""云鹊""云端"等知识产权保护专项行动战果显著。共受理各类侵犯知识产权案件595件,其中,立案560件,破案447件,刑事拘留840人,提请逮捕610人,移送审查起诉633人 | |
| | 深圳市检察机关 | 审查逮捕阶段受理侵犯知识产权案件438件,批准逮捕639人;审查起诉阶段受理案件439件,决定起诉611人,其中,假冒注册商标案件比重过半 | |
| | 深圳市各级人民法院 | 新收知识产权案件28296件,其中,新收民事一审案件22781件,新收民事二审案件4479件,刑事案件962件,审结知识产权案件28071件 | |
| | 深圳市 | 中国(深圳)知识产权保护中心正式揭牌运行;强化知识产权联席会议统筹协调机制,将知识产权保护工作定位为深圳的生命线战略 | |
| 知识产权机制建设 | 深圳市市场监督管理局 | 1. 打造企业知识产权保护的培训、指导、维权、孵化"四大平台";<br>2. 2018年共14家工作站挂牌运作,服务企业14294家;<br>3. 签订《知识产权系统电子商务领域专利执法维权协作调度机制工作备忘录》,加入全国专利管理部门与电商平台之间的执法维权协作机制 | |

续上表

| 领域 | 主体 | 知识产权保护进展 |
|---|---|---|
| 知识产权机制建设 | 深圳市公安局 | 完善侦办商业秘密犯罪案件标准化模式，畅通高新企业报案绿色通道，做到受案、查处、追赃"三个优先" |
| | 深圳市司法局 | 组建深圳市知识产权律师专家库，建设"公证云平台"，创新知识产权公证保护机制 |
| | 深圳市前海管理局 | 推进中国（深圳）知识产权保护中心软硬件建设工作，确保保护中心如期通过验收 |
| | 深圳市公平贸易 | 促进署协助商务部召开337调查案件应诉协调会，研究应对策略 |
| | 深圳国际仲裁院 | 1. 借助中国（深圳）知识产权保护中心、深圳市南山区知识产权保护中心两个平台，综合运用"ADR + 仲裁"手段，为当事人提供专业化国际化的知识产权相关争议解决服务；<br>2. 借鉴香港等地的先进做法，探索完善知识产权纠纷多元化解决机制，挖掘仲裁在知识产权保护方面的积极作用 |
| | 深圳市人民检察院 | 设立专职机构和专业办案组办理知识产权刑事案件，推动建立统一的假冒注册商标类犯罪案件法律适用标准 |

上述政策法规极大地推动了深圳知识产权的创新活力，但目前深圳知识产权维权举证难、周期长、成本高等问题依然存在。港澳特别是香港的知识产权历史悠久，知识产权保护水平世界领先，对此具有丰富的经验，其可供深圳借鉴的先进经验有：

第一，法律制度链条完善。香港围绕知识产权保护的配备条例完善，包括《版权条例》《商标条例》《商品说明条例》《专利条例》等一系列配套条例。香港除了知识产权立法比较完善，还适用一些主要的国际知识产权条约。譬如，适用于香港的有关专利方面的国际公约主要有《保护工业产权巴黎公约》《专利合作条约》《与贸易有关的知识产权协议》（TRIPs）。这些国际公约适用于香港，成为香港专利法的一部分。仲裁结果在海内外均可执行。由于香港是《纽约公约》的成员，在香港做出的仲裁结果可以在150个缔约国以及澳门等司法管辖区执行。同时，香港与内地在2000年亦达成了仲裁裁决互认及执行安排的共识。如此一来，香港的知识产权保护就能与海内外全面接轨，而这样的背景使香港成为营商与国际化知识产权交易平台的理想选择。

第二，知识产权交易是联系"产学研"的锚点。在刚刚落幕的2019粤港澳大湾区知识产权交易博览会上，共促成知识产权合作意向金额101.47亿元，促成知识产权交易逾17亿元（专利+版权+商标），见证大湾区丰富的知识产权资源的对接潜能。深圳市积极发展知识产权市场，推动专利等知识产权技术转化实施。深圳市市场监督管理局支持企业参与中国国际专利技术与产品交易会，推动企业现场展示交易专利达130项。粤港澳大湾区"9+2"城市2013—2017年专利技术如表2-3所示。2018年，国家专利技术（深圳）展示交易中心线上平台共展出5500项以上专利技术产品，累计发布预交易专利信息15800多项，覆盖电子机械、新能源等近30个技术领域。2018年，该中心共完成专利交易72件，交易金额590.8万元。历年累计完成专利交易1637件，累计交易额度达9093.8万元。

表2-3 粤港澳大湾区"9+2"城市2013—2017年专利技术

单位：项

| 排名 | 城市 | 2013年 | 2014年 | 2015年 | 2016年 | 2017年 | 合计 |
| --- | --- | --- | --- | --- | --- | --- | --- |
| 1 | 深圳 | 49785 | 53701 | 72126 | 75038 | 94292 | 344942 |
| 2 | 广州 | 26192 | 28198 | 39883 | 48385 | 60270 | 202928 |
| 3 | 佛山 | 8117 | 8671 | 13297 | 16371 | 14358 | 60814 |
| 4 | 珠海 | 5739 | 5630 | 6874 | 8703 | 7127 | 34073 |
| 5 | 东莞 | 5166 | 5783 | 5418 | 5830 | 4869 | 27066 |
| 6 | 中山 | 3736 | 3581 | 3876 | 3539 | 3013 | 17745 |
| 7 | 江门 | 2567 | 2848 | 2851 | 3233 | 2761 | 14260 |
| 8 | 香港 | 2297 | 2867 | 2940 | 2970 | 2888 | 13962 |
| 9 | 惠州 | 2015 | 1964 | 2506 | 3025 | 1534 | 11044 |
| 10 | 肇庆 | 518 | 379 | 358 | 380 | 393 | 2028 |
| 11 | 澳门 | 93 | 55 | 142 | 179 | 139 | 608 |

## 四、政策建议

深圳过去40年的改革开放创新发展,很大程度上得益于毗邻香港的独特区位优势,得益于港澳在人才、资金、技术、管理等方面的大力支持。现在,深圳在科技创新、金融发展、城市管理等方面与港澳还有不小差距,仍要学习港澳、依托港澳、服务港澳。

### (一)共同打造深港澳"离岸科创中心"

在落马洲河套地区先试行"离岸科创中心"政策。包括在知识产权、律师等科技服务,教育、医疗等生活服务领域,推行与港澳一致的专业技术认定和服务标准;探索"区块链+"在民生领域的运用,积极推动区块链技术在医疗健康、食品安全等领域的应用;促进物流、资金流、信息流在"离岸科创中心"内的自由流通;在现行的国际高水平人才引进政策基础上,试行境外人才零门槛进入,吸引国际高端技术人才、港澳青年到深圳创新创业。

成立专门对接港澳的科技成果转化平台。做好港澳及国际科技资源与内地产业链对接,倡导以商业为导向的学术研究和人才培养,促进原始创新、技术创新与产业应用的对接。参照硅谷经验,创新人才培养和学术评价体系,增强对学术研究成果和人才培养的产业化考核力度,增加科技成果转化考核权重,增设产业教授岗位,调动教授创业的积极性。

深化深港澳科研合作,出台便利科研人员交流举措。深化深港澳高校科研机构合作,促进三地高校以科研人员交流合作。在生物医药、海洋等领域加强科研合作,在区块链这个新兴领域推动三地协同攻关,加强区块链标准化研究,提升国际话语权和规则制定权。以深圳建设国家科学中心为基础,推动重大科技基础设施的共享、共建,促进形成原始创新合力。共建重大科技攻关平台,可采用参股模式,以利益共享机制吸引港澳资金、科技力量共同投入。如表2-4所示。

以建设综合性国家科学中心为契机,加强项目合作。以综合性国家科学中心建设为核心,联合港澳共建西丽湖国际科教城机制,对标港澳推动科技创新和高等教育体制机制改革,建立市场需求导向的育人体系、产业牵引的学科体系和教育支撑的科研体系。引进港澳高校和科研院所,打造世界一流科教城和粤港澳大湾区创新智核,建设深港、深澳科研合作科技城。

表 2-4 深港澳深度合作(科技创新项目)

| 项目 | 突破口 |
| --- | --- |
| 河套地区港深创新及科技园 | 探索建设边境科创特区,加强港深创新及科技园对深圳的辐射带动作用,重点探索香港科创产业带的培育机制以及对接深圳科创产业的合作模式,推进创新及科技园的成果在深圳转化。提供更为便利的出入境管理制度,促进人才自由流动,破解香港科技机构及人员与广深地区科技机构及人员的合作制度障碍 |
| 国家综合科学中心 | 加大国家重点实验室、国家工程实验室、国家工程(技术)研究中心、大型科学仪器中心、分析测试中心等引进力度,建立重点科研基础设施和大型科研仪器开放共享运行补助机制。充分利用中科院香港分院的重要分支,加快建设香港科研人员与内地人员合作机制。利用中山大学深圳校区、香港中文大学深圳校区、深圳大学等高校人才力量,带动两地科创合作 |
| 航空航天 | 依托中山大学深圳航空航天学院,进一步放开香港科技机构及研究人员申报国家基金项目的限制,利用国家重点支持香港国家重点实验室建设的机遇,与落马洲港深创新及科技园形成优势互补。在此基础上,深圳应主动与香港创新及科技局加强沟通协调,探索香港科技机构科技成果培育和转化的顶层制度设计,通过建立科技资源共享平台、产业技术研究院和产业联盟等形式,解决科技资源较为匮乏、科研院所与企业之间的沟通问题 |
| 生物医药 | 利用香港大学深圳医院平台、全面引进香港大学具国际一流水平之优势学科,鼓励社会力量发展高水平医疗机构。探索与国际高端医药研究机构的合作对接,在医学人才培养、医院评审认证标准体系等方面加速与国际接轨 |
| 诺贝尔奖科学家实验室 | 探索把现有诺贝尔奖科学实验室迁移至河套地区创新及科技产业园,利用香港较为便利及自由的制度吸引科研资金,为诺贝尔奖人才提供更为优厚的条件及待遇,研究成果可归属深港双方或深圳所有 |

深抓与港澳知识产权合作，依托南山区知识产权保护中心平台，与港澳合作创设"知识产权和科技成果产权交易中心"。深港澳共同协作，开展数字货币研究与移动支付等创新应用研究。

（二）探索科技金融"监管沙盒"合作机制，加强制度和规则建设

以粤港澳大湾区建设为契机，以自由贸易试验区为平台，探索构建跨境的"监管沙盒"合作机制，加强与港澳的金融创新和金融科技成果共享。与港澳金融监管部门就金融创新与金融科技监管建立定期交流机制，交换监管经验和意见，共同探讨完善监管机制。与港澳共享测试企业数据。内地的金融监管部门可以从测试企业定期报送的测试情况和数据中积累经验和案例，为适时调整监管政策和措施提供支持。跨境共享测试企业数据可以为各方提供更为丰富的测试样本和数据，有利于进一步完善相关政策。探索与香港等已推出"监管沙盒"制度的地区建立合作机制，对两地同时申请测试的项目通过简化流程、缩短测试时间等方式鼓励风险可控的金融创新跨区域推广。探索建立跨境联合沙盒测试机制，对有意同时推行的金融创新项目，在任一地区申请测试并通过审核后，可以按一定比例组成跨境的消费者测试群体，多地同时进行测试。最终通过正式评估的项目，可以在多个测试地同时推广。

加快构建涵盖基础性立法、产业性规定和配套性制度的高标准法规制度体系，建立与港澳规则对接的、国际高标准投资和贸易规则体系相适应的行政管理体系。深入推进"放管服"改革，对标港澳打造最具竞争力的营商环境。加快引进港澳医疗集团、合作办医改革，继续深化教育集团化改革，切实提高办医办学水平，补齐民生短板，在建设"民生幸福标杆"中争创新优势。前海将推动哈罗国际学校、前海联合国教科文中心等项目加快落地，探索深港澳医疗卫生标准规范衔接、规则互通互认的注册、准入和服务监管新机制。推进城市管理能力提升，全面推进社会主义法治示范区建设，加快法治政府建设，在建设"法治城市示范"中开创新局面。支持港澳青年创业就业。

寻求在 CEPA 协议中对澳门全部服务领域实施国民待遇。内地对港澳开

放的服务部门 153 个，涉及 WTO 分类标准 160 个的 95.6%，但协议实行国民待遇的服务领域只有 62 个，97 个服务领域对港澳开放但是未实行国民待遇，制约了港澳相关企业进入内地。推动与港澳之间职业资格相互认可协议，如对于未取得内地专业资格考试的澳门专业人才，只需具有澳门的专业资质，并通过相关培训课程就可获得从业资格，能在深圳从事特定的专业服务。对于特定领域的专业人士，实施服务备案制度，在不超过服务规模和天数的情况下，允许为深圳的企业和居民提供服务。

（三）加强与港澳国际商事仲裁合作，服务"一带一路"建设

提高前海仲裁员的国际化程度，借鉴如《联合国国际贸易法委员会国际商事仲裁示范法》等规则，引入合并第三方、合并多项仲裁、紧急仲裁员委任、临时措施、加速程序听审等仲裁制度。加强司法系统与仲裁机构间的协同，加强法院对仲裁程序的支持，及对仲裁裁决效力的保障。此外，可以适时考虑比照 ICSID 公约条款，研究国际投资仲裁机制。充分利用港澳的优质法律服务资源，为深圳企业"走出去"提供国际化的法律服务。根据企业"走出去"的需要，尤其是走出到普通法系国家的企业，充分挖掘香港的优质律所，使内地企业能够在当地就享受到能与国际标准对接的法律服务。

充分利用深港澳专业服务合作积累的成果，搭建服务"一带一路"倡议的国际化专业服务平台。汇聚深港澳三地优质服务团队，为"一带一路"倡议提供全阶段的专业服务资源。三地政府应共同应对企业"走出去"所面临的各类风险与专业服务需求，提供专业服务企业名录，便利企业获取法律、会计、股权涉及、融资、保险等服务。充分利用港澳的优质法律服务资源，为企业"走出去"提供国际化的法律服务。根据企业"走出去"的需要，尤其是走到普通法系国家的企业，充分挖掘香港的优质律所，使内地企业能够在当地就享受到能与国际标准对接的法律服务。如表 2-5 所示。

创新机构设置，共设"一带一路"倡议推进委员会。该委员会由深港澳三地政府相关职能部门（如投资贸易促进局）、专业投资促进机构和相应驻外机构等各界人士组成，政府引导，市场化运作，专门负责深港澳联合

"走出去"的统筹组织工作,统驭海外资源利用和开发,具体协调管理海外资源获取、信息收集与整理,协调政府部门、机构和企业的关系,引导企业"抱团出海",整合优秀企业资源,避免恶性竞争。同时,对"走出去"进行监督和管理,建立"走出去"风险防控体系。

表2-5 深港澳深度合作("一带一路"项目)

| 项目 | 突破口 |
| --- | --- |
| 粤港澳大湾区"走出去"合作平台 | 在CEPA协议下,进一步加快深港服务贸易的合作,尤其是在金融、会计、法律、咨询等领域获得突破性的进展,把深圳打造为服务国内企业走向"一带一路"沿线国家和地区的重要通道 |
| 粤港澳物流合作园 | 粤港澳三地的港口需要实现海关数据共享,三地港口须按照"虚拟组合港"的模式建立大海关沟通协调机制,同时三地必须建立保税物流大通道,有效地将三地的港口、机场整合起来,争取设在前海自贸片区 |
| 深圳港全球海运网络建设 | 全球海运网络建设首先要有足够多的国际航线,海关必须实现与国际对接的"国际贸易单一窗口",必须建立国际化的电子口岸,自由贸易港式的通关便利条件,硬件可以靠深圳来解决,但是软件方面必须联合港澳,充分利用港澳已有的国际自由贸易港有利条件 |
| "一带一路"高峰论坛 | 该论坛设在香港,深圳可争取在前海自贸片区设内地分论坛。在论坛召开期间,争取特殊的临时出入境管理制度,如落地免签政策、离深退税等,吸引国际高端商务人士集聚深圳 |
| 澳门国际贸易投资展览会 | 该展览会设在香港,深圳可争取在前海自贸片区设内地分会场。在展览会召开期间,争取特殊的临时出入境管理制度,如落地免签政策、离深退税等,吸引国际高端商务人士集聚深圳 |
| "一带一路"粤商文化博览会 | 针对华人华侨,尤其是广东籍的侨商,向全世界展示大湾区文化魅力,联合港澳每年举办,探索试行具有国际吸引力的文化产业政策,尤其是税收政策,吸引粤籍侨商集聚深圳,打造宜业宜游的文化湾区 |

# 第二编 基础设施互联互通与空间布局

# 第三章 粤港澳大湾区空间发展新态势

李立勋[①]

粤港澳大湾区建设,是要通过促进粤港澳区域内部的更紧密合作、更深度融合,实现区域整体的更高水平和更高质量发展,并且强化区域对其他地区的辐射和带动效应,提升区域在国家发展大局中的地位和角色。粤港澳之间、珠三角9市之间、粤港澳大湾区与粤东西北之间以及粤港澳与泛珠三角地区之间等不同层次的区域关系发展,是粤港澳大湾区建设的核心内容之一,它必然表现为不同层次区域空间结构的调整重组以及区域空间发展模式的优化提升。当前,随着大湾区建设的系统、分层、有序推进,区域空间发展已经出现一些新的发展态势、发展趋向。

## 一、空间连接显著强化

### (一)跨江通道建设加速

长期以来,由于珠江主航道的分隔,珠三角东西两岸联系不便,分别形成不同的发展路径与发展结构。1991年5月,虎门轮渡通航,开始建立东西两岸的交通连接,但运力有限,未能形成跨江的规模性通道。1997年,虎门大桥建成通车,真正成为东西两岸联系的重要通道,但相对于两岸巨大的经济体量和经济社会发展带来的人流、物流的迅猛增长,其运力已经达到饱和,交通拥堵严重。供给能力不足对两岸协同发展产生了明显的制

---

① 李立勋,中山大学地理科学与规划学院教授,主要研究方向为城市与区域规划、珠三角城市与区域发展。

约，跨江通道建设对建立东西两岸连接、促进大湾区协同发展、支撑广东构建"一核一带一区"区域协调发展新格局具有重要意义。

在大湾区建设战略的系统推进下，跨江通道建设明显提速。

### 1. 两大通道建成通车

2018年10月24日，港珠澳大桥正式通车运营。大桥东起香港国际机场附近的香港口岸人工岛，向西横跨南海伶仃洋水域接珠海和澳门人工岛，止于珠海洪湾立交；桥隧全长55千米，项目总投资1269亿元。这一史无前例的世纪工程跨越伶仃洋，将粤港澳紧紧连在一起①。2019年4月2日，南沙大桥主线通车。大桥全长12.89千米，连接广州、东莞两地。通车首日车流约5万车次，占珠江口过江总车流比例的18%。随着连接南沙大桥与广深高速的（东）莞番（禺）高速一期通车，虎门大桥限行，南沙大桥车流逐步上升，特别是货车车流明显增长。2019年国庆期间（10月1—7日），南沙大桥车流占过江总车流比例达到44%②。

### 2. 多条通道正在建设

2016年12月28日，深中通道开工建设，集"桥、岛、隧、水下互通"于一体，是国家"十三五"重大工程，计划2024年建成通车。2020年6月6日，黄茅海跨海通道项目正式开工，预计2024年建成通车。两条通道建成后，将与港珠澳大桥、南沙大桥、虎门大桥共同组成大湾区跨海跨江通道群，极大地提升东西两岸的通达性，并改变粤西沿海地区与湾区核心区域通道单一的现状，实现大湾区经济发展向粤西和沿海地区辐射，促进构建"一核一带一区"区域发展新格局③。

### 3. 更多通道开始谋划

据媒体报道，除上述已建和在建通道之外，珠江口还规划建设莲花山通道、深茂铁路公铁两用大桥、中山—南沙—虎门城际轨道、深圳至珠海城际轨道等④。2020年6月，广东省交通运输厅正式印发《广东省高速公路网规划（2020—2035年）》，预计广东6年内将新增投资6100亿元，重点组

---

① 《港珠澳大桥正式通车运营》，载央视网2018年10月24日。
② 《南沙大桥通车一周年成为珠江口主要过江通道》，载中国新闻网2020年4月1日。
③ 《黄茅海跨海通道正式开工！》，载南方网2020年6月6日。
④ 《广东规划12条跨江通道 彰显湾区澎湃活力》，载南方网2019年5月29日。

织实施珠三角地区干线扩容、跨江跨海通道和出省通道等重大项目,以及粤港澳大湾区辐射粤东、粤西、粤北地区的干线通道,新开项目包括狮子洋通道、莲花山通道等①。2020年6月,珠海市市长姚奕生在市九届人大八次会议上做《2020年珠海市人民政府工作报告》,提出"携手深圳推进伶仃洋通道规划"②。

## (二) 轨道交通线网加密

### 1. 城市轨道走出行政边界

2010年11月,广佛地铁开通,成为全国首条城际地铁线。目前,广州佛山两地除了广佛线直接对接,还有在建的广州7号线西延段、佛山2号线可对接融合。《广佛两市轨道交通衔接规划》显示,佛山未来将有10条与广州实现对接的地铁线。

2020年1月,广州市十五届人大五次会议提出"谋划推动地铁18号线延伸至中山、珠海和地铁28号线延伸至佛山、东莞"。其中,28号线是佛山中心城区、广州琶洲、新塘以及东莞主城区的快捷直达通道,其支线将从广州增城新塘镇向惠州市延伸③;18号线起于南沙区万顷沙枢纽,经明珠湾区、番禺广场、琶洲、珠江新城,止于广州东站枢纽,其向北已预留通道向清远延伸,向南延伸线将以城际铁路的形式继续推进。2020年5月23日,珠海市市长姚奕生在十三届全国人大三次会议广东代表团分组审议现场透露,广州地铁18号线延长线延伸至中山、珠海,已进入实质性操作④。

2020年3月,东莞市政府透露,东莞地铁1号线三期对接深圳6号线支线,地铁1号线支线对接深圳地铁22号线。深圳地铁6号线及南延段都在建设中,其已经预留与东莞地铁1号线衔接的条件;深圳轨道22号线起自福田保税区,终于观澜北深莞边境,并预留延伸至东莞的条件,承担福田主中心对龙华和东莞等地区的辐射带动作用和缓解中部走廊交通压力的功能,实现福田主中心与观澜组团中心45分钟、临深片区60分钟通达的规

---

① 《广东更新高速路网规划:珠江口新增3条跨江通道》,载南方网2020年6月4日。
② 《2020年珠海市人民政府工作报告》,载珠海市政府官网2020年6月16日。
③ 《广州地铁28号线将串联广州佛山东莞》,载中国新闻网2020年5月26日。
④ 《最新进展!广州地铁18号线如何连接中山珠海》,载澎湃新闻2020年5月25日。

划目标①。

### 2. 城际轨道开始连线结网

2019年12月15日，穗深城际铁路广州东站至深圳机场站段正式开通运营，当日全线发送旅客1.5万人次；2020年1月10—16日，穗深城际铁路运送旅客超过10万人次。广珠城轨延长线珠海市区至珠海机场城际轨道已通过验收，未来这条轻轨线路将与澳门轻轨"无缝对接"。2020年5月25日，佛莞城际铁路全线隧道顺利贯通，将全面转入站后工程施工。佛莞城际全长36.7千米，西起广州南站，东至东莞望洪站，设计运营时速200千米，通车后最快15分钟即可从广州番禺到达东莞②。2020年6月28日，广清城际南延线（广州白云至广州北站段）在广州北站旁开工建设，广清城际的即将建成与广清城际南延线的开工建设，意味着清远将纳入广州30分钟经济圈③。

2020年8月4日，国家发展和改革委员会批复《粤港澳大湾区（城际）铁路建设规划》，提出在继续实施并优化原珠江三角洲地区城际轨道交通网规划基础上，进一步加大城际铁路建设力度，做好与大湾区内高铁、普速铁路、市域（郊）铁路等轨道网络的融合衔接，形成"轴带支撑、极轴放射"的多层次铁路网络，构建大湾区主要城市间1小时通达、主要城市至广东省内地级城市2小时通达、主要城市至相邻省会城市3小时通达的交通圈，打造"轨道上的大湾区"。其中明确，深惠城际前海保税区至惠城南段、深圳机场至大亚湾城际深圳机场至坪山段、广清城际北延线、广清城际广州北至广州段、莞惠城际小金口至惠州北段、穗莞深城际南延线6个城际铁路项目在2022年前启动建设。

### 3. 高铁干线建设有序推进

赣深高铁：国家中长期铁路网规划"八纵八横"高速铁路网的重要组成部分，连接长三角、珠三角的又一条重要快速通道。赣深高铁线路纵贯

---

① 《关于〈深圳市城市轨道22号线交通详细规划〉（草案）的公示》，载深圳市规划和自然资源局官网2020年4月30日。
② 《佛莞城际铁路全线隧道贯通》，载广州市人民政府官网2020年5月29日。
③ 《粤港澳大湾区轨道交通进一步完善  深江铁路正式开工建设》，载中商情报网2020年7月3日。

江西、广东两省，长度 436.367 千米，设计行车速度为 350 千米/小时，规划运输能力为 5000 万人/年。2020 年 5 月 9 日，赣深高铁羊台山燕尾式三岔隧道 1 号进口顺利贯通，预计 2020 年 10 月实现全面贯通。赣深高铁（深圳段）各项工作正在平稳推进中，预计 2021 年建成通车①。

深茂铁路：国家中长期铁路网规划"八纵八横"高速铁路主通道之一"沿海通道"的重要组成部分。2014 年 6 月 28 日，深茂铁路江茂段先行段开建；2014 年 12 月，深茂铁路江茂段全线开建；2018 年 7 月 1 日，深茂铁路江茂段建成通车。2020 年 7 月 2 日，深茂铁路深江段先行开工段（珠江口隧道工程）在广州南沙开工，总投资 513 亿元，工期 5.5 年，计划 2025 年年底建成通车②。这是深港及珠西等地联系粤西、海南及西南等地的便捷客运新通道，拉近大湾区与西部广大地区的时空距离，提升深港、珠澳发展的对外辐射带动能力③。

广湛高铁：2019 年 8 月 21 日，新建广州至湛江高速铁路可行性研究报告获得国铁集团、广东省人民政府正式批复，标志着广湛高铁即将启动实质性建设。广湛高铁东接广州枢纽，通过京九、京广以及沿海客专可抵京津冀、长三角、海西和长株潭等地区，西连湛江枢纽，通过合湛、湛海铁路可达北部湾、海南岛等地区，是国家"八纵八横"高速铁路网 350 千米/小时沿海铁路客运大通道的重要组成部分。

广汕高铁：国家"十三五"规划建设的高速铁路区域连接线，广东省"五纵二横"高速铁路骨干网重要组成部分。由广州新塘引出，途经惠州，终点位于汕尾，新建路线总长 206.2 千米，设计时速 350 千米。2017 年 7 月，广汕高铁在广州、惠州、汕尾同步开工，预计 2023 年通车。广汕铁路西端通过广州枢纽衔接贵广、南广、广珠、深茂铁路及京广通道，沟通珠三角核心地区，并辐射粤西南地区；中段在惠州地区承接京九通道，连接江西、安徽等中东部片区；东端在汕尾地区与沿海铁路相连，通达东南及华东沿海地区④。

---

① 《赣深高铁最新进展　全线预计 2021 年通车》，载"深圳发布"2020 年 5 月 13 日。
② 《深茂高铁深圳至江门段开工》，载《宝安日报》2020 年 7 月 3 日。
③ 《深茂铁路在深设西丽站和机场站》，载《深圳特区报》2019 年 11 月 29 日。
④ 《广汕铁路 3 标项目首片箱梁成功浇筑》，载《经济日报》2020 年 4 月 7 日。

## 二、空间合作分层推进

### (一) 空间极点协力强化

**1. 广佛同城：从地方实践到国家战略**

在大湾区建设背景下，广州、佛山两地同城化合作上升到国家战略高度，开始进入全域系统性格局性构建的新阶段。2018年12月，两市签署《深化广佛同城化战略合作框架协议》。2019年5月，两市签署《共建广佛高质量发展融合试验区备忘录》，并提出合作共建先进装备、汽车、新一代信息技术、生物医药与健康产业4个万亿级产业集群。2019年7月，中共广东省委、省政府印发《关于贯彻落实〈粤港澳大湾区发展规划纲要〉的实施意见》，要求加快广佛同城化发展，建成具有全球影响力的现代产业基地，打造服务全国、面向全球的国际大都市区。2020年7月1日，广州市委书记张硕辅在广佛同城化党政联席会议上提出"全力推进全域同城化高质量发展"：一要共建大平台，加快推进广佛高质量发展融合试验区建设，抓紧启动先导区建设，带动广佛全域高标准融合发展；二要共建大产业，共同做大做强先进装备制造、汽车、新一代信息技术、生物医药与健康等产业集群，构建具有国际竞争力的现代产业体系；三要共建大交通，加快广佛环城际、跨界市政路等项目建设和对接，加快实现交通全面衔接、无缝对接；四要共建大生态，推进广佛跨界河涌系统治理，加快万里碧道建设，打造高品质城市环境；五要共建大服务，加强疫情防控、营商环境、文化、教育、医疗等深度合作，强化高水平城市协同治理，共同打造法治广佛、平安广佛、幸福广佛[①]。

**2. 深港合作：携手共建国际科创中心**

深圳全面准确贯彻"一国两制"方针，严格按照宪法和基本法想事办事行事，以规则相互衔接为重点，以跨境基础设施建设为抓手，以科技创新、民生领域等合作为突破，做强做实"香港—深圳"这一极，巩固深港

---

① 《2020年度广佛同城化党政联席会议在佛山召开》，载《广州日报》2020年7月2日。

"亲如兄弟"般关系,为保持香港的长期繁荣稳定做出应有的贡献。深港将构建系统性的合作格局,重点包括:一是健全常态化联络机制,切实发挥合作机制强化沟通、解决问题、推动工作的实效;二是基础设施互联互通,不断完善便捷高效的交通网络和口岸功能,进一步畅通人流、物流、资金流、信息流;三是便利香港居民来深圳发展,积极落实国家政策,加快完善配套政策,积极回应港澳居民关切,建好粤港澳青年创新创业工场、前海深港青年梦工场等平台,让港澳青年来深圳创新创业更加便利;四是推进前海开发开放,制订了前海全面深化改革方案、实施前海开发开放高质量发展的若干措施、前海城市新中心规划等文件,在制度创新、产业聚集、城市新中心建设等方面推出了130多项举措;五是协同推进科技创新,抓住广深港澳科技创新走廊建设的重要契机,把深圳的产业化、市场化、科技创新优势与港澳科技创新资源丰富等优势结合起来,优势互补,携手共建国际科技创新中心,重点建设深港科技创新合作区,发挥"离岸、跨境、国际化"优势,推动实施人员、资金、物资、税收、信息等领域先行先试政策①。

### 3. 珠澳合作:强化大湾区格局第三极

珠澳双方已签署加快澳珠极点建设的相关合作备忘录,就共同贯彻《粤港澳大湾区发展规划纲要》,推进和深化粤澳合作产业园建设,促进澳门产业多元发展,携手打造粤港澳大湾区新增长极达成多项共识。双方在产业建设、跨境办公、土地出让、人才认定等惠澳利澳的政策措施体系逐步完善,教育、社保、置业、保险等社会民生合作稳步推进。粤澳合作产业园、粤澳合作中医药科技产业园、澳门青年创业谷发展迅速,已经成为珠澳合作的重要平台②。2020年4月20日,澳门特别行政区行政长官贺一诚发布的《2020年财政年度施政报告》提道:"横琴是澳门参与粤港澳大湾区建设、融入国家发展的第一站,是澳门经济多元发展的最便利、最适宜的新空间。"③珠海从建立新体制、打造新环境、发展新产业、建设新都市、

---

① 《省委副书记、深圳市委书记王伟中:举全市之力推进粤港澳大湾区建设》,载《南方日报》2019年3月18日。
② 《珠澳合作瞄准共建粤港澳大湾区澳珠极点》,载新华网2019年10月26日。
③ 《从产业共融到全面共建 珠澳合作亟待再进阶》,载《时代周报》2020年5月26日。

缔造新生活"五个新"入手,与澳门共同推动粤澳深度合作区落地建设。重点包括:依托粤澳合作产业园、粤澳合作中医药科技产业园和在横琴设立分部的澳门4家国家实验室等重大载体平台,推动中医药等澳门特色产业、高新技术产业在横琴落地发展;全力配合澳门建设世界旅游休闲中心,高水平建设横琴国际休闲旅游岛;聚焦各类要素跨境便捷流动,探索规则的联通贯通融通,探索构建粤澳双方共商共建共管的新机制;在新一轮国土空间总体规划、横琴总规编制中与澳门规划进行有序衔接,为澳门留足生产生活生态空间;进一步完善便利澳门居民就业、创业、居住的政策,加快推进"澳门新街坊"和一批高水平医院、学校和养老服务设施建设,让横琴更适合澳门企业和澳门居民发展和居住①。

## (二) 边界地区高度融合

### 1. 广佛边界共建高质量发展融合试验区

在2019年5月召开的广佛同城化党政联席会议上,两市政府签署了《共建广佛高质量发展融合试验区备忘录》,明确将围绕197千米边界线,共建广佛高质量融合发展试验区(以下简称"试验区")。试验区总面积629平方千米,空间上分两个层次:一是按照近期可启动建设,用于项目落地的标准划定的连片开发范围(139平方千米);二是考虑产业联动发展和配套设施一体化建设,在连片开发范围上划定的协调范围(629平方千米)。试验区规划构建"1+4"融合发展格局。"1"是指广州南站—佛山三龙湾片区,范围面积约259平方千米,其中,广州约129平方千米,佛山约130平方千米,该片区要最大限度地集中广佛优势资源、先行开发、加快启动、重点建设,打造成为支撑广佛极核重大发展平台、新时代全国同城化发展示范区。"4"是指五眼桥—滘口、大岗—五沙、白云—南海、花都—三水片区,稳步有序推进融合发展②。2020年7月1日召开的2020年度广佛同城化党政联席会议,介绍了广佛高质量发展融合试验区总体规划纲要和建设方案,明确试验区近期将集中力量在"广州南站—佛山三龙湾—广州荔

---

① 《珠海重大项目齐发力 珠澳合作谱新篇》,载南方网2020年6月9日。
② 《广佛共建"1+4"高质量融合发展试验区》,载南方网2019年9月28日。

湾海龙"先导区,先行建设"番禺—南海—顺德""荔湾—南海—番禺"两个启动区,同时聚焦要素融合,加快推进一系列生态、交通、产业等分类示范项目①。

**2. 深港边界联手打造科技创新合作高地**

2017年1月,深港政府签署河套地区共同开发合作备忘录,明确联手打造深港科技创新合作区。合作区总面积约3.89平方千米,其中,深圳河南侧的香港园区面积约0.87平方千米,深圳河北侧的深圳园区包括皇岗口岸片区和福田保税区,面积约3.02平方千米。2020年8月,深圳市人民政府印发《深圳市人民政府关于支持深港科技创新合作区深圳园区建设国际开放创新中心的若干意见》(以下简称《意见》),明确深圳园区要坚持制度创新和科技创新双轮驱动发展,对标香港及国际上最有利于科技创新的体制机制,全方位探索构建有利于科技创新的政策环境,重点探索促进人员、物资等要素资源高效便利流动,打造国际化营商环境,对接国际科研规则,建设5G通信、人工智能、生物医药等新兴产业标准规则示范区。《意见》提出深圳园区将全力服务香港高校和科研机构,提供优惠、充足的科研、科技成果转化空间,提供公共科研装置、公共技术服务平台、中试基地等设施向香港高校和科研机构全面开放,支撑香港建设国际创新科技中心。《意见》还提出要坚持"空间优先保障科研需要"原则,研究制定城市更新及土地整备专项政策,释放更多的科研空间。目前,深圳园区已经整备出40万平方米土地,引进或落地项目126个,包括生命科学项目56个,信息技术项目36个,材料项目11个,其他配套项目20个,其中,不少属于前沿科技领域的创新项目②。

**3. 珠澳边界横琴地区助力澳门经济多元化**

2018年10月,习近平总书记在视察横琴时指出:"建设横琴新区的初心就是为澳门产业多元发展创造条件。"珠海着力推进横琴粤港澳深度合作示范区建设,探索在横琴及周边地区建设面向港澳全面深度开放的合作区

---

① 《广佛高质量发展融合试验区建设提速! 将先行建设两个启动区》,载《佛山日报》2020年7月2日。
② 《深圳出台推进深港科技创新合作区深圳园区建设意见 已引进项目126个》,载中国经济新闻网2020年8月10日。

域，重点支持港澳高端服务业特别是澳门医疗健康、特色金融、高新科技、文化创意等新兴产业发展。推动横琴自贸试验片区政策延伸覆盖保税、十字门、洪湾片区等一体化发展区域，以及向金湾区（高栏港区）、鹤洲片区拓展。建设珠海横琴国际休闲旅游岛，统筹研究旅客往来横琴和澳门的便利措施，允许澳门旅游从业人员到横琴提供相关服务。支持横琴与珠海保税区、洪湾片区联动发展，建设粤港澳物流园。加快推进横琴澳门青年创业谷和粤澳合作产业园等重大合作项目建设，研究建设粤澳信息港。粤澳跨境金融合作（珠海）示范区、中药材现货交易中心等已落地。占地面积约19万平方米的"澳门新街坊"项目用地已正式出让，成为内地第一个为澳门居民专门打造，集居住、教育、养老、医疗等多功能于一体的综合性民生项目，可为澳门居民提供约4000套住房，并同步开放澳门标准的医疗、教育、社区服务等公共服务配套①。2020年1—4月，横琴新区新增澳资企业303家，与2019年同期相比增加1倍多；注册资本11.58亿美元，同比增长5.85倍。截至2020年4月底，横琴新区已实有澳门投资企业2522家，较2019年年底增长近13%，注册资本（金）达139.44亿美元②。

**4. 东莞深惠边界形成"邻深片区"概念**

近年来，由于空间受限，成本上升，加上产业升级的挤出效应，所以深圳产业开始出现明显的空间转移与扩散趋势，同时，深圳居民对生活居住与休闲度假的需求，也开始向近邻区域扩散。东莞、惠州的临深圳地区以其较为宽裕的用地条件、庞大的劳动力蓄水池和良好的产业配套能力成为深圳产业转移的主要承接地，以其良好的生态环境、邻近深圳的区位、低廉的房地产价格，成为深圳居住郊区化和外迁企业从业人员安居的重要选项。2020年年初，广东省政协委员聂竹青提到在深圳工作、在临深圳片区居住的深圳人约有8万人，其中，居住在东莞的占67%，居住在惠州的占18%，居住在香港的占15%，认为未来职住关系需要在更大的区域空间尺度进行研究与统筹，建议（深圳）打破行政区域壁垒，为公共住房建设找到一条跨市合作、多方共赢的新模式。此后，深圳住建局局长张学凡在

---

① 《合作新动向：横琴新增澳资企业833家》，载南方网2020年6月10日。
② 《珠海重大项目齐发力 珠澳合作谱新篇》，载南方网2020年6月9日。

本地《民心桥》节目中透露,在临深片区轨道交通便捷、公共配套完备的地方建设大型安居社区,将是深圳接下来的一个选项,也是深圳正在着力谋划的事情①。在大湾区建设背景下,自上而下的政府推动力明显强化,并与市场形成合力,加上区域交通连接的显著改善,"临深地区"的一体化发展态势强劲,而且科技产业的扩散与合作成为新的方向。

### (三)飞地空间合作共建

**1. 深汕特别合作区明显提速**

2017年9月21日,中共广东省委、省政府下发《关于深汕特别合作区体制机制调整方案的批复》。2018年12月16日,深圳市深汕特别合作区正式揭牌成立,成为深圳第"10+1"区,开启以"飞地经济"带动"区域协调发展"的大胆探索和改革试验。深汕合作区规划总面积468.3平方千米,相当于1/4个深圳,可用建设用地为135平方千米,接近福田、罗湖两个区面积。2019年是体制机制调整为深圳全面建设管理的第一年,深汕合作区的GDP较前一年增长23.1%,这个增长率是深圳平均增速的3倍②。2019年,深汕特别合作区接洽企业420多家,实地走访企业82家,完成专家评审项目34个,引进重点产业项目21个。截至目前,深汕合作区供地产业项目89个,其中,82个来自深圳,已投产项目26个,已动工建设项目34个,已供地未动工项目29个,计划总投资超过490亿元,全部达产后预计年产值达900亿元,预计年税收约67亿元,将提供6.3万个就业岗位。未来将着力于先进制造业发展,大力引进产业链关键环节项目,积极推动深圳本土制造企业在合作区新设主力工厂,力推"总部+基地""研发+生产""智慧+运用"发展模式,努力打造深圳市先进制造集中承载区③。

**2. 广清特别合作区态势强劲**

广清特别合作区前身为佛山顺德清远(英德)经济合作区,按照中共广东省委部署,该合作区转由广州市主导开发建设。2018年12月,广清特

---

① 《深圳都市圈规划呼之欲出:占广东省GDP 40%,辐射莞惠河汕》,载《21世纪经济报道》2020年5月8日。
② 《深汕加速打造区域协调"飞地范本"》,载《南方日报》2020年8月12日。
③ 《深汕特别合作区:从产业园跃升为产业新城》,载搜狐网2020年7月26日。

别合作区工作组正式进驻英德,标志着广州、清远开展对口帮扶、实施产业共建、加强区域合作进入新阶段①。2019年4月,《深化广清一体化高质量发展战略合作框架协议》提出要高水平建设广清经济特别合作区。广清经济特别合作区包含"三园一城",即广清(清城)、广德(英德)、广佛(佛冈)3个产业园和广清空港现代物流产业新城(广清空港新城),其中,3个产业园由广州开发区主导开发建设,广清空港新城由广清两市政府共同主导规划建设②。广清特别合作区通过充分发挥黄埔区、广州开发区、清远(英德)市各自比较优势,开创以政府主导、市场运作、产业协作为核心,以管理协同为手段的区域合作共建新模式。2019年1—11月,广德园新增入园签约项目66个,总入园项目已达103个,计划总投资285.88亿元,累计全社会固定资产投资19.87亿元,其中,4个省、市重点项目完成投资16.13亿元,已完成全年任务的244%,实现全口径税收1.1亿元,同比增长264.37%③。

**3. 更多合作区构想陆续提出**

2020年1月17日,梁士伦代表在广东省十三届人大三次会议上提出《关于建设深中跨江融合发展示范区的建议》。6月18日,广东省发展和改革委员会答复称,"提案……具有积极借鉴意义,省发改委将结合大湾区发展规划布局、产业分工、区域协作等方面对深中两市的融合发展进行深入研究,推动珠江东西两岸协同发展"④。2020年6月9日,珠海市市长姚奕生在《2020年珠海市人民政府工作报告》中提出,"承接广深港澳创新资源外溢,特别是做好和深圳产业对接、支持科技成果到珠海转化","推动建设珠江口西岸高端产业集聚发展区,谋划建设深珠合作示范区"⑤。2020年7月,惠州市人大代表提出《关于将秋月湖生态智慧城纳入市级国土空间规划 争创深惠协同发展试验区的建议》,惠州市自然资源局会同市发改局、

---

① 《广清将携手共建"特别合作区"》,载《南方日报》2019年1月10日。
② 《广清一体化开启高质量发展新格局》,载《南方日报》2019年4月30日。
③ 《24亿!雪松控股等17个大项目落地广清特别合作区》,载《时代周报》2019年12月24日。
④ 广东省发展和改革委员会:《关于广东省十三届人大三次会议第1366号代表建议答复的函》,2020年6月18日。
⑤ 《2020年珠海市人民政府工作报告》,载珠海市政府官网2020年6月16日。

住建局、惠阳区政府进行了调查研究和讨论交流，提出"优先保障增量国土空间资源供给"，"整合秋月湖生态智慧城等重点平台及周边地区各类空间要素……作为我市承载粤港澳大湾区新增功能和未来争取申报国家级、省级平台的空间载体"①。

## 三、空间开发模式转型

### （一）通过城市更新，拓展发展空间

#### 1. 广州：老城市、新活力

广州市政府深入贯彻落实习近平总书记视察广东重要讲话精神，围绕实现"老城市新活力"目标，在全市统筹推进"三旧"改造工作。2019年，广州市政府提出"推进城市更新九项重点工作"，先后出台《广州市深入推进城市更新工作的实施细则》《广州市城市更新三年行动计划》等文件，进一步明确城市更新的工作目标、主要任务、实施模式、保障措施，调动土地权利人和市场的积极性；进一步深化简政放权，强化各区政府的实施主体责任，提速"三旧"改造项目审批、落实和转化。2019年，旧村、旧厂改造项目开工23个，完工13个；完成202个老旧小区微改造项目，永庆坊二期、旧南海县、泮塘五约等一批亮点项目完工；完成105家专业批发市场转型疏解②。2020年1—6月，已批旧村项目57个，共涉改造面积24.9平方千米，全市城市更新项目完成固定资产投资439亿元，同比增长28%③。

#### 2. 深圳：讲统筹、重质量

2019年6月，深圳市政府同意印发《关于深入推进城市更新工作促进城市高质量发展的若干措施》（以下简称《若干措施》）。《若干措施》对城市更新现规划计划体系进行了调整和完善，提出搭建由中长期规划及年度

---

① 《对惠州市十二届人大七次会议代表建议第20200048号的答复》，载惠州市自然资源局官网2020年6月17日。
② 《2020年广州市政府工作报告》，载广州市人民政府官网2020年6月10日。
③ 《城市更新提速　为广州发展赋能》，载《南方日报》2020年7月10日。

计划组成的城市更新目标传导机制,加强规划计划引领统筹;围绕"高质量"发展主题,针对以往城市更新中相对薄弱的绿色发展、历史文化遗产保护和活化等方面提出了优化建议;针对单个更新单元面积相对较小,腾挪空间有限,大型公共设施和部分厌恶型设施无法落实的问题,提出了片区统筹的要求;立足促进产业转型升级,提出大力推进工业区连片改造试点,有序推进"工改工"拆除重建类城市更新,鼓励全市旧工业区综合整治[1]。截至2020年6月30日,已列入城市更新计划项目887个,已通过城市更新专规批复项目506个,按数量规划通过率57.05%,实施主体确认公示项目406个,按数量计划实施率45.77%[2]。

### 3. 东莞:提品质、拓空间

2018年,东莞市政府出台《关于深化改革全力推进城市更新提升城市品质的意见》,提出力争3年实现城市更新3万亩的目标[3]。2019年,东莞市政府一号文提出"拓展优化城市发展空间",作为东莞市实现高质量发展的战略支撑。围绕"拓空间"目标任务,按照规划引领、城市经营等七大类,遴选了4个综合试点地区和24个试点项目,纳入试验区第一批试点后再增补了2项试点项目。截至2019年12月31日,市级完成收储地块5宗,面积1076亩,超过年度1000亩的目标任务;各镇街(园区)已纳入市土地储备库10731亩,正在办理入库手续2667亩;完成"三旧"改造面积6694亩,新增实施改造面积8764亩,累计拉动固定资产投资350.87亿元;全市盘活存量土地11430亩,闲置土地数量降至128公顷,均超额完成年度目标[4]。

## (二)创新用地政策,助力产业升级

### 1. 推出新型产业用地,支持创新要素集聚

2014年1月1日正式发布实施的《深圳市城市规划标准与准则》,首次

---

[1] 深圳市城市更新和土地整备局:《关于深入推进城市更新工作促进城市高质量发展的若干措施》,2019年6月11日。
[2] 合一城更新:《2020深圳城市更新年中成绩单出炉:十大旧改项目有哪些?》,2020年7月10日。
[3] 《"拓空间"营造高质量发展新优势》,载《南方日报》2019年5月24日。
[4] 《东莞"拓空间"周年答卷,请查收!》,载东莞市自然资源局官网2020年4月14日。

新增了"新型产业用地（M0）"门类，指融合研发、创意、设计、中试、无污染生产等创新型产业功能以及相关配套服务活动的用地。随着粤港澳大湾区建设的推进，广州、东莞、佛山、惠州、中山等城市陆续出台新型产业用地的相关政策。2018年9月，东莞市出台《创新型产业用地（M0）管理暂行办法》，明确创新型产业用地（M0）为融合研发、创意、设计、中试、无污染生产等新型产业功能以及相关配套服务的用地，以招引规模大、效益好、运营能力强的优质平台商进行成规模、高品质开发为主攻方向。2019年3月，广州市政府常务会议审议通过《广州市提高工业用地利用效率实施办法》，文件中新增新型产业用地（M0）类型，明确是指为适应创新型企业发展和创新人才的空间需求，用于研发、创意、设计、中试、检测、无污染生产等环节及其配套设施的用地。此后，惠州、中山、珠海等市相继出台相关文件，增设"新型产业用地（M0）"，都是指向适应创新型企业发展和创新人才的空间需求，用于研发、创意、设计、中试、检验检测、技术推广、科技企业孵化器及无污染生产等新型产业功能以及相关配套服务的用地。新型产业用地（M0）的提出，有利于促进产业园区价值与品质的提升，满足企业人才对工作环境优化的需求，更好地推动产城人融合发展[①]。

**2. 实施产业用地保护，保障实体经济发展**

2018年，《深圳市工业区块线管理办法》出台，这个办法被称为史上最严的工业用地保护政策，对于保障高端制造业、工业用地空间有着重要作用。2019年12月，深圳首次集中推出30平方千米土地，面向全球进行产业招商，重点布局重大创新载体、新兴产业集群和产业链重点领域关键环节三大方向。2020年，深圳启动"两个百平方千米级"高品质产业空间计划，即保留提升100平方千米工业区和整备改造100平方千米产业空间，并确保全球招商大会签约项目年内全部落地，为实体经济发展提供更加充足的空间和坚实保障[②]。

2018年8月，佛山市人民政府办公室印发《佛山市产业发展保护区划

---

① 《新型产业用地，广州城市更新的新可能》，载《南方日报》2020年4月8日。
② 《深圳：严守工业红线　推动国土空间提质增效》，载腾讯网2020年7月10日。

定》，提出"加强产业用地保护，确保佛山市产业用地总规模，保障制造业用地供给，有序引导产业转型升级"。全市划定了不低于350平方千米的产业用地规模，实行规模总量控制、动态维护调整。2020年6月，佛山市自然资源局出台《关于推动佛山市产业发展保护区工业用地提升的意见》，提出"鼓励工业用地单位在符合土地利用总体规划、城乡规划、安全、消防、环保要求的前提下，通过土地整理、厂房改造、开发建设标准厂房、调整结构等途径提高土地利用效率"，明确"新建产业项目原则上要求进入产保区，着力推进战略性新兴产业、高端制造业等产业项目集中布局，不再向产保区外供应零星工业用地；支持以产业链为纽带，集中布局相关产业生产、研发、供应、上下游产品服务项目及公共服务项目"。

（三）打造空间平台，促进创新集聚

**1. 三大自贸试验区建设成效显著**

（1）深圳前海

累计推出制度创新成果520项，在全国复制推广50项，粤港澳大湾区复制推广5项，全省复制推广69项，全市复制推广165项。注册企业增加值从2015年的1019亿元跃升至2019年的2566.65亿元，增长了1.5倍；税收收入从174亿元增长至525亿元，增长了2倍。实际利用外资规模从2015年的22.3亿美元扩大至2019年的41.6亿美元，增长86.5%；外贸进出口总额从5734亿元扩大至8721.9亿元，增长52.1%。注册港企数量从2015年的2313家增加至2019年年底的12102家，增长了4.2倍，注册资本达1.3万亿元。固定资产投资从300亿元规模扩大至超过500亿元，累计建成市政道路59条，建成200栋建筑，覆绿面积达200万平方米。普华永道评估显示，前海过去3年模拟营商环境排名从全球第51位、第31位持续上升至第22位。2020年第一季度主要经济指标整体好于预期，跑赢大势，其中，税收贡献同比增长6%，实际利用外资实现正增长0.2%，进出口贸易额同比增长3.1%，为全省全市稳外贸、稳外资贡献了前海力量①。

---

① 《前海蛇口：五年实现"六大跨越"》，载中国新闻网2020年4月27日。

（2）广州南沙

累计形成 658 项制度创新成果，其中，196 项在全市推广实施，104 项在全省复制推广，42 项在全国复制推广。"跨境电商监管新模式""企业专属网页政务服务模式""智能化地方金融风险监测防控平台"3 项创新经验入选商务部最佳实践案例①。2014—2019 年生产总值年均增长 10.4%，固定资产投资年均增长 13.3%，税收总额年均增长 13.2%，进出口总额年均增长 10.4%，实际利用外资金额年均增长 13.2%，注册企业年均增长 71.4%，累计引进 172 个世界 500 强企业投资项目。累计落户金融和类金融企业 6526 家，比自贸区挂牌前增长了 52 倍。融资租赁企业从 30 家增加到 2196 家，占广州市 80% 以上。商业保理企业共计 624 家，占广州市的 71%。中科院明珠科学园首批 5 个项目已动工，香港科技大学（广州）、中国科学院大学等一批高水平大学也正加速建设。广州国际人工智能产业研究院、中国科学院广州智能软件产业研究院、科大讯飞华南人工智能研究院等四大开放平台落户，集聚了 190 多家人工智能企业②。

（3）珠海横琴

累计推出 440 多项制度创新事项，其中，3 项试点经验入选全国自贸试验区最佳实践案例，12 项试点经验在全国复制推广，33 项试点经验入选广东省自贸试验区制度创新案例，56 项试点经验在广东省复制推广。引进澳（澳门）资企业 2418 家，投资总额 193.08 亿美元，成为内地澳（澳门）资企业最为集中的区域。与中国科学院合作共建先进智能计算平台，并用专线联通澳门大学，将为澳门科技企业、高校及科研机构提供智能算力服务。引进澳门 4 所国家重点实验室设立分部，澳大科技研究院研发团队正式进驻并运行，澳科大研究院选址横琴创业谷。设立粤澳跨境金融合作（珠海）示范区，澳门大西洋银行横琴分行等 14 家符合条件的澳门金融企业入驻。目前，横琴区共有港澳资金融类企业 163 家，注册资本 569.06 亿元；拥有

---

① 《南沙自贸片区成立 5 周年　亮出制度创新"成绩单"》，载广州市人民政府门户网站 2020 年 4 月 21 日。
② 《广州南沙自贸区挂牌 5 周年"成绩单"公布》，载中国新闻网 2020 年 4 月 21 日。

备案跨境人民币资金池7个,累计办理跨境人民币结算业务超7504亿元①。GDP从2015年的126.8亿元增长到2019年的401.24亿元,年均增长26.40%;固定资产投资从289.83亿元增长到471.99亿元,年均增长15.48%。累计新增外商投资企业3409家,合同外资超过288亿美元②。

**2. 三大科学城共建国家科学中心**

(1) 深圳光明科学城

2018年4月11日,深圳市委、市政府决定在光明集中建设大科学装置群,打造竞争力影响力卓著的世界一流科学城。2020年4月,《深圳市人民政府关于支持光明科学城打造世界一流科学城的若干意见》正式印发。2020年5月26日,深圳市人民政府批复《光明科学城空间规划纲要》。光明科学城地处深莞边界,规划总面积99平方千米,规划建设高端科研、高等院校、高新产业、高端人才集聚的全球科技创新高地,将以大科学装置为核心,形成科学装置集聚区、科学城和综合性国家科学中心三个层次清晰的空间布局。2018年,合成生物研究、脑解析与脑模拟两个首批大科学装置设施落地光明区,于2019年1月开工建设。2019年11月,光明区和深圳湾实验室、人工智能与数字经济广东省实验室(深圳)两家省实验室签署了合作协议。中山大学深圳校区2020年9月已迎来首批师生进驻,中科院深圳理工大学已成立筹备办公室并完成校区初步选址,将于2020年启用并招收首批研究生。两年来,光明区的固定资产投资都以30%左右的速度递增,到2020年有望达到800亿元③。

(2) 广州南沙科学城

2019年5月,中科院与广州市签订共建合作协议,南沙科学城"横空出世"。规划面积99平方千米,欲打造全球海洋科学与工程创新中心、全球开放合作枢纽、战略产业策源地和经济社会数字转型示范区。核心区明珠科学园已于2019年9月破土动工,中科院力学所广东空天科技研究院、广东智能无人系统研究院、中科院广州分院、国防科技大学广州学院等5个

---

① 《横琴自贸试验片区成立5周年 共引进澳资企业2418家》,载中国新闻网2020年4月23日。
② 《横琴自贸片区成立5周年 以制度创新拓展珠澳合作》,载《珠海特区报》2020年4月23日。
③ 《深圳:光明科学城三步走创建世界级科学城》,载《广州日报》2020年4月15日。

项目将首批入驻。冷泉生态系统研究装置、智能化动态宽域高超声速风洞、极端海洋动态过程多尺度自主观测科考设施3个大科学装置,加上更早进驻的中科院"一院三所",南沙区的尖端科创平台集群已勾勒出清晰轮廓。目前,已吸引粤港澳大湾区精准医学研究院、香港科技大学(广州)、广东海洋大学广州(南沙)研究生院等项目落地,华南唯一的国际IPv6根服务器已落户,加上早期深耕南沙的华南理工大学广州现代技术产业研究院、中山大学南沙研究院等,科教融合的态势初步形成①。

(3)东莞松山湖科学城

松山湖是引领东莞从劳动密集型加工业向研发创意型制造业、从加工园区向科技园区转化的战略平台。华为终端的迁入展现其对产业和人才的吸引力。在大湾区建设战略下,在打造科创走廊的布局中,松山湖以国家重大科学装置散列中子源项目为依托,引进中科院的战略支持,开始向科学城迈进。目前,松山湖科学城已纳入综合性国家科学中心先行启动区,基本完成总体规划、科学功能规划、空间概念规划和规划实施行动纲要编制,开工建设松山湖材料实验室、南方先进光源研究测试平台等重大科创平台。粤港澳中子散射科学技术联合实验室获批为首批粤港澳联合实验室。散裂中子源向全球用户开放,吸引知名大学科研团队开展尖端科学研究。松山湖材料实验室引进18个科研团队、10名两院院士、30名国家杰出青年科学基金获得者、52名中科院"百人计划"入选者,太空材料科学与应用研究中心正式揭牌②。

**3. 一批区域性创新平台态势强劲**

(1)东莞滨海湾

近年来,环珠江口各市陆续建立了广州南沙、深圳前海、珠海横琴、中山翠亨等省级及以上新区,但直到东莞滨海湾新区横空出世,环湾核心区拼图才算真正完成。滨海湾由交椅湾、沙角半岛和威远岛三大板块组成,规划面积84.1平方千米,是东莞"三位一体"的都市核心区之一。2019年

---

① 《广州南沙打造广深港澳科技创新走廊枢纽节点》,载广州市人民政府门户网站2020年7月24日。

② 《湾区都市 品质东莞》,载《人民日报》2020年5月27日。

6月，广东省人民政府同意印发《东莞滨海湾新区发展总体规划（2019—2035年）》，明确了粤港澳大湾区协同发展特色平台、珠三角核心区融合发展战略节点、东莞高质量发展创新引擎和滨海生态宜居智慧新城的发展定位①。按照"三年打基础，五年大发展，十年建新城"的总体安排，近期聚焦"人工智能、生命健康"两大产业方向，全力推动滨海湾大道等一批基础设施建设，以滨海湾站TOD、滨海湾青创城等项目为带动，全面强化与香港合作。2019年完成投资55.65亿元，OPPO智能制造中心、紫光芯云产业城、欧菲光电影像产业、正中创新综合体等省重点项目陆续动工，虎门港综保区一期工程通过正式验收②。

（2）佛山三龙湾

2019年6月，"佛山三龙湾高端创新集聚区"管委会正式挂牌。集聚区横跨禅城、南海、顺德三区的5个镇街，总面积约93平方千米，该三区五镇街经济总量达2000亿元，拥有美的、碧桂园两家世界500强企业总部以及9家上市企业、38家高新技术企业、13所省工程中心、4家省实验室之一的季华实验室，以及广东建设金融强省战略七大基础性平台之首的广东金融高新区，还有世界级装备制造业展览馆潭洲会展中心，可谓佛山城市、产业、环境最丰厚的精华片区③。2019年5月，广州、佛山两市签订备忘录，共同加快广佛高质量发展融合试验区建设，提出以"广州南站—佛山三龙湾—荔湾海龙"片区为核心的"1+4"发展格局。以重大产业项目引进和高端载体开发建设为两大主要抓手，三龙湾正着力打造科技创新产业体系，搭建智能制造、生物医药、国际合作、金融科创、教育研发等专业科创载体。同时，还出台扶持政策，吸引北上广深以及港澳等地优质企业到三龙湾设立总部，打造具有比较优势的总部经济生态圈④。

---

① 《东莞滨海湾新区发展总体规划（2019—2035年）》，载东莞市滨海湾新区官网2019年5月26日。
② 《湾区都市　品质东莞》，载人民网2020年5月27日。
③ 《三龙湾管委会挂牌　专业队伍推进三龙湾建设》，载《广州日报》2019年6月6日。
④ 《全面提速三龙湾聚众力谱新篇》，载《佛山日报》2020年6月10日。

## 四、空间扩散效应显现

### (一) 拉动周边地区融湾发展

**1. 大湾区对近邻地区带动效应明显**

一是交通连接明显改善,尤其是多条高铁、城际轨道、高速公路的建设,拉近了环湾地区和大湾区核心区的距离;二是产业转移合作成效明显,除前文述及的深汕、广清两个特别合作区外,深圳(河源)产业转移工业园、佛山(云浮)产业转移工业园、东莞(韶关)产业转移工业园、珠海(阳江)产业转移工业园等均有较好发展,河源和清远高新区先后成为粤东西北地区第一、第二个国家级高新区;三是产业共建模式创新,如河源主抓产业园区大平台,推进深圳南山区与河源市高新区、连平县共建"飞地"产业园,携手深圳积极谋划"深河特别合作区",深度对接大湾区产业转移,探索"大湾区总部+河源基地""大湾区科研+河源生产"等模式①,大湾区和环湾区域关系模式开始重建。

**2. 环湾地区主动提出融湾发展战略**

如清远市委书记郭锋提出,"要按照以广清一体化加快融入大湾区、以生态旅游参与大湾区、以职业教育服务大湾区、以绿色生态吸引大湾区的工作思路,加大力度开展'入珠融湾'工作,把清远打造成为粤东粤西粤北地区融入粤港澳大湾区的先行市,努力推动清远实现更高质量发展"②。中共云浮市委六届六次全会提出,"要准确把握当前多重战略叠加机遇,切实找准对接融入大湾区提质发展的云浮路径","要坚持把融湾发展作为开创云浮工作新局面的'纲',牵引带动重点领域工作创新突破","要立足云浮独特的区位优势,着力打造大湾区建设发展的北岸战略腹地","以'硬联通'为基础,对接融入大湾区'1小时交通圈'",并且讨论了《云浮市

---

① 《河源:全域全面融入大湾区建设,加快打造开放融湾先行区》,载《南方》2020年1月13日。
② 《大力开展"入珠融湾"工作》,载《南方日报》2019年4月26日。

全域融入粤港澳大湾区发展行动方案》①。

**3. 拓展的三大都市圈概念开始显现**

大湾区核心区的辐射带动和环湾地区的融湾发展，拓展了广佛肇、深莞惠、珠中江三大经济圈的空间范围。以广州为中心，以广佛同城为基础，以广清一体化为突破口，"广佛都市区—肇庆城区—云浮城区"和"广佛都市区—清远城区—韶关城区"两条发展轴线得到强化，辐射带动肇庆、云浮、清远、韶关等地，催生了"广佛肇＋清云韶"的区域概念。以深圳为中心，结合深圳"东进战略"，深圳—东莞—河源、深圳—惠州—河源、深圳—汕尾3条发展轴带得以强化，辐射带动汕尾、河源等地发展，形成了"深莞惠＋河源、汕尾"的区域概念。以珠中江协同为基础，以跨江通道建设为纽带，吸引香港、广州、深圳三大中心向西辐射，强化了珠海—中山—江门—阳江沿海城市发展带，促进了"珠中江＋阳江"的区域概念。

## （二）积极辐射粤东西北地区

**1. 对口帮扶系统推进**

组织珠三角与粤东西北地区开展对口帮扶，是中共广东省委、省政府推动全省区域协调发展的重大战略举措。第二轮全省对口帮扶工作于2017年启动，由6个珠三角地市结对帮扶8个粤东西北地市，分别是广州对口帮扶梅州、清远，深圳对口帮扶河源、汕尾，珠海对口帮扶阳江，佛山对口帮扶云浮，东莞对口帮扶韶关，中山对口帮扶潮州。三年来，珠三角6市及其对口帮扶的8市在推进产业梯度转移和产业共建、完善基础设施建设、加强民生保障、配合打好精准脱贫攻坚战等多个方面取得丰硕成果。第二轮对口帮扶工作所确定的各项任务全面完成，有效弥补了粤东西北经济社会发展的短板和弱项，为全面建成小康社会奠定了基础，有效提升了全省区域发展的平衡性与协调性②。

**2. 产业共建成效明显**

如广州对口帮扶梅州，走出了一条"政策撬动＋市场驱动＋龙头带动"

---

① 《全力推进全域融湾发展　奋力开创云浮工作新局》，载《云浮日报》2019年9月11日。
②③ 《第二轮广东对口帮扶完成　加快构建区域发展新格局》，载金羊网2020年8月3日。

的产业帮扶路径,促成了广汽集团、广药集团、日本厚利加食品株式会社、香雪制药等行业领军企业到梅州投资,形成了"蜂王型企业+产业集群"的产业共建模式。东莞对口帮扶韶关,围绕钢铁、有色金属、电力能源等领域着力推进产业链建链、补链,提升产业链层级,积极打造绿色低碳循环产业体系,带动形成了1个1000亿元以上、2个300亿元以上的产业集群。珠海对口帮扶阳江,遴选优秀国企作为对口帮扶建设和投融资主体,围绕高端装备制造、高端不锈钢、新能源材料、食品加工、现代仓储物流、高端纸业六大主导产业,建立了目标企业动态项目库,加快培育广东(阳江)海上风电装备制造产业基地和中国(阳江)高端不锈钢产业基地两大产业基地③。

### 3. 创新合作开始兴起

帮扶双方充分发挥高校和科研院所的创新主体作用,共建新型研发平台,引进博士后科研工作站和实践创新基地,培育高新技术企业,提升创新发展规模和质量。如深圳帮扶河源,依托源城高新技术开发区,以深河金地创谷国家孵化器和创智产业园为主要载体,对接粤港澳大湾区创新资源,引进天和新材料、新凌嘉新能源、长物科技、广东技术师范学院、天大院士工作站、省科院研究院等一批创新创业团队和研发机构,推动建成国家级科技创新孵化器2个,建设高新智汇谷、电子商务产业园等一批创新孵化平台。又如佛山帮扶云浮,引进巴拉德氢燃料电池商用车核心技术,大胆进行"二次创新",成功研发CAVEN 3、CAVEN 4燃料电池系统;在当地创建51个科技创新平台,引进89名科技人才、19个创新团队,使高新技术企业数量实现翻番①。

## (三)有效带动泛珠区域合作

### 1. 广东方面高度重视

中共广东省委、省政府《关于贯彻落实〈粤港澳大湾区发展规划纲要〉的实施意见》明确要求"加快构建以粤港澳大湾区为龙头,以珠江—西江经济带为腹地,带动中南、西南地区发展,辐射东南亚、南亚的重要经济支撑带。推进珠江—西江经济带、琼州海峡经济带、粤桂黔高铁经济带等

---

① 《第二轮广东对口帮扶完成 加快构建区域发展新格局》,载金羊网2020年8月3日。

沿江、沿海、沿重要交通干线的经济带和粤桂合作特别试验区等跨省区合作平台建设，促进区域要素流动和产业转移，有序发展'飞地经济'，形成梯度发展、分工合理、优势互补的产业协作体系，推动大湾区与海峡西岸城市群和北部湾城市群联动发展"。

**2. 泛珠地区主动对接**

周边省区充分认识大湾区建设的战略机遇和溢出效应，相继印发《江西对接粤港澳大湾区建设行动方案》①《广西全面对接粤港澳大湾区建设总体规划（2018—2035年）》②《湖南省对接粤港澳大湾区实施方案（2020—2025年）》③等，推进交通、产业、科技、生态、民生等领域的对接与融入，并制定相应的体制机制与政策措施。2019年9月6日，泛珠三角区域合作行政首长联席会议与会各方围绕"对接粤港澳大湾区建设，深化泛珠合作发展"展开讨论，确定了6项年度重点工作：一是携手推进泛珠三角区域对接粤港澳大湾区建设；二是加强基础设施互联互通，共建西部陆海新通道；三是加强产业深度协作，构建区域协同的产业体系和创新网络；四是深入推进区域旅游合作；五是加快推进市场一体化建设；六是深化生态文明建设合作④。

**3. 合作成效初步显现**

以广西为例，2020年1—4月，广西全区全面对接粤港澳大湾区已入库重点项目建设超400个，总投资超1万亿元，年度计划投资约700亿元，涉及铁路、公路、水运、航空、能源、园区平台等基础设施建设，以及产业发展、社会民生、生态环保等领域⑤。通过位于南宁的广西—香港标准及检定中心，已有多家广西企业的产品取得了香港优质"正"印认证。贺州市建设广西东融先行示范区，2020年上半年签订"湾企入桂"项目37个，开工项目21个。尽管受到新冠肺炎疫情冲击，2020年第一季度贺州市GDP仍

---

① 《江西对接粤港澳大湾区建设行动方案》，载江西省人民政府门户网站2019年2月13日。
② 《广西全面加快对接粤港澳大湾区建设》，载《广西日报》2020年4月2日。
③ 《湖南省对接粤港澳大湾区实施方案（2020—2025年）》，载湖南省人民政府门户网站2020年3月4日。
④ 《泛珠三角区域全面对接粤港澳大湾区建设》，载新华网2019年9月6日。
⑤ 《广西全面加快对接粤港澳大湾区建设》，载《广西日报》2020年4月2日。

逆势增长 1.9%。位于梧州市的粤桂合作特别试验区 2020 年上半年签约项目超过 10 个，总投资额超过 200 亿元；北海—澳门葡语系国家产业园正在加紧建设；华为、深科技、比亚迪等大湾区企业落户桂林，深科技产业园 2022 年预计可产手机 1 亿部[①]。

## 五、结语

### （一）《粤港澳大湾区发展规划纲要》的空间导向

《粤港澳大湾区发展规划纲要》提出了空间布局的总体性谋划，其中蕴含了一些重要的空间导向：①凸显中心性。《粤港澳大湾区发展规划纲要》明确提出香港、澳门、广州、深圳四大中心城市和香港—深圳、广州—佛山、澳门—珠海三大"极点"，多中心结构特点明显。三大极点是打破行政边界的都市圈概念，其中，港—深、澳—珠是"一国两制"框架下的跨境深度合作，广—佛则是珠三角一体化背景下的同城化建设，通过优势整合，实现做优做强，引领大湾区的高质量发展和深度参与国际合作。②强化协同性。《粤港澳大湾区发展规划纲要》中四大中心城市定位明确，各有侧重，重要节点城市则强调"特色鲜明、功能互补"。各个城市的定位并不是行政限定，而是基于各地发展优势，着眼湾区整体愿景，引导形成差异、互补、协同、整合的格局。③提高均衡性。大湾区空间发展不均衡：一是内外圈层差距明显；二是东西两岸差距明显；三是三大经济圈差距明显。缩小区域差距、促进均衡发展成为大湾区建设的重要任务。有两个方面值得重视：一是促进港穗深对西岸（珠中江）地区的辐射带动；二是强化内外圈层的衔接连通。④发挥带动性。强调大湾区对粤东西北和泛珠三角的辐射带动。有三个方面值得重视：一是以大湾区建设为龙头构建区域协调发展格局；二是采取多种方式推进区域间产业合作共建；三是加快区域性交通基础设施建设，显著拉近大湾区和粤东西北、泛珠三角之间的空间距离。

---

① 《广西：全面融入大湾区，抢抓机遇谋发展》，载《新华每日电讯》2020 年 7 月 24 日。

## (二）一些可能的空间趋势

### 1. 东西两岸贯通，横向联系强化

众多跨江通道的建成通车，将极大提升东西两岸的连通性，显著改变珠江东西两岸分隔发展的局面，促进大湾区发展的均衡性和融合性，并改变东西两翼特别是粤西沿海地区与湾区核心区通道单一的现状，促进大湾区经济发展向东西两翼辐射。珠江主航道将"变窄"，一江两岸的发展将高度融合，汇聚成一条联通广州、深圳、珠海中心区，衔接香港、澳门的产业、城市和创新的走廊。东西两岸之间的经济联系将显著强化，西起江门，经佛山、中山、广州南沙、东莞，东至惠州，势将形成一条横跨珠江东西两岸的巨大的先进制造地带，并向东西两翼延伸、衔接粤东汕潮揭城市群和粤西湛茂城市群，形成广东沿海经济带，促进构建"一核一带一区"区域发展新格局。

### 2. 核心多元扩散，地区板块重构

香港、广州、深圳的扩散趋势不断强化，而且扩散方向将呈现多方向趋势。广州将继续承担辐射带动北部和西部广大区域的使命，同时也必然向东、向南强化深化与东莞、惠州、中山、江门、珠海的关系。深圳在继续东进的同时，借深中通道等新的跨江通道，其发展动力向西岸珠中江地区以至粤西的扩散将明显加速。香港的辐射和连接也将不再局限于东岸地区，"西进""西联"可能成为香港与内地合作的新的空间方向和路径，这不仅可为香港获得新的广阔空间与广阔腹地，更可响应和支持区域协调发展、"一带一路"建设等。大湾区将形成多元化的区域关系格局，以地理邻近为特征的三大经济圈结构可能发生一些变化，彼此之间的渗透性、重叠性将明显增强。

### 3. 飞地开发合作，跨地居住通勤

以深汕特别合作区、广清特别合作区为先行者，港澳与珠三角之间、大湾区与粤东西北及泛珠三角之间的跨地空间合作开发将逐渐兴起，合作领域也将不断从传统工业向新兴工业、从生产制造向生产服务、从单个企业向产业链和产业群体、从资本扩展向技术创新、从生产领域向居住与休闲领域拓展和递进。同时，随着区域快速交通体系的构建与完善，加上跨

地就业、创业、置业、公共服务、社会保障等领域体制机制政策创新的深化，以港人北上、广佛候鸟、深莞候鸟为代表的"跨地同城生活模式"也将不断推广，居民的居住、就业、休闲将在湾区范围内更加便利地流动，都市圈的概念真正形成，大湾区将从地方性宜居走向区域性宜居，成为宜居宜业宜游的优质生活圈。

**4．空间平台竞合，地方品质制胜**

各种合作平台、创新平台、创业平台将成为城市吸引力的依托和空间开发的重点，城市间的竞争将从成本、产品、市场走向空间平台的竞争，城市间的合作也将从聚焦于产业合作共建走向注重空间平台的共建共享。空间平台在功能、形态、组织、运营等方面不断创新，并孕育出新的空间类型。由于创新性经济强调人力资本，城市对资本和企业的吸引转化为对人才的吸引，地方生活品质成为吸引人才的关键要素，因而成为空间平台培育营造的核心。保育看得见山、望得见水的自然环境，创造人性尺度、亲近舒适的建筑环境，提供丰富多元、触手可及的生活设施，形成富有特色、多元包容的地方文化与生活方式，大湾区不仅是创造财富的成功之地，更要成为品味生活、享受生活的美好之地。

# 第四章 国际三大湾区发展模式对粤港澳大湾区建设的启示

郑 蕴[①]

湾区经济，本质上是一种社区经济的集合，因具有强大的经济动能以辐射带动国内外市场，促使国内经济进一步国际化。湾区作为沿海湾布局的港口群和城镇群，得天独厚的区域与资源条件是区域城市群兴起与发展的基础，通常具有完善的经济结构、高效的资源配置体系、强大的集聚功能、发达的国际网络和宜居的城市环境等特征。本章梳理国际三大湾区的发展经验，并将三大湾区基本情况与粤港澳大湾区作对比，总结启示并提出政策建议。

## 一、国际三大湾区发展经验

当前，国际上发展成熟的湾区主要包括三大城市群：纽约湾区、旧金山湾区和东京湾区。

### （一）纽约湾区的建设经验

纽约湾区，又称纽约大都市圈（New York Metropolitan Region），被誉为国际湾区之首，是世界金融的核心中枢以及国际航运中心。其由纽约州、康涅狄格州、新泽西州等31个县联合组成，面积达33484平方千米，区域内有发达的金融和制造业、便利的交通，以及包括58所大学的水平极高的

---

[①] 郑蕴，法学博士，西南政法大学国际法学院讲师，海洋与自然资源法研究所研究员。

教育和环境。它是美国人口最多的地区，也是世界上人口最多的城市区之一，城市化水平达到 90% 以上，制造业产值占全国的 30% 以上。

### 1. 超强城市中心格局

纽约是大都市带中心的核心城市，对周边地区的辐射范围远远超出了纽约市甚至纽约州的政府管辖范围。1914 年，巴拿马运河开通，增加了对纽约港的需求，纽约进入大发展时代。随后，纽约市急速发展，直接产生了经济发展与空间不足的矛盾，促生了建立湾区城市群的需求。目前，纽约是国际金融中心、美国第一大港口城市、重要制造业中心，服装、印刷、化妆品行业等居美国首位，机器、军工、石油和食品加工业等也有重要地位。纽约市曼哈顿岛集中了世界顶级的政治、经济、教育、艺术、文化机构，诸如百老汇、卡耐基音乐厅、大都会博物馆、华尔街、联合国总部、纽约大学、哥伦比亚大学等，奠定了其显著的国际都市地位，并拉动了布鲁克林、布朗克斯、昆斯和里士满等市区的发展。

### 2. 区域内城市错位发展

在纽约辐射带动周边发展的过程中，湾区内康涅狄格州、新泽西州的城市也充分挖掘各自禀赋，渐次错位发展起来。纽约湾区东北的康州地区为美国传统工业重镇，制造业历史悠久，种类多样，是全美最重要的制造业中心之一。区内的格林尼治（Greenwich）被称为对冲基金之都，汇聚 500 多家全球顶级对冲基金，体现了康州的金融地位。此外，康州的 GDP 排名全美国第三位，房地产、制造业、耐用材料等产业的产值领先。西北的新泽西州制药业非常发达，在全美国名列第一，包括强生等世界上最大的 21 家制药和医疗技术公司总部或中心设在新泽西。此外，一大批通信产业聚集在普林斯顿大学和贝尔实验室旁边。总体而言，无论在纽约市还是其周边的城市或小镇，都有高端制造业、高新技术公司集聚，提供优渥的工作机会，并配置优良的生活环境与便捷的交通。

### 3. 科学合理的统一规划

纽约跨州的辐射能力需要匹配跨行政区域的高效规划，以便在更广阔的空间范围内进行合理配置，实现资源的帕累托效应。其中，纽约区域规划协会（Regional Plan Association）是纽约湾区百年发展的最重要因素之一。其一，规划协会专业性强，具有私营性质。该协会是致力于区域规探索的非政府机构，前身是纽约区域规划委员会，由支持纽约和周边地区改善工作的罗素·赛奇基金会资助，并由查尔斯·诺顿召集建筑师和规划师组成。其二，规划内容具有全局性。1929年，其发表的《纽约及其周边地区的区域规划》（Regional Plan of New York and Its Environs）是"世界上第一个关于大都市区的全面规划"，以超出单一城市规划的视野努力将城市和周边区域作为整体考虑，解决如何适应城市爆炸式增长、物质空间建设落后于经济增长速度的问题。该规划对纽约地区交通、管理、社区系统产生了超过70年的影响，同时大力倡导政府与企业的合作。其三，规划实时更新，关注城市发展面临的最新问题。协会针对不断涌现的城市问题，每几年即对纽约湾区进行新的规划。2017年的第四次规划反映了当前城市发展面临的危机，诸如气候变化、基础设施落后与恶化、公共机构负债制约管理等问题仍然威胁着市民生活，环境、旅游模式和商业活动需要跨越行政边界进行区域合作，失业、住房成本、物业税和自然灾害等问题受到居民的普遍关注，等等①。

### 4. 成熟的湾区交通体系

与统一规划相并行，纽约湾区内各城市利用现代交通技术和系统相互融合，通过高速公路、高速城际铁路、水运以及航运形成的立体复合式交通网络以改变时空结构，促进湾区内要素的聚集与扩散，推动湾区整体发展。在曼哈顿中城的东西两侧，方圆不足两千米内有两个核心轨道交通枢纽：西部的纽约宾夕法尼亚车站和东部的中央车站。两个车站连接几十条铁路，每10分钟都有开往康州和长岛的长岛铁路（LIRR）以及开往新泽西的新泽西铁路（NJ Transit）。此外，纽约的港口是其兴盛之本。纽约湾区位于大西洋沿岸，其港口发展一直被各城市重视，逐渐形成湾区内港口群，并根据各城市区位与产业优势进行了明确的分工。在湾区内有纽约港、费城港、巴尔的摩港和波士顿港等。这些港口分工明确，互为补充，构成了一个运输效率极高的湾区港口群。

同时，纽约湾区也有专门的交通规划部门进行贯穿全区的交通协调。大都会运输署（Metropolitan Transportation Authority，简称MTA），是管理纽

---

① 具体内容参见：https://rpa.org/work/reports/the-fourth-regional-plan。

约市公共交通的管理机构，成立于1967年，管辖范围达4000平方英里①的大纽约地区——包括纽约市五大区、纽约州12个县、新泽西和康州部分地区的交通运输。该机构拥有并管理纽约地铁、巴士及渡轮，其辖下单位包括纽约市公共运输局、大都会北方铁路、长岛铁路、长岛巴士公司、桥梁暨隧道管理局以及大都会运输署公车公司。此外，1921年，美国成立了跨州合作机构纽约港务局（Port of New York Authority），着手改善、兴建交通和海港设施，协调港区发展，加强大纽约地区的经济竞争能力。该局是得到州立法授权的跨州准政府机构，财政上接受两个州的拨款，并出台有关港区发展的总体规划，为纽约大都市地区发展和公共管理提供了新模式。

### （二）旧金山湾区的建设经验

旧金山湾区位于加州北部，由旧金山、奥克兰、圣何塞三大城市构成，是大都市区多中心格局的代表，以高新技术产业为核心。它西濒太平洋，东接内华达山脉，自然环境优良。区内共有9个县、101个城市，面积为17955平方千米，总人口数在700万以上。其高新技术产业、金融服务业、文化产业和旅游业等发展显著，集聚了多家世界500强企业，如苹果、谷歌、英特尔、超微、惠普、赛灵思等，并拥有硅谷和多所著名的学府为企业发展输送人才。

#### 1. 平衡的多中心格局

与纽约湾区因核心城市辐射形成的结构不同，旧金山湾区呈现平衡的多中心格局，是城市多样化城市圈发展的典范。旧金山在城市圈中并不具有较强的首位度；依托硅谷地区知识、技术、资本的外溢和辐射，旧金山以旅游业、服务业以及金融业为发展方向，奥克兰重点建设港口经济，圣何塞重点发展电子业以及加工工业。

#### 2. 以创新驱动为核心发展动能

旧金山湾区发展以高新技术行业为核心驱动力，在信息技术、新材料、新能源、生物制药等领域独霸全球。一方面，湾区内汇集了全球最具影响力的高新技术公司，拥有谷歌、脸书、惠普、英特尔、苹果公司、思科、

---

① 1英里≈1.609千米。

特斯拉、甲骨文、英伟达等大公司，并以高技术的中小公司群为基础（不超过50人的公司占科技公司的80%，约5000家）。另一方面，湾区融科学、技术、生产于一体。硅谷是区域内重要的研发中心与孵化平台，持续引领半导体、个人电脑、互联网及绿色科技等革命性技术与新兴产业的交替发展，成为全球新技术、新产品、新工艺最为重要且经久不衰的创新源地。此外，技术外溢进一步造成同一产业的企业聚集于一个地区，形成产业集聚规模效应。

### 3. 汇聚高端的金融与专业服务

产业集聚不仅横向扩展，而且纵向延伸。其一，金融服务为技术企业发展注入血液。旧金山湾区拥有大量投资资金支持初创企业的成立，风险投资服务于高科技企业成长阶段，私募股权投资在扩张期通过资本重组进行投资。出色的风险投资家推动了湾区高新技术产业的持续发展，也是硅谷崛起的重要引擎。其二，专业服务为企业发展提供便利。旧金山湾区通过积极发展人力资源服务机构、技术转移服务机构、金融资本服务机构、管理信息咨询服务机构、财务服务机构和法律服务机构等多种类型科技中介，形成了完整的科技中介服务体系，加强了科技创新专业技术网络的构建，促进了湾区创新要素的整合，提高了创新产出的效率。

### 4. 完善的"大学—企业—风险投资—政府"创新生态系统

以硅谷为核心的旧金山湾区拥有一个较为完善的创新生态系统，形成了由政府部门、大学教师及学生、科研机构研究人员、企业家、风险投资家以及各类中间机构、非正式社区组织等创新要素构成的创新核心网络层，以及由创新基础设施、创新文化、专业性服务机构、风险资本、各种行业协会和非正式社交网络构成的创新环境支撑层。其中，旧金山湾区的斯坦福大学、加州大学伯克利分校及旧金山分校等众多研究能力强大的大学，在湾区科技创新中发挥了巨大作用。以斯坦福大学为例，通过制订产业联盟计划促进科研人员、院系之间，以及大学与外部企业之间的合作，也积极鼓励科研人员校外创业以加速科研成果商业化。

### 5. 开放、自由的人文环境与营商环境

在上述因素的共同作用下，旧金山湾区形成了不可替代的优质人文环境与营商环境。

首先，在左派执政党的主导下，湾区政策保持较高的开放性与自由度。其一，湾区创新生态系统对全世界范围内富有创造性和企业家精神的个人开放，并允许人才自由流动。科技创新的竞争首先是人才。湾区开放的移民政策设法吸引了全世界的人才，从移民中获得巨大的竞争优势。据统计，湾区初创企业中约1/4的创始人是在中国或印度出生，约1/3的科学家与工程师并非在美国本土出生。其二，多元化的风投体系和政府创新性的技术奖励措施，使湾区成为具有全球吸引力的创新创业基地。旧金山湾区拥有一套完整而高效地从技术到市场的市场化机制，而政府直接购买科研成果的"入驻企业家计划"（Entrepreneurship-in-Residence）尤其引人关注。圣何塞市政府大力进行工业园区建设和市中心区改造，先后建造了北部的林孔区和南部的艾登维尔区，以吸引和发展高科技产业，逐渐成为"硅谷首府"，城市经济步入快速发展通道。

其次，得天独厚的自然条件与开放的人文精神，对企业与人才产生了强大的吸引力。湾区位于美国西海岸，地中海气候使全年温润适宜。区内除高密度开发的城市用地外，还保留有大片农田、林地，既为城市提供新鲜农产品、游憩场所和改善环境的空间，又可使城市有空间有条件营造浓郁的滨海氛围。20世纪60年代初，旧金山湾区陆续成立了多家湾区保护委员会共同管理湾区环境，包括大都会交通委员会、水质控制委员会、VOCs检测实验室以及美国联邦环保局等，通过制定改善水质和转移重污染企业法规、鼓励高新技术企业发展条例和减少碳排放备忘录等，共同推进湾区可持续社区发展，在整治污染的同时创造良好的自然、生态和文化。

（三）东京湾区的建设经验

东京湾区位于日本本州岛中部太平洋海岸，以繁华的东京都、超前发达的工业制造业和高效的六大港口闻名于世。与纽约湾区和旧金山湾区仅是美国经济的一部分不同，东京湾区在经济与社会上皆是日本的核心。东京湾毗邻太平洋，是一个纵深80多千米的优良港湾，主要由房总半岛和三浦半岛组成，面积约1320平方千米，海岸线全长154千米。17世纪的江户时代，德川家康填海造地，为东京湾周边城市拓展空间提供了可能性，东京也因此成为日本最大的物流中心；1868年，明治天皇迁都江户（即东京),开启了东京湾的现代化发展之路。现在,东京湾区面积达9760.18平方千米,分布有东京、横滨、千叶等几个特大城市以及川崎、船桥、君津等工业重镇。

### 1. 多功能的中心城市

与纽约湾区类似,东京湾区也以一个超级城市为中心。东京既有首都功能,又有临海优势,得天独厚。除政治中心以外,东京也是日本的经济中心,具有京滨叶工业区和最繁华的商业区。它还是日本的文化教育中心,拥有日本1/3的大学,并且各种文化机构如博物馆、图书馆等均集中于此。另外,作为一个国际性大都市,东京会定期举办如音乐节、电影节等各种国际文化交流活动。

### 2. 圈层式的规划结构与功能布局

尽管东京湾区与纽约湾区一样具有单一中心特点,但其结构带有东亚文化的特点,规划性较强。与前两个湾区皆不一样,东京湾区的规划格局具有独特的圈层结构。东京湾区划分为东京首都圈、东京都市圈、东京都、东京区部和东京都心三区5个圈层,目前已形成了"主中心区域—次中心区域—郊区区域—较边远的县镇区域"等多核多中心的空间发展模式。湾区内的城市功能是按照规划的圈层进行分布的:10~20千米圈,主要为首都圈中心、物流枢纽组中心、教育科研中心;20~50千米圈,主要为近郊住宅中心、产研联合工业城等;50千米圈以外,主要是重工业生产区、汽车工业型城市和地区等。

在此规划下,东京湾作为优良的深水港湾,沿岸形成了由横滨港、东京港、千叶港、川崎港、木更津港、横须贺港6个港口首尾相连的马蹄形港口群,年吞吐量超过5亿吨;湾区内的城市构成了鲜明的职业分工体系,集中了日本的钢铁、有色冶金、炼油、石化、机械、电子、汽车、造船等主要工业部门。

### 3. 高度发达的交通网络

与东京湾区的圈层规划一样,其交通网络的发展也与精细、科学的规划密不可分。如图4-1所示。其一,东京湾区接受"先造铁路再造城"的理念。在"二战"城市被摧毁的背景下,认识到人口集中于京都会造成资源紧张,从一开始便确立了"抑制过大都市,振兴地方中小都市"的规划理念，通过铁道建设引导城市人口迁徙。其二，通过铁道站点串联重要经济区域。东京铁路的规划十分注重将居民住宅与商业设施串联，由此一方面便利居民通勤与生活，另一方面又吸引居民向特定站点聚集，增加城市生活与轨道交通的依存度。20世纪60年代，日本新干线的贯通不仅实现了东京与其他城市的无缝对接，更加速了人口的大聚集，促进了服务业和知识经济的兴起。目前，湾区内已形成了由铁路、地铁、单轨列车组成的综合铁路网，年运输人口规模达到世界第一；放射性环状道路的建设强化了湾区城市的经济联系；湾区内分布有6处机场，其中，东京羽田国际机场和成田机场是首都圈内的两个主要机场；湾区内多个港口有明确的职能分工，提高了港口的运输能力。

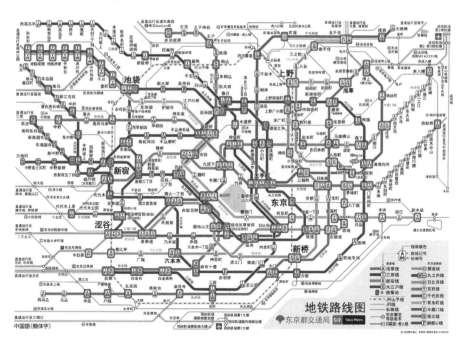

图4-1 东京湾区内的轨道交通线路

（图片来源："东京都交通局"，http://www.kotsu.metro.tokyo.jp/ch_k/map/）

**4. 超前的规划与精密的实施**

东京湾的发展以规划引领，并非单纯依赖市场发展而来。日本资源稀缺，必须建立开放性的经济体系，将国内产业嵌入国际市场，东京湾天然的港口资源为此创造了良好的地理条件。"二战"之后，日本根据国情，将其规划为国家的经济中心。日本政府于1951年颁布《港湾法》，明确整个国家港口发展数量、规模和政策三者之间的关系；1956年的《首都圈整备法》提到东京及周边地区是"首都圈"；1967年颁布《东京湾港湾计划的基本构想》，提出"广域港湾"的概念，主张各地方港口集体协商，对港口群进行规划协调，避免港口间因费用定价不同而产生恶性竞争，最大限度地保障港口群的利益；1999年，日本制定"第五次首都圈"基本计划，再次强调了东京作为首都的职能，同时采取制造业外迁的"工业分散"战略，在一定程度上解决了东京都的人口膨胀问题。由此，东京湾形成了港口与工业高度集聚、港口之间合作共赢的发展模式。如图4-2所示。

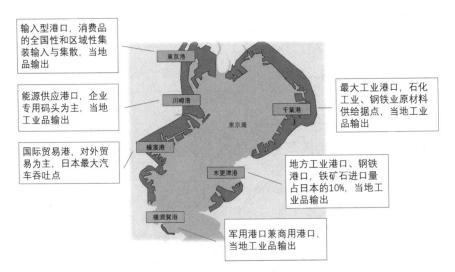

图4-2　东京湾区港口分布及功能示意

与此同时，过度的规划与对环境的忽视也为东京湾发展带来挑战。以填海造地满足工业用地需求，极大地破坏了当地海洋生态和海岸生物的生存环境；人工岛阻碍河道，产生水灾风险。高度集聚的工业生产与被忽视的环保标准，也使日本历史上环保事件频出，20世纪世界环境八大公害事件中有4件发生在日本，其中之一即发生在京滨工业区四日市的哮喘病事件。

## 二、国际三大湾区发展经验要点

纵观国际三大湾区，虽在地理禀赋、功能优势上各有不同，但有四大核心要素不容忽视。

第一，明确驱动湾区发展的核心动力。每一个湾区都是一个超强的经济发展区域，各自拥有不同的驱动内核。纽约湾区以纽约长期积累的国际金融中心为驱动，由此不断聚集国际航运、科技、教育等产业，对美国乃至世界市场产生影响力。旧金山湾区以其科技与研发为内核，以绝佳的自然、教育、政治环境为支撑，成为世界重要的科技产业中心。东京湾则因以东京为日本经济核心的地位所驱动，成为日本经济资源的集中地，并内嵌于国际市场进行发展。湾区需要找到其发展内核，这个内核将决定湾区的气质与发展势态。

第二，建立与湾区环境相匹配的规划模式。一个大的经济发展区域必然需要科学地规划与管理，但不同市场环境对规划的需求不同。纽约湾区的经济产业由市场自发形成，不需要政府强行、优先的规划；但经济扩张导致城市承载能力不足，需要做好跨区域的交通与城市规划以打通市场。因此，纽约湾区产生了以行业组织为核心的私营性质的规划委员会，具有专业性、跨区域性和市场性。旧金山湾区的市场自发性更强，没有一个核心中心，区域内的科技产业平均分布，不需要宏观上的资源调控。因此，旧金山湾区仅需要政府满足区域基础设施的需求，对人才、环保、交通等问题制定支持性政策，保障湾区经济发展。两者的形成皆具有自然性与市场性，与东京湾区完全不同。东京湾区的发展市场驱动性较弱，依赖于政府超前的规划与精密的实施，通过规划以促进资源的集聚和发展。

第三，形成区域内优良的产业生态。纽约湾区以金融业为核心，以航运业为支撑，并不断吸引法律、时尚、艺术、教育等创新性产业集聚，最终培育并吸引具有世界影响力的机构进入，使纽约湾区在经济、社会、政治上产生世界影响力。旧金山湾区则打造了良性的高科技产业生态，形成研究、开发、投资、运营一体的产业结构，吸引高校、科研机构、科技公司、金融与法律服务行业入驻。东京湾则形成了产研结合、错位发展的工业生态。京滨、京叶工业带（区）最初贯彻"工业分散"的战略，引导制造业向其迁移，逐渐成为世界领先的工业带；东京核心区则不断向服务业升级，最终成为日本的金融、商业、政治、文化中心。同时，大量高等教育学府提升区域研究和科技创新能力，使湾区工业升级为知识技术密集型产业。

第四，注重环保与交通等城市条件。现代城市在集聚更多人口的同时，在环保与交通上面临更大的挑战。优良的环境本身就是城市竞争力的重要因素，便捷的交通则是贯通资源的纽带。超大型的经济区，需要极强的基础设施作为支撑。

## 三、粤港澳大湾区与国际三大湾区的对比分析

### （一）地理禀赋情况比较

首先，将粤港澳大湾区与全球三大湾区进行比较，其气候、面积、人口、机场吞吐量、经济体量等方面表现如下（表4-1）。

表4-1 粤港澳大湾区与世界级大湾区的比较

| 湾区 | 气候 | 面积（万平方千米） | 人口（万人） | 机场吞吐（亿人次） | 经济体量（万亿美元） |
| --- | --- | --- | --- | --- | --- |
| 纽约湾区 | 温带大陆气候 | 2.15 | 2340 | 1.3 | 1.4 |
| 旧金山湾区 | 地中海气候 | 1.67 | 765 | 0.71 | 0.8 |
| 东京湾区 | 亚热带季风气候 | 3.68 | 4400 | 1.12 | 1.8 |
| 粤港澳大湾区 | 亚热带季风气候 | 5.6 | 6671 | 1.75 | 1.4 |

粤港澳大湾区在腹地面积、机场吞入量和气候等方面具有一定产业发展和人才集聚的禀赋优势，经济体量也能够承载区域的土地连续开发需求。从国家层面看，大湾区毗邻港澳，依然具有独特的"一国两制"优势，中国特色社会主义可以发挥强政府的优势推进基础设施建设，对市场进行有益的大平台建设；香港金融和贸易商业模式可以与国外发达地区无缝衔接。

香港依然是粤港澳大湾区的重要屏障，宜充分发挥"一国两制"的制度优势。从全球地缘格局角度看，东京湾区和旧金山湾区面向亚太，粤港澳大湾区则在亚太的侧面；粤港澳大湾区可发挥其对东南亚地区、中东地区等的辐射优势，有效避免竞争性冲突。尤其是在亚太两强格局已经形成的情况下，粤港澳大湾区可以避其锋芒，通过海上丝绸之路沿线的合作，渐进式地改变亚太的贸易格局。

### （二）发展驱动力和产业基础比较

纵观国际三大湾区的发展经验，国际三大湾区的发展驱动力看似各有特色，但经济能实现如此大规模的集聚和对全球的辐射影响，异曲同工，创新都是核心。粤港澳大湾区以创新为发展驱动力，既符合国际湾区的发展经验，也符合国家创新驱动战略的总体部署。

东京的创新发展模式的最大特征，是集全国乃至全球之力发展东京湾区；纽约湾区的发展模式既有波士顿的人才和科技体系支撑，又有华盛顿行政中心和纽约经济中心的影响力，是全球化浪潮中各类资源集聚的必然结果；旧金山湾区的发展模式更具特色，即科创、"产学研"联动和滨海宜居城市建设。旧金山湾区是第三次科技革命的受益者，IT技术具有高附加值和低劳动力总量需求的特征，这也是其人口密度相对较低的原因。相比之下，粤港澳大湾区与国际三大湾区的发展驱动力存在本质不同：一方面，粤港澳大湾区不可能获得全国行政中心和经济中心的地位和资源覆盖；另一方面，粤港澳大湾区在IT技术领域并没有绝对的全球带动优势。粤港澳大湾区的产业基础相对更加复杂，遍布各类需求的全方位现代服务和加工生产，伴之以嗅觉灵敏的民营企业。同时，大部分地区长期以来形成以行政为主导的发展模式。因此，粤港澳大湾区的最核心优势还是制度优势。应当充分发挥我国制度优势，大力引导中国内地市场创新资源的注入，结合港澳地区固有的市场环境，形成对外的竞争优势。进而以更加开放的制度和更加人性化的营商环境以及湾区基础设施的对内互联互通，将进一步整合区域内的创新资源。

### (三)"强中心"与"多中心"发展模式比较

纵观国际三大湾区的发展经验,各自采用了"强中心"或"多中心"的发展模式。而不同格局发展背后,都受制于其发展模式的本质。旧金山湾区的多中心发展经验,本质上是市场百年以来顺应全球化发展趋势而自发形成的中心格局;东京湾区的强中心格局,则更加依赖于政府统一决策和先期科学规划。粤港澳大湾区城市群协同发展具有市场与规划的双重特点。一方面,区域内城市的进步是改革开放40年,市场经济自发形成的集聚结果;另一方面,粤港澳发展又离不开"服务港澳,促进与内地融合"的战略基础。

具体就粤港澳大湾区的城市格局而言,宜采取无中心或多中心的发展模式。表面上看,粤港澳大湾区有3个全国中心城市,即香港、广州和深圳,但任何一个城市都无法完全代表粤港澳区域的文化、社会和市场特点。目光放至全区域,中山、佛山和东莞的创新能力和基层政府创新性亦不容忽视,可以在粤港澳大湾区建立一个"珠三角城市群+港澳"的发展整体。综合考虑国际三大湾区都未曾出现的"一国两制"和3个关税区的现实情况,大湾区可考虑弱化内部的强中心格局,但突出港澳在粤港澳大湾区的标志作用;通过便捷地铁网络的联通,采取无中心的发展模式;继续发挥市场和各地嗅觉灵敏的民营企业的活力带动作用,在统一规划的基础框架下充分发挥市场优势,多点发展,多中心集聚。多中心、一体化发展更符合服务港澳与内地融合的发展大局。

### (四)基础设施联通情况比较

粤港澳大湾区基础设施互联互通将是首要工作。相比其他3个湾区,粤港澳大湾区的经济基础已经有了一定对海上丝绸之路的发展优势;进一步打通内部联结、塑造内部优势,能够提升湾区在全球化进程中的影响力和吸引力。打造辐射国内外的综合交通体系,必须成为大湾区的重点。

全球三大湾区都规划了便捷的交通体系,尤以东京湾区为典型。对于粤港澳大湾区而言,基础设施建设既是社会主义优越性的体现,也是其目前亟须补全的功课。从已有规划看来,粤港澳大湾区重点共建"一中心三网",即世界级国际航运物流中心,多向通道网、海空航线网、快速公交网,形成辐射国内外的综合交通体系。广东"十三五"规划指出,将实现"12312"交通圈,即广州与珠三角各市 1 小时通达,珠三角与粤东西北各市陆路 2 小时左右通达,与周边省会城市陆路 3 小时左右通达,广东与全球主要城市 12 小时通达。但是,其内部基础设施联通的最核心反而最容易被忽视。目前,广深地铁、广佛地铁、广州与中山的地铁链接规划涉及跨市基础设施建设问题,并未形成一个整体;粤港澳大湾区城市群间基础设施互联互通,应当尽快以地铁接驳作为发力点,才能实现更便捷更符合居民出行、生活和工作的现代交通网络。

## 四、启示与小结

总体而言,湾区是一国对外全球化战略的重要支点,更是对内发展优势的集中整合和集中体现。国际三大湾区各具特色,但发展驱动力的核心都在于要素集聚和创新驱动。粤港澳大湾区与国际三大湾区的基础和优势都不同,需要挖掘自身发展特色。其一,粤港澳大湾区应探索无中心或多中心的发展格局。该格局不以任一核心城市为主体,能进一步凸显港澳的作用,服务港澳与内地融合之大局。由此,一方面能够引导港澳融入大湾区整体,有效调动港澳的积极性;另一方面形成对国内地区的整体资源集聚能力,发挥广东除深圳、广州以外城市的创新能力。其二,充分发挥民营企业与市场优势。在粤港澳湾区内部,长期以来已经形成了遍布各类产业链条的全方位现代服务和加工生产,培育了一大批嗅觉灵敏的民营企业。市场、开放、竞争、创新才是粤港澳大湾区的最大优势。其三,充分发挥制度优势,进行科学规划,为大湾区发展提供制度保障。湾区内部资源多样、主体多元,为充分挖掘资源优势、实现创新,需要高屋建瓴的制度与规划。其中,构建大湾区内部、城市群之间的便捷交通网络是基础。这一网络应当服务于居民的生产生活和安居需求,力求实现城市间地铁的互联互通,实现半小时流动,真正盘活粤港澳大湾区的资源要素。

# 第三编 产业体系建设

# 第五章 粤港澳大湾区产业协同分工布局机制与路径

彭 曦[①]

粤港澳大湾区合作的最终落脚点在各类产业能实现融合发展。在此过程中，需要克服产业发展存在的障碍，包括货币、法律、制度环境差异性，打破要素流动障碍。当前，湾区"9+2"城市产业规划各自为政，产业同构现象较为严重。大湾区不仅传统产业需要升级，还需要抢占战略性新兴产业和高端服务业发展的制高点；只有形成合力，才能面对更为激烈的全球产业竞争格局。以粤港澳大湾区为整体，合理的产业分工布局至关重要。希望粤港澳大湾区能充分发挥"一国两制"的制度优势，利用好香港对欧美市场"超级联系人"的角色和澳门葡语国家"门户"的功能，在自由贸易试验区、产业园区、"飞地"等产业发展平台内，结合各地区经济发展特点和资源禀赋优势，增强要素互补效应，并打破地区间产业无序竞争和垄断，实现产业融合发展机制体制新突破。

## 一、产业协同分工布局理论背景

新一轮产业革命将会对全球产业分工布局产生颠覆性的影响，粤港澳大湾区传统制造业优势能否继续维持，现代服务业能否得到更好的发展，产业空间布局是否合理，集聚效应能否继续发挥，能否实现协同发展至关重要。从理论上来讲，产业分工布局最早由杜能1826年所著的《孤立国》

---

[①] 彭曦，中山大学自贸区综合研究院博士后。

（约翰·海因里希·冯·杜能，1986）所创建，其通过研究农业生产方式的空间布局，以城市为中心，向外圈层布局，简称"杜能圈"，产生的原因是级差地租（Mills，1971）。通过研究人口郊区化的原因，米尔斯认为级差地租是一个方面的原因，而经济有效的交通系统，是导致城市向外扩张的主要原因。包括日本学者所提出的"雁行形态"和梯度推移理论等著名理论（Kojima，2000），也是圈层结构理论的一个拓展，其认为产业转移主要是通过层级之间进行转移的，如果发达地区某项产业由于级差地租、人力成本等原因而生产成本上升，转移到圈外就可以降低成本。

从粤港澳大湾区的分布来看，广深港澳可为第一圈层，佛山、东莞、珠海可为第二圈层，肇庆、中山可为第三圈层。从增长极来讲，经济发展主要靠的是"极点"带动，应该把周围的资源集中到"极点"上来，从而通过扩散和回流效应带动落后地区发展，而不应当是均衡的发展战略。增长极可以分为产业、城市和潜在的经济增长极，中国的区域发展应采用以增长极理论为基础的非均衡发展理论。粤港澳大湾区的经济发展对增长极理论是一个很好的例证，通过增长极的发展模式，带动整体经济的增长，但是对于落后地区的辐射效应不够明显（陆大道，2002）。陆玉麒（2002）认为可以通过不同增长极和发展轴线共同组成社会经济的空间网络，他还认为点—轴理论相对于增长极而言，主要是由交通线构成的轴的作用得到了很好的发挥。一方面，大湾区可以通过产业梯度转移，实现优势互补与合作共赢；另一方面，可通过高铁、高速公路、珠江航道发展轴线将各个城市串联起来，形成网络化的发展格局。

产业集聚外部效应对产业和区域发展有促进作用，也进一步加剧了城市分工的细化。制造业具有一定的规模外部性，机理是能从经济活动的规模和多样性获得信息外溢，并且制造业和高科技产业更为依赖外部环境，也从本地经济中获益。粤港澳大湾区的产业发展证明产业集聚外部效应对产业和区域发展有促进作用，也对生产线服务业的集聚有显著的正效应，未来区位理论研究也证明产业多选择大城市和经济较发达地区，而在城市内部集中与扩散并存。协同可以分为水平协同和垂直协同，水平协同主要是由地方化集聚所带来的，是不同产业之间的集聚，而垂直创新则是同一行业的上下游产业集聚所带来的，系统集聚所带来的就是更好的溢出效应

(spillover effect)。对于粤港澳大湾区而言，制造业是生产服务业集聚的基础，城市化是制造业与生产服务业协同集聚的催化剂。

区域经济模型利用地缘效应、交易效应及成本差异效应"存异"，而跨境平台模型则运用融合与创新效应及象征效应来"求同"。在区域经济模型中，边界两侧主体利用地缘效应和交易效应，结合两侧的经济要素成本差异进行经济合作而获利。在多数情况下，纯功能性和辅助性的合作对边界两侧的经济互动仍是有利的。一是合作能降低交易成本，提高经济效率。比如，交通与基础设施的互联互通能加速人员及商品的流动，促进经济区域增长。二是合作能减少跨界交易的不确定性。比如，新加坡通过与印度尼西亚岛屿建立双边自由贸易协定来实现其向外的产业转移。三是边境治理合作的必要性。人员、资本等经济要素的跨界流动往往伴随着一系列社会问题（犯罪、暴力等），区域经济高速增长时也会带来环境污染。在此情况下，两侧在边境管制及社会治理方面的合作就显得尤为必要。

跨境平台模型通过构建大型平台设施或文化宣传等手段，来增强边界两侧认同感，促进边界两侧融合，建立共同的目标和愿景，以此实现稳定的地域管理。一是日常沟通与交流层面的融合，比如，美国—墨西哥边界区域人们创造的"spanglish"语言（英语与西语的融合）。二是在制度层面及经济层面的合作，比如，两侧政治或经济主体在顶层框架，如空间规划以及城市发展方面的合作，研究类、艺术文化类等知识密集型产业的合作等。这些合作往往超越实体边界。三是跨境经济合作中的社会性融合，包括边境两侧对双方的历史背景、信任程度、自然资源、人文环境以及公共物品等的理解、接受及认同。从这个方面来讲，粤港澳大湾区除了硬联通，更重要的是软联通，即在制度、机制、文化、研究和体育等各个方面相互建立产业联系，是三地能否融合的关键。

## 二、产业分工布局现状与问题

从历史进程来看，珠三角通过出口加工业嵌入全球价值链，粤港澳合作大致分为三个阶段：粤港澳合作1.0版（基于"前店后厂"式的制造业垂直分工），2.0版（基于CEPA，以服务经济为特征的产业合作），3.0版

（基于自贸区的制度合作、前海深港现代服务业合作区）。三地对于产业合作都有共同的意愿，建立区域产业一体化融合发展政策，不仅仅是解决经济发展的问题，更是从根本上帮助、解决港澳融入内地发展的问题，也能更好地促进粤港澳之间加深互利合作共赢。

## （一）产业发展规划重叠面临同质化竞争

内地城市都在向高端服务业转型升级，面临与港澳之间的同质竞争。尤其是内陆地区的城市，都在规划发展金融、航运等现代服务业，会让港澳觉得受到威胁，没有形成差异化，不利于三地之间形成互利共赢的合作机制。内陆地区城市内部在产业发展规划方面也存在重叠。各个城市都在推动信息技术、生物技术、高端装备制造、新材料、文化创意等产业发展，但没有找到城市发展的真正定位。以港口为例，在大湾区内集聚着位居世界吞吐量前十位港口中的三大港口，它们互相竞争，不符合现代港口整合的发展趋势。"9+2"城市产业发展定位如表5-1所示。

表5-1 "9+2"城市产业发展定位

| 城市 | 规划定位 |
| --- | --- |
| 香港 | 巩固和提升国际金融、航运、贸易三大中心地位；强化全球离岸人民币业务枢纽地位和国际资产管理中心功能；推动专业服务和创新及科技事业发展，建设亚太区国际法律及解决争议服务中心 |
| 澳门 | 推进建设世界旅游休闲中心；打造中国与葡语国家商贸合作服务平台；建设以中华文化为主流、多元文化共存的合作交流基地，促进澳门经济适度多元可持续发展 |
| 广州 | 打造建设国际航运枢纽、国际航空枢纽、国际科技创新枢纽；打造高水平对外开放门户枢纽，成为粤港澳大湾区城市群核心门户城市 |
| 深圳 | 加快建设国际科技、产业创新中心；协同构建创新生态链；打造全球高端金融产业综合体和金融综合生态圈 |
| 佛山 | 突出打造制造业创新中心 |
| 东莞 | 国际制造中心 |
| 惠州 | 新定位瞄准"绿色化现代山水城市"，生态担当；全面对标深圳东进战略，对接广州东扩发展态势，加快创新平台建设 |

续上表

| 城市 | 规划定位 |
|---|---|
| 中山 | 珠江西岸区域科技创新研发中心；承接珠江东、西两岸区域性交通枢纽 |
| 肇庆 | 珠三角连接大西南枢纽门户城市；湾区通往大西南以及东盟的"西部通道" |
| 江门 | 全球华侨华人双创之城；沟通粤西与珠三角一"传"一"接"的"中卫"角色 |
| 珠海 | 全国唯一与港澳陆地相连的湾区城市，建设粤港澳大湾区的桥头堡和创新高地；开辟"港澳市场及创新资源+珠海空间与平台"的合作路径，国际创新资源进入内地的"中转站" |

数据来源：根据各个城市规划整理所得。

## （二）粤港澳三地城市各自形成自己的产业优势

在产业发展方面，香港、澳门的工业相对较少，内地湾区城市的产业发展优势明显，统计数据如表5-2所示。

表5-2 内地湾区9市产业发展现状

| 城市 | 规模以上大中型工业企业（家） | 工业总产值（亿元） | 资产总计（亿元） | 先进制造业增加值（亿元） | 先进制造业增加值占规模以上工业比重（%） | 高技术制造业增加值（亿元） | 高技术制造业增加值占规模以上工业比重（%） |
|---|---|---|---|---|---|---|---|
| 广州 | 853 | 13700 | 14047 | 2656 | 59.7 | 599 | 13.4 |
| 深圳 | 2020 | 28556 | 30141 | 6565 | 72.1 | 6131 | 67.3 |
| 珠海 | 323 | 3114 | 5379 | 595 | 54.9 | 322 | 29.7 |
| 佛山 | 1229 | 13951 | 9708 | 2251 | 49 | 276 | 6.0 |
| 惠州 | 591 | 6027 | 4997 | 1222 | 70.6 | 699 | 40.4 |
| 东莞 | 1989 | 15247 | 10725 | 2044 | 52.3 | 1521 | 38.9 |
| 中山 | 610 | 3346 | 3094 | 488 | 44.7 | 209 | 19.1 |
| 江门 | 387 | 2698 | 2536 | 424 | 39.1 | 101 | 9.3 |
| 肇庆 | 241 | 1549 | 1106 | 186 | 30 | 52 | 8.4 |

数据来源：根据《广东省统计年鉴2018》整理计算所得。

港澳两地则是以服务业为主的第三产业为主导,香港服务业产值占GDP比重一直维持在90%左右。从高科技产品类别来看,香港产品出口仍然集中在办公用品、电信及播报设备,而机械、医疗及化学产品出口货值占总体比重仍然较小。但近年来科学仪器、电动机械设备以及航天设备出口增速迅猛,与香港特别行政区政府近年来从业界、学界等各领域加大对创科产业的资金投入有关。香港按产品类别划分的高科技产品整体出口货值如表5-3所示。

表5-3 香港按产品类别划分的高科技产品整体出口货值

单位:百万港元

| 高科技产品类别 | 年份 | | | | | | |
|---|---|---|---|---|---|---|---|
| | 2008 | 2013 | 2014 | 2015 | 2016 | 2017 | 2018 |
| 电信、声音收录及回放器具、设备 | 759802 | 1268585 | 1400397 | 1494917 | 1604959 | 1763456 | 1970856 |
| 办公室机器及自动数据处理机 | 223925 | 321553 | 329917 | 320852 | 299993 | 342061 | 397038 |
| 科学仪器 | 54365 | 86770 | 80057 | 71092 | 71971 | 82594 | 88502 |
| 电动机械设备 | 36276 | 55751 | 59794 | 59188 | 56662 | 59006 | 77390 |
| 航天设备 | 25004 | 29129 | 25878 | 26891 | 32518 | 34596 | 41749 |
| 医疗及药用产品 | 3860 | 1936 | 2093 | 2507 | 2172 | 3655 | 3399 |
| 非电动机械设备 | 6000 | 2739 | 3356 | 2838 | 2878 | 2530 | 2883 |
| 化学材料及产品 | 5255 | 3814 | 3523 | 2884 | 2772 | 2317 | 2560 |
| 总计 | 1114488 | 1770276 | 1905014 | 1981169 | 2073924 | 2290214 | 2584377 |

数据来源:《香港统计年刊》2019年版。

### (三) CEPA 协议落地仍然存在问题

虽然粤港签署了 CEPA 协议（*Closer Economic Partnership Arrangement*，中文全称为《内地与香港关于建立更紧密经贸关系安排》），但在金融、高端服务业仍然存在较多的准入"门槛"，如商事登记、企业注册仍然有较多的审批环节，行政壁垒较高。香港、澳门在投资制度和工商注册制度上更自由开放，应实行非歧视性政策，提倡产业自由进入、自由竞争。调研发现，湾区内除自贸区外，一些外资企业在办理工商注册时需要在工商、海关、检验检疫、统计、财政、环保、建设等 11 个部门办理相关证书，手续十分冗杂。港澳企业和个人享受"国民待遇"仍然存在较大的差别。如港澳企业在内地想获得银行贷款相对较难，很多银行设置了无形的门槛，在政策支持、财政补贴上，内地企业与港澳企业仍然存在一些差异。此外，港澳居民在湾区内地社保衔接不顺畅，在湾区内地就业缺乏具体配套措施和专属渠道，导致就业受阻，从而人才流失严重。

当前粤澳之间高端服务业合作都是基于 CEPA 宏观框架来进行的，在实施过程中也面临"大门开，小门关"的问题，要得到落实相对较为困难。一方面，澳门金融机构进入内地准入门槛相对较高，特别是深圳与澳门金融合作相对较少，没有利用好澳门离岸金融中心的作用。如设立保险公司、证券公司以及资产管理公司等时，在规模、经营年限等方面都要有一定标准。另一方面，CEPA 也未对全部服务领域实施国民待遇，内地对澳门开放的服务部门多达 153 个，涉及 WTO 分类标准 160 个的 95.6%，但协议实行国民待遇的服务领域只有 62 个，97 个服务领域对澳门开放但是未实行国民待遇，制约了澳门相关企业进入内地。

### (四) 人、物、资金、信息等要素的自由流动存在障碍

世界级大湾区是各类人才高度集聚的区域。正是因为其能够聚集一大批受过良好教育、掌握丰富知识和技能、拥有敏锐洞察力和创新能力的知识精英，才能形成巨大的城市发展动力。如硅谷正是因为集聚了大量的科学技术研究单位和机构，才能创造出大量的科研成果。在人才集聚方面，港澳人员可以自由流动，但是其不具备发展全球科创中心的条件。广深具

有这个条件，但仍存在一些体制机制障碍，双方可以探讨新的合作机制。粤港澳存在信息通信的制度障碍，不利于全球信息港的建设。现代城市不仅需要人员、资金的流动，还需要信息的集聚与流动，高级别的湾区往往还是信息港的所在地，粤港澳应该加强全球信息港的建设。如在5G通信技术上，如果能较早实现大规模商业化应用，就有可能在信息发展方面抢占新机。境内外要素市场分割，导致资源配置不合理。不仅粤港澳湾区内部存在要素市场分割问题，中国与世界也存在境内外两种资源、两个市场要素流动和资源配置问题，而打通境内外的两个市场，实现要素的自由流动，是粤港澳大湾区建设最为重要的抓手和突破口。

## 三、粤港澳产业协同分工机制设计

港澳与内地之间的产业关联度也经历了由高到低的过程，从早期的紧密联系、分工协作，到香港"脱实向虚"，港澳与内地的产业联系渐行渐远。这是市场机制的作用结果，有其合理性的因素，但也因为粤港澳三地没有找到合作产业和共同利益点，所以缺乏产业链契合度。粤港澳大湾区虽然是全球的制造业中心，但大都处于价值链的低端，没有掌握核心技术，使得企业在外的竞争力不强。产业合理分工更多的是体制机制的障碍，包括人才、科技资源、资本和信息等自由流动仍然存在一定障碍，三地之间更多的合作机制和模式需要探索。

### （一）构建粤港澳产业协同发展协调、沟通机制

在以往的发展中，湾区"9+2"城市产业规划各自为政，产业同构现象较为严重。首先，在产业发展层面，三地可共同制定地方性的法律法规，并在三地同时生效。特别是针对战略性新兴产业方面新的规则制定，可以通过立法来解决当前面临的一些问题，如在港口资源优化方面可借鉴日本制定相应的法律来规定各个港口所承担的职能，并共同制定发展规划。其次，可加强民间机构的协调沟通机制，包括民间智库、非政府组织等。从其他湾区来看，一些政府不好协调解决的问题，通过政府资助或者支持的民间机构来进行协调，能够起到更好的效果。最后，发挥好跨境公司沟通、

协调的功能。一些技术和产品可通过企业内部交流的形式进入内陆地区，不必进行过于严密的审查机制，对公司内部的数据和信息传送，建立更为便捷的沟通机制，解决数据跨境的难题。

## （二）构建三地产业标准对接机制

在产业标准和规则上，港澳标准已经得到世界公认，湾区内地应向港澳地区靠拢，应逐渐实现统一。通过共同市场，能够消除这些产品差异，实现产品质量、服务标准、安全规则上的统一，使湾区内部各项标准达到世界主流产品要求。首先，可以在内地湾区的自由贸易试验区和合作园区直接使用香港的建筑、医疗等标准。在包括港澳专业人士内地执业、证书互认等领域进一步放开。其次，参考东莞设立香港标准及鉴定中心（东莞检测中心），内地湾区可根据该标准的要求，逐步提高产品的质量标准，在粤港澳大湾区承认其检验结果，并与国标类似，可以直接在粤港澳大湾区市场上销售。最后，港澳承认的国际标准，在大湾区内也适用。如香港对FDA（Food and Drug Administration）认证的药品，可以直接用于临床，而当前内地湾区对欧美和美国的认证还不予承认，因此在类似标准上可进一步放开。

## （三）以各类平台合作为落脚点，构建产业落地机制

当前粤港澳合作的平台包括港澳园区、3个自由贸易试验区、河套港深创新科技园、横琴·澳门青年创业谷等。首先，河套港深创新科技园和横琴·澳门青年创业谷拥有更好的区位优势，可在体制机制上有大的突破，共同培育科技创新产业的发展。其次，自由贸易试验区、产业园区、"飞地"等产业发展平台内，结合各地区经济发展特点和资源禀赋优势，增强要素互补效应，利用港澳向产业链上游延伸，并打破地区间产业无序竞争和垄断，实现产业融合发展机制体制新突破。最后，通过合作共建产业集聚园区，包括增加建立海洋科技产业园、大数据产业、新一代信息技术、人工智能等产业园区，实现"无中生有"的产业发展，抢占新兴产业发展制高点。放活体制机制，试验"飞地"、"法定机构"和"管理公司"等模式，建立港澳高科技产业园，打破跨区域行政壁垒，划归香港湾区管辖，

解决香港科技资金过境和科技成果转化问题。

（四）建立健全财税政策对产业发展的长效支持机制

充分发挥财税杠杆效应，对新兴产业技术研发进行财政补贴；丰富支持新兴产业发展的税收手段，鼓励企业和个人进入战略性新兴产业领域；形成完善的激励补偿机制，发挥政府对民间投资的引导作用，引导市场主体从使用高能耗、高排放的技术转向使用低能耗、环保的新能源和清洁能源技术；保持支持战略性新兴产业发展的财税政策的连贯性和长期性，发挥新兴产业的战略性作用。可以借鉴日本建立面向战略性新兴产业发展的政策性投资银行，包括日本开发银行、日本输出入银行、日本政策投资银行等金融机构。这些机构的投资和贷款主要集中在长期项目和未来战略性新兴产业上。以日本政策性投资银行为例，他们除了传统的精密仪器制造，还在自动驾驶、机器人、飞机、医疗、物流自动化等领域都投入了大量资金。

## 四、粤港澳产业协同分工发展路径

市场是传递消费者需求信息最有效的手段，通过发展共同市场，不仅能够了解湾区内部的需求信息，还可通过香港、澳门两个"窗口"，了解欧美地区的需求信息。西方的一些技术也可以通过最终消费品的形式传入内陆地区，特别是在当前美国对中国技术封锁，中美贸易摩擦将会是常态化的情况下，对国内科技产业的发展尤为重要。

（一）需要破除三地之间产业发展要素自由流动所存在的障碍

在货物流方面，以自由贸易试验区为基础，优化珠三角港口群的竞争合作格局，加快区域性国际航空枢纽的建设，进一步推行通关便利化的政策措施，包括"关检互认""信息共享"等措施。在资金流方面，在自贸区内争取实施FT账户（自由贸易账户），资金账户分类监管、信用监管等模式，在风险可控的范围内进一步扩大两地的金融开放。在产业发展相关要素流动方面，仍然有诸多的限制需要破除，包括人才、专用设备、股权、技术和知识产权等，仍然存在较多制度性的障碍。而在三地产业要素流动中，缺乏有影响力的市场主体。在这些要素流动方面，可通过市场机制予以调解，给予港澳青年湾区就业同等待遇，对股权、技术、知识产权等可实行自由流动或备案制，对科技研究人员赴港交流活动，在签注方面采取更为灵活的措施。

### （二）实施精准的产业政策，促进科技湾区建设

当前已经开始迈入第四次工业革命，粤港澳大湾区需要牢牢把握这次历史机遇，尤其是抓住世界科技中心向亚洲转移的趋势，对一些涉及未来战略性新兴产业实施更为精准的产业政策，重点布局相关产业。借鉴美国和日本最新的产业目录划分，将现有的产业目录细化到4～5级甚至更细，以此来选择重点扶持的细分行业，并针对当前需要重点突破的领域，制定与之相关联的产业政策和财政政策措施，逐步取消一般性的产业政策，以便于集中优势资源对缺乏市场动力、市场失灵和"卡脖子"的产业予以重点政策支持。也可以根据相应的产业发展需要，有针对性地招聘相应的人才，将产业、人才和科技成果转化等结合起来，共同推进包括传统产业转型升级、高端服务业和战略性新兴产业的发展。

### （三）粤港澳三地共同建设产业发展平台

建立粤港澳国家级产业发展平台，利用粤港澳地区尤其是香港的科教资源，以及珠三角完整的产业链，对接全球资源，推动传统的优势产业做大做强。粤港澳三地也可联合申请，共同建设国家产业创新中心等平台和载体，支持实体产业发展，共同布局建设离岸创业中心、科技合作产业园、技术转移中心等平台和载体，推动以科技创新推动产业价值链延伸。根据国家战略需要，三地可联合布局一批国家未来发展的战略性产业。利用香港、澳门对国际人才的吸引力，瞄准世界科技发展前沿，在人工智能、量子科学、脑科学、合成生物学、空间科学、深海科学等重大科学问题上超前部署，以新兴产业发展形成粤港澳大湾区新的国际竞争力。同时，以湾区内企业平台为主体，鼓励企业将产业链贯穿于政策产业链之中，在企业内部实现协同发展。

### （四）构建起有利于产业发展的宏观环境

与国内其他地区相比，粤港澳地区产业发展环境相对较好，但与世界发达地区相比仍然有一定的差距。在法律层面，仍然需要对接完善。香港和澳门是法律制度较为健全的地区，但是内陆地区的法律制度与港澳地区相比仍然存在一定的差距，在涉及相关产业的民商事法上，可以与港澳法律体系对接，构建有利于新兴产业发展的制度环境。在知识产权保护、科技金融发展方面，需要进一步调整，科技成果转化、科技人员编制等还存在体制机制问题，同时需要宜居宜业的生活环境。在教育、医疗等涉及人的基本需求的公共服务上，三地还有较多的合作空间，应以建设令人向往的世界级湾区为目标，建设更适宜人类居住的生活与自然环境。

## 五、结论与建议

构建国际化、开放型区域产业发展与创新体系，发挥粤港澳大湾区包容性的制度优势，在高端服务业等领域共同制定国际标准。产业链上下游企业创新发展，培养一批创新型企业家，培育一批创新能力强、产业效益好的创新型中小企业和骨干企业，形成若干有国际竞争力的创新型领军企业群。通过优美的人居环境激发创新型人才的创作热情，从而建成世界级创新团队的向往之地。

### （一）制造业应采取升级版"前店后厂"模式

从历史来看，"前店后厂"模式是历史的产物，也是经济规律作用的必然，这种合作模式仍然适宜于当前。从两地的发展水平来讲，不管是对欧美之间高端市场产业价值链的掌控，还是在全球高端资源，包括人才、资本和技术的吸引力上，深圳无疑与香港之间存在着代际差，两地仍然可以通过价值链分工，共同推进高端工业的发展。

第一，香港再工业化应该借鉴新加坡工业园模式。现在的新加坡已经被世界公认为是高附加值产品的制造中心。新加坡制造业目前已经形成了电子业、化工业、生物医疗科学业等重要产业集群。集成电路芯片是信息技术的心脏。根据统计，世界上10%的芯片是在新加坡组装或测试的。世界排名前十的药物中有60%是在新加坡生产的。香港再工业化一定要有配套政策支持，政府引导是一个关键因素。

第二，深圳与香港联合发展轻工业。包括医药（中西药）、高端服装定制、高端食品或保健产品、时尚产品、医疗器械、高端珠宝和钟表、汽车关键零配件、飞机小型零配件的生产和维修等。这些产品的生产环节均是轻型、小体积，无须大规模土地和人力投入的，都是知识、技术、工艺或资本密集型产业，进入门槛较高，增值水平亦较高，能为香港创造中高层次的就业。

第三，与内地联合发展先进制药业，重点发展疫苗生产。从长春长生疫苗事件可以看出，我国制药产业的短板较为突出，并且随着人民生活水平的提升，对健康的关注度也会提升，这是一个巨大的市场。香港在医药研究和制药规则方面都较为先进，香港大学在2018年研制出艾滋病抗体疫苗就是很好的例子。深圳可同香港联合发展先进制药业，包括遵循香港"生产质量管理规范"的要求，在积极发展有关开发新药、传统中药现代化及改良药物配方等方面加强合作。

第四，先进工业材料方面，可以更好地利用香港的研发优势。香港拥有卓越的研究基础，深圳中小企业可充分应用此等研发成果，从而发展先进制造业，如纳米光学涂层在照明工业的应用、废料再造的环保石砖在建筑业的应用等。物料能为工业发展带来重大突破，其专利成果更能大大提升深港工业技术的国际地位及竞争力。

## （二）依照CEPA协议，进一步推动高端服务业开放

落实内地与香港、澳门签订的CEPA及其系列协议，促进要素便捷流动，提高通关便利化水平，促进人员、货物往来便利化，打造具有全球竞争力的营商环境。推动扩大内地与港澳企业相互投资。鼓励港澳人员赴粤投资及创业就业，为港澳居民发展提供更多机遇，并为港澳居民在内地生活提供更加便利的条件。通过在自由贸易试验区和自由贸易港内区域分线、企业分类和产品分级管理，进一步放开对港澳地区贸易开放程度。

第一，在CEPA框架下，广州与深圳可与港澳联动发展离岸贸易、离岸

金融和离岸研发等新模式。目前自由贸易试验区对推动离岸业务这块发展较为欠缺，自由贸易港的制度创新和功能创新可以让这些途径得到更好的施展。此外，自由港还可发展与贸易有关的多种服务，在中介服务、金融保险、法律及商业服务等方面实现更大的突破。

第二，应积极争取香港保险内地准入和两地互认，扩大业务区域，延伸服务范围。深圳应借鉴香港《保险业条例》，通过地方立法实行政府监管与行业自律相结合。《保险业条例》是香港保险业实施监管的核心指导。保监处按照国际保险监督联会制定的《保险核心原则》严格执行审慎的监管标准。如在资产水平和使用方面保险公司须维持一定的资产水平，并且依法使用部分业务的相关资产以保障自身经营和偿付能力。所有经营一般业务的保险公司（专业再保险公司和专属自保公司除外）必须在香港维持数额不低于其一般业务净负债80%的资产外加适用于该业务的偿付准备金。

第三，超前进行"监管一致性"改革的试验。建立与香港政策出台类似的监管协调和评估程序（或机制），包括提高监管措施制定中的跨部门协商与协调，并对监管程序进行评估。技术标准应基于"科学依据"和"成本效益"分析，决策程序应增加透明度。信息公开从颁布政策向制定政策延伸，引入争端解决机制，强调渐进推动，加强制度能力建设。从可操作性入手，细化工作环节，形成与国际接轨的监管制度，包括重构行业管理制度、健全备案管理制度、完善告知承诺制度等，加强执法监督机构建设、优化专职行政执法监督工作队伍。

## 参考文献：

[1] KOJIMA K. The "flying geese" model of Asian economic development: origin, theoretical extensions, and regional policy implications [J]. Journal of Asian economics, 2000, 11 (4): 375 – 401.

[2] KRUGMAN P. Increasing returns and economic geography [J]. Journal of political economy, 1991, 99 (3): 483 – 499.

[3] LIU Y, WANG F, XIAO Y, et al. Urban land uses and traffic "source-sink areas": evidence from GPS-enabled taxi data in Shanghai [J]. Landscape & urban planning, 2012, 106 (1): 73 – 87.

[4] MARSHALL A. Industry and trade: McMaster [J]. University archive for the history of economic thought, 1920.

[5] MILLER N H, PAZGAL A I. The equivalence of price and quantity competition with delegation [J]. Rand journal of economics, 2001, 32 (32): 284-301.

[6] MILLS E S. Studies in the structure of the urban economy [J]. Economic journal, 1971, 6 (2): 151.

[7] 靖学青. 中国服务业增长的区域差异性研究：基于鲍莫尔—富克斯假说的实证分析 [J]. 经济管理, 2011 (6): 36-42.

[8] 李佳洺, 孙铁山, 张文忠. 中国生产性服务业空间集聚特征与模式研究：基于地级市的实证分析 [J]. 地理科学, 2014 (4): 385-393.

[9] 李小建, 樊新生. 欠发达地区经济空间结构及其经济溢出效应的实证研究：以河南省为例 [J]. 地理科学, 2006, 26 (1): 1-6.

[10] 闫小培, 钟韵. 区域中心城市生产性服务业的外向功能特征研究——以广州市为例 [J]. 地理科学, 2001, 25 (5): 537-543.

[11] 颜鹏飞, 邵秋芬. 经济增长极理论研究 [J]. 财经理论与实践, 2001, 22 (2): 2-6.

# 第六章　粤港澳大湾区海洋经济发展战略研究[①]

袁持平　陈　静[②]

粤港澳大湾区是我国开放程度最高、经济活力最强的区域之一，在国家发展大局中具有重要战略地位。作为湾区经济的典型代表，粤港澳大湾区拥有"拥海、抱湾、合群、通陆"的典型特点，具备发展为世界级湾区的发展潜力。海洋经济是粤港澳大湾区区域经济的重要组成部分，海洋作为湾区经济的重要基础和主要生产要素，是推动粤港澳大湾区开放发展的动力之一。2019年，广东省海洋生产总值为2.11万亿元，比上年增长9%，海洋生产总值占全国海洋生产总值的23.2%，连续24年位居全国首位。海洋经济带来的产值占全省GDP的比重为19.9%，海洋经济已成为广东经济发展的新增长极，广东也成为我国海洋经济发展的核心区之一。广东省八成以上的海洋产值来自珠三角9市，由此可见，粤港澳大湾区海洋经济的重要性和发展潜力不言而喻。在粤港澳地区雄厚的经济基础及诸多政策红利的加持下，未来粤港澳大湾区的海洋经济发展前景广阔，发展潜力巨大。

2019年2月，《粤港澳大湾区发展规划纲要》（以下简称《规划纲要》）正式发布，并明确指出，要大力发展海洋经济，并将其列为构建具有国际竞争力的现代产业体系的"四轮驱动"之一，强调要构建现代海洋产业体系，促进海洋科技创新和成果高效转化，进一步发展海洋科技产业等。粤港澳大湾区战略带来的政策红利、资金流入及人才汇集，为海洋经济的发

---

[①] 基金项目：2018年广东省促进经济发展专项资金（"海洋经济发展战略与机制创新研究"（项目编号：GDME-2018E006）。

[②] 袁持平，经济学博士，教授，中山大学粤港澳发展研究院港澳经济研究中心主任；陈静，中山大学粤港澳发展研究院、港澳珠江三角洲研究中心应用经济学专业硕士研究生。

展创造了良好契机；广州—深圳—香港—澳门科技创新走廊及诸多高新技术产业园的建设更为大湾区海洋经济转型升级提供了良好平台。

《规划纲要》提出，到2022年，大湾区要建设成为发展活力充沛、创新能力突出、产业结构优化、要素流动顺畅、生态环境优美的国际一流湾区和世界级城市群。其中最具指导意义的是明确了粤港澳大湾区的五大战略定位，即充满活力的世界级城市群、具有全球影响力的国际科技创新中心、"一带一路"建设的重要支撑、内地与港澳深度合作示范区、宜居宜业宜游的优质生活圈。五大战略定位对粤港澳大湾区的空间定位、产业布局、协同发展、分工合作都提出了相当高的要求，作为粤港澳大湾区区域经济的重要组成部分，海洋经济对湾区实现战略定位起到重要作用。下文以五大战略定位为基点，结合《广东省推进粤港澳大湾区建设三年行动计划（2018—2020年）》（以下简称《行动计划》）等重要文件探讨粤港澳大湾区海洋经济在五大方面的发展战略和发展方向。

## 一、建设国际一流湾区和世界级城市群的海洋发展战略

充满活力的世界级城市群要求粤港澳大湾区借助于香港、澳门作为自由开放经济体和广东作为改革开放排头兵的优势，深化改革，扩大开放，在构建经济高质量发展的体制机制方面走在全国前列，发挥示范引领作用，加快制度创新和先行先试，建设现代化经济体系，更好地融入全球市场体系，建成世界新兴产业、先进制造业和现代服务业基地，建设世界级城市群。而具体到海洋经济，则要求在注重大湾区陆上发展规划的同时，坚持陆海统筹，拓展蓝色经济空间，以广大的海洋空间为载体，以开发利用海洋资源为对象，推动海洋经济发展。

建设国际一流湾区和世界级城市群的海洋发展战略的核心是做好"海陆一体化"发展。一方面，海洋空间可以成为陆域空间的补充。由于大湾区内外的人口、产业及生产要素不断向沿海城市聚集，沿海地区面临能源、资源不足的危机，陆域产业的发展对海洋资源和海洋空间的需求日益扩大，而海洋开发可以缓解陆域产业发展的潜在压力。另一方面，陆域成熟产业

的相应技术成果可以广泛应用于海洋经济领域，提高海洋资源开发程度，使海洋产业门类发展日益趋向于成熟。如海洋潮汐发电、海洋化工等海洋新兴产业形成正是开发利用陆地资源的高新技术扩散与传播的结果。同时，海洋渔业和海洋油气业开采等海洋产业的发展需要依靠造船、钢铁、电子、机械、仪表等高度发达的陆域产业。可见海洋产业的发展有赖于沿岸陆域经济发展和技术进步。海陆经济一体化有利于两种经济系统的统筹健康发展，以陆域的经济基础、技术力量和技术装备武装海洋产业，拓宽海洋资源开发的广度和深度，同时海洋产业和临海产业部门的发展可以缓解陆域交通紧张、能源短缺等矛盾。

做好粤港澳大湾区"海陆一体化"发展，有三个重要层面：

第一，实现海陆空间一体化。良好的基础设施可以促进区域间要素的自由流动。《规划纲要》指出的"轴带支撑"是依托以高速铁路、城际铁路和高等级公路为主体的快速交通网络与港口群和机场群，构建区域经济发展轴带，形成主要城市间高效连接的网络化空间格局。对应到海洋发展中，即构建海洋基础设施体系，包括完善海洋交通基础设施。合理规划调整港口布局，加强港口建设，明确港口主体功能，建设一批较强辐射能力的枢纽港口。提升海洋产业信息基础设施建设，优化内地与临海的联通，以支撑粤港澳海洋产业的迅速发展。重点建设以"智慧海洋"为核心的海洋信息基础设施，加强大湾区海洋开发信息基础设施顶层规划和行业指导，鼓励成立跨区域行业联盟，整合粤港澳三地资源，加快推进湾区海洋信息系统建设。进一步深化合作，在海洋、网络等战略性新兴领域落实深度发展的要求，共建共享大湾区海洋信息网络基础设施。此外，要创新通关模式，携手推进基础设施"硬联通"和机制"软联通"，形成内联外通、高效衔接的交通基础设施网络，建设一体化、便捷化、智能化的现代基础设施体系。

第二，实现陆域产业和海洋产业的"一体化"发展。海洋产业活动可以从海面延伸至水体、海底，海洋活动可以布局在海岸带、海岛、近海及远洋。陆域产业是以陆域资源为主要开发对象，以陆域空间作为产业活动载体的产业部门总称。海洋与陆域的环境差异使海域陆域经济分别形成了两套具有不同特征的经济系统，但究其根本，海洋经济是陆域经济系统向海洋延伸的结果，海陆产业在再生产过程中存在着紧密的技术经济联系，发展海洋产业必须坚持海陆经济一体化原则，优化海陆产业的空间布局，深化海陆产业的联系，实现粤港澳大湾区海洋产业错位发展格局。

第三，进一步实现海洋产业的转型升级，构建现代化的海洋产业体系。《规划纲要》提出，要在大湾区构建现代海洋产业体系，优化提升海洋渔业、海洋交通运输、海洋船舶等传统优势产业，培育壮大海洋生物医药、海洋工程装备制造、海水综合利用等新兴产业，集中集约发展临海石化、能源等产业，加快发展港口物流、滨海旅游、海洋信息服务等海洋服务业，加强海洋科技创新平台建设，促进海洋科技创新和成果高效转化。现代化的海洋产业体系是促进大湾区产业结构优化的必经之路，在此目标下，应将传统产业作为基础进行巩固，加快海洋渔业、海洋油气业、港口运输业等传统产业改造升级。以新兴产业作为产业体系建设重点，积极培育海洋新兴产业，突出发展海洋高端制造业和现代服务业。以发展海洋现代服务业为突破，创新发展海洋金融、滨海旅游等产业。探索海洋产业与陆地产业协调创新发展，有助于推动粤港澳大湾区产业体系健全发展。同时，注重协调发展，科学评价沿海地区海洋产业发展的资源环境承载能力，开展以海洋主体功能区规划为基础的"多规合一"，制定沿海市县海洋产业发展规划，依托沿海地区资源禀赋发展海洋特色产业，促进海洋产业差异化发展，协调沿海地区陆海统筹发展，促进工业化、信息化、生态化在海洋产业的深度融合发展。

## 二、建设国际海洋科技创新中心的海洋发展战略

《规划纲要》提出将大湾区建设成为国际科技创新中心的目标，包括三方面内容：构建开放型区域协同创新共同体，打造高水平科技创新载体和平台，优化区域创新环境。响应《规划纲要》的号召，《行动计划》将建设国际科技创新中心放在重要地位，并针对《规划纲要》所提及的三方面内容进行细化。对应于《规划纲要》的"构建开放型区域协同创新共同体"，《行动计划》主张实施加强基础研究能力，打造深港、南沙粤港、横琴粤港三大科技创新合作区，突破创新体制障碍，创新科研用品与数据流动的体制机制四方面行动；对应于《规划纲要》的"高水平科技创新载体和平

台",《行动计划》指出要打造高水平科技创新载体和平台、建设区域专业技术平台、强化科技创新资金支持、实施关键核心技术攻关行动四个措施；对应于《规划纲要》的"优化区域创新环境",《行动计划》提出加快集聚国际创新资源、打造科技成果对接转化平台、建设科技创新金融支持平台、强化知识产权行政执法和司法保护、加强知识产权应用五个举措。

科技创新是经济增长的内生力量和驱动力，要实现海洋经济的长期可持续发展，推动传统海洋产业转型和建设战略性的海洋新兴产业，打造粤港澳大湾区现代化海洋产业，就必须重视海洋科技创新。把构建协同创新共同体、打造科技创新载体、优化区域环境当作三大抓手，同时重点建设"广州—深圳—香港—澳门"科技创新走廊。

第一，建设"广州—深圳—香港—澳门"科技走廊是大湾区建设国际科技创新中心的首要任务。以高速公路和轨道等交通要道为依托，科技走廊能够高度集聚科技企业、创新人才、高新技术、信息及资金等诸多创新要素，是实现科技与产业集聚发展的高效形态。广州至深圳区域积累集聚了大量高科技企业、人才、技术、信息和资本，具备科技创新走廊所需的创新产业核心要素、科研基础设施、创新政策环境以及创新支撑条件。在市场的作用下，各类创新要素沿广深高速、穗莞深城际以及广九铁路等复合型交通要道不断集聚，自发地形成了广深科技创新走廊的雏形。借鉴硅谷101号公路、波士顿128号公路及日本东京—横滨—筑波产业创新带等国际科技创新走廊的发展经验，我们在建设大湾区广深港澳科技创新走廊时，应当注意以下四点：一是在建设初期增加政府研发投入，以政府力量促进"产学研"，推动产业发展；二是发挥高校的推动作用，鼓励高校大力建设海洋学科，高校教师及学生直接接触海洋领域新兴科技公司，为企业提供海洋科技成果、输送创业人才以及提供产业科技创新管理服务；三是鼓励风险投资，完善风投机制，鼓励初创企业集聚到科技创新走廊，形成科技创新和金融服务共同繁荣的良性循环；四是营造创业文化氛围。完善企业创新的制度环境，免除企业家创业失败的后顾之忧，保障公司收购过程的安全合理，以提高整个大湾区创业的积极性。

第二，区域间要素协同发展是推动湾区科技创新的必备条件。考虑到大湾区"9+2"的独特制度环境，一是加强三地海洋创新领导工作。一方面，考虑设立粤港澳大湾区海洋科技创新建设领导小组，统筹大湾区海洋科技创新规划，协调不同创新主体、不同城市的关系，推进建设进程，尤其是抓紧推动广深港澳科技走廊建设；另一方面，考虑设立半官方性质的粤港澳大湾区科创决策中心，由专业化、国际化的专家学者组成，为大湾区海洋科技创新建设相关政策的制定提供精准支持。二是促进要素流通。推进海洋人才、海洋资本、海洋信息、海洋技术等创新要素跨境流动，实现粤港澳大湾区创新要素区域融通。人才流动方面，推进大湾区各类人力资源公共服务系统的联网贯通和信息资源共享，推动大湾区内率先实现医疗保险、养老保险区域统筹和关系无障碍转移接续，实施港澳居民证件便利化，进一步便利港澳居民到内地创业就业。资金流动方面，鼓励各类金融机构以中心城市为依托扩展服务网络，开展异地贷款业务，引导、支持企业进行跨行业、跨区域、跨所有制的兼并重组，整合资源，促进生产要素向优势企业、优势地区集中。技术流动方面，整合发展产权交易市场，加快产权交易法制建设，着手推进粤港澳科技创新合作发展计划和联合创新资助计划，支持港澳技术交流平台建设。信息流动方面，大幅降低粤港澳通信漫游费用，共建粤港澳大湾区海洋大数据中心，大力推进信息互通、资源共享。

第三，海洋科技创新平台建设是海洋创新的重要抓手。粤港澳大湾区重点建设的海洋科技创新载体和平台分为两类，一类是海洋特色产业园区，另一类是海洋产业公共服务和科技成果转化平台。对于海洋特色产业园区，要积极建设国家级高技术产业基地，主动建设区域专业技术平台，积极寻找与海洋相结合的特点所在，因地制宜，实现"海洋+"的多层次多行业繁荣发展局面。对于海洋公共服务和科技成果转化平台，应对全力支持海洋孵化器建设，努力建设公共服务平台，推动海洋领域"产学研"融合，强化企业创新主体地位和主导作用，支持涉海科技型中小企业发展，鼓励企业开展海洋技术研发与成果转化。构建以市场为导向、金融为纽带、"产学研"相结合的海洋产业创新联盟。

第四，区域创新环境的优化是鼓励大湾区科技创新的重要保障。创新环境的建设有赖于政府从财政政策上给予充分的支持，并在人才引进政策、人才安置制度、人才服务管理机制、知识产权管理制度等方面大胆尝试，以试点制度创新推动大湾区整体创新环境的优化升级。

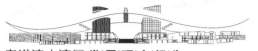

## 三、建设"一带一路"重要支撑区的海洋发展战略

为应对严峻的国际形势和自身外贸出口的诉求,"21世纪海上丝绸之路"成为我国构建开放型经济格局的新战略。其主要包含两大线路:一条从中国沿海港口过南海到印度洋,延伸至欧洲;另一条从中国沿海港口过南海到南太平洋。作为"21世纪海上丝绸之路"的排头兵,粤港澳大湾区的发展与开放在国家发展战略中有重要地位。粤港澳大湾区定位于建设"一带一路"的重要支撑区,更好地发挥港澳在国家对外开放中的功能和作用,提高珠三角9市开放型经济发展水平,促进国际国内两个市场、两种资源有效对接,在更高层次参与国际经济合作和竞争,建设具有重要影响力的国际交通物流枢纽和国际文化交往中心。《规划纲要》从营商环境、市场一体化及对外开放三个方面对大湾区建设"一带一路"做出指导。在此基础上,《行动计划》对三个方面工作做出具体指示:提出通过营商环境改革、强化法治建设、建设监管体系,打造具有全球竞争力的营商环境;提出通过促进投资便利化、贸易自由化、货物人口往来便利化等措施促进粤港澳三地要素流通;提出通过提升国际经济活动参与度扩大对外开放程度,支持"一带一路"建设。笔者认为,粤港澳大湾区海洋经济助力打造"一带一路"重要支撑区有五个重要方面。

第一,深化区域合作,推动政策沟通。在对外政策沟通方面,形成专门的粤港澳大湾区"一带一路"推进组织,建立与"一带一路"沿线各国的多边沟通协调机制,就经济发展战略和对策进行充分交流对接,共同制定推进区域合作的规划和措施,协商解决合作中的问题,共同为务实合作及大型项目实施提供政策支持。在对内政策沟通方面,签署实施支持香港、澳门全面参与和助力"一带一路"建设安排,建立长效协调机制,推动落实重点任务。发挥"一国两制"的制度优势,构建新型区域分工合作,打造宽松的政治环境,提升市场开放度,将港澳与国际接轨的开放经济优势与内地高效的政府整合自核优势结合,细化市场分工,实现区域多赢。加强规划编制,为用海服务提供科学引导,实施对整个大湾区海洋港口发展的一体化管理。

第二，发挥自贸区作用，推动贸易畅通。鼓励粤港澳三地企业合作开展绿地投资、实施跨国兼并收购和共建海洋产业园区，支持港澳企业与境外经贸合作区对接，共同开拓国际市场，带动大湾区海洋产业产品、设备、技术、标准、检验检测认证和管理服务等"走出去"。争取自贸试验区扩区，赋予自贸试验区更大改革自主权，在进出口贸易、税款保证、报关服务等方面展开试点工作，推动口岸通关模式创新，探索建设自由贸易港。充分利用自由贸易园区，大力发展海洋服务贸易，在海洋金融、海滨旅游等服务行业制定符合粤港澳特色的发展方案，延伸对外贸易宽度与广度，打造新的经济增长点。

第三，优化海洋营商环境，推动资金融通。强化用海审批，优化投资项目审批流程，做好用海审批服务工作，加强用海指导，简化项目审批和核准程序，提高涉海部门的工作效率。拓宽多样化的融资渠道，依托香港发达的金融市场，鼓励和支持湾区金融机构通过参股方式进行跨国金融机构合作，共同探索成立海洋开发银行、海洋经济合作发展基金、海洋经济合作风险补偿基金等，为海洋经济合作项目提供融资便利，并撬动民间资金参与海洋经济建设。推进营商环境法治化建设，加强粤港澳司法交流与协作，建设国际法律及争议解决服务中心，推动建立多元化纠纷解决机制，使相关企业和部门行为有法可依。

第四，加强区域合作，推动设施联通。加强粤港澳三地工程公司的合作，联合接触国外基建项目，逐渐熟悉和掌握国际标准，为未来深入合作铺垫。积极拓展海外市场，引进国外高端技术。依靠"一带一路"倡议，加强与欧美国家在海洋高端装备、海洋生物医药、海洋能源环境等领域的合作。鼓励发展"飞地经济"，支持发达国家在粤港澳大湾区产业园内设立海洋产业研发机构，实现优势互补。借助"一带一路"贸易枢纽建设，推动粤港澳大湾区投资与服务贸易便利化综合改革。以"一带一路"建设中的贸易条件改善和升级为引擎，积极争取与东南亚国家构建更广泛和高效的交易平台，大力发展跨境电商，聚集和整合电子商务、信息服务和人才服务，实现开放平台之间的跨国跨地区合作。利用建设"一带一路"区域合作高地的契机，充分发挥深圳国际跨境电商贸易博览会、广州国际智能交通展览会等贸易展会在对外开放中的平台作用，打造粤港澳大湾区对外贸易合作的特点项目。

第五,提升一体化水平,推动民心相通。积极搭建"一带一路"区域共享开放平台。充分发挥"一带一路"的机遇和共享平台,促进粤港澳大湾区要素自由流动,如优化粤港澳人员签注政策、提升粤港澳货物通关便利条件、便利实验设备及材料跨境通关、放宽科研资金跨境使用限制等,携手共同推进粤港澳大湾区经济发展。实施多层次的海外海洋产业政策。根据不同国家和地区的经济基础和社会背景,处理好产业发展、就业往来、技术交流之间的关系,既鼓励和支持高新技术海洋产业的发展,也鼓励和支持劳动密集型产业的发展。促进人员货物往来便利化。通过电子化、信息化等手段,不断提高港澳居民来往内地通行证使用便利化水平,简化"一带一路"合作国家人员往来的手续办理。

## 四、建设内地与港澳深度合作示范区的海洋发展战略

内地与港澳深度合作示范区的建设旨在依托粤港澳良好的合作基础,以各重大平台与珠三角9市为单位,引领内地与港澳的深化合作,促进生产要素流动,率先与港澳形成更紧密关系,推动大湾区发展,其主要可分为经济与文化两方面。在经济方面,《规划纲要》的相关规划主要包括三大方面:一是鼓励港澳居民来粤就业创业,建设公共就业综合服务与创新创业合作等平台,建立港澳创业就业试验区等;二是构建现代海洋产业体系,分别从各大产业发展、香港在海洋经济基础领域的创新研究、澳门的海域中长期发展规划及深圳的全球海洋中心城市建设提出要求;三是在空间上促进粤港澳基础设施互联互通,具体包括构建现代化的综合交通运输体系、优化提升信息基础设施、建设能源安全保障体系与强化水资源安全保障。《行动计划》又做出进一步的细化:一是拓展就业创业空间,支持港澳青年来内地发展,出台相关政策为港澳居民就业创业提供便利,要求建设粤港澳人才合作示范区、港澳青年创新创业基地;二是要求加快广东省海洋实验室建设,打造集海工装备和海洋资源开发与应用于一体的海洋产业集群;三是要求加快广州—深圳国际性综合交通枢纽建设,完善大湾区高速公路网等。《广东省海洋经济发展"十三五"规划》则对各海洋产业的发展方向

做出具体的指示。在文化方面,《规划纲要》与《行动计划》提出要加强粤港澳青少年交流,推动湾区内文化交流。建设内地与港澳深度合作示范区的海洋发展战略从三个方面提出要求:加快粤港澳一体化发展,推动粤港澳文化交流互鉴,共建粤港澳合作发展平台。

第一,加快粤港澳一体化发展。从海洋经济发展的角度看粤港澳深度合作示范区的建设,追求的即是海陆统筹、联动发展,具体表现为在空间上相互衔接、产业上相互渗透、技术上相互依赖、发展程度上相互关联,其中最重要的是促进海陆生产要素的流动与配置。为促进港澳与粤间的劳动力流动,需要加强粤港澳人才交流。便利港澳居民就业创业,拓宽就业创业空间。一方面,推动配套政策的实施,建立区域公共就业服务体系,建设公共就业综合服务平台,完善港澳居民在内地学习、生活、就业等各方面的政策;另一方面,积极推进港澳青年创新创业基地建设,鼓励社会资本探索设立港澳青年创新创业基金,推进珠三角各市的相关基地建设。

第二,推动粤港澳文化交流互鉴。粤港澳三地居民同饮珠江水,两千多年同根同源、血脉相通的岭南文化是粤港澳大湾区的突出优势。建设内地与港澳深度合作示范区,不但要促进海陆经济一体化,也要充分发挥文化建设引领支撑作用,以岭南文化为纽带,推动粤港澳三地文化文明交流互鉴,建设"粤港澳大湾区文化圈"。推动湾区内文化交流,在广播影视生产、演艺人才交流等方面加强与港澳的合作,加强粤港澳青少年交流,实施多个促进大湾区青少年交流合作的项目,如"粤港澳青年文化之旅"、香港"青年内地交流资助计划"等,鼓励港澳青年来内地研学、旅游。

第三,共建粤港澳合作发展平台。优化提升深圳前海深港现代服务业合作区功能,打造广州南沙粤港澳全面合作示范区,推进珠海横琴粤港澳深度合作示范建设,发展各城市特色合作平台。

## 五、建设宜居宜业宜游的优质生活圈的海洋发展战略

把大湾区建设成为宜居宜业宜游的优质生活圈,事关粤港澳三地居民的根本利益和福祉,集中体现了以人民为中心的发展思想。《规划纲要》中的相关规划主要包括三大方面:一是推进生态文明建设,打造生态防护屏

障，加强环境保护和治理，创新绿色低碳发展模式；二是共建人文湾区，塑造湾区人文精神，共同推动文化繁荣发展，加强粤港澳青少年交流，推动中外文化交流互鉴；三是构筑休闲湾区，依托湾区特色优势，构建多元旅游产业体系，促进滨海旅游业高品质发展。进一步而言，《行动计划》指出要"配合国家编制并实施粤港澳大湾区生态环境保护专项规划"，统筹陆海空环境综合整理，打造生态防护屏障，完善区域环境保护合作和污染源管理制度，合作共建绿色湾区，并分别从人才培养、文化发展、旅游服务、就业创业、医疗养老等方面提出了具体要求。《关于支持深圳建设中国特色社会主义先行示范区的意见》则对相关概念做出了具体阐述：对于社会主义文化繁荣兴盛的现代文明，其一，要全面推进城市精神文明建设。既要将社会主义核心价值观融入社会发展各方面，加快建设区域中心文化城市和彰显国家文化软实力的现代之城，又要推进公共文化服务创新发展，率先建成普惠性、高质量、可持续的城市公共文化服务体系。其二，要发展更具竞争力的文化产业和旅游业，促进文化和旅游的融合发展。对于人与自然和谐共生的美丽中国典范，一要完善生态文明制度，要实行最严格的生态环境保护制度，并探索实施生态系统服务价值核算制度。二要构建城市绿色发展新格局，要坚持生态优先，加强陆海统筹，严守生态红线，保护自然岸线。在几个官方文件的指导下，本文从以下五个方面阐述了建设宜居宜业宜游的优质生活圈的海洋发展战略。

第一，提升海洋公共服务水平。以能力建设为重点，以重大项目和工程为抓手，推动海洋经济科学发展和生态环境持续改善，加快海洋信息化资源整合，推进智慧海洋建设。创新海洋管理制度，推动粤港澳三地海洋体制机制创新，完善海岸带管理，加强集中集约用海。完善海洋公共服务，科学发挥政府和社会资源的配置功能，推进海洋公共服务体系建设，并构建高效统一的信息交流平台，实现供需双方之间的良性沟通与互动。强化海洋安全管理，提升海洋观测、预报能力，构建防灾减灾体系，强化海上船舶安全保障，提升海洋防灾减灾和安全生产管理能力。应建立粤港澳共同应对海洋灾害工作机制，开展海洋灾害监测预报合作。

第二，强化海洋设施保障。加强海洋基础设施建设，主要包括综合交通、能源保障、水资源利用、高速信息、防灾减灾五大方面。完善突发事件应急处置机制,建立粤港澳大湾区应急协调平台,以多元主体为主要的应急管理合作模式,在粤港澳三方合作的大框架下形成大湾区内部多元的双边和多边合作。

第三,建立海洋经济服务组织。鼓励海洋民间组织的发展,以发挥民间组织在海洋政治、经济、文化、社会乃至环境治理等方面的作用。一方面,要为民间海洋组织发展创造良好的政策与法律环境;另一方面,要加强对民间组织的监督立法,保证其科学、规范、健康、良性发展。建立政府与海洋民间组织之间良好的关系,实现海洋行政管理与海洋民间组织管理的对接,并通过民间海洋组织这一社会公共管理的重要主体,来弥补政府失灵和市场失灵,在海洋社会公共服务、社会中介、政策倡导、公民参与方面发挥重要作用。要通过民间组织真正反映共同体成员的意愿和利益诉求,以优化社会资源配置,并充分发动民间力量解决问题,实现公民的自我管理、自我服务。

第四,建设富有特色的休闲湾区。推动海洋文化产业发展,打造海洋文化工程,以粤港澳大湾区海洋文化为核心,根据城市不同的特点打造富有城市特色的海洋文化工程。例如,广州市重点建设世界海洋学术研究和文化交流中心,深圳市打造世界性的海洋博览、信息中心,珠海市打造"中国近代海洋文化第一港"文化品牌,等等。发展粤港澳邮轮游艇旅游,发展滨海和乡村旅游,构建特色国际滨海旅游路线。

第五,推进海洋生态文明建设,坚持以节约优先、保护优先、自然恢复为主方针,加强海洋环境保护与生态修复力度,完善海洋生态综合管理制度,推进海洋资源集约节约利用与产业低碳发展,提高海洋防灾减灾能力,建设海洋生态文明。

**参考文献:**

[1] 国家发展和改革委员会,国家海洋局. 全国海洋经济发展"十三五"规划 [EB/OL]. (2017 – 09 – 08). http://www.mofcom.gov.cn/article/b/g/201709/20170902 640261.shtml.

[2] 广东省海洋与渔业厅,广东省发展和改革委员会. 广东省海洋经济发展"十三五规划" [EB/OL]. (2018 – 07 – 16). http://drc.gd.gov.cn/

gkmlpt/content/1/1060/post_1060790.html#876.

[3] 广东省推进粤港澳大湾区建设领导小组. 广东省推进粤港澳大湾区建设三年行动计划（2018—2020年）[EB/OL]. (2019-07-05). http://www.gd.gov.cn/gdywdt/gdyw/content/post_2530521.html.

[4] 中共中央 国务院关于支持深圳建设中国特色社会主义先行示范区的意见[J]. 中华人民共和国国务院公报, 2019 (24): 6-9.

[5] 中共中央 国务院印发《粤港澳大湾区发展规划纲要》[J]. 中华人民共和国国务院公报, 2019 (7): 4-25.

[6] 王子丹, 袁永. 国际科技创新走廊研究及对广东发展的启示[J]. 科技管理研究, 2018, 38 (12): 28-33.

[7] 王江涛. 我国海洋产业供给侧结构性改革对策建议[J]. 经济纵横, 2017 (3): 47-51.

[8] 徐胜. 我国海陆经济发展关联性研究[J]. 中国海洋大学学报（社会科学版）, 2009 (6): 27-33.

[9] 郭军, 郭冠超. 对加快发展海洋经济的战略思考[J]. 经济研究参考, 2011 (23): 63-66.

[10] 阮晓波. 粤港澳大湾区港口融合发展研究[J]. 广东经济, 2018 (11): 28-33.

[11] 柯静嘉. 粤港澳大湾区投资合作的法律机制及其构建[J]. 广东财经大学学报, 2018, 33 (5): 83-95.

[12] 王甲君. 中国海洋经济政策的演进及其对海洋经济发展的影响[D]. 大连：辽宁师范大学, 2019.

[13] 常玉苗. 海洋产业创新系统的构建及运行机制研究[J]. 科技进步与对策, 2012, 29 (7): 80-82.

[14] 郭宝贵, 刘兆征. 我国海洋经济科技创新的思考[J]. 宏观经济管理, 2012 (5): 70-72.

[15] 马苹, 李靖宇. 中国海洋经济创新发展路径研究[J]. 学术交流, 2014 (6): 106-111.

# 第七章 粤港澳大湾区邮轮产业发展研究

罗悦铭　符正平[①]

现代邮轮产业兴起于20世纪60年代的北美，以邮轮旅游为驱动，逐步发展成为完整的邮轮经济产业链及成熟的现代海洋经济产业集群，被称为水道上的"黄金产业"。根据国际邮轮协会的统计数据，全球邮轮市场持续繁荣，始终保持每年8%以上的增速，2018年，全球邮轮游客量为2850万人次，预计到2025年将超过3760万人次。邮轮旅游市场的蓬勃发展也带动了与之相关的上游邮轮设计建造、船舶维修以及下游的邮轮运营、港口建设、相关配套产业等全产业链的发展，对区域经济产业发展有10倍的放大影响效用。当今，全球邮轮市场正逐步呈现出区域多元化的特征，以中国为代表的亚洲新兴邮轮市场，正逐步成为全球邮轮经济新的增长极。近年来，随着中国居民消费能力增强与消费需求升级，邮轮旅游需求规模迅速扩大，邮轮旅游已成为人民追求幸福的新生活方式与休闲度假方式，中国邮轮经济也进入由"高速度增长"向"高质量发展"转变的新阶段。2018年，中国邮轮港口接待邮轮976艘次，全年接待游客488.7万人次，成为仅次于美国的第二大邮轮市场，展现了巨大的发展实力。

粤港澳大湾区是我国发展基础最好、经济最具活力、开放程度最高、创新能力最强、体制环境最优、综合实力最强的区域之一。从20世纪90年代起，作为亚太航运中心的香港便成为亚洲最重要的邮轮枢纽和最受欢迎的邮轮旅游目的地。一系列国家战略规划的落地与政策的实施，为大湾区

---

[①] 罗悦铭，中山大学管理学院工商管理硕士研究生，就职于中交城市投资控股有限公司；符正平，中山大学管理学院教授、中山大学粤港澳发展研究院副院长、中山大学自贸区综合研究院院长。

邮轮产业发展提供了巨大的支撑。随着深圳蛇口太子湾邮轮母港与广州南沙邮轮母港两大国际邮轮母港的建设运营，粤港澳大湾区迎来了邮轮产业的加速发展期，邮轮经济也进入全产业链发展的新阶段。2019年发布的《粤港澳大湾区发展规划纲要》（以下简称《规划纲要》）提出了多项推动邮轮经济发展的举措，更明确提出要有序推动香港、广州、深圳国际邮轮港建设。推动三大港口协同联动、优势互补和客源互送，逐步构建粤港澳邮轮母港群，是大湾区邮轮产业发展的方向，也将为整个大湾区的发展提供支持。作为我国邮轮产业要素最为集聚的区域，粤港澳大湾区未来将作为一个整体区域与加勒比海、地中海、亚太与东南亚等世界级邮轮旅游目的地展开竞争。

# 一、我国邮轮产业发展形势

## （一）国内邮轮市场发展现状

从2006年中国邮轮旅游正式起步发展至今，中国邮轮市场规模持续保持高位增长，邮轮客源规模已跃升为全球第二位。2018年，中国邮轮产业与市场进入由"高速度增长"转向"高质量、高品位发展"的战略调整期，我国邮轮港口接待邮轮976艘次，其中，母港邮轮898艘次（占比约90%）；接待邮轮出入境游客489万人次，母港游客471万人次（占比约96%）。与2017年相比，市场表现虽然出现一定的波动，但相关机构预测，随着邮轮服务水平提升及国际邮轮公司全球布局调整，中国邮轮市场在战略调整期后会迎来新一轮的持续增长。如图7-1所示。

中国邮轮市场的增长是在我国良好的社会经济增长、旅游业繁荣和人们的消费升级的基础上实现的。随着人们的消费购买能力和消费意识进一步提升，对更好生活质量和旅游方式的要求日益提高，可以预测我国的邮轮市场未来仍将有巨大的发展前景。

从供给侧来看，2019年，在我国运营的国内外邮轮公司共9家，包括歌诗达、皇家加勒比、公主、诺唯真、地中海、丽星、星梦等国际邮轮公司以及渤海邮轮、钻石邮轮等中资邮轮公司。2019年共有14艘邮轮在我国

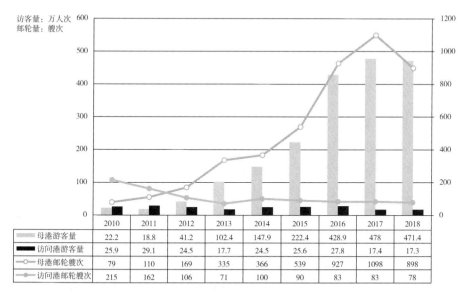

图 7-1　2010—2018 年中国邮轮市场情况

(资料来源：CCYIA，笔者整理)

内地进行始发港运营，开通母港航线，邮轮市场总运力达到 194.08 万人，其中，歌诗达邮轮占据的市场份额最大，占比为 32%。目前，上海、天津、青岛、厦门、大连的母港邮轮主要为日本航线，广州、深圳、三亚等母港则以东南亚航线为主。

邮轮旅游规模的增长首先推动邮轮港口经济发展，进而由港口经济向产业经济延伸。邮轮市场的增长使得各方开始关注邮轮产业，并在资本投入、政策创新、港口建设、市场培育、宣传推广等方面加大投入，多个港口可以接待 22 万吨级世界最大邮轮，从而为邮轮经济全产业链发展奠定了良好的基础。目前，全国邮轮港口布局基本完成，我国已经形成华北、华东、华南三大邮轮港口群，有 19 个城市已建成或规划建设邮轮港，其中，上海、天津、青岛、厦门、广州（南沙）、深圳、三亚已建成并运营了大型国际邮轮母港，港口接待能级不断提升。依据接待出入境游客量排名，中国前五大邮轮港口分别为上海吴淞口国际邮轮港、天津国际邮轮母港、广州南沙国际邮轮母港、深圳蛇口太子湾邮轮母港和厦门国际邮轮中心。邮轮市场客源呈现高度集聚特征，前五大邮轮港口共接待 770 艘次，占全国比重为78.8%；接待出入境游客达456.9万人次，占全国比重为93.5%。其中，华南市场呈现显著增长态势，广州、深圳、厦门接待游客量同比增长20%、93%和101%。

(二) 国内邮轮产业发展趋势分析

**1. 中国邮轮市场质效提升不断深化**

近两年，虽然中国邮轮旅游市场规模略有下降，但"质效"的提升在不断深化，国际邮轮公司巨头根据中国市场运营特点和游客需求，纷纷将更多、更大、更新的旗舰型邮轮投入中国市场运营。中国在全球市场中的战略地位日益提升，对邮轮公司的吸引力不断增加，中国邮轮市场的运营能级持续提升。

**2. 中国邮轮经济全产业链全面启动**

经过15年的发展，随着国产大型邮轮实质性启动、本土邮轮船队逐步组建、邮轮配套产业集群逐步形成，中国邮轮产业链延伸发展的进程逐步加速。在产业链上游，中国加快了自主邮轮建造的进程。2018年，中船集团、招商局集团等大型央企正式启动国产邮轮的设计与建造，并积极布局邮轮翻修业领域，订单数量也快速增加，中国成为全球邮轮建造与翻修业务的新兴市场。在产业链中游，越来越多的国际邮轮公司在中国布局区域运营总部发展邮轮总部经济的同时，以中船集团、中旅集团、招商蛇口为代表的中国本土邮轮船队也在逐步壮大。在产业链下游，以上海为代表的中国邮轮产业核心城市加快邮轮全产业链发展，打造配套产业平台、船票销售平台、船供分拨配送平台、旅游商业服务平台，通过平台建设，提升邮轮服务能级，并不断完善配套。

**3. 中国邮轮经济政策体系逐步完善**

当前，中央和地方政府两个层面推出了一系列政策，建立了系统的政策体系，大力支持邮轮产业发展。2018年出台的《关于促进我国邮轮经济发展的若干意见》是第一个国家层面的专项邮轮经济政策，为我国邮轮产业发展明确了目标。上海、广州、天津、福建、海南、大连、厦门、青岛等地也相继发布相关政策，从资金补贴、政策支持、产业发展导向等方面推动地方邮轮产业发展。国家以上海、天津、深圳、青岛、福州、大连6个城市为试点设立邮轮旅游发展实验区,在邮轮母港基础设施建设、邮轮产业整体综合服务管理水平提升、邮轮产业链延伸、邮轮旅游规范发展、行业标准与机制完善、专业人才保障等方面进行先行先试与创新探索。2019年,上海升级成为我国首个"中国邮轮旅游发展示范区",成为特区中的特区。

另外,各地也在积极探索将邮轮经济政策与自由贸易区政策打通对接,包括有效简化外汇收支手续以推动国际邮轮产业资本流动、支持注册符合条件的中外合资出境旅行社以更好地拓宽邮轮分销渠道、降低金融机构准入门槛及分期缴纳关税和增值税等方面的优惠、允许开展保税邮轮修造业务、建立邮轮经济保税区发展邮轮船供业务、推进144小时过境免签及15天入境免签政策、开展邮轮港进境免税店等多个方面,政策创新的力度与广度不断升级。

## 二、粤港澳大湾区邮轮产业发展历程

粤港澳大湾区邮轮产业的发展经历了20多年的发展历程,从香港单枢纽核心发展逐步向广、深、港三足鼎立协同发展演进,依据不同时期发展的特征和所取得的成绩,可划分为以下三个阶段。

第一阶段(20世纪90年代至2006年):大湾区邮轮产业发展启蒙阶段。

这一阶段以香港邮轮旅游单枢纽核心发展为特征。尽管我国内地从20世纪80年代就已经出现邮轮旅游,但那时只是入境旅游,无论从数量还是规模或是发展水平上都不能算是严格意义上的邮轮旅游。直到20世纪末,出境旅游出现后,国人才真正开始接触这种全新的旅游方式。随着欧美邮轮市场的饱和,亚洲邮轮市场出现需求巨大、供应却严重不足的局面,世界主要的邮轮公司如嘉年华、皇家加勒比等纷纷入驻亚洲市场,凭借着独特的交通区位、地域、文化与经营模式的优势,香港迅速成为亚太最重要的邮轮旅游枢纽之一。1996年,香港已被列为亚太地区仅次于新加坡的第二繁忙和深受欢迎的邮轮港口,市场占有率达30%。世界16家著名邮轮运营商均表示,香港作为邮轮旅游目的地是亚洲行程中"必到"的港口。

20世纪90年代末,随着赴港澳旅游探亲开放,出境旅游市场逐步形成并随着人民生活水平的提高而得以快速发展,粤港澳大湾区邮轮市场也迎来丽星邮轮这个"启蒙品牌"。丽星邮轮成立于1993年,是首家亚洲国际邮轮公司,专门为亚洲打造的"狮子星号"和"处女星号"分别于1998年和1999年在香港母港投入使用,也让越来越多的港澳游游客了解了邮轮旅游这一新兴旅游方式。这一阶段是我国旅游观光游快速发展时期,中国公民旅游目的地国家出境目的地开放逐年增加,出境消费者也随着不同目的地开放的扩张而增加,因此邮轮产品是以目的地为出发点,比如,当时盛行的新马两晚三天邮轮游、新马泰三晚四天邮轮游,还有丽星邮轮阶段性推出以香港为母港的越南游产品。香港邮轮产业也因其完善的基础设施、高标准的服务以及丰富且性价比高的旅游商品,成为香港旅游业的一张靓丽名片。

第二阶段(2006—2015年):大湾区邮轮产业探索发展阶段。

这一阶段以2006年歌诗达邮轮"爱兰歌娜号"在上海开展母港运营为标志,是中国邮轮母港开启运营的第一个十年。通过政策开发、资金补贴等多种方式,吸引国际邮轮公司进入中国市场开展母港运营,中国邮轮旅游市场得到快速发展,邮轮旅游产品市场吸引力也不断强化。这一阶段,粤港澳大湾区邮轮产业发展仍以香港为发展核心,但随着2010年天津国际邮轮母港、2011年上海吴淞口国际邮轮港的开港运营,香港逐步面临来自中国内地新兴邮轮母港的激烈竞争,在发展速度、市场规模等方面,粤港澳大湾区邮轮母港业务逐步被反超并处于相对落后的位置。在航线上,上海和天津主要以日韩航线为主打品牌,面向华东与华北市场有较大的客源优势;香港则以我国沿海城市、东南亚及台湾航线为特色,高性价比的公海巡游更受到广东游客的青睐。但香港邮轮旅游产品整体相对较高的票价,也阻碍了其市场的快速拓展。

在这个阶段,粤港澳大湾区邮轮产业发展经历了不温不火的十年,总的来说是"错过繁荣、躲过重创"——既错过了2011—2013年中国邮轮母港刚启动时邮轮包船的高回报时期,也躲过了2015年开始主客观因素导致的大规模亏损阶段。总体而言,邮轮公司在这一阶段是较为强势的,大部分只接受包船模式,即使航次不多,粤港澳大湾区邮轮包船旅行社普遍面临亏多赚少的局面，主要原因是当时没有一些新的母港爆点，仍旧以香港出发为主，这一产品对绝大多数的粤港澳大湾区旅游消费者而言并不太具吸引力，此时广东的邮轮母港没有形成气候，政府、企业、邮轮公司等未能联动起来形成合力。

第三阶段（2016年至今）：大湾区邮轮产业快速发展阶段。

这一阶段以2016年广州南沙邮轮母港与深圳蛇口太子湾邮轮母港正式开港运营为标志，国内游客在广州、深圳登船乘搭邮轮旅游引爆粤港澳大湾区邮轮市场，粤港澳大湾区邮轮产业发展正式迈入快车道，进入广、深、港三大邮轮母港三足鼎立、协同发展的新阶段。2018年，大湾区邮轮总接待邮轮旅客达257.87万人次（含公海旅游），同比增长13.6%，在我国内地邮轮整体负增长的形势下，实现了较快增长。

2016年，香港启德邮轮码头投入使用，新增2个22万吨级邮轮泊位，2个泊位最多可同时停靠3艘大型邮轮，大大提升了香港的邮轮旅游接待能力和地位。2018年，香港共接待邮轮旅客173.3万人次，其中，母港65.2万人次，访问港22.3万人次，公海巡游85.8万人次，旅客结构大幅优化。

2016年1月，广州国际邮轮港在南沙港区集装箱码头正式启用，开港首年接待游客超过32万人次，靠泊邮轮104艘次，成为国内第三大邮轮母港。2018年，接待出入境游客超过48万人次，复合年均增长率达到20%，连续三年保持全国第三大邮轮母港的地位。2019年11月，新南沙国际邮轮母港建成并正式运营，接替现有南沙港区邮轮码头的邮轮业务，规划接待游客量75万～100万人次/年，主要航线为广州—香港—公海航线和东南亚、日本航线。南沙国际邮轮母港也将成为国内最大的东南亚邮轮旅游枢纽母港。

深圳蛇口太子湾邮轮母港于2016年10月正式启用，具备22万吨级邮轮泊位1个，10万吨级邮轮泊1个，2万吨级客货滚装泊位1个。2018年，太子湾邮轮母港靠泊89艘次，旅客量36.5万人次，位居国内第四位。目前有歌诗达"大西洋号"、MSC地中海"辉煌号"在深圳开设航线，主要航线为日本航线及东南亚航线。

粤港澳大湾区邮轮产业的快速发展得益于中央和地方政府两个层面一系列政策的支持。2019年，国务院印发《规划纲要》，明确依托大湾区特色优势及香港国际航运中心的地位，构建邮轮游艇等多元旅游产品体系等利好政策。粤港澳大湾区一体化战略大大有利于粤港澳大湾区邮轮产业的竞合发展。

## 三、粤港澳大湾区邮轮产业发展现状

### （一）粤港澳大湾区邮轮产业的发展基础

粤港澳大湾区是我国经济最具活力、开放程度最高、创新能力最强的区域之一，包括香港、澳门两个特别行政区和广东省9个珠三角城市，在国家发展大局中具有重要战略地位。国家战略的加快落地为粤港澳大湾区邮轮产业的发展提供了更高的起点，发展优势明显，有助于充分利用粤港澳大湾区产业、市场、人才、资金等各类资源，发挥比较优势，注重邮轮经济分工合作、凸显特色、错位竞争，形成优势互补、各具特色的协同发展格局，代表国家在更高层次、更广邮轮经济领域参与国际竞争与合作。

**1. 粤港澳大湾区具备良好的经济基础**

粤港澳大湾区是我国经济基础最好、生产力最发达的地区之一，人口总规模为7265万人。2018年，经济总量约1.68万亿美元，其中，以服务业为标志的第三产业平均产值占GDP总量的比例超过66%，是我国经济增长的重要引擎。粤港澳大湾区经济发展水平位居全国前列，整体人均GDP达到16.15万元，人均可支配收入达到6.4万元，其中，广东省内人均可支配收入超过5万元的城市有6个。参照国际邮轮旅游产业发展的经验，邮轮旅游消费需求与人均GDP水平高度相关，8000美元是重要的参照指标。大湾区当地居民的消费能力较强，这也为邮轮旅游产业的发展奠定了良好的基础。由于粤港澳大湾区是我国邮轮旅游产业最为重要的集聚区，当地居民对邮轮旅游的认知处于较高的水平，乘坐邮轮出境游的需求巨大，所以粤港澳大湾区的邮轮游客占有全国市场的较大比例。2018年，香港、广州、深圳三地邮轮母港的游客接待量达到257.87万人次。如表7-1所示。

表7-1　粤港澳大湾区各市主要经济指标（2018年数据）

| 城市 | 土地面积（平方千米） | 人口（万） | GDP（亿美元） | 人均GDP（美元） | 第三产业占比（%） |
| --- | --- | --- | --- | --- | --- |
| 粤港澳大湾区 | 56094 | 7265 | 16792.6 | 23116 | 66.2 |
| 香港 | 1107 | 750 | 3657.1 | 48713 | 93.1 |
| 澳门 | 33 | 68 | 538.6 | 79977 | 95.8 |
| 广州 | 7434 | 1531 | 3425.2 | 22676 | 71.6 |
| 深圳 | 1997 | 1344 | 3903.3 | 29498 | 60.9 |
| 佛山 | 3798 | 816 | 1558.5 | 19102 | 42.3 |
| 东莞 | 2460 | 846 | 1374.6 | 16309 | 43.2 |
| 惠州 | 11347 | 488 | 605.6 | 12473 | 43.2 |
| 中山 | 1784 | 338 | 449.5 | 13439 | 48.9 |
| 江门 | 9507 | 463 | 456.1 | 9885 | 48.9 |
| 珠海 | 1736 | 202 | 498.1 | 25400 | 53.8 |
| 肇庆 | 14891 | 419 | 326.0 | 7819 | 41.7 |

资料来源：香港特别行政区政府统计处、澳门特别行政区统计暨普查局、珠三角各市统计局。

## 2. 粤港澳大湾区具备良好的交通互通基础

粤港澳大湾区建设进一步加快，湾区内对外综合交通体系进一步完善，区域交通网络基本形成，区域合作空间范围逐渐扩大，同城化效应逐渐显现。港珠澳大桥、深中通道、南沙大桥、广深港三大国际机场、广深港高铁、大湾区城际铁路等交通基础设施，使湾区形成"城际交通+邮轮""高铁+邮轮""航空+邮轮"发展模式具备条件，成为可能，必将强化邮轮枢纽功能，扩大邮轮辐射范围。以广州为中心半径100千米范围内，覆盖了粤港澳大湾区的各核心城市。发达的交通网络使其能够辐射粤港澳大湾区巨大的消费群体市场，可以通过城市轨道与高速路网，连通粤港澳大湾区的核心机场与高铁枢纽，辐射外省腹地城市与客源，形成"四小时邮轮旅游经济圈"。"四小时邮轮旅游经济圈"涵盖了福建、江西、湖北、湖南、广西、海南、重庆、四川、贵州、云南10个省区，其中，南宁、南昌、长沙、武汉、贵阳、昆明等城市的高收入居民将成为重要的邮轮潜在客群。同时，大湾区是全国水上高速客船、城市观光客船航线最密集的区域之一，发展"邮轮+游船""邮轮+水上观光""邮轮+海岛游"条件便利，带动发展邮轮访问港建设和邮轮发展质量的提升。

### 3. 粤港澳大湾区具备良好的邮轮旅游目的地基础

粤港澳大湾区是全国最重要的旅游客源地和目的地，旅游收入占全国旅游收入的21%，其中，广州、香港、深圳3座城市旅游收入规模占大湾区旅游总收入的67%。另外，澳门作为"世界旅游休闲中心"，也是全球最受欢迎的旅游城市之一，每年吸引的国内外游客量接近4000万人次。《规划纲要》明确提出，要构筑休闲湾区，推进大湾区旅游发展，建设粤港澳大湾区世界级旅游目的地。粤港澳大湾区各城均有很多优秀的自然和文化旅游资源，过去基本上是各城市自己整合旅游资源，拓展旅游市场，城市间也有少量旅游资源和产品的整合共享活动，但层级较低，范围较小。未来的大湾区城市间的旅游资源和产品整合将有步骤、系统化展开，一些跨城性的精品旅游线路和旅游布局将逐步深化，广深港高铁引导大湾区依托高铁开发"一程多站"旅游产品。香港将成为国际城市旅游枢纽及"一程多站"示范核心区，澳门将成立大湾区城市旅游合作联盟，并建设世界旅游休闲中心，国内外游客在大湾区的旅游将更加丰富多彩和更有效率。

另外，从区域交通条件看，粤港澳大湾区具备成为亚太海上交通枢纽的独特条件。位于亚太西岸中心位置，4~6天行程可覆盖中国东南沿海、中国台湾地区、日本南部、越南等国家和地区，7~9天行程可覆盖日本北部、东盟和整个南海，是邮轮航线始发理想位置。其纬度、气候、周边海洋海岛资源与位于大西洋西岸全球最大的邮轮母港枢纽迈阿密极其类似。以迈阿密发展成为连接北美东岸经济带与加勒比地区邮轮枢纽的历程来看，粤港澳大湾区打造亚太西岸经济带与南洋群岛之间邮轮枢纽的区位条件非常优越。

### 4. 粤港澳大湾区邮轮产业要素较为齐全

近年来，我国沿海城市大力推进邮轮产业这一新兴业态，并期望其成为区域经济转型发展的推动力和新的增长点，更好地推动现代海洋经济的快速发展。我国邮轮经济发展的前十年，主要侧重于邮轮运营、兴建国际邮轮港口、提升港口运营能级、加强邮轮市场培育、提升邮轮市场规模等方面；第二个十年也就是现阶段，正式进入邮轮经济全产业链发展新时期，主要侧重于邮轮设计建造、本土邮轮船队构建、国际邮轮城建设以及邮轮相关配套产业发展。粤港澳大湾区在邮轮经济全产业链发展方面走在全国前列，具有较好的示范效应。

首先在港口基础设施建设方面，大湾区依托香港启德邮轮码头、深圳蛇口太子湾邮轮母港、南沙国际邮轮母港三大国际级邮轮母港的建设，已经形成较为完善的邮轮港口体系，港口航线组织与游客接待能力具有很强的竞争力。在邮轮总部经济发展发面，香港是全球第五大运营商云顶集团的全球总部，嘉年华、皇家加勒比、地中海等邮轮集团也在此设立了区域总部。2016 年，深圳蛇口获批成为全国第三个"中国邮轮旅游发展实验区"，目前广州南沙也在积极申报中。依托国际邮轮母港的建设，深圳蛇口太子湾与广州南沙也在加快推进国际邮轮母港城的建设，积极探索"船—港—城—游—购—娱"全链条的邮轮母港城综合发展模式，并取得了显著成果。另外，总部位于深圳的招商局蛇口工业区控股股份有限公司是我国最大的邮轮母港运营商，除深圳太子湾邮轮母港外，正在运营的邮轮母港还包括上海吴淞口邮轮母港、天津国际邮轮母港、厦门邮轮城、湛江邮轮城等多个项目，目前也在积极筹备组建本土邮轮船队。在邮轮配套产业发展方面，广州依托中船广州龙穴基地，成为华南最大的造船基地。广船国际建造豪华客滚船经验丰富，具备建造大型邮轮能力，未来将建设成为中船集团各类客船及中小型邮轮的主要基地。深圳前海蛇口、广州南沙作为全国最早的自贸区，目前也在积极探索发展自由贸易港区，将为国际航运、旅游商贸、国际邮轮船供配送业务的发展奠定坚实的基础。

## （二）粤港澳大湾区邮轮产业政策支持

由于邮轮是新兴产业，邮轮产业政策是推动邮轮经济高质量发展的重要支撑，需要建立适应国际邮轮经济发展特点的政策体系。在中国邮轮经济发展不断深化、推进邮轮经济全产业链发展的过程中，国家和地方政府纷纷出台邮轮经济扶持政策，破除邮轮经济发展的政策瓶颈，营造更高水平、更优品质的营商环境，加强与国内外邮轮产业优势资源对接，推动邮轮产业招商引资，打造邮轮经济产业集群，加快建设具有国际竞争力的邮轮经济新高地。当前，随着《规划纲要》的发布及深化落实，大湾区相关的邮轮产业扶持政策也不断完善，各地也在积极制定相关的规划与发展计划，推动邮轮产业的发展。

**1. 国家层面相关政策**

2018年9月，国家十部门联合出台的《关于促进我国邮轮经济发展的若干意见》，这是国家首次以多个中央部门名义发布的邮轮经济专项政策，体现了国家层面对邮轮经济发展的重视，明确了邮轮产业发展目标，涉及推进邮轮自主设计建造、本土邮轮品牌发展、邮轮产品创新、邮轮港口建设、邮轮安全管理、邮轮船供、口岸管理、相关配套产业发展以及邮轮人才支撑等方面的工作，同时在组织领导、机制创新、规范监管等方面进行措施保障。

2019年2月，在《规划纲要》中，关于邮轮产业发展，规划提出：推进大湾区旅游发展，依托大湾区特色优势及香港国际航运中心的地位，构建文化历史、休闲度假、养生保健、邮轮游艇等多元旅游产品体系，丰富粤港澳旅游精品路线，开发高铁"一程多站"旅游产品，建设粤港澳大湾区世界级旅游目的地。有序推动香港、广州、深圳国际邮轮港建设，进一步增加国际班轮航线，探索研究简化邮轮、游艇及旅客出入境手续。逐步简化及放宽内地邮轮旅客的证件安排，研究探索内地邮轮旅客以过境方式赴港参与全部邮轮航程。关于先进制造业发展，《规划纲要》提出"增强制造业核心竞争力"。大力推进制造业转型升级和优化发展，加强产业分工协作，促进产业链上下游深度合作，建设具有国际竞争力的先进制造业基地。大湾区制造产业集群优势明显，应充分融合珠海、佛山、中山、惠州、东莞等地的产业链条，和香港、广州、深圳的科技研发能力强等优势因素，以广船国际为核心将大湾区打造成为具有国际竞争力的邮轮制造、修造基地。关于现代服务业发展，《规划纲要》提出"构建现代服务业体系"。聚焦服务业重点领域和发展短板，以航运物流、旅游服务等为重点，构建错位发展、优势互补、协作配套的现代服务业体系。《规划纲要》着重提及促进生产性服务向专业化和价值链高端延伸发展。生产性服务主要包括为生产活动提供的研发设计服务、仓储物流服务、信息服务、金融服务、节能与环保服务等。细化其中的金融服务、信息服务、物流服务等环节，促进邮轮租赁、邮轮管理、邮轮融资、邮轮海事保险、邮轮免税、邮轮船舶供应等高端航运服务业，无疑将为国内外邮轮公司特别是本土邮轮船队的建立、运营提供有力保障。

2020年6月，国家交通运输部办公厅、广东省人民政府办公厅、广西壮族自治区人民政府办公厅、贵州省人民政府办公厅、云南省人民政府办公厅发布《关于珠江水运助力粤港澳大湾区建设的实施意见》（以下简称《实施意见》）。《实施意见》提出，推动粤港澳在航运支付结算、融资、租赁、保险、法律服务等方面实现服务规则对接，提升粤港澳大湾区港口航运服务国际化水平，支持香港发展高端航运服务业。积极发展粤港澳大湾区邮轮产业，有序推动大湾区国际邮轮港协调发展。支持拓展粤港澳大湾区面向国际的邮轮航线，支持航运企业依法拓展东南亚等地区国际邮轮航线，丰富邮轮航线产品。积极推动粤港澳游艇自由行政策实施工作，为游艇自由行提供便利。

2020年6月，为促进粤港澳大湾区水上交通安全治理协同发展，更好地服务粤港澳大湾区发展，交通运输部印发《推进海事服务粤港澳大湾区发展的意见》（以下简称《意见》），明确支持粤港澳大湾区海上旅游产业高质量发展。《意见》提出，支持大湾区海岛、滨海旅游产业发展。支持香港、广州、深圳国际邮轮港有序建设，促进区内邮轮港口良性互动及有效协调分工，积极推动邮轮游艇要素集聚，不断提升大湾区人民群众水上出行和旅游的获得感、幸福感、安全感。服务珠海横琴国际休闲旅游岛建设，支持对周边海岛旅游资源的开发利用，支持发展粤澳海岛旅游、公共旅游码头建设，支持水上旅游新业态发展，推动粤港澳游艇自由行和支持澳门世界旅游休闲中心建设。

**2. 地区层面相关政策**

为推动邮轮经济发展，广州从市区两级分别出台邮轮经济发展的政策意见，从资金补贴、政策支持、产业发展导向等方面进行推动，为地方邮轮经济发展提供了新的发展动力。如表7-2、表7-3所示。

表7-2 广州南沙邮轮产业政策梳理

| 时间 | 层面 | 政策名称 | 重点方向 | 扶持内容 |
|---|---|---|---|---|
| 2019年5月 | 广州南沙 | 广州南沙新区（自贸片区）促进邮轮产业发展扶持办法 | 邮轮公司落户奖励 | 以南沙为母港的国际五大邮轮公司给予资金扶持500万元。其他邮轮公司按照实缴注册资本的1%予以补贴，最多不超过200万元 |
| | | | 邮轮港经营企业扶持 | 按照实缴注册资本的1%予以补贴，最多不超过100万元 |
| | | | 邮轮公司及组织办公用房补贴 | 邮轮公司：补贴金额不超过200万元；邮轮组织：补贴金额不超过100万元 |
| | | | 邮轮服务平台补贴 | 招商引资项目推荐奖励；大型国际性邮轮会议资金 |
| | | | 邮轮航线补贴 | 母港邮轮航次扶持；新航线扶持；首航扶持 |
| | | | 交通接驳扶持 | 单个邮轮公司或旅行社每年扶持金额累计不超过50万元 |
| | | | 市场推广补贴 | 对邮轮公司、旅行社、邮轮组织、邮轮港口分别进行资金扶持 |
| | | | 邮轮保险补贴 | 每家邮轮公司或旅行社每年扶持金额不超过100万元 |
| | | | 邮轮岸电服务补贴 | 每年扶持金额不超过100万元 |
| | | | 组织游客补贴 | 游客搭乘邮轮扶持；游客周边住宿扶持 |

资料来源：《广州南沙新区（自贸片区）促进邮轮产业发展扶持办法》。

表7-3 广州邮轮产业政策梳理

| 时间 | 层面 | 政策名称 | 产业链环节 | 重点发展方向 |
|---|---|---|---|---|
| 2019年5月 | 广州 | 关于加快广州国际邮轮产业发展若干措施 | 上游 | 引导国内外邮轮设计建造企业落户 |
| | | | | 邮轮维修、保养、改造和装饰等 |
| | | | | 区域性国际邮轮修造中心 |
| | | | 中游 | 邮轮旅游市场 |
| | | | | 华南国际邮轮旅游目的地 |
| | | | 下游 | 全球邮轮船供配送中心 |
| | | | | 南沙邮轮母港建设 |
| | | | | 邮轮母港综合功能提升 |
| | | | | 融资租赁、保险等相关服务 |
| | | | | 建立邮轮人才资源库 |
| | | | | 邮轮会展经济 |

资料来源：《关于加快广州国际邮轮产业发展若干措施》。

深圳在2009年就发布了《深圳市加快邮轮游艇产业发展若干措施》2016年中国邮轮旅游发展实验区获批后，一系列创新政策相继落地。在粤港澳大湾区发展的背景下，目前，《深圳市促进邮轮经济及粤港澳大湾区海上旅游发展实施方案（2019—2022年）》等新的政策及规划正在研究与编制中。

2018年4月，香港特别行政区政府为把香港建设成为亚太地区的邮轮枢纽，商务及经济发展局、旅游事务署联合制定了《香港邮轮旅游业策略方向及措施》，以把握国际邮轮市场增长带来的机遇，确保香港邮轮旅游业能平稳、健康及持续发展。香港特别行政区政府发展邮轮旅游的4个具体策略方向包括：带动更多邮轮调配到香港、以香港为邮轮旅游目的地、发展多元化的邮轮旅游客源市场、提升香港在国际邮轮业的地位。为推动策略落地，政府推行了多项具体措施并进行财政拨款支持，主要措施有：与业界合作推广"飞航邮轮"旅游与"铁路邮轮"旅游；与香港旅游景点合作推行旅游套票；拓展"亚洲邮轮联盟"，加强区域合作；拓展邮轮新航线；等等。

## 四、粤港澳大湾区邮轮母港竞合分析

粤港澳大湾区作为全国唯一的三大邮轮母港齐聚的重要邮轮市场,发展邮轮产业优势明显,依托邮轮母港建设,大湾区邮轮产业集群已初具规模,但是未来广、深、港三地的邮轮母港如何融合发展是不容小觑的挑战。广州、深圳、香港三大港口有序发展、合作联动,形成协同效应,将为整个大湾区的发展提供支持。在邮轮母港上,如何推动三大邮轮母港沟通对接、优势互补和客源互送,逐步构建粤港澳邮轮母港群,是大湾区邮轮产业发展的方向。因此,本章节将对三地邮轮母港发展情况及竞合分析进行梳理。

### (一) 香港邮轮母港发展情况

**1. 香港邮轮母港建设情况**

香港现拥有两大邮轮码头,分别是位于尖沙咀的海港城海运码头和位于启德跑道南端的启德邮轮码头。

海运码头地处香港九龙半岛城市中心、维多利亚港核心地带,是海港城大型城市综合体的组成部分,码头突堤全长381米,有南北2个泊位,可同时接待2艘5万吨级的中型邮轮。宽58米的码头航站楼位于南北泊位中间,沿码头岸边向西面伸延,是一座5层(包括天台层)的多用途建筑物,也是海港城购物中心的一部分。航站楼1～3层为航站楼设施及配套商业,包括环球特色餐饮及精品零售,上面两层则为停车场。目前,海运码头主要作为云顶集团丽星邮轮的母港使用。海运码头交通便利,靠近多个市区知名旅游景点,如尖沙咀海滨长廊、星光大道、钟楼和天星小轮,邻近香港文化中心、香港艺术馆及香港太空馆,巴士、小轮、的士或港铁,均能抵达海运码头。

由于海运码头泊位数量有限且游客接待能力无法满足日益增长的亚太邮轮旅游市场需求,因此香港特别行政区政府2008年决定在香港启德跑道南端规划建设一个大型新邮轮港口。启德邮轮码头于2013年6月开港运营,旨在推动香港成为亚太地区重要的邮轮旅游枢纽。启德邮轮码头泊位岸线长850米，共有两个码头泊位，泊位长度分别为455米与395米，可停靠22万吨级超大型邮轮，设计游客接待能力为每小时3000人次。启德邮轮码头总投资为82亿港元，由香港特别行政区政府委托设计并投资兴建。航站楼总建筑面积约为18.4万平方米，长850米，共4层（包括屋顶平台），其中，一楼为出入境大厅及海关设施，上两层为办公楼及停车场，顶层为大型屋顶花园。航站楼总商业面积为5600平方米，包括环球特色餐饮及精品零售。启德邮轮码头的建成运营，大大提升了香港作为亚太邮轮枢纽母港的游客接待能力，成为亚洲最大的邮轮母港之一。

**2. 香港邮轮母港游客接待及航线情况**

香港是我国最早发展邮轮旅游的城市。由于香港国际航班发达，旅游资源丰富，同时实行自由港政策，世界上170多个国家和地区旅客可免签入境，建设邮轮枢纽港条件优越。2006年是内地邮轮发展元年，此时香港旅游市场已相当成熟。据香港旅游局统计，2007年，香港邮轮旅客达266.7万人次，其中，公海巡游游客247.9万人次，母港游客13.3万人次，访问港游客5.5万人次。自2008年金融危机以来，香港邮轮旅客人数有所下降，到2012年回落至138.2万人次，随后市场逐步恢复。香港启德邮轮码头自2016年投入使用后，2018年，香港共接待邮轮旅客173.3万人次，其中，访问港游客22.3万人次，母港游客65.2万人次，公海巡游游客85.8万人次，旅客结构大幅优化。从邮轮旅客客源市场结构看，据统计，2016年有25%～30%来自内地，30%～40%来自香港，其余是国际目的地和中国附近的亚洲国家。2017年，海运码头与启德码头合计接待了约170万名旅客，其中，有708000名中国旅客（往返预订），而50%为香港居民。

目前，以香港为母港的邮轮公司包括云顶集团、皇家加勒比邮轮、嘉年华邮轮、歌诗达邮轮、P&O邮轮、冠达邮轮等，主要航线包括前往中国内地（广州和三亚）、越南、菲律宾、新加坡等地的东南亚航线，中国台湾航线，日本航线与公海巡游航线等，以4～7天短途航行为主；另外，作为访问港，还有前往欧洲地中海、北美、迪拜、澳大利亚等地的远程航线及环球航线。根据香港商务及经济发展局的统计，2018年香港邮轮母港总接待邮轮品牌17家，总航次为171艘次，累计经济贡献为45.38亿港元。按照香港特别行政区政府2019年预算，2018年每航次对香港经济平均贡献为

826.67万港元。如表7-4所示。

表7-4 香港邮轮母港经济数据统计

| 项目 | 年份 | | | | | |
|---|---|---|---|---|---|---|
| | 2013下半年 | 2014 | 2015 | 2016 | 2017 | 2018 |
| 邮轮品牌 | 4 | 8 | 9 | 18 | 16 | 17 |
| 船日总数/使用率 | 15 | 49 | 75 | 120 | 216 | 198 |
| 总航次 | 9 | 28 | 56 | 95 | 190 | 171 |
| 累计航次 | 9 | 37 | 93 | 188 | 378 | 549 |
| 累计经济贡献/港元 | 0.74亿 | 3.06亿 | 7.69亿 | 15.54亿 | 31.25亿 | 45.38亿 |

资料来源：香港启德邮轮码头官方网站。

**3. 香港邮轮母港管理运营模式**

香港启德邮轮码头采用"地主港"模式进行运营，由香港特别行政区政府投资兴建，码头硬件出租给码头运营商并收取租金，政府则保留土地及码头的业权。2012年3月，启德邮轮码头的运营和管理由环美航务、皇家加勒比邮轮及信德集团辖下的冠新公司等3家公司组建的新公司 Worldwide Cruise Terminals Consortium（WCT，全球邮轮码头财团）承租，租期为10年。政府则根据WCT的营运表现收取运营商的浮动租金，WCT可根据市场情况和变化，制定邮轮停泊的收费标准，并做出适当调整。政府将会通过管理委员会及运营商家所提交的服务承诺及考核指标，监察码头的运营情况。"地主港"这种管理模式不仅减轻了政府的负担，同时也提高了邮轮港口的生命力和活力。

为提升市场知名度，香港启德邮轮码头与邮轮公司合作投资宣传，并定期举行邮轮论坛。另外，积极加强与香港旅游业议会的合作，通过在启德邮轮码头主办邮轮假期博览会和举行讲座来推介相关行程，介绍邮轮种类、船上注意事项、岸上观光及旅游保险等，从而大大加深了香港市民对邮轮旅游的接受和喜欢程度。

**（二）深圳蛇口太子湾国际邮轮母港发展情况**

深圳蛇口太子湾国际邮轮母港位于深圳市南山区太子湾片区，是前海蛇口自贸区蛇口片区与新兴商务商业中心区的核心载体，是城市发展新的中心区域。项目交通区位便捷，30 分钟可到达深圳宝安国际机场，40 分钟可到达福田 CBD，通过客运轮渡可直达香港、澳门国际机场，与香港、澳门、广州、珠海等构成 1 小时生活圈，2 小时交通圈覆盖人口超过 6000 万。项目于 2016 年正式开港，并批准设立中国邮轮旅游发展实验区，2018 年靠国际邮轮超过 89 艘次，接待出入境游客 36.5 万人次，是全国第四大邮轮母港。深圳蛇口国际邮轮母港由招商蛇口进行开发建设与运营管理，并对其后方约 0.7 平方千米的土地（太子湾片区）进行综合开发，通过"船—港—城—游—购—娱"模式发展邮轮经济全产业链，使之成为深圳的海上门户。

### 1. 船——邮轮运营

母港目前已与嘉年华集团、地中海集团、皇家加勒比集团、云顶集团等国际知名邮轮公司进行合作，并先后为 7 艘全球顶级邮轮提供母港运营服务，包括星梦邮轮"云顶梦号"、歌诗达"威尼斯号"与"大西洋号"、丽星邮轮"处女星号"、诺唯真"喜悦号"、皇家加勒比"海洋航行者号"、银海邮轮"银影号"等，其中，2019 年开始，"威尼斯号"与"大西洋号"交替在深圳蛇口国际邮轮母港开展全年的母港航线运营。

相比于我国华北、华东其他邮轮母港主要以日本航线为主，深圳蛇口国际邮轮母港因特殊的地理位置，在航线开通上有更多的选择，包括日本航线（冲绳、宫古岛）、越南航线（岘港、芽庄）、菲律宾航线（马尼拉、苏比克）、泰国航线（苏梅岛、曼谷）、新加坡航线和马来西亚航线。

除了与国际邮轮公司合作开展母港邮轮运营，招商蛇口也在积极推动自有邮轮船队的组建，目前已与地中海邮轮、维京邮轮签订邮轮业务合作谅解备忘录，共建邮轮船队，计划于 2022 年之前实现本土邮轮运营计划。

### 2. 港——港口运营

深圳蛇口太子湾国际邮轮母港通过对原蛇口港一号突堤区域进行填海造地，将邮轮码头与蛇口客运港码头进行整合，总体填海面积达到 37.75 公顷，成为综合性海上交通枢纽门户，港口设施主要包括：邮轮码头、高速船码头、邮轮中心综合体、登船桥、船首波公园、停车场等。项目建有 1 个 22 万吨级和 1 个 10 万吨级邮轮泊位，可满足 2 艘大型邮轮同时靠泊。另外，还有 1 个 2 万吨级客货滚装泊位和 10 个 800 吨级高速客轮泊位，设计通过能力为760万人次/年。

蛇口邮轮中心总建筑面积约14万平方米，以船首波为设计灵感，是一栋极具创意的地标性建筑。建筑地下两层为交通接驳中心与停车场，预留地铁站点接口。一、二层为旅客售票、通关与检验服务大厅；三、四层为商业与餐饮服务，包括邮轮文化体验馆、特色旅游纪念品商店、便利店、数码中心、特色餐饮及咖啡厅等；五至八层为商务写字楼办公，主要客户为邮轮公司及邮轮产业上下游服务企业等；九、十层是观光层及会议中心。另外，在建筑的一至四层设有观光长廊，游客可以在户外平台欣赏海上风光、拍照，以及近距离感受大型邮轮的魅力。

### 3. 城——综合开发

2016年，深圳将前海蛇口自贸区蛇口片区9.4平方千米用地申报成为中国邮轮旅游发展实验区，其中核心区为太子湾邮轮城项目，总占地面积0.7平方千米，总建筑面积170万平方米，由招商蛇口进行综合开发与运营。

太子湾邮轮城项目总体定位为前海先导区、乐活海港城，规划包括邮轮母港、总部办公、商业娱乐、高端居住、国际配套服务五大功能，整体分三期进行开发建设。一期项目已建成并正式运营，开发项目包括邮轮中心、中集中心、商务花园总部会所、大成文创园、招商力宝国际医院、太子湾国际学校及人才公寓等项目，主要文化及高端配套设施；二期为太子湾邮轮城项目中心商业服务区域部分，目前还在开发建设中，开发项目包括总部商务办公、免税商业、高端公寓、大型室内娱乐与商业综合体（深圳K11购物中心一期）、主题餐饮酒吧街区等，以娱乐设施带动人流集聚，总部商务楼宇基本成型；三期项目包括超高层地标写字楼、超高层公寓、大型综合商业、深圳K11购物中心二期、特色商业休闲街区、高端海景住宅等，计划于2025年前竣工。

以邮轮母港及太子湾邮轮城建设为核心，招商蛇口也整合协同招商局集团其他产业资源，在邮轮母港周边进行邮轮产业上下游产业链的布局与配套。在蛇口集装箱码头、赤湾港及前海保税港区，招商蛇口建立了国际邮轮物资采购供应平台与邮轮物资供应基地。在蛇口孖洲岛的招商局工业集团友联船厂基地已发展成为华南地区的邮轮修造船基地，目前已承接多个国际豪华邮轮的翻新机维修业务，使深圳的邮轮产业链得以延伸与完善。

#### 4. 游——旅游目的地开发

深圳蛇口国际邮轮母港作为深圳的海上门户，发挥旅游集散服务中心的作用，通过便捷的市内及城际交通网络，可以快捷地到达粤港澳大湾区周边各城市的主要旅游景点及景区。在深圳，邮轮旅客可以在蛇口感受国际化的滨海人文风情，参观文化艺术中心，漫步文化创意园区，打卡网红创意商业，品尝特色海鲜与美食；在华侨城景区，游客可以游览欢乐谷、锦绣中华、世界之窗等主题公园景区，也可以到OCT文化创意园与欢乐海岸放松身心；在深圳东部，大小梅沙景区、东部华侨城景区、大鹏半岛、甘坑小镇等旅游度假区也是游客进行文化体验与休闲度假的代表景点。从蛇口搭乘高速船可以直达珠海，游客可以前往横琴珠海长隆国际海洋度假区，体验世界级主题乐园与原创大马戏表演。此外，内地邮轮游客也可以搭乘高速船前往香港、澳门，参加丰富多彩的港澳游活动。深圳蛇口国际邮轮母港的运营将进一步助力粤港澳大湾区世界级旅游目的地的建设。

#### 5. 购——商业服务

在太子湾邮轮城综合开发项目中，有46.4万平方米的商业配套开发，包含大型主题购物中心、免税购物商业、滨海特色餐饮、文化休闲娱乐、社区商业等多元业态。太子湾商业定位为国际港、艺术湾，通过与香港新世界集团合作开发K11购物艺术中心与亲子教育商场D·PARK，打造深圳艺术商业高地。目前建设中的太子湾K11购物艺术中心建筑面积22万平方米，是亚洲旗舰店，既是购物中心，又是现代都市艺术馆。建成后，它将成为深圳最具艺术感的购物乐园、最潮的多元文化社区枢纽，游客在购物过程中也可以近距离参观艺术展览，欣赏艺术品。在太子湾，独具特色的商业配套还包括以艺术与科技为主题的太子湾二组团商业综合体、兰桂坊LKF852时尚休闲街区、大成文化创业街区等，丰富的商业项目配套使太子湾成为深圳商业新地标。

在蛇口片区的核心商业配套还有临近太子湾项目的海上世界广场，自2013年开业以来，已成为深圳最知名的休闲娱乐目的地与蛇口新城市客厅。海上世界广场也是由招商蛇口采用综合开发的模式打造的大型综合体项目，总规模超过100万平方米，其中核心商业部分约7.8万平方米，周边的功能配套还包括5A甲级写字楼、高端住宅、五星级酒店、文化艺术中心与文化创意产业园等核心项目。海上世界广场商业的核心标志为位于广场中心的退役豪华客轮明华轮,改造后成为一艘集特色餐饮、休闲酒吧、主题酒店于一体的商业综合体。以明华轮为中心,形成以主题餐饮、特色酒吧、咖啡西餐、精品零售、KTV娱乐、主题影院、大型室内体验馆等于一体的开放式商业街区。海上世界广场中心水景以明华轮为背景,每天会进行开放式全景水秀表演,吸引众多市民游客前来体验。

海上世界广场与太子湾项目商业形成了有效的商业项目错位,海上世界以休闲餐饮与娱乐为亮点,太子湾项目则以文化艺术高端零售为主题。两个项目有机协同,为国际邮轮母港提供了完善的商业服务配套,也为国际邮轮旅客提供了多元的商业休闲选择。

### 6. 娱——文娱体验

在特色旅游项目与文化旅游开发方面,深圳蛇口太子湾国际邮轮母港有两个重要的举措。首先是打造了"海上看深圳"滨海游船旅游项目,有招商蛇口进项项目的运营。项目以"巡阅深圳未曾发现之美"为主题,将深圳湾独特的海岸风景线进行串联,使游客在海上畅游的同时,也能以一种更独特的视角感受城市的发展与成就。"海上看深圳"航线目前已开通了两年,成为深圳市政府重点文化旅游项目,共发船1500多班次,吸引了近10万游客体验。未来,项目还会进一步升级,强化"旅游+教育"功能,更好地满足游客休闲观光的需求,并逐步拓展至湾区其他滨海城市,打造成为粤港澳大湾区标杆精品项目。

另外,深圳市政府也在推动深圳湾文化走廊的建设,串联形成特色文化旅游线路。按照规划,深圳湾文化走廊将包括南头古城特色文化街区、赤湾海防文博圈、南岸滨海演艺区、深圳湾客厅及深圳湾艺术交流区五大重点片区。其中,南岸滨海演艺区以深圳蛇口国际邮轮母港为核心,重点项目包括新建的深圳歌剧院、海上世界文化艺术中心、渔人码头商业文化综合体等大型文化设施。同时,建设水上运动中心,通过丰富的滨水节事活动与滨水运动项目,打造滨海文化娱乐活力门户。

### (三)广州南沙国际邮轮母港发展情况

2016年1月,广州国际邮轮港在南沙港集装箱码头正式启用,云顶集团丽星邮轮"处女星号"成为第一艘母港邮轮，开通前往东南亚与日本的航线。开港首年，接待游客超过 32 万人次，靠泊邮轮 104 艘次，成为国内第三大邮轮母港。2018 年，接待出入境游客超过 48 万人次，连续 3 年保持全国第三大邮轮母港的地位。为进一步提升广州市的邮轮母港接待能级，2015 年，广州市政府与大型央企中交集团签订合作协议，在南沙湾片区建设新的国际邮轮母港，以接替现有南沙港区邮轮码头的邮轮业务。新南沙国际邮轮母港于 2019 年 11 月建成并正式运营，总建筑面积为 35 万平方米，是全国目前规模最大的邮轮母港综合体，规划接待游客 75 万～100 万人次/年。歌诗达"新浪漫号"、云顶集团"世界梦号"等大型邮轮将以此为母港，开启全年的日本及东南亚母港邮轮航线，南沙国际邮轮母港也将成为国内最大的东南亚邮轮旅游枢纽母港。

**1. 南沙国际邮轮母港项目基本情况**

项目区位：南沙国际邮轮母港位于广州南沙自贸区南沙湾板块，珠江口主航道虎门大桥下游 660～2060 米的范围，交通区位优越，不仅是广州市的海上门户，更是粤港澳大湾区的地理几何中心。以广州南沙国际邮轮母港为中心半径 100 千米范围内，覆盖了粤港澳大湾区的各核心城市，邮轮客源市场与旅游腹地广阔。如图 7-2 所示。

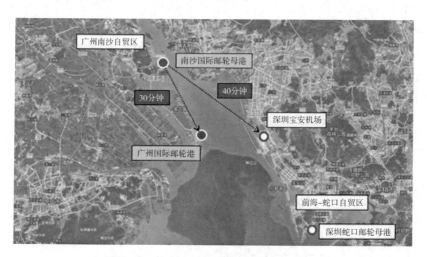

图 7-2　广州南沙国际邮轮母港项目区位

（资料来源：笔者绘制）

**交通条件**：南沙国际邮轮母港交通便利，周边已形成完善的高速及轨道交通网络，随着粤港澳大湾区城际交通网络的进一步升级，可快速连接广州市中心、深圳、珠海等大湾区主要城市以及各机场、高铁站等核心交通枢纽。广州地铁18号线开通后，搭乘地铁便可直达广州东站、南站、庆盛枢纽与南沙枢纽，区位交通优势将进一步凸显。

**建设情况**：广州南沙国际邮轮母港计划分两期进行开发建设，总规划岸线1.6千米。目前，已投入运营的一期项目码头岸线总长770米，包括1个10万吨级和1个22.5万吨级邮轮泊位。邮轮母港综合体以"鲸舟"为设计立意，其中，航站楼建筑面积3.5万平方米，并配套开发购物中心、甲级写字楼与海员之家公寓，可满足单次8000名旅客的通关能力，接待2艘大型邮轮同时靠泊。二期工程拟于2021年开工，泊位岸线830米，规划建设2个10万～22万吨级的邮轮泊位以及新建航站楼一座，并在二期综合体项目中配套开发免税购物中心、文化艺术中心以及邮轮经济总部办公。两期项目正式运营后，南沙国际邮轮母港2座航站楼可满足4艘15万吨级大型邮轮同时靠泊的需求，年接待邮轮旅客预计将超过150万人次，成为集邮轮旅游、港澳客运、珠江内河观光客运等多种业务于一体的广州水上旅游客运枢纽。

**客群市场**：在粤港澳大湾区，广州南沙国际邮轮母港需要面临来自香港邮轮母港与深圳蛇口邮轮母港的竞争，因此在客源市场的竞争中应进行差异化定位，精准深耕细分目标客群市场，以实现协同创新发展。香港邮轮航线以中远途的国际航线为主，无目的地"公海邮轮"是特色邮轮产品；深圳蛇口邮轮母港则以东南亚航线与日本航线为主；广州南沙国际邮轮母港除了与深圳蛇口邮轮母港差异化发展东南亚与日本航线，还可以利用自身优势发展，开辟至海南、三沙的南海诸岛母港航线。在客群市场定位上，穗、港、深三地的邮轮母港目前也已形成一定的错位发展格局。香港以"邮轮+购物"为特色，主要客群为港澳地区居民及国际游客；深圳则重点发展商务会奖市场，拓展企业及商务团体包船客群；广州南沙国际邮轮母港可把握优势深耕成熟市场，大力开辟"银发长者"与"亲子家庭"市场，并针对目标客群，优化提升服务品质。

## 2. 南沙国际邮轮母港综合开发模式分析

广州南沙国际邮轮母港以"港、产、城"一体化理念，通过统一规划、统一建设、统筹经营的方式，进行邮轮母港城综合开发与运营。立足于邮轮服务板块，以母港运营为核心，综合发展商业办公、物资供应、保税仓储、船舶供应、邮轮维保等多种业务，同时推进与邮轮服务紧密相连的岸上旅游业务，将南沙国际邮轮母港打造成国内乃至亚太地区枢纽型邮轮母港综合体。依托南沙双区叠加的政策优势和广州市唯一城市副中心的地缘优势，加大邮轮母港的纵深聚集式开发，完善母港功能，提升服务能级。在功能上聚焦两大载体平台建设。

第一，打造邮轮旅游服务集聚区。按照"船—港—城—游—购—娱"的综合开发模式，以邮轮母港为引擎，打造形成以邮轮旅游为核心、商业服务和文化娱乐为配套，集总部商务办公、商业娱乐、文化旅游、会展贸易、高端居住于一体的国际邮轮母港城综合体，建设国际旅游目的地。

第二，打造现代邮轮产业集聚区。利用自贸区的政策优势与周边的产业基础，加快邮轮上下游产业链资源集聚，建设邮轮总部经济中心、船供物资配送中心、邮轮建造配套产业园区，完善邮轮产业综合配套服务体系，高水平打造邮轮经济全产业链集群。如图7-3所示。

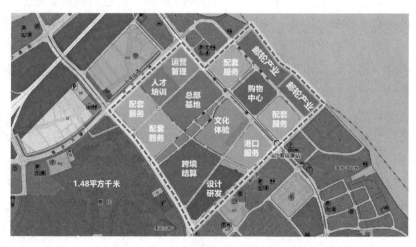

图7-3 南沙国际邮轮母港功能布局

（资料来源：笔者绘制）

(1) 功能规划

商务总部：发挥南沙作为大湾区的战略核心地位，瞄准邮轮产业龙头企业，大力吸引国际邮轮公司湾区总部落户，做实南沙国际航运中心的定位。在邮轮母港城开发建设5A甲级海景写字楼、五星级酒店、高端公寓、商务会议中心等高端商务设施，重点导入政府机构、大型央企与地方国企、国际邮轮运营企业、港务航运企业、商贸服务企业、邮轮船供服务机构、金融保险机构、中介服务机构、旅游服务机构等邮轮经济与现代服务业企业，打造成为南沙湾板块现代中央商务核心区。

产业配套：打造邮轮经济配套产业服务基地，建设花园式商务及研发办公园区，吸引为邮轮设计建造及港口运营提供各类配套产品和服务的境内外企业入驻，推进国内外邮轮相关协会组织、科研院所、检测认证平台、交易服务机构、跨境结算中心、人才培训中心等功能性平台集聚，提升南沙国际邮轮母港的综合配套服务能力。

邮轮商业：充分利用独特的区位与景观优势，作为广州唯一可以近距离观赏邮轮的商业项目，突出邮轮主题特色，打造全海景体验式商业综合体。兼顾邮轮旅客与普通游客以及周边居民的购物需求，重点建设以海洋为主题的体验式购物中心与大型免税购物中心。体验式购物中心充分利用项目建筑的空中平台与海景商墅结合的空间特色，塑造网红商业地点，成为荟萃美食、社交、生态、文旅、活力、体验等特色的"小而美"商业新天地。大型免税购物中心则依托自贸区政策，发展进、出境免税于一体的国际时尚购物广场。南沙国际邮轮母港将通过独特的商业氛围打造，塑造城市名片，打造目的性消费特色休闲商业新地标。

休闲旅游：作为南沙旅游集散中心，与南沙其他旅游景点联动，汇聚南沙特色，成为南沙旅游必到之处。对南沙国际邮轮母港周边的滨海岸线进行整体景观升级与改造，并与北侧的南沙湾休闲海岸及南侧的滨海公园生态岸线贯通，形成南沙湾特色文化滨海岸线景观带。邮轮旅客可以漫步于滨海岸线景观带，到达黄山鲁森林公园、南沙天后宫、蒲州花园、大角山滨海公园等著名景点，未来还将规划建设探索博物馆、文化艺术中心、水上剧场、渔人码头、特色海鲜市场、水上休闲运动中心等文化休闲设施，成为广州最具海洋风情的沿海网红观光新区域。另外，依托邮轮母港客运码头与游艇码头，未来也将打造"海上看南沙"的特色滨海游船旅游项目，为邮轮旅客及市民提供休闲观光新选择。

文化娱乐：面向邮轮旅客及市民游客，在邮轮母港城引入国际知名 IP 并充分运用现代科技手段的沉浸式室内主题娱乐中心、家庭寓教于乐中心、主题博物馆、特色主题秀场、海洋馆等，创造独特旅游吸引力。丰富多彩的文化娱乐业态将赋予项目极具娱乐性、互动性、情景性、个性化的沉浸式体验环境。

高端居住：房地产开发。随着邮轮母港的整体开发和配套设置的完善，周边居住环境将不断改善。在邮轮母港区域规划开发房地产，是完善邮轮母港配套居住功能的需要，同时可加快回收投资成本，增加人口聚集，为邮轮产业发展打下更好的基础。

（2）功能结构

以南沙国际邮轮母港为核心，通过"船—港—城—游—购—娱"的综合开发模式，并结合项目开发时序，将南沙国际邮轮母港城及后方区域统筹规划分成核心功能区、配套功能区和辐射功能区三大区域，合理进行功能布局。

核心功能区：以码头和航站楼为重点，包括邮轮母港 1 期及 2 期项目及核心配套商业与住宅，实现邮轮靠泊、客流集散、通关查验、物资补给、交通枢纽、邮轮商业等邮轮母港核心功能，打造邮轮总部经济商务基地，并通过住宅开发与销售满足投资资金平衡。

配套功能区：包括邮轮产业配套与休闲娱乐配套两大功能。发挥自贸区及邮轮产业优惠政策优势，打造邮轮经济配套产业服务基地与邮轮物资船供基地，吸引为邮轮上下游产业链相关企业入驻，加快推动南沙邮轮产业的发展。休闲娱乐配套功能将面向邮轮旅客及市民游客，通过休闲旅游与文化娱乐项目的开发运营，打造国际邮轮旅游目的地。

辐射功能区：联动周边景点与大型社区，打造邮轮文化小镇，成为片区公共服务与市民中心，与周边城市功能有机融合。通过邮轮母港建设带动岸上旅游目的地开发，将南沙湾片区打造成为独具特色的国际海洋文化休闲中心，成为广州旅游新门户与湾区城市新客厅。

## 五、粤港澳大湾区邮轮产业发展存在的问题

**1. 缺乏邮轮产业链总体规划**

我国邮轮产业目前正进入优化调整期,粤港澳大湾区的邮轮市场相对比上海、天津等地发展得晚些,从近年来的邮轮市场均衡性来看是处于增长期,但大湾区内邮轮母港群的配套设施以及产业链建设方面仍然存在短板。邮轮母港需要为停靠的邮轮提供维修与补给等后续服务。虽然大湾区的邮轮母港硬件建设情况良好,但其有限的年均邮轮挂靠量和基础设施配套不足仍然是港口后续发展中的重要瓶颈。此外,政府、企业、邮轮公司等未能联动起来形成合力,虽然近年来国家颁布各项政策来推动湾区邮轮产业的发展,但真正落地实施的项目不够,就邮轮设计与制造而言,即使广州是全国三大造船中心之一,拥有雄厚的制造业实力,仍然难以带动处于产业链上游的邮轮制造业的发展,实现大湾区邮轮经济全产业链的规划与建设。各方单位还须做好对大湾区邮轮母港建设的总体规划,全面落地产业链的构想,彻底打通大湾区邮轮产业链,实现全产业链共赢发展。

**2. 邮轮客源市场局限**

目前,大湾区邮轮出入境游客量在整个旅游业逆势增长,但邮轮旅游主要客源市场空间过于集中化,客源市场明显重叠。近几年的发展中,三大母港的客源市场有了差异化的发展。据统计,至2019年11月,深圳招商蛇口国际邮轮母港和广州港国际邮轮母港的出入境旅客人次虽然不多,但其增长率高于上海吴淞口邮轮母港,分别达到了88.7%和89.5%,出入境船舶数量的同期增长率也远超上海吴淞口邮轮母港,其中,深圳蛇口太子湾邮轮母港更是达到了104.8%的同期增长率。但这种游客量的增长仍然是基于集中化的主要客源市场空间,主要客户群体仍然面向华南与西南地区,对粤东西北地区和泛珠三角地区延伸度不够。此外,正如国内邮轮市场普遍存在的问题一样,大湾区的邮轮旅游业还是以出境游为主,外国游客占比少且规模小,入境旅游市场相对比较低迷。虽然港澳两区因国际化程度比较高以及对外开放程度加大,外国游客市场处于扩张地步。但其他九市在入境旅游方面市场尚未成熟,其主要客源市场以周边国家为主,传统的

比较成熟的入境游，外国游客市场像美国、日本、韩国等隐隐有萎缩的趋势。可见大湾区九市二区在整体客源市场上存在不平衡现象，入境旅游的客源市场局限于近程国家，未能开拓远程国家的游客市场，导致国际化市场竞争力不足，入境游发展相对停滞，对湾区区域旅游经济效益拉动有限。

### 3. 邮轮航线与产品同质化

单一的母港航线和产品同质化的问题，一方面限制了游客对航线与旅游产品的多样性选择，另一方面也阻碍了邮轮旅游市场的发展。在湾区邮轮市场上，香港邮轮行业兴起较早，航线国际化程度较高，目的地比较广泛。而广州、深圳邮轮发展史较短，母港航线仍以公海游和东南亚、日本航线为主，总体上三大邮轮母港始发航线相似度高，缺乏对母港间航线和到周边海岛游航线开发，船舶和航线的丰富性不够，同质化竞争在所难免。而新型邮轮市场对多样化邮轮航线和特色旅游产品有着更大的需求，这就极大地影响了湾区邮轮旅游对回头客的吸引力。随着母港间竞争白热化，为了降低运营风险，许多邮轮公司更是设置相同的航线并不停地投入新的邮轮，使得邮轮产品的效益不高，航线逐渐同质化。就大湾区邮轮未来发展而言，如何调节港口间资源形成差异化航线产品，推动湾区邮轮市场健康可持续性发展也是值得重视的问题。

## 六、粤港澳大湾区邮轮产业发展对策建议

### 1. 探索推广邮轮多点挂靠

粤港澳大湾区内有香港、广州、深圳三大邮轮母港，母港较为密集，如何让邮轮母港做到融合发展是对大湾区邮轮产业发展的考验。大湾区是一个整体，要优化区内三大母港的竞合关系，所有发展规划的制定都必须基于这个重要战略前提，合理规划邮轮母港资源，推广实施各母港间邮轮多点挂靠运作模式，灵活设计邮轮航线，让游客可以就近上船，降低邮轮在某一母港达不到满员的风险。相比上海、天津等地区主打的长途航线，香港的存在使湾区腹地邮轮市场不仅仅可以设置常规航线，还可以发展短途航线，打造"广州—深圳—香港"3小时邮轮圈，吸引更多其他地区乃至外籍邮轮旅客来大湾区上船。同时，可以结合挂靠港所在城市特有的人文

旅游资源，提供更具有吸引力的航线行程，并提高港口岸上接待的服务水平，吸引更多邮轮挂靠。推广邮轮多点挂靠可以增强大湾区邮轮业的竞争力，为开辟多母港航线打下基础，使大湾区邮轮由挂靠单个港口转为挂靠多个港口，同时使母港间由竞争关系转向合作关系，避免了恶性竞争，提高了港口资源利用率。通过这种互动合作也能更好地打开粤港澳大湾区的潜在邮轮市场，带动经济文化的多元化发展，拉动邮轮产业的经济效应。

### 2. 持续加大政府支持力度

2019年2月，国务院印发的《粤港澳大湾区发展规划纲要》提出了一系列对大湾区邮轮产业发展的利好政策，使大湾区邮轮经济在短期内得到了快速发展且势头正好。对于快速成长的中国邮轮市场来说，粤港澳大湾区邮轮母港未来是同质化竞争还是发展良好的竞合关系，还需要依赖政府宏观调控，制定相应政策，实现有效对接。政府部门要积极推动粤港澳大湾区紧密合作，共同打造以协同创新为核心概念的重要支撑区，加速大湾区贸易自由化进程，扩大对外开放，引导大湾区企业"走出去"，吸引发达国家对大湾区邮轮产业投资。鼓励国际邮轮公司、行业研究机构等与湾区内院校开展"产学研"合作，促进高层次专业人才流入，形成区域发展合力。对开展新航线的邮轮进行扶持，积极制定税收优惠政策和企业扶持政策，吸引更多邮轮制造与运营公司以及产业链联动企业落地湾区布局。积极简化出入境手续，借鉴上海成功经验与海南自有贸易港政策，推动粤港澳大湾区"144小时过境免签"政策和国际邮轮旅游团15天入境免签政策落地，逐步放宽内地邮轮旅客证件安排，争取实施更加简便的通关审批政策，不断提高国内外游客通关的效率与质量，吸引更多境外游客。

### 3. 进一步优化母港配套设施

邮轮旅游是目前旅游业发展的一个重要增长点，粤港澳大湾区的邮轮母港要打造新型竞合关系的邮轮母港群，避免同质化竞争，最终的核心问题是服务。一方面，要发展粤港澳大湾区邮轮码头硬件建设，并发挥大湾区对外开放的优势，承接国际邮轮市场的岸上服务，拉动入境旅游市场；另一方面，要注重服务产业软环境的构建，以邮轮母港为核心打造"母港+"，优化发展邮轮母港所在城市及周边区域购物、餐饮、观光等一系列配套产业，为旅客提供全方位的优质邮轮旅游体验。把大湾区打造成一个宜居宜业宜游的优质生活圈，让邮轮旅游的出行方式常态化，提高湾区母港的竞争力，挖掘大湾区邮轮产业的巨大发展潜力。

### 4. 打造大湾区"邮轮+"特色发展模式

粤港澳大湾区的区位优势明显，区内一体化发展，拥有港珠澳大桥、广深港高铁等快速交通网络设施，以及三大国际机场这样便利的交通条件。以粤港澳大湾区为龙头，发挥这些交通设施的纽带作用，实现"空—铁—港"联运的一体化无缝衔接，在湾区形成"城际交通+邮轮""高铁+邮轮""航空+邮轮"和"邮轮+游船""邮轮+水上观光""邮轮+海岛游"等差异化邮轮旅游产品，形成邮轮产品矩阵；发挥邮轮公司与分销商协同效应，深度参与邮轮旅游产品设计中，将大湾区特有的文化内涵融合到邮轮产品中，打造具有湾区文化资源特色的邮轮项目。将邮轮旅游系统与交通综合通道相结合，扩大邮轮母港的辐射范围，推进邮轮特色航线创新，避免千港一面，增加邮轮旅客的体验度，带动邮轮港口建设和邮轮发展质量的提升，促进整个市场的良性发展。

### 5. 进一步完善区域邮轮产业链

形成发展合力，做好邮轮产业总体规划，在区域内培育完整的产业链，促进整个区域经济发展。加强湾区各城市间区域产业链的创新合作，依托大湾区先进制造业的雄厚基础，利用相关产业要素和聚集加速，发挥科技创新资源优势。支持科技创新机构平台在湾区的建设与发展，推动新兴信息技术的发展和高端制造技术在邮轮领域的应用与渗透，为粤港澳大湾区打造邮轮产业高地创造条件，打造大湾区邮轮产业集群。鼓励与培育邮轮建造、邮轮经营以及港口运营等产业上、中、下游企业和单位入驻湾区。充分利用国家对大湾区的各项政策优惠扶持，完善邮轮旅游、航运物流、金融保险服务等邮轮产业链业务，发挥邮轮产业集聚效应，加快推动邮轮产业区域经济的发展，带动产业集聚群联动发展，实现国家推动建设粤港澳大湾区的战略。

**参考文献：**

[1] 汪泓. 邮轮绿皮书：中国邮轮产业发展报告（2018）[M]. 北京：社会科学文献出版社，2018.

[2] 汪泓. 邮轮绿皮书：中国邮轮产业发展报告（2019）[M]. 北京：社会科学文献出版社，2019.

[3] 罗悦铭. 国际邮轮母港综合开发及运营管理模式研究——以广州南沙国际邮轮母港为例[D]. 广州：中山大学，2020.

[4] 刘学伟，李国平，余颖，等. 粤港邮轮母港群旅游竞合关系研究[J]. 旅游研究，2019（5）：75-83.

[5] 龙梅. 深圳发展邮轮旅游的 SWOT 分析及对策[J]. 特区实践与理论，2017（4）：104-108.

[6] 马凤霞. 南沙自贸区国际邮轮发展现状的思考[J]. 中国国境卫生检疫杂志，2017（1）：64-66.

[7] 邓进乐. 广州港发展邮轮经济的优势和建议[J]. 水运管理，2015（5）：5-8.

[8] 汪德贵. 粤港澳大湾区邮轮产业发展，路在何方？[J]. 珠江水运，2019（14）：29-32.

[9] 杨琼. 发展邮轮产业广州港如何出奇制胜[J]. 中国港口，2018（3）：25-27.

[10] 杨素梅. 广州加快发展邮轮经济的思路与对策[J]. 港口经济，2015（11）：11-14.

[11] 杨素梅. 广州发展邮轮经济的 SWOT 分析[J]. 珠江水运，2016（2）：68-69.

[12] 杨素梅. 打造南沙邮轮产业特色小镇的可行性及对策研究[J]. 产业创新研究，2019（8）：10-12.

[13] 钟妮，谭金凤，王雪黎. 粤港澳大湾区邮轮旅游发展研究[J]. 特区经济，2019（8）：31-35.

[14] 王欣，闫国东，阚立扬，等. 粤港澳邮轮母港竞合关系优化分析[J]. 物流科技，2020（6）：89-93.

[15] 刘淑周. 粤港澳大湾区建设发展背景下广州港的发展机遇[J]. 珠江水运，2019（11）：60-62.

# 第四编 生态文明建设

# 第八章　粤港澳大湾区生态环境保护协同机制的优化构建[①]

## 古小东　夏　斌　夏家馨[②]

基于生态环境的整体性、污染物的移动性以及环境利益的一致性，区域生态环境的协同保护意义重大且极为迫切，粤港澳大湾区作为区域生态环境协同保护的研究样本具有一定的典型性。湾区是河流、海洋、陆地三大生态系统交汇的区域，是海岸带的重要组成部分，有着丰富的海洋、生物、环境资源以及独特的地理景观和生态价值，可以依托其资源环境禀赋打造宜居宜业的环境优势，提升城市发展的质量和人民生活的品质。纵观国际上湾区经济发达的地区（如东京湾、旧金山湾和纽约湾）无不拥有良好的生态环境作为依托。粤港澳大湾区一衣带水，同在一片蓝天，河海和港湾边界相连，经济和文化自古紧密相连，穹顶之下同呼吸共命运。建设世界一流湾区，必然要求有良好的生态环境，包括大气环境、水环境、土壤环境、海洋环境以及生物多样性等。粤港澳大湾区生态环境保护协同机制是"一国两制"下的制度创新与实践，能为粤港澳三地的长期繁荣稳定提供良好的保障。

---

[①] 基金项目：国家社科基金"新时代海洋强国建设"重大研究专项项目"陆海统筹背景下我国海洋生态环境协同治理研究"（18VHQ014）、国家社科基金"天然气水合物发展战略的法律保障机制研究"（19BFX191）、教育部哲学社会科学研究重大课题攻关项目"粤港澳大湾区法律建设研究"（20JZD019）、广州市社科规划智库课题"粤港澳大湾区生态保护与环境治理研究"（2017GZZK42）。

[②] 古小东，广东外语外贸大学海洋法律与政策研究中心主任，广东外语外贸大学法学院/区域一体化法治研究中心教授，中山大学法学院/南方海洋科学与工程广东省实验室（珠海）研究员；夏斌，中山大学海洋科学学院教授、博士生导师；夏家馨，澳门大学社会科学学院研究生。

## 一、粤港澳大湾区生态环境协同保护现状分析

20 世纪 80 年代的珠江口是我国最丰产的近海水产区和水生物繁殖区，生物种群最丰富的海区，以及生物优势种群更迭最活跃的海区[①]。随着珠三角区域的经济发展，污染物入海量剧增，大规模的围海造地、人工填海、养殖及建设港口码头等使伶仃洋正在变浅变小，无序采沙造成海岸侵蚀，珠江口红树林区面积锐减，湿地功能严重退化，局部海域"荒漠化"[②]。近年来，粤港澳三地采取了一系列举措协同保护生态环境，并取得了一定的成效。

### （一）粤港澳大湾区大气环境质量得到一定改善，优于京津冀、长三角地区

环境指标是分析和评估一个地区或国家环境质量的有效工具，为世界上大多数国家所采用。2006—2018 年，粤港澳珠江三角洲区域空气监测网络测得的 $SO_2$、$NO_2$、PM10 的年平均值分别下降 81%、28% 和 36%，呈现明显下降趋势；2015—2018 年，粤港澳珠江三角洲区域空气监测网络测得的 CO 和 PM2.5 的年平均值分别下降了 13%；但 2006—2018 年，$O_3$ 浓度年平均值上升了 21%（表 8-1）。数据表明，近年粤港澳区域联合或各地独立推行的要求发电厂安装脱硫设施、淘汰高污染工业设施、禁止高污染车辆进口、制定及收紧车辆的排放标准、提高油品规格等一系列减排及改善大气环境的措施已取得一定成效；同时，粤港澳大湾区内的光化学污染问题仍有待进一步改善。

---

① 唐永銮：《广东省海岸带和海涂资源综合调查报告》，海洋出版社 1987 年版，第 1-3 页。
② 江璐明、张虹鸥、梁国昭：《环珠江口与环东京湾地区产业发展及环境比较》，载《热带地理》2005 年第 4 期，第 331-335 页。

表8-1 粤港澳珠江三角洲区域空气监测网络污染物浓度的年平均值

| 年度 | 指标 | | | | | |
|---|---|---|---|---|---|---|
| | $SO_2$ ($\mu g \cdot m^3$) | $NO_2$ ($\mu g \cdot m^3$) | $O_3$ ($\mu g \cdot m^3$) | PM10 ($\mu g \cdot m^3$) | PM2.5 ($\mu g \cdot m^3$) | CO ($mg \cdot m^3$) |
| 2006 | 47 | 46 | 48 | 74 | — | — |
| 2007 | 48 | 45 | 51 | 79 | — | — |
| 2008 | 39 | 45 | 51 | 70 | — | — |
| 2009 | 29 | 42 | 56 | 69 | — | — |
| 2010 | 25 | 43 | 53 | 64 | — | — |
| 2011 | 24 | 40 | 58 | 64 | — | — |
| 2012 | 18 | 38 | 54 | 56 | — | — |
| 2013 | 18 | 40 | 54 | 63 | — | — |
| 2014 | 16 | 37 | 57 | 56 | — | — |
| 2015 | 13 | 33 | 53 | 49 | 32 | 0.791 |
| 2016 | 12 | 35 | 50 | 46 | 29 | 0.786 |
| 2017 | 11 | 34 | 58 | 49 | 31 | 0.739 |
| 2018 | 9 | 33 | 58 | 47 | 28 | 0.691 |

资料来源：广东省环境监测中心、香港特别行政区环境保护署、澳门特别行政区环境保护局、澳门特别行政区地球物理暨气象局：《粤港澳珠江三角洲区域空气监测网络2018年监测结果报告》，2019年6月。

注：①由于塔门子站从2015年11月30日至2016年2月26日暂停运作，因而该子站在2016年的小时数据获取率不足以做年评价，故2016年污染物浓度网络平均值统计计算中未包含该子站数据；②大潭山子站颗粒物PM10和颗粒物PM2.5、塔门子站颗粒物PM10及西角子站颗粒物PM2.5因在2017年的有效日数据获取率不足，故2017年污染物浓度网络年平均值统计计算中未包含该子站相关数据；③塔门子站全部污染物及金果湾子站$O_3$因在2018年的有效日数据获取率不足，故2018年污染物浓度网络年平均值统计计算中未包含该子站相关数据。

就粤港两地而言，双方均已达到各自的二氧化硫、氮氧化物、可吸入悬浮粒子和挥发性有机化合物的2015年减排目标。根据2015年排放清单，香港特别行政区主要空气污染物的排放量较2010年下降14%～45%，珠三角经济区则下降11%～25%（表8-2）。香港特别行政区的二氧化硫、可吸入悬浮粒子和挥发性有机化合物，以及珠三角经济区的二氧化硫的减排幅度都远超目标①。

表8-2　粤港珠江三角洲地区2015年减排结果

| 污染物 | 地区 | 2015年减排目标# | 2015年实际减排成效#（根据2015年排放清单） |
|---|---|---|---|
| 二氧化硫 | 香港特别行政区 | -25% | -45% |
|  | 珠三角经济区 | -16% | -25% |
| 氮氧化物 | 香港特别行政区 | -10% | -14% |
|  | 珠三角经济区 | -18% | -22% |
| 可吸入悬浮粒子 | 香港特别行政区 | -10% | -20% |
|  | 珠三角经济区 | -10% | -14% |
| 挥发性有机化合物 | 香港特别行政区 | -5% | -14% |
|  | 珠三角经济区 | -10% | -11% |

资料来源：香港特别行政区环境保护署官网。

注：# 与2010年的排放水平比较。

《2016中国环境状况公报》和《2019中国生态环境状况公报》等公报的数据显示：①2016年珠三角地区（未计入香港特别行政区和澳门特别行政区）的空气污染物PM2.5、PM10、$O_3$、$SO_2$、$NO_2$、CO数据全部优于同期的京津冀地区和长三角地区。就代表性城市而言，广州的空气污染物数据除$SO_2$劣于北京、$NO_2$劣于上海、CO与上海一致外，PM2.5、PM10、$O_3$均优于同期的北京和上海。②但在2019年，珠三角地区（未计入香港特别行政区和澳门特别行政区）的空气污染物仅有PM2.5、PM10、$SO_2$数据优于同期的京津冀地区和长三角地区；珠三角地区的$O_3$和$NO_2$数据优于京津冀地区，却劣于长三角地区；珠三角地区的CO数据与长三角地区相同，优于京津冀地区。广州的空气污染物数据仅PM2.5优于同期的北京和上海，而$NO_2$劣于同期的北京和上海，PM10、$O_3$和CO均劣于同期的上海，$SO_2$劣于同期的北京（表8-3）。这些表明北京和上海近年改善空气质量的力度比广州和珠三角地区更大。

---

① 香港特别行政区环境保护署官网：https://www.epd.gov.hk/epd/sc_chi/environmentinhk/air/data/emission_inve.html。

表8-3　京津冀地区、长三角地区、珠三角地区2016年和2019年空气污染物状况

| 指标<br>区域 | PM2.5<br>(μg·m³) | | PM10<br>(μg·m³) | | O₃<br>(μg·m³) | | SO₂<br>(μg·m³) | | NO₂<br>(μg·m³) | | CO<br>(mg·m³) | |
|---|---|---|---|---|---|---|---|---|---|---|---|---|
| | 2016 | 2019 | 2016 | 2019 | 2016 | 2019 | 2016 | 2019 | 2016 | 2019 | 2016 | 2019 |
| 京津冀 | 71 | 57 | 119 | 100 | 172 | 196 | 31 | 15 | 49 | 40 | 3.2 | 2.0 |
| 长三角 | 46 | 41 | 75 | 65 | 159 | 164 | 17 | 9 | 36 | 32 | 1.5 | 1.2 |
| 珠三角 | 32 | 28 | 49 | 47 | 151 | 176 | 11 | 7 | 35 | 33 | 1.3 | 1.2 |
| 北　京 | 73 | 42 | 92 | 68 | 199 | 191 | 10 | 4 | 48 | 37 | 3.2 | 1.4 |
| 上　海 | 45 | 35 | 59 | 45 | 164 | 151 | 15 | 7 | 43 | 42 | 1.3 | 1.1 |
| 广　州 | 36 | 30 | 56 | 53 | 155 | 178 | 12 | 7 | 46 | 45 | 1.3 | 1.2 |

资料来源：①环境保护部（现为"生态环境部"）：《2016中国环境状况公报》，2017年5月；②生态环境部：《2019中国生态环境状况公报》，2020年5月；③广东省生态环境厅：《2019年广东省生态环境状况公报》，2020年6月；④广州市生态环境局：《2019年广州市环境质量状况公报》，2020年6月。

注：上表中的珠三角地区仅指广东省的珠三角9市，不包括香港地区、澳门地区。

## （二）珠江口近岸海域水质差，河口生态系统富营养化

环境保护部（现为"生态环境部"）与中国科学院联合开展的全国生态环境十年变化调查评估表明，2000—2010年，我国滨海自然湿地的面积减少了14.9%，大陆自然岸线减少了8.3%。海洋环境质量方面，2015年全国入海河流总体中度污染，陆源污染物排海量大。9个重要海湾中，渤海湾、杭州湾、长江口、闽江口和珠江口5个海湾的水质属于差或极差[①]。国家海洋局于2017年发布的《2016中国海洋环境状况公报》显示：2016年，我国近岸局部海域的污染依然严重，污染海域包括渤海湾、杭州湾、珠江口等，主要污染物为无机氮、活性磷酸盐和石油类。珠江携带入海的污染物量大；珠江河口生态系统呈富营养化状态，大亚湾浮游动物密度、大型底栖生物密度和生物量低。生态环境部2020年6月发布的《2019年中国海洋生态环境状况公报》表明，广东近岸海域的水质有所改善，但珠江口仍

---

① 陈吉宁：《以改善生态环境为新动力　积极打造湾区绿色发展新优势——在湾区城市生态文明大鹏策会上的讲话》，载《中国生态文明》2016年第2期，第10－15页。

然属于重度富营养化海域,珠江口和大亚湾的海洋生态系统仍然属于亚健康状态。

### (三) 陆源垃圾和海上违法倾倒废弃物导致近海海洋垃圾污染严峻

海洋垃圾的最大来源是陆上活动。广东省自2015年年底特别是2016年8月以来,广东省海上违法倾倒废弃物呈现"井喷式"增长。据广东省海洋与渔业厅统计,2016年1—8月共查获违法倾废30宗,比2015年同期增长200%。往年执法中发现的海上违法倾废主要是未办理倾废许可证,或者不按照批准的海域进行倾倒,新发现的违法倾倒废弃物主要为生活垃圾、工业垃圾和建筑渣土,这些垃圾对海洋生物、海洋生态环境的影响很大,也是船舶安全的重要隐患,是国际公约和国家法律明令禁止的。近年通过严厉打击,情况大有好转。

### (四) 对港澳地区的供水缓解了其淡水资源的紧缺问题,保障了港澳地区的供水安全

广东省高度重视东江水质保护工作,将其作为"政治水""经济水""生命水"。目前,广东省通过东深供水工程每年向香港供水为7亿~8亿立方米,占香港总用水量的70%~80%。东深供水工程自1965年投产以来,已累计对港供水237亿立方米,相当于搬动了1.5个洞庭湖。澳门境内没有河流和大型蓄水设施,少部分来自本地收集的雨水,98%的原水依靠珠海供应,即源自珠江主流的西江。珠海竹仙洞水库对澳门供水南系统等在20世纪陆续建成,珠海斗门竹银水库工程总投资近10亿元,于2011年建成。据统计,20世纪60年代广东省对澳门供水量仅为100多万立方米,而2012年全年对澳门供水达到0.85亿立方米。

粤港澳之间除了在大气环境污染、水环境污染、海洋环境污染和供水安全领域开展合作,在林业、海洋资源、生物多样性保护等领域也有合作,并取得了一定的成效。

## 二、粤港澳大湾区生态环境保护协同机制评析

### （一）协同机制之特点

#### 1. 协同保护的领域较广，以磋商为基础

粤港澳生态环境协同保护的领域较广，以大气环境、水环境尤其是近海海域环境以及水资源（安全供水）为主，同时在中华白海豚保护、红树林保护、湿地保护、生物多样性保护、自然保护区、野生动植物保护和贸易、废弃物跨区转移处置、林业科技与灾害防控技术、执法管理、生态旅游等诸多生态环境领域开展了交流合作，并取得了一定的成效。基于不同的目标、利益和诉求，以及不同的政治、法律和行政制度，每一个议题的合作均需要经过多次沟通磋商。

#### 2. 组织机构包括联席会议、合作小组、专家小组、专题/专责小组等多种形式

以粤港为例，其组织机构主要包括：

（1）粤港合作联席会议。自1998年起每年一次，轮流在广州和香港召开，由广东省与香港特别行政区政府的行政首长共同主持。其议题内容为两地在区域合作规划、基础设施、产业经济、营商贸易、科技创新、生态环境、教育人才等事务的合作协调，具有宏观指导意义。

（2）粤港持续发展与环保合作小组。1990年成立了"粤港环境保护联络小组"，并于1999年更名为"粤港持续发展与环保合作小组"，是粤港两地环境保护领域合作的重要机构，具体负责两地环保合作事宜的联系，每年召开会议的主要内容是审议专家小组和专题（专责）小组的年度工作报告，审议粤港两地环保合作的年度主要工作成果，并就双方共同关心和需要解决的环境质量、自然资源、生态环境及可持续发展事宜进行交流磋商，议定下一年度的合作计划。

（3）专家小组和专题/专责小组。专家小组的职责是拟订年度工作计划，提出相关的工作建议、方案和合作项目，协调各专题项目的讨论，以及审阅各专题工作成果与报告，并向粤港持续发展与环保合作小组报告。

专题/专责小组有珠江三角洲空气质素管理及监察专责小组、林业及护理专题小组、海洋资源护理小组、珠江三角洲水质保护专题小组、大鹏湾及后海湾（深圳湾）区域环境管理专题小组、粤港清洁生产合作专责小组、东江水质保护专题小组、粤港海洋环境管理专题小组等，专门负责某项具体跨界环境问题的监察、研究、合作交流，并讨论制定应对策略。

**3. 政策工具包括法律行政计划协议等多种手段**

在政策工具方面，有法律行政计划协议方案等多种形式，内容涉及规划编制、环境治理、信息通报、科学研究、环境宣传等。例如，为保护东深供水水质，广东省人大于1991年制定了《广东省东江水系水质保护条例》（后经多次修改）。此外，广东省人大、省政府还先后出台了十余个法规及文件。自2011年至2017年，东江流域的广州、深圳、韶关、河源、惠州、东莞6市共拒绝批准约7000个涉及影响东江水质的发展项目，淘汰了1391家重污染企业。2000年粤港两地政府制订《后海湾（深圳湾）水污染控制联合实施方案》；2003年粤港两地政府签署《珠江三角洲地区空气质素管理计划》；2009年粤澳两地政府签署《粤澳供水协议》；2012年粤港两地政府确认了2020年的减排方案；2014年粤港澳三方签署《粤港澳区域大气污染联防联治合作协议书》；2017年粤澳两地签署《2017—2020年粤澳环保合作协议》等，内容涉及规划编制、环境治理、信息通报、科学研究、环境宣传等多个方面。

**4. 以环境设施建设、环保资金投入、科学研究等为支撑**

为解决东江水质污染问题，2000年8月，广东省政府启动了"东深供水改造工程"，建设专用输水系统，实现"清污分流"，保障香港供水安全，工程历时3年，总投资超过了42亿元人民币。香港地区投入近2亿港元为石湖墟污水处理厂建造额外的处理设施，以期改善东江水质；拨款9306万港元为广东省的港资企业提供清洁生产技术支持，推行"清洁生产伙伴计划"。大气环境方面，2005年11月正式启用"粤港珠江三角洲区域空气监控网络"，并于2015年把空气质量监测范围扩展至粤港澳三地；开展"粤港澳区域性PM2.5联合研究"，为规划改善区域空气质量的策略提供科学基础。

## (二) 协同机制之不足

**1. 各地经济发展水平和人口资源环境承载力不同，区域可持续发展决策的科学性与协同性有待提升**

通过对2015年港澳珠江三角洲区域人口土地经济的部分数据比较（表8-4），可以看出各城市的经济发展水平、产业结构、人口密度、资源环境

表8-4 2015年港澳珠江三角洲区域人口土地经济部分数据比较

| 指标 | 区域 | | | | |
|---|---|---|---|---|---|
| | 香港地区 | 澳门地区 | 珠三角9市 | 广州市 | 深圳市 |
| 人口数量<br>（万人） | 730.57 | 64.68 | 5874.27 | 1350.11 | 1137.87 |
| 陆地土地面积<br>（平方千米） | 1080.83 | 30.4 | 54763 | 7248.86 | 1997.27 |
| 人口密度<br>（人/千米²） | 6759 | 21276 | 1073 | 1863 | 5697 |
| GDP | 23971.24亿港元（约合20084.83亿元人民币） | 3687.28亿澳门元（约合2971.21亿元人民币） | 62267.78亿元人民币 | 18100.41亿元人民币 | 17502.86亿元人民币 |
| 人均GDP | 328117港元（约合274920元人民币） | 570080澳门元（约合463166元人民币） | 106001元人民币 | 134066元人民币 | 153521元人民币 |
| 产业结构 | —（第三产业比重为90%以上） | 0:5.2:94.8 | 1.8:43.58:54.62 | 1.26:32:66.74 | 0:41.2:58.8 |

资料来源：①香港特别行政区政府统计处网站：《香港统计年刊2016》；②澳门特别行政区政府统计暨普查局：《澳门资料年刊2016》；③广东省统计局：《广东统计年鉴2016》；④广州市统计局：《广州统计年鉴2016》；⑤深圳市统计局：《深圳统计年鉴2016》。

注："—"表示目前没有找到具体的数据。

承载力不同。广东省珠三角9市人口密度约为1073人/千米$^2$,其中,深圳约为5697人/千米$^2$,比较接近于香港地区的人口密度(约6740人/千米$^2$);人口密度最高的是澳门地区,约21276人/千米$^2$,是广东省珠三角9市人口密度的20倍左右。人均GDP最高的也是澳门地区,约合463166元人民币;其次是香港地区,约合274920元人民币;广东省珠三角9市为106001元人民币,为澳门地区的1/4左右。就产业结构而言,广东省珠三角9市的第二产业比重约为43.58%,第三产业比重约为54.62%;而香港地区和澳门地区的第三产业比重均在90%以上。此外,香港地区和澳门地区均没有一次性能源生产;澳门地区和香港地区的淡水资源紧缺,澳门地区98%的原水、香港地区70%~80%的原水依靠广东省供应;香港地区和澳门地区的大部分农产品、水产品从广东省进口。

有学者对广东省珠三角9市的相对资源承载力进行了分析,研究认为,江门、肇庆、惠州的传统综合承载力和绿色综合承载力的排名都是前三名,表明这3个城市经济发展的同时,也注重资源环境的协调发展,耕地面积多而人口较少也是重要的因素,可持续发展程度较高;佛山、深圳、东莞3市的经济高速发展,但资源消耗、环境恶化问题较严峻,且人口多,人均土地面积少,相对自然资源承载力低[①]。总体而言,与香港地区和澳门地区相比较,广东省珠三角9市目前的产业经济发展将耗费更多的资源,并将产生更多的污染物、废弃物;同时,由于香港地区和澳门地区经济发展水平更高,其对生态环境的感受和要求也必然更高。另外,澳门地区和香港地区的人多地少,人均生态承载力低。

再则,各地的经济发展水平不同,也导致各地的利益诉求及其制定的政策目标可能存在不一致,政府之间在生态环境保护的责任承担上可能相互推诿、难以协调。基于环境"公地悲剧"和"经济人假设",以及区域经济产业竞争、地方保护主义、区域政策制度不一致等因素,导致出现利益协调较难、磋商合作管理成本较高,乃至生态环境部分恶化等问题。

基于此,区域内各地尚须结合其人口、经济、资源环境的实际状况,

---

① 吴丹、黄宁生、匡耀求、朱照宇:《加入质量考量的相对资源承载力研究——以广东珠三角为例》,载《江西农业学报》2014年第7期,第133-136页。

合理控制人口，发展绿色产业，科学配置和高效利用资源，减少环境污染，提升发展质量，提高区域发展决策的科学性，并充分考虑各地的差异性，协同各地之间的利益与责任，实现区域可持续发展。

**2. 生态环境多元共治的治理格局尚须进一步完善**

协同理论要求同级政府之间、同级政府的不同部门之间"左右"协同，不同层级政府之间、不同层级政府的部门之间"上下"协同，以及政府与非政府组织、公众之间的"内外"协同，实现多元主体共管共治。就我国内地的生态环境保护而言，目前存在的问题主要有：多头管理体制导致藩篱障碍，包括社会公众、企业、相关领域专家在内的公众参与广度、深度不够，"内外"联动不足，多元主体参与的责任界限模糊。2018年3月，我国内地为统筹山水林田湖草系统治理组建了自然资源部，为整合分散的生态环境保护职责组建了生态环境部，这在一定程度上解决了长期存在的"左右"横向职能分散、缺乏有效协调问题；但"上下"纵向监管乏力，执行力、约束力不足，以及"内外"公众参与不足问题依然需要进一步解决。

**3. 自然资源与生态环境的管理对象分离以及陆海统筹不足导致"碎片化"困境**

"山水林田湖草"是一个生命体，生态环境具有整体性，自然资源与生态环境之间亦是密不可分。以土地（土壤）为例，其既有资源属性，是自然资源管理的对象；同时也有生态环境属性，是生态环境保护的对象。土地（土壤）是人类赖以生存的最基本的自然资源，农产品耕种、畜牧养殖、人类居住用地建设都离不开土地，但面临着过度使用、流失、滑坡等问题；同时土壤作为重要的生态环境要素，土壤污染将威胁到农产品质量安全和人居环境安全，土壤退化、紧压、密闭亦将影响其在气候调节、水文调节、保障生态系统服务和生物多样性等方面的生态环境功能。然而，我国内地现行的管理体制是自然资源与生态环境分别归不同的部门管理，对象分离，这与资源环境整体性产生矛盾，须进一步协同。

湾区是陆海交汇带，海湾接纳了众多的陆源污染物。海岸带和海洋的生态环境问题，无论是水污染还是固体废弃物污染，绝大部分来自陆地与河流。温室气体导致的海洋酸化、海平面上升等问题均与人类活动密切相关。过度无序的围填海导致自然岸线减少与浪费，既破坏滨海湿地，也破坏流域—河口—近海系统的陆海相互作用过程，进而影响近岸海域的水动力、水环境、生物过程，影响海岸带的生态环境功能，加剧生态环境灾害①。陆海统筹不足，导致生态环境保护存在割裂、脱节和碎片化的困境。

**4. 粤港澳三地的法律、政策、环境标准以及行政架构不同，制度政策的实施保障尚须协同强化**

粤港澳三地分属3个不同的法域，法律政策乃至环境标准的制定不同。以粤港两地的空气质量标准为例，珠三角9市采用的是2012年环保部（现为"生态环境部"）修改发布、2016年1月1日实施的《环境空气质量标准》（GB 3095—2012），香港地区现行的是2014年1月1日生效的《空气质素指标》。两地的空气环境标准在污染物指标项目的设置、标准状态的定义、污染物指标的浓度限值、是否容许超标次数、实施与更新时间等方面均不同，总体上香港地区比内地更为严格。

粤港澳三地的行政架构亦有不同，在具体的环境治理和事务执行方面更多依靠磋商、谈判、信息通报，难以形成合力。政策工具多为命令—控制式手段，市场化手段运用较少；以协议计划方案等形式为合作的制度安排为主，体系较为分散，内容不够详尽具体。粤港澳三地生态环境信息的公开程度不一，总体上香港地区和澳门地区比广东省的环境信息披露更全面、充分，更易于公众知晓。概言之，粤港澳三地生态环境保护法律政策的内容制定、实施执行、保障机制等尚须进一步协同强化。

## 三、粤港澳大湾区生态环境保护协同机制的优化构建

协同机制是近年学者关注和研究的热点之一，相关的概念有协同政府（joined-up government）②、整体政府（whole government）③、全观型治理

---

① 侯西勇、刘静、宋洋、李晓炜：《中国大陆海岸线开发利用的生态环境影响与政策建议》，载《中国科学院院刊》2016年第10期，第1143-1150页。
② 解亚红：《"协同政府"：新公共管理改革的新阶段》，载《中国行政管理》2004年第5期，第58-61页。
③ Shergold Peter, Connecting Government, "Whole of Government Responses to Australia's Priority Challenges," Canberra Bulletin of Public Administration, 2004, 112 (6): 11-14.

(holistic governance)①、协同治理（collaborative governance）、伙伴关系合作（partnership working）等。为完善协同保护的机制，拓宽和深化实现环境目标的路径，提升区域生态环境保护的成效，本文结合相关理论以及可资借鉴的国内外跨区域环境治理之经验，认为应以区域资源环境承载力为基础，实现利益责任协同、保护主体协同、保护对象协同、政策工具协同，即"一个基础、四个协同"。

### （一）以资源环境承载力为基础

加强大湾区资源环境承载力的监测、评价和预警，建设"智慧湾区"，为可持续发展提供科学决策依据。

国土是生态文明建设的空间载体，资源环境承载力（resource environmental bear capacity）是人地关系的重要基础，是经济社会发展的基本前提。应重视利用科学技术解决生态环境问题，加强对大湾区资源环境承载力的监测、评价和预警，完善监测预测体系和信息公开制度，增加监测点和监测因子，推进信息化、智慧化、透明化、常态化、共享化，建设"智慧湾区"，将有助于大气、水、海洋、土壤、生物多样性的保护，并为大湾区可持续发展提供科学决策依据。

目前，对资源环境承载力评价的认知不统一，关注重点不同，方法各异，主要有人口论（principle of population）系列、生态足迹（ecological footprint）系列、初级资产账户（net primary production，NPP）系列和其他方法（例如，综合指数法、比较法等）四大类②。一般认为，土地资源、水资源、能源、水环境、植被、生态等单要素资源环境承载力评价有一定的价值，且需要在时间、空间的维度上进一步拓展研究；区域资源环境的多要素承载力要综合评价，并结合区域经济、社会等构建评价指标体系分析研究，以及考虑时间的动态变化、空间的异质性，对区域可持续发展决策具有更重要的指导价值。

---

① 彭锦鹏：《全观型治理：理论与制度化策略》，载《政治科学论丛》（台湾）2005年第23期，第61-100页。

② 牛方曲、封志明、刘慧：《资源环境承载力评价方法回顾与展望》，载《资源科学》2018年第4期，第655-663页。

## (二) 利益责任协同

以"命运共同体"思想为指导,结合各地的人口经济资源环境适当考虑"共同但有区别"的责任,合理分配各地的污染负荷量。

**1. 大湾区环境利益具有一致性,应以"命运共同体"思想指导建设美丽健康湾区**

习近平总书记在中国传统的"和"文化基础上提出的"命运共同体"思想,既包括处理国际关系的"人类命运共同体"思想,也包括处理国内区域关系的"中华民族命运共同体"思想[1]。应以"命运共同体"思想为指导,建设美丽健康湾区,实现利益责任的协同。

**2. 结合各地的人口经济资源环境等因素,多目标决策计算分配各地的污染负荷量**

区域内各地(各主体)之间如何合理分配污染负荷量(或称"排污权")是极为重要且有一定争议的问题。有的学者主张按照区域内各地国土面积作为初始分配排污权的依据;挪威学者则认为按照区域内各地人口比例来分配初始排污权更能体现伦理学的公平原则,政治上也可接受[2]。在大气污染排放领域,我国有学者在研究中提出通过引入"平权函数"以及"平权排污量"来保证初始排污权分配之现实性与公平性[3];亦有学者基于经济最优性、公平性以及生产连续性的原则,构建了多目标决策模型对初始排污权进行免费分配[4]。在水污染排放领域,亦有类似的同等百分比削减率分配方法(代表公平性的平权分配)、最小费用分配方法(代表经济效益的经济优化分配)、多目标优化分配方法(兼顾公平与效益)等。一般认为,应结合各地的人口、经济、资源、环境等因素,通过多目标决策模型计算分配排污量有一定的科学性和合理性。

---

[1] 姚满林:《命运共同体思想的四个层次》,载《学习时报》2017年1月18日,第2版。

[2] Kverndokk S., *Tradable $CO_2$ Emission Permits: Initial Distribution as a Justice Problem*, Memorandum 23/1992, Oslo University, Department of Economics.

[3] 王勤耕、李宗恺、陈志鹏、程炜:《总量控制区域排污权的初始分配方法》,载《中国环境科学》2000年第1期,第68-72页。

[4] 李寿德、黄桐城:《初始排污权分配的一个多目标决策模型》,载《中国管理科学》2003年第6期,第40-44页。

粤港两地关于 2020 年的减排方案做了合理的分配（表 8-5）[①]。日本 1973 年通过的《濑户内海环境保护特别措施法》对排入濑户内海的工业废水污染负荷量（以化学需氧量 COD 表示）要求到 1976 年 11 月以前降低到 1972 年水平的 1/2。1972 年流入濑户内海的工业废水日流量为 1345 吨，其 1/2 即约为 673 吨，且同时对濑户内海有关县的污染负荷极限量进行了分配限制（表 8-6）[②]。该做法取得了很好的效果，对粤港澳大湾区亦有一定的借鉴意义。

表 8-5 粤港珠江三角洲地区 2020 年减排目标

| 污染物 | 地区 | 2012 年公布的 2020 年减排幅度[#]（％） | 确立的 2020 年减排目标[#]（％） |
| --- | --- | --- | --- |
| 二氧化硫 | 香港特别行政区 | -35～-75 | -55 |
| | 珠三角经济区 | -20～-35 | -28 |
| 氮氧化物 | 香港特别行政区 | -20～-30 | -20 |
| | 珠三角经济区 | -20～-40 | -25 |
| 可吸入悬浮粒子 | 香港特别行政区 | -15～-40 | -25 |
| | 珠三角经济区 | -15～-25 | -17 |
| 挥发性有机化合物 | 香港特别行政区 | -15 | -15 |
| | 珠三角经济区 | -15～-25 | -20 |

资料来源：香港特别行政区环境保护署官网。
注：# 与 2010 年的排放水平比较。

表 8-6 日本濑户内海有关县污染负荷量分配比例

| 府县名 | 1972 年发生负荷量（吨·日） | 允许的负荷量（吨·日） | 与 1972 年之比（％） |
| --- | --- | --- | --- |
| | 企业（包家庭） | 企业（包家庭） | 企业（包家庭） |
| 大阪府 | 149（227） | 74（202） | 49.7（89.0） |
| 兵库县 | 131（204） | 65（138） | 49.6（67.6） |

---

① 香港特别行政区环境保护署官网：https://www.epd.gov.hk/epd/sc_chi/environmentinhk/air/data/emission_inve.html。
② 于效群、于夫：《濑户内海治理经验浅析》，海洋出版社 1987 年版，第 4-5 页。

续上表

| 府县名 | 1972年发生负荷量（吨·日）企业（包括家庭） | 允许的负荷量（吨·日）企业（包括家庭） | 与1972年之比（%）企业（包括家庭） |
|---|---|---|---|
| 和歌山县 | 60（70） | 41（51） | 68.3（72.9） |
| 冈山县 | 122（143） | 66（87） | 54.1（60.8） |
| 广岛县 | 100（129） | 56（85） | 56.0（65.9） |
| 山口县 | 358（380） | 127（149） | 35.5（39.2） |
| 德岛县 | 62（70） | 41（49） | 66.1（70.0） |
| 香川县 | 19（28） | 18（27） | 94.7（96.4） |
| 爱媛县 | 124（142） | 80（98） | 64.5（69.0） |
| 福冈县 | 75（96） | 49（70） | 65.3（72.9） |
| 大分县 | 145（161） | 56（72） | 38.6（44.7） |
| 共计 | 1345（1650） | 673（1028） | 50.0（62.3） |

资料来源：于效群、于夫编著：《濑户内海治理经验浅析》，海洋出版社1987年版，第5页。笔者对部分数据有修改更正。

### （三）保护主体协同

完善构建多元共管、联防联控的协同治理格局，强化府际合作，并提升公众的有效参与和监督。

设立跨区域的机构有国际上的经验，例如，美国的旧金山湾、田纳西流域、欧洲的莱茵河等。为应对旧金山湾区的环境问题，加州于1965年通过了 McAteer-Petris Act 法案，并根据该法案成立了临时性的旧金山湾自然保护与发展委员会（San Francisco Bay Conservation and Development Commission，又译为"旧金山湾养护与发展委员会"）。1969年对该法案进行了修订，确立了旧金山湾自然保护与发展委员会作为专门性部门在保护旧金山湾环境方面的法律地位[①]。粤港澳大湾区须完善构建多元共管、联防联控的协同治理格局，强化府际合作，并提升公众参与监督的有效性。具体建

---

① 毛仲荣：《美国旧金山湾环境立法的执行体制对我国的启示》，载《经济师》2014年第12期，第96—98页。

议为：

**1. 设立常设机构**

设立"粤港澳大湾区资源环境保护与发展委员会"，作为大湾区自然资源与生态环境保护领域的常设机构，旨在整合与协调自然资源开发利用、生态环境保护与经济社会发展相关主管部门之间的不同目标、计划与行动，促进"左右""上下"协同。其职责主要包括：①大湾区生态系统、资源环境承载力的调查和研究；②结合大湾区的实际，根据预定大湾区的发展目标，拟定大湾区的自然资源利用和生态环境保护对策和行动计划，对每个对策或行动计划提出合理有效的建议；③协调大湾区 11 个城市的资源环境承载力预警计划，综合评估大湾区 11 个城市的行动计划效果，每年向大湾区各城市提出年度评价报告；④向中央政府、大湾区各城市、社会公众通报大湾区的资源利用、生态保护、环境治理现状与成效等。

**2. 设置决策咨询机构和执行机构**

在"粤港澳大湾区资源环境保护与发展委员会"下设立：①"粤港澳大湾区资源环境保护与发展理事会"，作为决策咨询机构，理事会成员为相关领域的专家，分别来自政府指派代表、企业代表、社区公众代表，有助于强化决策的科学性；②"粤港澳大湾区资源环境保护与发展执行委员会"，作为负责具体领域的执行机构，有助于加强执行力、约束力。

**3. 成立非政府组织**

鼓励成立有利于大湾区资源环境保护的行业协会等非政府组织，旨在发挥公众的有效参与和监督作用，提升公众参与的广度和深度，促进"内外"协同。

（四）保护对象协同

以"山水林田湖草是一个生命共同体"理念为指导，建立实施从山顶到海洋、从天上到地下、陆海统筹的基于生态系统的综合管理模式。

"生态系统"概念自英国生态学家坦斯利（A. G. Tansley）于 1935 年提出以来，生态系统方法（ecosystem approach，简称 EA）、基于生态系统的管理（ecosystem-based management，简称 EBM）等一直备受生态环境管理研究的关注。其意指基于对生态系统组成、结构和功能的理解，应将人类

的经济活动和文化多样性看作重要的生态过程,并融合到一定时空的生态系统经营中,进而恢复或维持生态系统的完整性和可持续性①。《生物多样性公约》缔约方大会做出的 2000 年 V/6 号决议具有国际法的法律地位,其指出"生态系统方法是综合管理土地、水域和生物资源,公平促进其保护与可持续利用的战略"。世界环境与发展委员会 1987 年在海洋管理的报告中也指出,"提倡用生态系统的方法对海洋与海岸带进行规划与管理,必须统筹考虑 5 类区域,即流域、海岸带陆地、近岸海域、近海海域和公海"②。

应以习近平总书记提出的"山水林田湖草是一个生命共同体"理念为指导,空间综合、系统综合,对多个资源系统信息综合分析,在大湾区实施从山顶到海洋、从天上到地下、陆海统筹、陆海并重的基于生态系统的综合管理模式(integrated ecosystem-based management)。

## (五)政策工具协同

综合运用协同优化大湾区环境协议、空间规划、生态补偿、环境标准、绿色金融税收等政策工具。

环境和自然资源的政策工具有多种分类。"两分法"将其分为:①命令—控制式工具(command-and-control),如法律、法规、标准等;②基于市场的工具(market-based instruments),如排污收费、补贴、金融、税收、可交易的许可证制度等。"四分法"将其分为:①利用市场,如税费、补贴。②创建市场,如产权、可交易许可证、补偿机制。③环境规制,如标准、禁令、不可交易的许可证、限额、分区规划。④公众参与,如公众参与、信息公开、加贴标签等③。传统的命令—控制式工具是各国普遍使用的主流政策手段,但存在成本较高、经济效益较低、持续性不强等不足;作

---

① H. M. Leslie, K. L. McLeod, "Confronting the challenges of implementing marine ecosystem-based management." *Frontiers in Ecology and the Environment*, 2007, 5 (10): 540-548.

② Jean-Paul Ducrotoy, Sian Pullen, "Integrated Coastal Zone Management: commitments and developments from an International, European, and United Kingdom perspective," *Ocean & Coastal Management*, 1999, 1 (42): 1-18.

③ [瑞典]托马斯·思德纳:《环境与自然资源管理的政策工具》,张蔚文、黄祖辉译,上海三联书店、上海人民出版社 2005 年版,第 101-106 页。

为经济激励政策的市场化工具有成本较低、效率较高、灵活性较大、长效性等优势，日益成为国内外关注的热点。基于政策工具的互补性，在具体的制定和执行中，经常是通过"看得见的手"和"看不见的手"多种手段结合、协同优化。

### 1. 制定"粤港澳大湾区环境协议"

制定"粤港澳大湾区环境协议"，为大湾区的生态环境保护提供法治保障。世界上跨国边界的闭海和半闭海环境治理公约有《保护波罗的海区域海洋环境的公约》等；单一主权国家管辖但又跨省州边界的闭海之治理有日本的《濑户内海环境保护特别措施法》、美国的《切萨皮克湾保护法案》(Chesapeake Bay Preservation Act) 等。大湾区环珠江河口位于我国一国领土主权范围内，但三地之间拥有不同的立法权和司法权。制定"粤港澳大湾区环境协议"，将为大湾区的生态环境保护提供法治保障。

### 2. 完善大湾区的空间规划管理制度、产业政策和生态补偿机制

以粤港澳大湾区的环境承载力为基础，完善基于生态系统的粤港澳大湾区空间规划，构建合理的生产、生活、生态空间，精细化分区管理。产业政策方面，合理确定产业规模，重视对资源环境友好型产业、先进高端产业、高新技术产业的引导发展。建立完善大湾区以及与邻近省份地区的生态补偿机制，明确生态补偿的概念、范围、类型、主体客体、评估标准、补偿方式等，可以协调区域关系，体现社会公平。

### 3. 制定大湾区统一的环境标准，适度、分步骤提高各城市的环境标准

目前，香港地区、澳门地区与广东省内珠三角9市的环境标准在制定主体、监测项目、指标要求等方面不一致，不利于环境风险的监测统计、评估预警、沟通交流和防控应急，应适时制定大湾区统一的大气环境标准、水环境标准、土壤环境标准等，形成强有力监管的标准基线。粤港澳大湾区的人口密度大，产业集聚程度高，资源环境压力大，应适度、分步骤提高粤港澳大湾区各城市的环境标准。大湾区的核心城市（如广州、深圳、珠海、香港地区、澳门地区）可以先行先试，适度提高环境标准，倒逼大湾区核心城市的产业优化升级，实现产业的绿色化、高端化、特色化，同时提升人居环境质量，吸引高端人才。

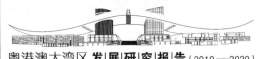

**4. 推广实施绿色行动计划，逐步禁售燃油车，禁用不可降解的塑料制品和塑料微珠**

大力推广绿色工业、绿色交通、绿色建筑，推广普及清洁能源，尤其要加大公共交通、公共建筑领域的节能减排力度。实施蓝天、碧水、清洁土壤、美丽海湾、健康海洋等绿色行动计划，推进大湾区绿色可持续发展。

为保护大气环境、海洋环境，全球多个组织或国家呼吁逐步禁售燃油车，禁用塑料制品。目前已有多个国家公布禁售燃油车时间表，荷兰、挪威是 2025 年，德国、印度是 2030 年，英国、法国是 2040 年。法国已经自 2016 年 7 月 1 日起全面禁用厚度小于 50 μm 的一次性塑料袋，并在 2020 年全面禁用塑料杯子、塑料餐具等（可降解制品除外）；美国西雅图市已于 2018 年 7 月 1 日开始禁用塑料吸管及塑料刀叉（可降解制品除外）。塑料微珠也在多国禁用，美国国会于 2015 年通过《无微珠水法案》，日本上议院于 2018 年 6 月通过一项减少微珠的法案。为保护大湾区环境，粤港澳地区可以提前布局，逐步禁售燃油车，禁用不可降解的塑料制品和塑料微珠，起示范带头作用。

**5. 重视绿色金融税收的运用，设立"大湾区环境基金"**

为推进绿色可持续发展，运用金融税收工具来保护资源环境日益得到重视。从上层制度建设来看，需要完善构建包括银行、证券、基金、保险、金融衍生品及其交易等业务在内的绿色信贷、绿色证券、环境基金、环境污染责任保险、排放权交易等绿色金融制度以及环境税收制度。就大湾区来看，目前极具现实性、必要性和可行性的是设立"大湾区环境基金"，支持与大湾区的大气、水、土地、化学品、废弃物、生物多样性、气候变化等有关的环境保护活动。

**6. 实施 GEP 与 GDP 双核算，强化政府环境责任考核约束和监督机制**

生态系统生产总值（gross ecosystem product，简称 GEP）核算具有引领绿色发展、协调发展的重要意义。建议在大湾区先行先试，探索实施 GEP 与 GDP 双核算，实施自然资源资产核算与管理。充分认识生态系统服务价值的意义，并纳入国民经济核算体系、决策支持体系。强化政府及其领导干部的环境责任考核、环境离任审计等约束机制。

## 四、结论

资源环境承载力是经济社会可持续发展的基本前提，必须强化资源环境承载力的评价、监测和预警机制，并以此作为区域可持续发展科学决策的基础。应以"命运共同体"思想为指导，结合各地的人口经济资源环境适当考虑"共同但有区别"的责任，实现利益责任的协同。行政架构不同、政府主管部门职责分工不同、社会各参与主体之目的与能力不同等因素，导致生态环境保护的主体之间的协同性、执行力、约束力存在不足，应全面构建"左右""上下""内外"多元主体协同共管的治理格局。生态环境具有整体性，"山水林田湖草是一个生命共同体"，建立从山顶到海洋、陆海统筹的基于生态系统的综合管理模式是国际趋势，进而实现保护对象的协同。环境政策工具多样、各有优缺，应多种手段结合、互补；制定区域性的环境保护协议、法案、公约、标准等法律文件，可以提供很好的法治保障；金融、税收等市场化工具有较好的灵活性、长效性；结合空间规划、公众参与、信息公开、考核机制等手段协同优化区域生态环境协同保护机制。

**参考文献：**

[1] 陈吉宁. 以改善生态环境为新动力 积极打造湾区绿色发展新优势：在湾区城市生态文明大鹏策会上的讲话[J]. 中国生态文明, 2016 (2)：10-15.

[2] 侯西勇, 刘静, 宋洋, 等. 中国大陆海岸线开发利用的生态环境影响与政策建议[J]. 中国科学院院刊, 2016 (10)：1143-1150.

[3] 江璐明, 张虹鸥, 梁国昭. 环珠江口与环东京湾地区产业发展及环境比较[J]. 热带地理, 2005 (4)：331-335.

[4] 李寿德, 黄桐城. 初始排污权分配的一个多目标决策模型[J]. 中国管理科学, 2003 (6)：40-44.

[5] 毛仲荣. 美国旧金山湾环境立法的执行体制对我国的启示[J]. 经济师, 2014 (12)：96-98.

[6] 牛方曲,封志明,刘慧.资源环境承载力评价方法回顾与展望[J].资源科学,2018(4):655-663.

[7] 彭锦鹏.全观型治理:理论与制度化策略[J].政治科学论丛(台湾),2005(23):61-100.

[8] 唐永銮.广东省海岸带和海涂资源综合调查报告[M].北京:海洋出版社,1987.

[9] 思德纳.环境与自然资源管理的政策工具[M].张蔚文,等译.上海:上海人民出版社,2005.

[10] 王勤耕,李宗恺,陈志鹏,等.总量控制区域排污权的初始分配方法[J].中国环境科学,2000(1):68-72.

[11] 吴丹,黄宁生,匡耀求,等.加入质量考量的相对资源承载力研究——以广东珠三角为例[J].江西农业学报,2014(7):133-136.

[12] 解亚红."协同政府":新公共管理改革的新阶段[J].中国行政管理,2004(5):58-61.

[13] 姚满林.命运共同体思想的四个层次[J].学习时报,2017-01-18(2).

[14] 于效群,于夫.濑户内海治理经验浅析[M].北京:海洋出版社,1987.

[15] KVERNDOKK S. Tradable $CO_2$ emission permits: initial distribution as a justice problem [D]. Oslo: Oslo University, 1992.

[16] DUCROTOY J P, PULLEN S. Integrated coastal zone management: commitments and developments from an international, European, and United Kingdom perspective [J]. Ocean & coastal management, 1999, 1 (42): 1-18.

[17] LESLIE H M, MCLEOD K L. Confronting the challenges of implementing marine ecosystem-based management [J]. Frontiers in ecology and the environment, 2007, 5 (10): 540-548.

[18] SHERGOLD P. Connecting government: whole of government responses to Australia's priority challenges [J]. Canberra bulletin of public administration, 2004, 112 (6): 11-14.

# 第五编 建设优质生活圈

# 第九章 深化粤港澳三地旅游合作，推进粤港澳大湾区建设世界级旅游目的地

孙九霞  王学基  罗婧瑶[①]

旅游合作一直以来都是粤港澳区域一体化发展的先行领域，政府、企业、行业协会与区域性组织等多方合作均取得一定进展。因资源禀赋差异和地理空间邻近性，三地间具有较强的互为客源市场和旅游目的地的耦合性。然而，当下的旅游合作仍面临诸多问题，严重制约着区域旅游一体化发展和更深层次的交流融合，以及粤港澳大湾区世界级旅游目的地的建设。由此，在"一带一路"倡议与建设粤港澳大湾区战略背景下，应进一步深化旅游合作，并以此为抓手促进粤港澳三地深度融合，强化大湾区文化认同，推动粤港澳大湾区转型升级与快速发展，提升其国内和国际影响力。

## 一、粤港澳大湾区深化旅游合作，建设世界级旅游目的地的基础

### （一）全球旅游市场中心向亚太地区转移

21世纪以来，世界经济格局正经历巨大变化，亚太地区尤其是太平洋西岸及印度洋地区国家经济崛起，成为世界经济发展中最具活力与潜力的一极，也成为国际旅游市场最具活力、发展最快和最富发展潜力的国际旅游客源地和目的地。随着经济全球化和世界经济中心东移，旅游业"亚太

---

[①] 孙九霞，中山大学旅游学院教授、博士生导师、珠江学者特聘教授；王学基，中山大学旅游学院博士后；罗婧瑶，中山大学旅游学院旅游管理硕士研究生。

世纪"正在形成,国际旅游市场将出现欧洲、亚太地区和美洲三足鼎立格局。粤港澳大湾区作为中国最有活力、开放程度最高的都市群,是我国最有潜力发展成为亚太旅游中心、媲美纽约和东京两大湾区世界级旅游目的地、承接全球旅游市场中心向亚太转移的优势区,能够在对接全球旅游市场的同时,建设以中华文化为主流、多元文化共存的文明交流互鉴平台。

(二) 区域经济实力与旅游产业基础雄厚

粤港澳大湾区地处我国沿海开放前沿,以泛珠三角区域为广阔发展腹地,是"一带一路"建设的重要枢纽,也是我国经济最发达的地区之一:区内基础设施和服务水平发展程度高,产业体系完备,集群优势明显;三地经济互补性强,旅游服务业发展成熟;居民旅游消费能力强,旅游市场需求旺盛,是我国最大的旅游客源地和最大的出境旅游客源地;粤港澳大湾区也是我国入境旅游最成熟、发展环境最优越的区域,其中,港澳地区国际化水平领先,珠三角地区则是内地外向度最高的经济区域和对外开放的重要窗口。

(三) 内外部交通运输网络体系旅游通达性高

粤港澳大湾区内部已经形成比较完善的综合旅游交通运输体系,拥有香港国际航运中心和广州、深圳等具有国际影响力的航空枢纽,以及吞吐量位居世界前列的广州、深圳等重要港口,已建成的港珠澳大桥、广深港高速铁路、南沙大桥、深港西部通道,以及正在推进中的广惠城际铁路、深中通道、深汕高铁、粤港跨境口岸项目、珠三角城际快速轨道交通计划等将大大提高内部联系。粤港澳大湾区便捷高效的现代综合交通运输体系正在加速形成,交通网络密度和通达性日趋完善。

(四) 同根同源但各具特色的多元文化基底

粤港澳大湾区是南中国相对独立且完整的地理单元,同属于岭南文化圈,具备世界级旅游目的地所必备的地方性和民族性特色,具有文化整合的内在基础,有助于形成强势地域文化品牌。同时,三地文化的内在差异造就了各具特色、多元共享的区域文化特征。其中,广东是岭南传统文化代表地，港澳则是中西文化交汇点。大湾区与国内外其他多元文化区域均不同，其以广府文化为核心文化，极有潜力形成具有区域意义的文化共识，既是湾区文化自信的基础，也是外界识别湾区的重要文化符号。

### （五）旅游资源丰度与品质高且互补性强

粤港澳大湾区拥有丰富多彩、种类齐全、差异显著、互补性强的旅游资源。区内聚集了旅游资源分类标准中所有资源主类型，资源首位度属全国第一阶梯。珠三角9市均为中国优秀旅游城市：广州旅业具有多功能、多层次、全领域的特点，集旅游、美食、购物、娱乐休闲、城市文化于一体，将自然景观和人文景观相融合，包括世界级主题公园——长隆旅游度假区、可享受广州美丽夜景的珠江夜游、5A级景区白云山，以及风靡全国的广州早茶；佛山作为李小龙、黄飞鸿等武术大师的故乡，其武术文化、民间艺术极具旅游吸引力；肇庆是岭南本地文化发源地，历史悠久，风光秀丽；深圳、东莞、惠州是主要的滨海旅游目的地，其中，深圳还具有独特的城市景观和众多主题公园，惠州汇聚山、林、海、岛、湖、温泉、瀑布等自然景观以及古村落，东莞旅游知名度虽不高，但历史底蕴丰厚，是林则徐虎门销烟的发生地；珠海有"百岛之市"之称，海岛旅游资源丰富，并积极发展游艇会、高尔夫、航展等特色旅游项目；中山是孙中山的故乡，发展具有历史特色的文化旅游潜力较大，也是大湾区"粤港澳游艇自由行"试点城市；江门是中国著名侨乡，有世界文化遗产开平碉楼与村落、"小鸟天堂"等优质旅游资源。

港澳旅游资源则与内地形成互补之势，其中，香港是国际大都市和亚洲购物天堂，澳门是国际博彩城市和中西文化荟萃之地。当前，三地已经形成主题公园、温泉、城市、乡村等多元旅游产品与业态集群场。

### （六）持续深入合作基础与国家政策红利

粤港澳三地交流合作历史悠久，已经形成覆盖多个领域的多层次、多方位合作格局，如基础设施、投资贸易、金融服务、科技教育、社会服务、生态环保、休闲旅游等。其中，旅游业合作自20世纪80年代起，在国家的长期重视与支持下，合作范围、层次和深度不断提升，旅游主管部门和业

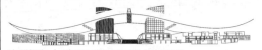

界合作均已打下良好基础。随着"一带一路"倡议、广东自贸区建设和粤港澳大湾区建设推进，不断出台的利好政策将为大湾区内的人才流动、民生福祉、创新创业、跨境贸易等提供诸多便利，也将持续深化大湾区内部旅游合作，优化区域旅游格局，带来旅游市场扩张新动力。

## 二、粤港澳大湾区旅游融合发展的难点与问题

### （一）制度层面对旅游合作产生"刚性约束"

根据以往的粤港澳旅游合作经历，可以发现，由于粤港澳三地实行两种社会制度，分属3种法律体系，拥有3个独立关税区，港澳在国际法意义上具有相对独立性，三地在经济制度、行政体制、财政体系、货币发行及法律制度等方面相互独立，在公民权利、意识形态等方面差异巨大，旅游合作结果并不理想。尽管三地已经逐步达成较为紧密的经贸关系，但在协调三方利益关系时仍以国际经贸惯例准则处理。旅游合作本应是突破制度与行政双重约束的先行领域，但大湾区地缘优势与发展政策红利尚未得到充分释放，诸多能够可以通过发挥区域地缘优势的好项目（如游艇等），却因海事、海关、航空管制等方面的原因，协调推动艰难。

此外，三地间的出入境管制限制游客的旅游时长与次数，成为阻碍旅游者便利流动的最大制约和区域旅游合作的"刚性约束"，既不利于三地旅游产业结构在消费转型过程中的优化升级，又阻碍三地互联互通水平和旅游生产与消费要素流动，也成为粤港澳大湾区深化旅游合作，建设世界级旅游目的地亟待突破的根本性问题。因此，如何突破制度层面的合作成为深化三地旅游合作的关键，需要从更高的操作层次和更高的视角统领三地有效合作。

### （二）行政差异增加跨区域旅游合作难度

近年来，内地行政区划经济体制逐渐暴露出重复建设、恶性竞争等痼疾，地方主义与本位主义严重，内部发展不平衡，粤港澳三地旅游合作同样囿于地方偏域性思维，未能从国家战略高度考虑如何优化旅游合作的政

策与服务环境。例如,港珠澳大桥的建设历程是区域间因行政差异而陷入地缘政治困境的缩影,内地的行政区经济属性导致各地市以地方利益为先,难以从国家战略高度全方位思维,城市间合作深度不足,从而导致跨区域旅游合作进展缓慢,培育跨体制的粤港澳一体化旅游圈更加困难。

此外,粤港澳三地政府在经济活动中的角色差异增加了构建跨行政区域旅游合作系统的难度。其中,内地政府主导旅游产业发展,在产业规划、招商引资、旅游基础设施建设等方面扮演重要角色,而港澳政府奉行无指导性的积极不干预政策,只扮演维系公平竞争等角色,对产业的引导和合作政策的执行力不足。

行政差异还导致强有力的管理体系和有效的协调机制缺失等问题,致使三地以往的旅游合作多以会议、合作框架协议等方式运作。尽管三地政府已签署多个旅游合作框架协议,但协议质量和实施效果不佳,具体表现为:相关协议制定的条款措施内容零散,不成体系;部分措施被动性应付而临时性色彩浓厚,缺乏长期性和稳定性;合作内容仍停留在表面而难以实现制度层面的融合;项目实施困难重重,落地性差;等等。

(三)供需矛盾带来旅游市场调整期"阵痛"

随着中国特色社会主义进入新时代,中国社会主要矛盾已经转化为人民日益增长的美好生活需要同不平衡不充分的发展之间的矛盾。在这一背景下,为满足人们日益增长的美好生活需要,作为幸福产业的旅游业正在发生一场深刻的供给侧变革。在国家发展大局中占据重要战略地位的粤港澳大湾区亦处于旅游业调整期,一系列矛盾冲突显现。就珠三角地区而言,当前入境旅游对外吸引力和旅游组织集散能力仍显不足,市场增长动力较弱,急需由量到质的转型升级。香港和澳门旅游业也同时面临不同的压力和挑战,进入新调整期的"阵痛",如供需矛盾与游客容量限制引发主客矛盾,特别是旺季大量游客集中涌入对当地居民生活造成冲击,主客冲突频发,尤其是香港近年来受"占中""反修例"事件等政治环境不稳定的影响,旅游市场急剧衰减;市场结构不合理导致旅游抗风险能力弱,收益降低,增速放缓等;随着旅游市场快速增长,需求不断提高,目的地需要提供更多高质量和综合性的旅游产品等。

### (四) 认识与观念差异导致三地互信不足

在内地自由行访港访澳旅客激增的过程中，主客间摩擦和冲突事件时有发生，旅游消费纠纷甚至演变成社会矛盾，损害了三地旅游的良性互动与健康合作。这既是港澳旅游发展进入新调整期的阵痛反应，也是历史原因长期累积而成的文化心理隔阂与互信不足等深层次原因造成的后果。粤港澳在行政分化中因社会文化差异与代际转换而变得疏远，经济发展同质化则激化了三地的竞争关系，并逐步演化为文化心理对立关系。而大陆游客自由行带来的游客量井喷与主客矛盾，激化了部分港澳舆论对粤港澳旅游合作发展的争议。目前，港澳舆论偶有将粤港澳区域一体化与港澳国际化对立起来，少数港澳民众和投资者对内地仍缺乏信任和安全感，未能看清港澳融入大湾区发展、粤港澳三地实现区域整合对提升大湾区整体竞争力的重要意义，这在观念上制约了粤港澳跨行政区域旅游合作系统的创建，阻碍了粤港澳大湾区建设世界级旅游目的地的进程。

### (五) 区域同质导致旅游业内部竞争激烈

虽然《粤港澳大湾区发展规划纲要》对大湾区4个核心城市均有明确定位，但总体来看，当前仍存在一定程度的区域同质化问题，如核心城市定位重合、差异化不明显等。区域同质性造成粤港澳三地在过去的旅游业发展中竞争投资与客源，特别是在会展业、酒店业、主题公园、航空等方面竞争激烈而产生内耗。如香港会展业面临场地不足的问题，广交会、澳门会议旅游等均受到彼此强大竞争压力的影响；港珠澳大桥开通后，三地酒店业竞争更加激烈，特别是珠海对港澳产生分流作用；粤港澳地区作为国内主题公园密度最高的地区，竞争已然呈现白热化；港澳与广深机场间对客源的争夺与互相削弱还在加剧。这种激烈的内部恶性竞争必然会给大湾区旅游带来利润下降、形象受损等问题，亟须各地进一步提取鲜明特色、抓住核心精髓、深化文化定位。

### (六) 旅游协同发展机制尚不完善

尽管粤港澳三地有着30多年的旅游合作基础，但尚未能整合政府、社会、企业、市场等各方力量,从而有效协调区域旅游一体化发展、推动粤港澳旅游转型升级、增强国际竞争力的创新合作机制,也没有从更高层面建立超越三方制度与行政差异的协调机构。三地政府间合作机制多以会议、协商的方式,缺乏制度化安排,且政府间协调组织和机构的法律地位和运作权威较低。尽管已经有诸如"粤港澳大珠江三角洲旅游合作机构"之类的机构,但这种类似民间组织的机构没有起到应有的组织、协调、沟通作用,特别是没有形成反应迅速、行之有效的协调管理体系,制约着区域旅游合作的良性发展。协同发展机制不完善致使三地旅游多以区域内部竞争为主,旅游市场的"内联外拓"能力不足。

## 三、深化旅游合作以促进粤港澳交流融合

粤港澳大湾区特殊的"一国两制""三地"格局使得三地区域一体化进程充满了制度性阻碍。然而,大湾区雄厚的经济实力与优越的基础设施条件以及国家战略方向与政策的倾斜,为深化粤港澳三地旅游合作提供了坚实的基础与保障。旅游合作并非只是粤港澳区域一体化发展的表现结果,更应是促进三地交流融合、避开政治意识形态差异、走出地缘政治阴影的重要推力,也是化解社会文化重大矛盾风险的有效途径。从制度层面上进行行政权力下放与合作机制设计固然是解决三地一体化发展的根本,但这需要循序渐进的努力,深化旅游合作则能够在此过程中发挥推动作用。在国家战略支持与粤港澳大湾区发展共识的引领下,粤港澳三地应逐步深化旅游合作,推动三地全方面交流融合。

### (一)目的地品牌共建

粤港澳旅游合作应注重目的地整体品牌打造与形象推广,以提升区域旅游的"内联外拓"能力,进而成为具有影响力与号召力的世界级旅游目的地。目前,三地在中央政府的统筹下已达成协同互补发展式合作与共建世界级湾区的共识,在旅游合作方面则须共同塑造和使用有吸引力的"中西交汇地,精彩粤港澳"整体形象,建立和共推"粤港澳旅游"整体品牌。目的地品牌的共建需要匹配建立新时期跨境营销合作的新模式,三地旅游

部门及相关协会组织须联合起来,策划三地跨境节事活动,并将合作机制深入企业层面。目的地品牌的共建还需要提升湾区旅游产品的服务质量,加深粤港澳文艺精品、文创产品和旅游产品的优质开发供给,深化旅游产品和线路的联动设计,打造粤港澳"一程多站"的精品旅程。

### (二) 资本跨域流动

协调旅游企业全方位的多层次合作,鼓励组建跨区域旅游企业集团,鼓励跨区域投资,加速产业融合,实现跨区域资本经营。鼓励通过兼并、重组、收购、联合等合作方式,实现跨区域旅游企业产权结构调整,实现旅游业的集团化、规模化、集约化,培育区域旅游龙头企业。营造宽松的金融和投资环境,深化跨境金融基础设施和监管制度建设,推进三地资金往来。充分发挥香港金融优势,与内地金融资源取长补短、合理利用,最大限度降低投资交易成本。完善跨域投融资制度,拓宽资本流动渠道,在保证资本流动安全的基础上借助科技手段优化、简化流程,提高资本流动及跨境金融监管效率。

### (三) 市场互联互送

借助三地资源互补优势,取长补短,优化资源配置效率,实现三地互利共赢。例如,开发世界级、国际化、多元化、分层次的精品"一程多站"和环线旅游产品,促进大湾区全域旅游发展,实现三地客流互送;在三地互为客源地和目的地的基础上,面向港澳养老资源与空间不足等问题,推动广东养老地产与养老度假等旅游相关产业发展;积极开发爱国主义与历史寻根旅游产品,强化港澳居民尤其是青少年对内地的认可度与归属感。

### (四) 旅游人才合作培养

旅游从业人员的素质是打造旅游品牌的关键。提升从业人员素质,使之与国际接轨,为旅客提供优质服务,是构建休闲湾区的重要保障。为实现此目标,应当构建粤港澳三地旅游教育和人才培养合作模式,合作兴办旅游高等教育和科研机构;有计划地扩大旅游专业招生,提高旅游人才储备量;推动湾区大专院校旅游学院、专业合办学位课程,提高教学质量;

提高建立粤港澳共享的旅游执业资格培训体系，统一合理的人才资质互认标准，搭建统一标准应用市场、人才互认平台和旅游人才交流平台。

（五）智力与技术共享

建立整合三地多方资源、聚集跨界人才的专家智库；举办粤港澳高级别学术会议，搭建科研成果交流与分享平台；设立粤港澳旅游研究专项课题，引导三地优质科研力量联合攻关；建立旅游信息化共享平台，实现学科与产业的精准对接，共享三地旅游信息数据，以便推动更具指导意义的研究进展，共享先进的旅游管理模式和旅游专业技术，以提高旅游服务水平。

（六）政策保障供给

结合"一带一路"倡议与粤港澳大湾区建设等利好政策，为旅游合作提供便利政策和措施，以统一政策打破三地制度差异和行政差异壁垒，特别是在海陆空交通与出入境等方面，如探索开放部分航权，支持增开国际航线，简化签证手续，实行三地游艇驾照及拍照互认等。

（七）公共管理与服务融合

实施餐饮服务联合认证、从业人员资质互认，旅游公务员轮岗交流；实施粤港澳旅游联票和交通联程优惠；推出粤港澳国际旅游信息咨询与信息自助查询平台，建立旅游预警共享机制；推进旅游市场联合监管，强化旅游行政监管信息互通，在预防旅游发展过程中重大风险的同时，有效促进三地从政府到企业与居民之间的互信与文化融合。

## 四、建设粤港澳大湾区世界级旅游目的地的政策建议

在深化粤港澳三地旅游合作的基础上，从旅游吸引物体系、旅游品牌形象、旅游基础设施建设、旅游公共服务、旅游保障体系五个方面提升粤港澳大湾区旅游吸引力和综合服务水平，将大湾区建设为客源市场全球化、旅游产业市场化和管理现代化的世界级旅游目的地。

## (一) 开发全球顶级旅游吸引物体系,提升旅游生产力

**1. 在中央政府顶层设计指导下,应尽快着手联合编制《粤港澳大湾区世界级旅游目的地战略规划》**

进一步落实区域旅游和产业联动发展新格局,明确九市两区旅游功能定位与产业发展方向,明确大湾区旅游合作方式、粤港澳各方工作重点、旅游产品的联动设计、空间布局和开发时序、区域旅游协调保障机制等问题。

**2. 积极推动大湾区全域旅游进程**

围绕香港"国际城市旅游枢纽"、澳门"世界旅游休闲中心"和广州"岭南文化、千年商都"开发世界级、国际化、多元化、分层次的精品"一站多程"和环线旅游产品,促使大湾区由单点极化转向以极点带动的全域性、全体验、全产业旅游发展模式。

**3. 开发优势互补的现代旅游产品体系**

在巩固粤港澳城市旅游发展基础上,创新发展邮轮游艇,大力发展商贸会展旅游,深入发展休闲度假旅游,积极探索健康医疗旅游,巩固发展珠三角乡村旅游,优化发展自然、文化遗产和研学旅游,培育一批具有特色优势的魅力小镇。

**4. 协调旅游企业多层次、宽领域、全方位合作**

企业间优势互补、强强联合、合作共赢是构建粤港澳大湾区世界级旅游目的地的重要基石。因此,要健全区域合作工作机制,通过政府统筹协调搭建三地旅游企业合作平台,促进企业深挖合作点,实现优质资源整合,共同推进"产学研"协同发展,共同进行旅游产品的宣传与推广、行业规则的商榷和制定、旅游项目的合作及开发等,鼓励企业间考察交流,并形成行业内相互监督的机制体系,营造良好的企业及行业环境。同时,鼓励企业进行创新,利用自身优势寻求跨行业产品合作,拓宽业务范围。

**5. 构建重点区域和精品项目突破点**

以珠海横琴、广州南沙、深圳前海作为示范探索旅游合作新模式,先行先试,重点突破,以点带面深化合作,引领世界级旅游目的地建设。

## （二）塑造世界知名旅游目的地品牌，扩大旅游影响力

### 1. 树立大湾区国际旅游品牌形象

共同塑造"中西交汇地，精彩粤港澳"旅游形象，建立和共推粤港澳旅游整体品牌，打造一体化的联合营销体系。由粤港澳大湾区城市旅游联合会负责开展面向全球的联合营销与推广，参加具有国际影响力的旅游交易会，同步进行海外媒体广告投放及现代网络新兴媒体宣传。

### 2. 统一设计大湾区旅游标识系统

基于三地文脉、地脉和城市符号挖掘和设计具有地方特色的旅游标识系统，包括指引系统、标语、Logo，以及更具潮流性与时尚性的目的地卡通形象、吉祥物等，在重要出入境口岸、交通枢纽与节点、公共场所、景区景点等设置相应标识，增加区域识别性。

### 3. 开展大湾区年度旅游主题推广活动

面向世界每年推出不同主题，针对年度主题设计推广宣传口号、旅游精品线路、旅游节庆活动、旅游博览会和旅游促销活动，以主题带动区域旅游整体发展。

## （三）完善旅游基础设施的互联互通，塑造持续发展力

### 1. 提升区域内外旅游交通互联互通，建设无障碍旅游交通体系

依托大湾区以高速铁路、城际铁路和高等级公路为主体的快速交通网络与港口群、机场群，充分发挥港珠澳大桥的作用，提升旅游目的地进出及目的地网络联系便捷程度，改善现有通关口岸与城市中心区、旅游景点之间的接驳系统，实现旅游通道无缝对接。实施粤港澳旅游联票和交通联程优惠，提升口岸通关能力和通关便利化水平。

### 2. 优化粤港澳区域间通关及签证制度

优化珠三角地区实施"144小时过境免签"政策，便利外国人在大湾区旅游观光。建设区域大通关体制，逐步推行"单一窗口"（一地两检）制度，延长口岸通关时间，逐步增加实行24小时通关的陆路口岸，创新高效通关检验科技创新技术的应用。

## （四）打造国际水准的旅游配套体系，构建旅游竞争力

### 1. 建设大湾区智慧旅游体系

建设旅游信息咨询门户网站和移动旅游应用服务平台，作为大湾区旅游官方宣传媒体和信息传播平台。推动大湾区旅游大数据共建共享，以用于旅游监测、安全预警、市场分析等。从服务游客、面向市场、惠企利民角度出发，开通旅游服务"一站式"预订平台，提供智能行程规划、自助在线订购、自助导游、自助查询等功能，完善旅游公共服务体系，健全无线网络（Wi-Fi）景区全覆盖和智慧支付系统，让游客享受更优质的旅游体验。

### 2. 建设运营若干跨境旅游组织集散中心

在通关口岸及旅游景区等重要旅游节点，配套交通接驳换乘中心、旅游购物区、游客中心、旅游信息中心等，协调港澳相关业务落地，如货币兑换、语言服务、旅游咨询、邮寄快递等，提高旅游流动效率。

### 3. 打造大湾区特定区域，建设第二居所和旅游养老集聚区

大湾区以泛珠三角地区为发展腹地，可利用湾区土地、劳动力等优势资源面向港澳提供养老度假服务产品，探索三地医疗体系及社会保险在此区域的适用模式。同时，珠三角地区已成为缓解港澳产业、创新、服务、居住功能的疏解区，通过加快旅游、第二居所等方面的交流合作，更多港澳及国际产业项目将落户内地，在推动两地经济社会繁荣发展的同时，提升大湾区居民民生福祉。

## （五）建设多层次、全方位的保障体系，优化旅游执行力

### 1. 建立正式的旅游高层协商框架

建立完善联系紧密、沟通高效、协调有力的大湾区旅游联络机制，健全大湾区旅游联席会议制度，建议各地指定专门负责部门及人员负责联络事宜，定期召开大湾区旅游联合会全体成员会议，共同研究重点合作项目和事项，确定年度重点工作，由注重签订框架协议的纸面合作向将各项工作落到实处的实质合作转变，由原则、零散的条款措施式合作向整体性旅游系列政策推进的合作转变。按照旅游市场的经济规律，认真检查、裁撤

区域限制性政策，摒弃地方保护主义行为方式，确立统一的市场竞争规则，为旅游企业的跨区域发展开"绿灯"。

**2．深化旅游行业交流与协会合作**

支持粤港澳三方旅游行业协会建立联系机制，设立行业协会合作平台，支持粤港澳旅游及工商企业界、专业服务界、学术界、传媒界等加强旅游方面的实质性交流合作，在强化行业自律、培育行业品牌、搭建交流平台、服务行业发展等方面做出积极努力。

**3．建立旅游标准化评估、管理、认证与监管标准体系**

对标国际高标准投资规则和管理评级标准，在游艇、自驾车、度假服务、有机食品、生态环境等方面率先实现建立与国际标准相衔接、以国家和行业标准为基础、以湾区标准为标杆、以企业（联盟）标准为自律的粤港澳旅游标准体系。

**4．加快旅游教育资源整合**

港澳高校、科研机构教师资源与珠三角高校共享，打造合作、开放、共享的湾区高校群，联合培养旅游及科技人才。可建立"周末教师"的机制，利用周六、周日以及节假日请各高校教师交换授课、开办讲座或组织线下研讨班等，也可以利用互联网资源联合组织开展线上旅游合作专题研讨班等，提高教师资源利用效率。

**5．培育优质诚信旅游环境**

在现有"优质诚信澳门游""优质诚信香港游"等系列举措的基础上，将广东省旅游产品纳入优质诚信旅游公约，借鉴港澳信用建设经验成果，加大大湾区诚信旅游建设和规范经营管理，加强旅游诚信监督，建设信息联动和危机处理中心体系，塑造国际诚信旅游标志区。

# 第十章 探索建设粤港澳大湾区社会服务创新试验区

岳经纶　陈泳欣[①]

自2017年国家层面提出"推动内地与港澳深化合作，研究制定粤港澳大湾区城市群发展规划，发挥港澳独特优势，提升在国家经济发展和对外开放中的地位与功能"战略构想以来，粤港澳大湾区的建设工作迅即展开。为推动粤港澳大湾区建设，国家先后颁布了《关于在部分区域系统推进全面创新改革试验的总体方案》《粤港澳大湾区发展规划纲要》（2019年）等政策文件，广东、香港、澳门三地也早在2017年正式签署了《深化粤港澳合作　推进大湾区建设框架协议》。同时，党的十九大报告明确指出，要支持香港、澳门融入国家发展大局，以粤港澳大湾区建设、粤港澳合作、泛珠三角区域合作等为重点，全面推进内地同香港、澳门互利合作，制定完善便利香港、澳门居民在内地发展的政策措施。这一系列政策文件与大政方针是推动粤港澳大湾区建设与发展的纲领性指引。

随着粤港澳大湾区建设的持续推进以及社会形势的深刻变化，如何对湾区建设过程中的巨大社会服务需求做出有效而及时的回应，如何在经济健康发展的同时，推动促进社会和谐与区域协同发展的社会创新治理，成为党和政府、社会共同关注的持续性热点议题。

以社区服务、养老服务、青少年服务为代表的社会服务，作为社会福利体系的关键领域，是国际社会解决社会问题、回应公众需要的常用方式，有助于增强区域凝聚力、提高区域软实力。具体而言，发展社会服

---

[①] 岳经纶，中山大学政务学院教授；陈泳欣，广东工业大学政法学院讲师。

务，一是符合社会稳定、繁荣的治理需要。在相当长的时间里，经济发展被置于优先于社会发展的位置，因此，社会问题逐渐积累并对社会稳定、繁荣产生了消极影响。社会服务作为社会问题的润滑剂，有助于通过提供专业化的服务实现社会的柔性治理。二是符合多元化与高品质社会服务的民生需求。粤港澳大湾区建设的其中一个重要方向在于吸引港澳同胞前往内地工作与生活，增进认同感。为此，引入和培育具备丰富社会服务经验、了解港澳同胞服务需求的组织机构，既有助于帮助港澳同胞尽快适应湾区的工作生活，在各式社会服务体验中消除心理隔阂，也有助于提高大湾区整体的社会服务水平，满足公众对多元化、高品质的社会服务需求。三是符合促进粤港澳三地文化互信的融合需求。港澳或港澳背景的社会工作服务机构早已有在粤服务的悠久历史，实践表明，这些机构在促进本土社区发展、增强社会互信、密切内地与港澳之间的交流等方面，发挥着积极影响。基于此，在粤港澳大湾区建设的推进过程中，港澳或具有港澳背景的社会工作服务机构可进一步发挥社会组织力量，在参与大湾区的社会工作实践中促进粤港澳三地的文化交流与文化融合。可以推断，以社会服务为支撑促进和谐稳定的粤港澳大湾区建设，将极大地推动湾区经济的协同发展。

## 一、粤港澳大湾区发展社会服务的优势

在粤港澳大湾区大力推动社会服务发展势在必行，以下将分别从治理体系、历史渊源、区域优势三个角度具体论述在湾区发展社会服务的优势。

### （一）我国社会组织治理体系不断成熟，法治化水平不断提高

党的十八大以来，社会组织在社会治理体系中扮演着日益重要的角色，党的十八届三中全会公报则明确指出，"要改进社会治理方式，激发社会组织活力"。党的十九大报告更是强调，要"打造新时代共建共治共享的社会治理格局""加强社区治理体系建设，推动社会治理重心向基层下移，发挥社会组织作用，实现政府治理和社会调节、居民自治良性互动"。这些重要会议揭示了社会组织作为社会治理体系重要组成部分所发挥的作用得到了

认可。如何实现社会组织的有效治理，使社会组织成为增进社会福祉、促进国家现代化的支持力量，已经成为党和政府关注的重要议题。在这样的支持性制度环境中，放开与营造社会组织提供优质社会服务的制度空间，作为创新社会治理的方式之一，已经成为各地政府的普遍做法。

与此同时，在中央政府大力推进"深化简政放权放管结合优化服务"的背景下，社会组织领域的"放管服"改革也深入推进，放松对社会组织的管制和降低准入门槛似乎已经成为新的政策取向。例如，改革社会组织的双重管理体制，放开对行业协会商会类、科技类、公益慈善类、城乡社区服务类4类社会组织的直接登记，这4类组织可以依法直接向民政部门申请登记，不再经由业务主管单位审查和管理。随着制度准入门槛的降低，近十年来我国社会组织的数量迅速增长。民政部公布的数据显示，2008—2018年，社会组织从41.4万增长到81.7万，以社会服务机构为主体的社会组织实现了迅速增长。此外，《关于政府向社会力量购买服务的指导意见》《慈善法》《境外非政府组织境内活动管理法》等法律法规意见的相继出台，标志着我国的社会组织治理体系进入规范化、法治化的精细管理阶段，这为大湾区开展社会服务奠定了良好的制度环境和政策基础。

（二）粤港澳三地具有深厚的社会服务合作基础

自1978年邓小平提出改革开放构想以后，香港、澳门的社会服务机构就开始了向内地服务的探索（以香港为主）。得益于香港70多年的社会服务发展，社会服务体系已经成熟，社会服务标准、服务技术、服务体制、服务人员等方面对内地发展社会服务和完善政府购买服务机制均有较高的借鉴作用①。据不完全统计，香港迄今至少有400家社会服务机构在内地，采取与政府、事业单位、群团组织和内地社会组织合作的方式开展服务②。由于地缘上的相邻和文化语言上的相近，香港、澳门两地的社会服务经验对珠三角地区早期社会工作的发展产生了重要影响。事实上，近年来，粤

---

① 岳经纶、刘洪、黄锦文：《社会服务的理论与实践：国际视野与粤港经验》，中国社会出版社2011年版。
② 王名、李勇、黄浩明：《香港非营利组织在内地的公益活动》，载《香港非营利组织》社会科学文献出版社2015年版。

港两地在社会服务方面的交流与合作也在不断加深。一方面，请香港方面的专家来内地指导。如深圳在开展社工试点工作时，通过引入香港督导来打造本土督导队伍。2007 年，深圳购买了 31 个香港督导服务。另一方面，逐步放开政策，引入香港的服务机构。继 2008 年 1 月 1 日起允许香港服务提供者以独资民办非企业单位形式在广东举办养老机构之后，2009 年 1 月 1 日起，广东进一步扩大服务业开放领域，允许香港服务提供者以独资民办非企业单位形式举办残疾人福利机构，为进一步推动粤港社会服务合作提供了新的机遇①。

### （三）广东开放、务实、创新、包容的社会组织治理体系

广东改革开放早，毗邻港澳，市场化程度和对外开放程度较高，经济实力比较雄厚，这些优势使得广东在加快培育和发展社会组织方面有着突出优势，广东的社会组织数量多、规模大、能力强，在积极参与社会治理方面走在了全国前列。中共广东省委、省政府历来高度重视社会组织工作。在最新一轮机构改革中，中共广东省委、省政府将省社会组织管理局新组建为部门管理机构升格为二级局，突显了对社会组织管理职能的高度重视。此外，广东省综合治理委员会把社会组织管理工作纳入社会治安综合治理（平安建设）考核评价体系，推动地方党委政府履职尽责。省社会治理体制改革专项小组把加强和改进社会组织工作列入重要议事日程，定期听取社会组织改革工作汇报，使社会组织工作始终沿着正确的改革方向推进。在中共广东省委、省政府的重视之下，广东社会组织管理局作为社会组织的主管部门，积极引导社会组织从"粗放型"的重数量发展逐步转移到"精细化"的重质量发展轨道上来，基本形成政府依法登记、社会组织依法自治、管理部门双重管理的新体制。与此同时，以信息化为载体、第三方专业机构评价为手段、社会组织管理制度为支撑创建的"1+5+9"社会组织监管体系，在全国社会组织监管工作中体现出鲜明的创新性与开拓性。

---

① 岳经纶、刘洪、黄锦文：《社会服务的理论与实践：国际视野与粤港经验》，中国社会出版社 2015 年版。

## 二、粤港澳大湾区发展社会服务的现实障碍

虽然粤港澳大湾区在推进社会服务方面有着国家顶层设计、历史悠久的社会服务合作基础，以及广东已具备支持性制度环境这三方面的优势，但是粤港澳三地在发展社会服务方面依然存在难以回避的现实障碍。

### （一）涉外社会组织政策调整对机构的影响

随着《社会团体登记管理条例》的修正，以及《境外非政府组织境内活动管理法》的颁布，社会组织的管理制度法规进一步完善，社会组织涉外活动的规范管理日益受到重视。粤港澳大湾区活跃着众多有香港（澳门）背景的社会服务机构，这些机构的香港（澳门）背景决定了他们本身的涉外活动会比较丰富，如可能有来自国际（港澳）组织前往内地考察并完成相关公益服务的项目拨款，如港澳组织前往内地交流学习等。然而，根据中共中央办公厅、国务院办公厅2016年颁布的《关于改革社会组织管理制度促进社会组织健康有序发展的意见》等相关规定，涉外活动需要完成一系列的审批程序，这使湾区内有港澳背景的社会服务机构增加了不少额外行政成本，例如，需要撰写计划书、进度安排、涉外组织资格审查等相关文书。在这个过程中，由于难以把握审批的整体进度，这些港澳背景的社会服务机构很可能难以按照其与项目委托方（涉外合作方）签订的服务合同如期提供服务、开展活动，因此机构还需要承担相应的违约风险。

### （二）社会组织监管体制机制存在执行漏洞

虽然广东地区的社会组织监管体制机制在不断完善之中，然而从实践的角度看，这种监管体制机制在创新设计与实际监管执行之间依然存在着张力。主要表现在：一是我国社会组织领域立法比较薄弱，社会组织管理法律法规体系不完善，难以形成有效的法律监管，制约了法治化监管的效力。现行关于社会组织监管的法规体系缺乏法律层面的规范，主要依靠行政法规进行监管，不仅法律效力低，而且规定过于简单，缺乏操作性，导致社会组织监管部门无法根据公众举报投诉的情况做出及时而有效的处理，这在一定程度上也将降低社会组织监管部门在公众中的权威性。二是在移动互联网时代，网络空间的交流必不可少，但一方面港澳与内地在网络交流上存在技术上的限制，另一方面现有社会组织监管体系尚未将活跃在网络上的虚拟社会组织纳入监管范围，因而存在着较大的监管真空和监管风险。三是港澳及港澳背景的社会服务组织需要同时接受公安部门与民政部门的监管，这种跨部门联合监管在相当程度上存在着"象征性磋商为主而回避核心问题"的脱实向虚倾向、"九龙治水，各自为政"以及"互相推诿与卸责"的官僚主义倾向、"一时松一时紧"的阶段性合作倾向。

（三）地方政策执行与政策协调乏力

近几年，社会组织管理的法律规章相继出台，然而，由于缺乏权威解读以及操作规范指引，各个地方政府的相关部门对这些法律规章的理解和具体执行方式不尽相同，有的政府部门为规避风险，甚至呈现出消极等待上级指示，不主动作为的状态。这种局面导致社会组织处于不断试错、不断调适的被动之中，也找不到相关的政府部门以进一步协调。此外，这种局面极大地增加了港澳背景的社会服务机构的不确定性，只能通过与不同的地方政府部门打交道，逐渐摸清不同部门的做法差异，而这个过程往往是非常漫长的。

（四）筹资不稳定、员工流失与服务递送的短期化

与国内其他地区相比，粤港澳大湾区的社会服务机构还有一定的特殊性：相当部分的社会服务机构都有一些香港或澳门背景（以香港背景的为主），或是在香港（澳门）社会服务机构指导下在内地成立的社会服务机构，或是与香港（澳门）社会服务机构存在不同程度的合作关系。而这种"香港（澳门）背景"的特殊因素，导致大湾区的社会服务机构在具体开展服务的过程中经常需要面临诸如当地政府不了解、不信任，地方政府治理和在地法律适应的困扰（如两地制度衔接不畅、存在机制障碍、政策执行与政策协调成本过高）。尤其体现在政府服务购买中，这些港澳背景的社会服务机构更容易受到地方政府领导变更而施政理念不一致，出于规避政治风险的考虑而取消政府服务购买。这直接导致港澳背景的社会服务机构由

于缺乏足够的人力资本,存在着一定的被流标的风险。此外,这种服务周期的短期化直接造成机构的资金来源不稳定,并由此导致机构员工流失,以及失去逐渐建立的社区基础。而对于服务对象而言,频繁更替的社区服务机构也使社区居民难以适应,直接影响了服务递送的质量。

(五)财税政策的制定与执行不符合社会服务行业的发展要求

税收政策作为引导和规范社会组织发展的重要杠杆,是社会组织的税收机制保障,更是社会组织得以发展壮大的保障。目前,我国并没有对社会组织设立专门的税收法律制度,与社会组织相关的税收政策散见于各税种的税法或规定之中。其中,这些散乱的财税政策可分为两个部分,分别为社会组织本身可以享受到的税收优惠,以及向社会组织捐赠的组织和个人可享受的税收优惠。本研究主要关注前者,认为在大湾区建设过程中,专注于社会服务的社会组织并没有如愿享受到诸如免税等相关的税收优惠,社会服务专业人才并没有享受到个人所得税减免等优惠政策。主要原因在于:一是财税政策力度不足,获得资助或优惠的社会组织数量和类别还比较少,财政补贴、政府购买、税收减免、政策激励等政策工具间协调性不足;二是财税政策的连续性和稳定性不高,管理的规范性、公开透明度以及公平性仍须提高。

(六)缺乏稳定的内地合作伙伴

与广东的社会组织合作是港澳社会服务机构在大湾区内开展社会服务的方式之一。然而,在调研过程中却发现,基于文化观念差异、政策风险规避、服务对象差异等因素,港澳社会服务机构或有港澳背景的社会组织难以找到稳定的内地合作伙伴,基本都属于各自为政的状态。因此,港澳社会服务机构或在湾区内有港澳背景的社会组织只能通过强化自身机构建设、控制机构规模等方式,维系机构基本服务项目,从而在发展战略上体现着明显的保守性,甚至因人手原因而拒绝潜在的委托项目。同时,这种局面客观上不利于推广港澳的社会服务专业优势,也不利于形成湾区内的社会服务行业规模效应,阻碍了区域内社会服务行业的发展。

### （七）机构内部建设存在的问题

规范组织的内部治理，重点抓好组织的制度建设。调研发现，整体上，港澳背景的社会服务机构的内部治理能力比较强，能形成较科学、规范的内部治理机制。然而，这个群体依然面临着组织架构不完善、内部人才断层、港澳与本土差异碰撞甚至冲突的问题。其中，又以港澳与本土两地人员的薪酬差异的矛盾最为突出，具体表现为香港社会工作服务机构开展内地服务时，须聘请香港的督导和社工，虽然这些香港的督导和社工是出于使命感才来到内地服务，且其内地服务的薪酬已比其在港澳服务的薪酬要低，但依然比广东地区的本土督导与社工高出不少，因此也引发了本土人员的不满。如何优化机构内部的人员薪酬体系、培训与能力发展，以及晋升体制，成为具有港澳背景的社会服务机构内部治理的大问题。

## 三、对策建议：探索建设粤港澳大湾区社会服务创新试验区

为了持续提高大湾区内社会服务质量，使社会服务更好地成为推动粤港澳大湾区社会建设与社会和谐稳定的积极因素，落实党的十九大报告提出的"制定完善便利香港、澳门居民在内地发展的政策措施"要求，必须从制度设计、机制创新、风险防控等方面积极谋划。但鉴于粤港澳三地在社会治理、法律规范等方面的差异，区域范围内社会服务递送在短期内实现完全的一体化并不现实。据此，本研究认为，可通过试点的方式在大湾区的局部地区设置粤港澳大湾区社会服务创新试验区。建议如下：

探索以试点方式在深圳前海、广州南沙、珠海横琴等综合改革环境较好的区域，通过设立社会组织监管试验区，就粤港澳三地社会组织监管中涉及的登记管理、资格认证、税收体系、资金往来、人才交流等核心问题进行实质性协作，形成共识，吸引有志于在大湾区开展服务的港澳社会组织进驻，鼓励三地社会组织在试验区范围内在社会服务领域创新合作模式。要积极探索向港澳社会组织购买社会服务的路径，推进三地相关财政资金的衔接与异地支付，完善跨境购买服务相关的政策设计、绩效评价与监管

机制，鼓励广东各级政府向符合资格的港澳社会组织购买服务。要围绕粤港澳大湾区社会组织发展的实际情况与现实需要，积极推动国家相关法律政策的修订与完善，推动将大湾区社会组织的管理纳入法治化轨道，为促进粤港澳大湾区社会组织的交流合作营造良好的制度环境、发展环境。试验区具体内容如下：

（一）制度安排：明确试验区的政策试验战略定位

当前在"一国两制"下各项制度彼此不相兼容，这种制度上的差异使得内地和香港（和澳门）社会服务领域的合作存在诸多体制机制障碍。针对这些体制机制障碍，必须由中央政府以特殊的制度安排促进体制机制创新，为社会服务创新试验区的发展提供政策和制度保障。具体而言，就是国家要在"一国两制"的框架下，引导建立三地政府间的磋商、协调、合作机制，并加强粤港澳发展战略和政策对接，促进互利共赢的新形式合作关系，共同将社会服务创新试验区建设成为更具活力、更具灵活性、更有政策空间的试验中心和创新高地。

（二）运作机制：完善组织架构与推进法治建设

为更好地统筹湾区社会服务事业的发展，可在广东省社会组织管理局设立湾区内社会服务事务的日常管理办公室，搭建民政、公安等跨部门的协调机制，共同推进大湾区社会组织的协调管理工作。在相关处室的统筹协调下，稳步推进以下体制机制的试点改革：其一，创新法律制度，系统破解制约湾区社会服务发展、人才流动与保障、资金往来、机构注册、活动备案等方面的法律障碍，形成有利于试验区社会服务协同创新发展的相关法律法规体系。其二，要全面了解香港、澳门社会组织监管体制机制，合理借鉴，求同存异，探求三地社会组织监管的合作空间。具体工作上可探索构建粤港澳社会组织监管事务领域的对话协商机制，通过设立社会组织监管事务联席工作会议，促进三地政府间、政府与社会组织间的常态化沟通，促进粤港澳在社会组织监管领域的政策协同。总而言之，粤港澳大湾区的社会服务创新试验区，要以一套协调、灵活、高效的运作机制为支撑，只有在组织与机制相互协同的情况下，社会服务领域交流合作的体制壁垒才能被打破，才能更好地补齐湾区社会服务发展短板，推动以社会服务为方式的柔性治理，服务于大湾区经济与社会建设发展，为粤港澳、泛珠三角区域合作，乃至"一带一路"建设中的社会服务领域合作提供强力支撑。

（三）建设内容：整体规划、细化执行以及打造人才支持体系

第一，需要借鉴香港社会福利领域白皮书的编写工作经验，将社会服务创新试验区的建设发展有机融入粤港澳大湾区的整体规划，编写具有前瞻性、战略性、可操作性的《社会服务创新试验区白皮书》，为社会服务创新试验区做出整体性规划布局。

第二，按照《白皮书》内容，细化执行方案。在具体内容上，着重社会服务领域人才流动与保障、资金往来、机构注册、活动备案等方面的研究，细化执行方案。重点探索粤港澳三地的社会工作职业资格互认，制定与完善社会工作行业服务标准。

第三，以国际教育示范区为契机，促进大湾区高水平大学的深度合作，打造粤港澳社会服务领域的科研与实务创新基地，形成社会服务科研人才与实务人才的聚集效应。其中，粤港澳大湾区的社会服务创新试验区，可吸引更多的高校社会工作、社会学等相关专业的学生前往调研实习，既有助于帮助学生增加专业实践经验，又能为试验区输送源源不断的社会服务生力军。

第四，加紧利用港澳社会服务督导人才来内地服务的契机，培养本土化专业人才。同时，可在现有社会工作人才初、中、高三级体系架构的基础上，以激励性措施引导本土的社会工作者更积极地吸纳港澳社会服务先进经验，逐渐抚平粤港澳三地人才在社会服务方面的工作方式、薪酬待遇等鸿沟。

（四）主要抓手：以社区服务、青少年服务、养老服务为主要载体，推进大湾区社会服务创新试验区的具体工作

第一，社区服务。倡导粤港澳社会工作服务机构在赴粤工作的港澳人士的生活社区，提供生活照料、教育支持、情感慰藉、心理疏导、危机介入等服务，通过运用港澳地区社会服务经验，引导港澳人士融入居住地社

区文化，增强对"第二故乡"的认同感，实现"柔性"基层社会治理。

第二，青少年服务。重点打造一批粤港澳青少年交流品牌项目，推动粤港澳地区青少年社会组织的常态化交流合作。积极探索港澳青少年在内地的教育、医疗、创业、就业的绿色通道。

第三，养老服务。持续推进粤港澳养老服务合作，鼓励港澳服务提供者以民办非企业或工商登记的形式，以独资、合资、合作等多种方式来粤兴办养老机构，享受同等优惠政策。提高粤港澳大湾区养老福利的区域可携性、便捷性和互通性，为回乡养老的港澳老年人提供不少于原居住地的相关补贴（高龄津贴、综援长者津贴等）。

（五）风险防范：坚持底线思维，增强忧患意识，掌握战略主动，坚定推进防范化解重大风险工作

在推进"港澳服务机构'引进来'，内地服务机构'走出去'"的过程中，主管部门要坚持摸清底数、防范在先，深入排查政治、意识形态、社会、外部环境、党的建设等领域的风险隐患，分级分类制定防控和化解方案，妥善应对重大风险挑战。团结一批政治过硬、专业一流、服务到位的粤港澳社会工作服务机构，培养其成为粤港澳大湾区社会服务领域的生力军。

## 四、未来展望：构建与经济发展相协调的湾区社会服务共同体

诚如香港著名社会工作者及政治家王易鸣爵士在 2013 年接受全国政协委员、清华大学 NGO 研究所所长王名的访谈中提到，"我们就是香港组织，不是国际组织。我们是国家的一部分，怎么会害国家呢？我们希望可以立足珠三角来开展活动，也不需要政府的钱，但是政府又不允许我们自己去做，一定要合作，但不是什么都可以合作的。我们可以把我们的经验带过来，我们也在跟一些地方政府讨论，应该有一些社会服务试验特区"[①]，这

---

① 王名、李勇、黄浩明：《香港非营利组织在内地的公益活动》，载《香港非营利组织》社会科学文献出版社 2015 年版。

种观点实际上代表了相当部分的港澳或港澳背景的社会服务机构。

面对这种呼声，本研究认为，在党和国家高度重视粤港澳大湾区发展，"制定完善便利香港、澳门居民在内地发展的政策措施"的发展理念明确后，在粤港澳大湾区创新性地推进社会服务工作、整体性谋划湾区内社会服务发展各项机制的条件已经成熟。在具体的建设过程中，社会服务创新试验区作为社会建设领域的载体，将以新理念、新战略、新举措深度整合粤港澳三地的社会服务资源，成为粤港澳社会服务行业内交流合作的重要平台，成为吸引港澳同胞前往内地生活与就业、强化港澳两地的国家认同、推动优化合作机制、提升社会服务品质的助力器。社会服务创新试验区的建设，是我国"一国两制"模式下的深化改革，成为我国探索、引领东亚福利模式的重要支撑，进一步提高粤港澳大湾区的综合国际影响力和辐射带动作用，助力构建起与现代化社会发展相适应的社会服务共同体。

# 第十一章 2019粤港澳大湾区高校师生跨境流动报告：现状、困境与对策

许长青　周丽萍[①]

## 一、问题缘起

2019年2月，《粤港澳大湾区发展规划纲要》正式颁布实施，提出在贯彻"一国两制"方针框架下，全面推进香港、澳门融入内地发展，把粤港澳大湾区打造成具有全球影响的科技创新中心及教育和人才高地，建设世界一流湾区。打造一流湾区的关键在人才，人才的希望在青年，人才聚集和作用发挥的关键在于合理有序地流动。粤港澳大湾区高校师生跨区流动的现状、诉求如何？该如何应对？中山大学"高等教育、区域创新与经济增长（HE‐RI‐EG）"课题组在2018年5月至2019年4月期间赴粤港澳三地包括中山大学、香港中文大学、澳门大学等知名高校在内的15所大学进行了实地调研，进行了问卷发放与回收及半结构式深度访谈。课题组共发放问卷390份，有效回收354份，其中，面向"跨境教师"的调查问卷75份，"跨境学生"279份，问卷有效率90.7%，调研整体上具有较高的信度和效度，对大湾区高等教育协同发展具有可预测性。[②] 样本的基本信息如表11‐1所示。

---

[①] 许长青，中山大学粤港澳发展研究院/中山大学港澳珠江三角洲研究中心研究员，中山大学国际湾区高等教育研究中心主任、博士生导师；周丽萍，广州大学教育学院讲师。

[②] "跨境教师"包括在内地高校任职的港澳籍在岗教师和在港澳高校任职的内地籍在岗教师；"跨境学生"包括在内地高校就读的港澳籍在读学生和在港澳高校就读的内地籍在读学生。本研究中的"港澳学生"是指"在内地大学就读的港澳籍学生"，"内地生"是指"赴港澳大学就读的内地籍学生"。

表 11-1 问卷调查的样本数据说明

单位:%

| 变量 | 分类 | 港澳学生 | 内地学生 | 港澳教师 | 内地教师 |
|---|---|---|---|---|---|
| 性别 | 男 | 29.3 | 39.8 | 81.2 | 69.5 |
| | 女 | 70.7 | 60.2 | 18.8 | 30.5 |
| 年龄 | 20 岁以下 | 28.8 | 0 | 0 | 0 |
| | 20～29 岁 | 47.1 | 81.9 | 6.2 | 5.1 |
| | 30～39 岁 | 15.7 | 16.9 | 43.8 | 33.9 |
| | 40～49 岁 | 7.9 | 1.2 | 25.0 | 37.3 |
| | 50 岁及以上 | 0.5 | 0 | 25.0 | 23.7 |
| 身份 | 本科生 | 73.3 | 0 | — | — |
| | 硕士研究生 | 26.2 | 71.1 | — | — |
| | 博士研究生 | 0.5 | 28.9 | — | — |
| | 教授或相当职位 | — | — | 14.3 | 13.2 |
| | 副教授或相当职位 | — | — | 50.0 | 47.2 |
| | 讲师或相当职位 | — | — | 21.4 | 37.7 |
| | 讲师以下 | — | — | 14.3 | 1.9 |
| 在当地生活时间 | 0～5 年 | 57.1 | 79.5 | 31.3 | 22.0 |
| | 5.1～10 年 | 9.9 | 18.1 | 6.2 | 32.3 |
| | 10.1～15 年 | 5.8 | 1.2 | 6.2 | 28.8 |
| | 15 年以上 | 27.2 | 1.2 | 56.3 | 16.9 |
| 样本数/人 | | 192 | 87 | 16 | 59 |

注:"—"表示无。

## 二、现状与诉求

数据分析表明,粤港澳大湾区高校师生跨境流动的总体状况较好,具体表现为如下五个方面。

**1. 跨境流动的动因**

粤港澳三地对高校师生跨境流动的动因存在差异,当地文化特色成为高校师生跨境流动的重要原因。在跨境求学的动因上,来内地高校就读的港澳生选择"体验当地人文生活"和"家人在当地"的占比最大,均为19.90%;其次为"内地教学和科研水平优秀"(12.57%);再次为"内地学习费用、生活费用较低"(12.04%)。以上4项合计接近65%。对于到港澳高校求学的内地学生而言,选择"体验当地人文生活"的占比最大(26.51%),其次是"在港澳发展机会更多"(18.07%),再次为"港澳高校国际化程度较高"(14.46%),以上3项合计占比接近60%。数据表明,体验当地人文生活成为粤港澳三地学生选择跨境求学的最普遍原因(图11-1)。

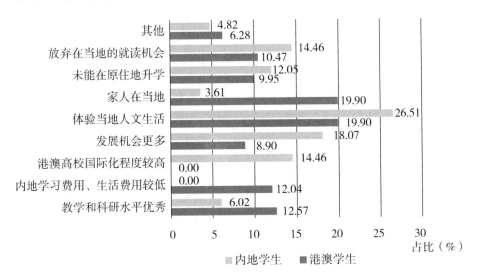

图11-1  学生跨境求学原因分析

在跨境工作的动因上,港澳教师主要是因为内地文化特色、内地生活成本低以及较高的薪酬水平等选择在内地高校任职;而内地教师主要是因为港澳文化特色、就业机会和就业前景等选择到港澳高校任职(图11-2)。粤港澳三地教师跨境流动的影响因素的共同之处为当地文化特色成为吸引高层次人才流入的最大吸力。差异之处体现在内地高校对港澳教师的拉力主要是"物质因素",表现为高薪和低消费;港澳高校对内地教师的吸力主要是"职业因素",表现为机会和发展。

**2. 跨境流动的满意程度**

大部分师生对跨境流动的满意度较高,绝大部分学生选择回流就业,但教师回流可能性较低。在跨境流动的满意度上,若把"非常满意"和

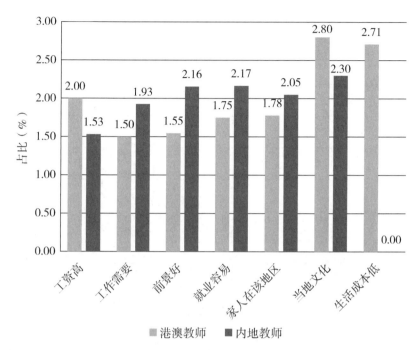

图 11-2 教师跨境工作原因分析

"比较满意"归纳为满意,55.73%的港澳生表示在内地高校求学体验满意,70%的内地生表示在港澳高校求学体验满意。$T$检验结果表明,港澳生与内地生满意度评分不存在显著差异($P>0.05$)。若让他们再做一次求学选择,不管是港澳生还是内地生,近七成学生表示依然会选择到该地跨境求学(图 11-3)。对于教师而言,近七成港澳教师感觉满意,不到 7% 体验不满意;近八成内地教师感觉满意,只有 11.9% 感觉不满意(图 11-4)。

### 3. 跨境流动的稳定性

调查发现绝大部分学生在毕业后首选回生源地就业,遵循"从哪里来,回到哪里去"的就业流动模式(图 11-5),说明跨境流动的稳定性不高。而教师则相反,超八成跨境教师在未来 5 年选择继续留在当地高校工作,就业稳定性较高。

### 4. 跨境流动的诉求——实习、就业和创业

跨境学生最希望当地政府提供更多的实习和就业机会,粤港澳三地跨境教师的诉求存在差异。在跨境流动对学校或政府的诉求上,跨境学生最希望

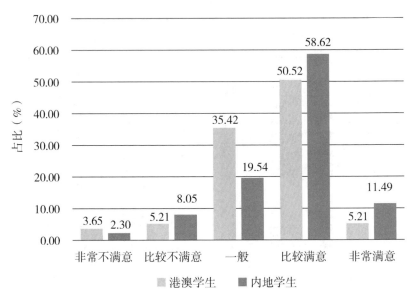

图 11-3 学生跨境求学的满意度

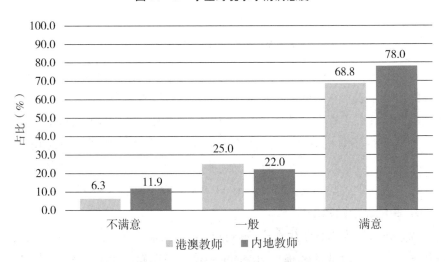

图 11-4 跨境教师的工作满意度

高校和当地政府可以给予更多的实习和就业机会（图 11-6 和图 11-7）。数据表明，粤港澳三地高校在跨境学生的实习和就业指导方面做得非常不足，一定程度阻碍了学生就业流动，固化了学生"从哪里来，回到哪里去"的就业模式，不利于粤港澳大湾区高等教育的深度合作和经济一体化的发展。

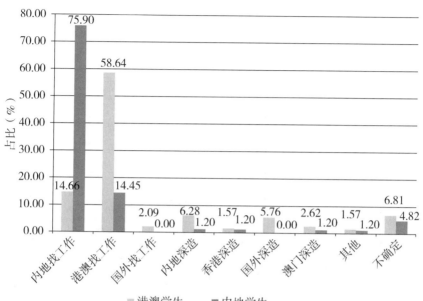

图11-5 跨境学生毕业后的首选去向

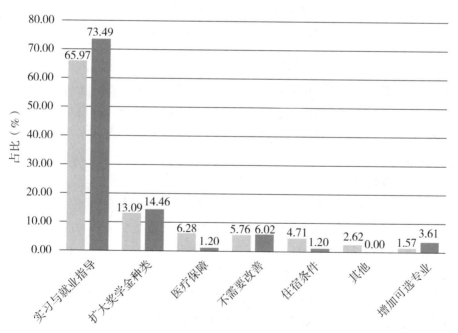

图11-6 跨境学生对大学的诉求

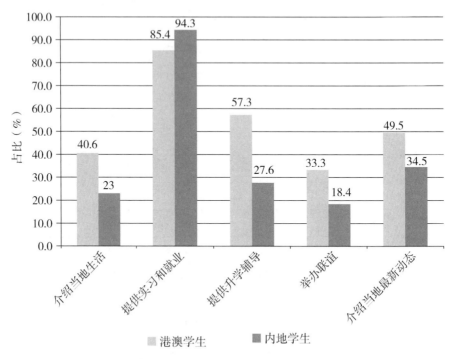

图 11-7 跨境学生对政府的诉求

粤港澳大湾区三地教师的诉求存在差异，在港澳工作的内地教师最希望特别行政区政府可以介绍港澳地区的生活情况以及提供就业机会和培训辅导机会。而在内地工作的港澳教师则最希望特别行政区政府驻内地办事处或当地政府可以保障他们的自身权益、提供就业机会以及举办一些联谊活动（图11-8）。

**5. 跨境流动诉求——生活如何更便捷**

三地师生的跨境生活均体验到了一定的便捷，但在身份证件、交通出行、公共服务等问题上仍然存在诸多不便。在跨境生活上，对于在港澳生活的内地教师而言，主要体现在享受到了香港的国际化资源、港澳特色文化、发展机遇、发达的交通网络等；对于在内地生活的港澳教师而言，主要体现在享受到了内地发达高效的电子支付功能、发展机遇、价廉物美、丰富的休闲娱乐设施，建立起了一定的人脉关系等（图11-9）。

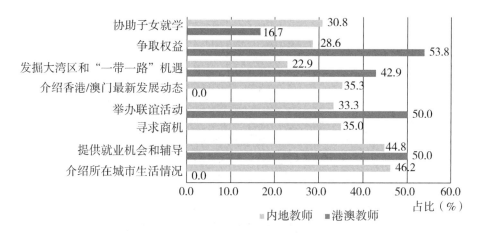

图 11-8 跨境教师对政府的诉求

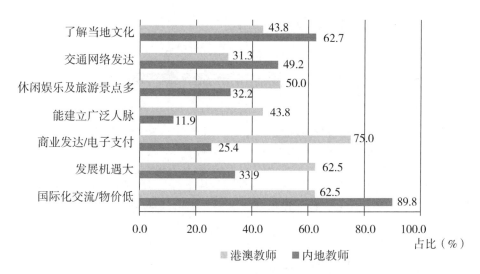

图 11-9 跨境生活享受到的好处

同时,也存在一些突出的问题,尤其是由于没有流入地居民身份证无法享受到当地居民所享受到的一些公共服务,如乘坐高铁不能直接刷证件,购买火车票、机票、长途车票等各类交通票流程复杂,在银行、政府或公共平台上办事受阻等(图 11-10)。

为解决上述问题,六成的粤港澳三地的跨境教师支持升级回乡证,使其具备身份证的功能(图 11-11)。

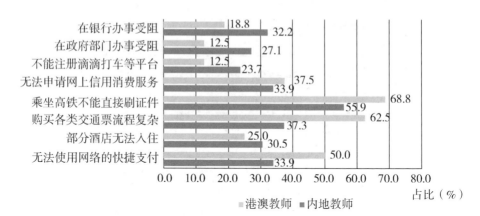

图 11-10　因为身份证件问题不能享受的服务

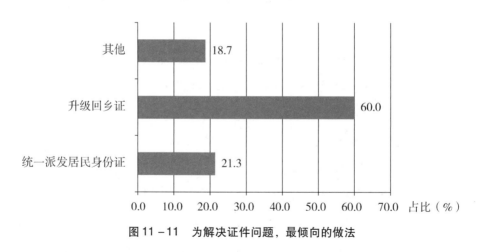

图 11-11　为解决证件问题，最倾向的做法

## 三、问题与困境

数据分析表明，粤港澳大湾区高校师生跨境流动仍然面临一些问题与困境，具体表现为如下五个方面。

**1. 跨境流动的困境——奖助困难**

求学期间，跨境学生主要面临奖助金额较低和资助渠道较窄的困难。在奖助学金上，不管是来内地高校就读的港澳生，还是来港澳高校就读的内地生，没有获得过奖助学金的比例占据了绝大部分，如港澳生没有获得过奖学金的比例达 43.46%，尤其是来港澳高校就读的内地生，85.54% 的学生没有获得过奖助学金（图 11-12）。获得奖助的渠道比较单一，主要是学校奖学金和专项奖学金，来自政府层面的奖助较少。而在获得过奖助学金的学生中，大部分是获得金额较低的奖励，大多在 8000 元以内，过低的奖助额度和过窄的奖助渠道无疑限制了家境不够富裕的内地生源申请港澳高校就读。

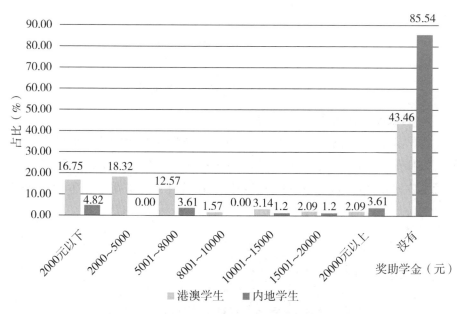

图 11-12　粤港澳跨境学生的奖学金获得情况

#### 2. 跨境流动的困境——语言、文化与社会关系

求职期间，跨境学生主要面临缺乏人脉、对当地的语言文化不熟悉、用人单位的"歧视"和证书报考限制等困难。在实习和求职困难上，在内地高校就读的港澳生选择"缺少当地人脉关系"的占比最大（35.08%），其次是"对当地语言、文化不熟悉"（25.65%）和"不得考取内地教师资格证书"（10.47%），以上 3 项占比合计超过 70%。而在港澳高校就读的内地生则主要面临"对当地语言、文化不熟悉"（45.78%）、"缺少当地人脉关系"（18.07%）和"因留学身份被面试通过的用人单位拒收"（15.66%）的问题，以上 3 项占比合计接近 80%（图 11-13）。

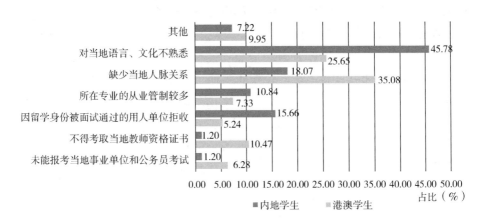

图 11-13 跨境实习、求职时面临的困难

**3. 跨境流动的困境——工作晋升**

竞争激烈、工作强度大和晋升较难较慢是跨境教师职业发展的主要障碍，教师薪资与其学术水平不相符问题比较突出。在跨境教师职业发展上，不管是内地教师还是港澳教师，主要体现在晋升空间有限、竞争激烈和工作时间较长等方面（图 11-14）。

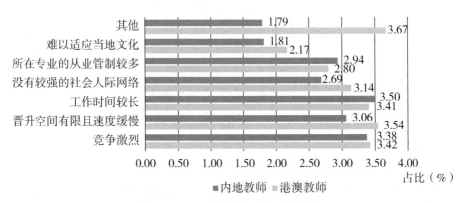

图 11-14 跨境教师工作面临的障碍

在同行竞争威胁程度上，在内地高校工作的港澳教师感受到内地同行竞争威胁程度相对更大（图 11-15），但 ANOVA 分析结果显示，港澳教师与内地教师在评分上不存在显著差异（$P > 0.05$）。

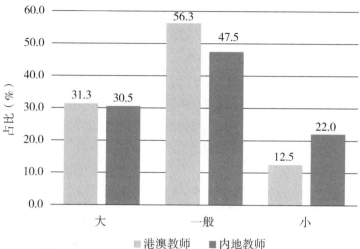

图 11-15 同行竞争威胁程度

**4. 跨境流动的困境——学术与收入匹配**

调研发现，对于在内地工作的港澳教师而言，超过三成认为收入与学术市场价值不符合，不到一成教师认为符合，超过六成教师认为收入与学术市场价值匹配程度一般；对于在港澳工作的内地教师而言，收入和其在学术市场上的价值符合和不符合的比例均占三成左右，近四成教师认为收入与学术市场价值匹配程度一般（图11-16）。

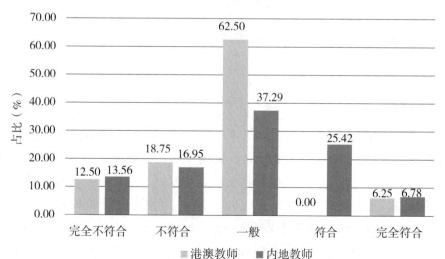

图 11-16 收入和学术市场上的价值一致

### 5. 跨境流动的困境——创业的阻滞

跨境教师在创新创业中均面临人脉缺乏的障碍，港澳教师受政策限制的影响较大，而内地教师则主要受供求信息不对称因素的影响。在跨境教师创新创业阻滞因素上，在内地工作的港澳教师受当地政商关系处理的影响最大，其次分别是缺乏人脉、投资领域受限以及工商注册、营商政策、缴税等局限，而在港澳工作的内地教师受缺乏人脉的影响最大，其次分别是对当地行业发展和用户需求不熟悉和把握不准（图11-17）。

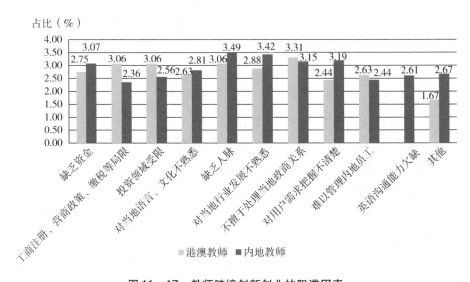

图11-17 教师跨境创新创业的阻滞因素

## 四、影响因素

描述性分析结果发现，虽然粤港澳大湾区高校师生跨境流动整体满意度较高，但依然面临一些突出问题，跨境学生面临奖助学金申请、就业机会和语言文化的障碍，而跨境教师面临职业发展、工作强度、创新创业等诸多困难，还有短期流动缺乏长效机制等。那么影响湾区高校师生跨境流动满意度的影响因素具体表现为哪些？影响程度如何？基于此，研究采用 Logit 回归模型进行进一步的分析和验证。

1. 模型设定

为了分析粤港澳大湾区高校师生跨境流动满意度的影响因素，研究采用 Logit 回归模型分析影响师生跨境流动满意度的因素来源，回归方程如下：

$$L(P) = \ln[P/(1-P)] = \alpha + \sum \beta_j X_j + \sum \theta_j Z_j + \varepsilon \tag{1}$$

因变量为跨境流动满意度，为 0、1 取值的二元虚拟变量，跨境流动满意取值为 1，跨境流动不满意取值为 0。$P$ 表示跨境流动满意的概率，$P/(1-P)$ 表示跨境流动满意的概率之比。自变量包括三部分，分别是师生共同特征变量、学生特征变量和教师特征变量。$X$ 表示代表跨境师生流动的共同特征变量，包括性别、师生类型、年龄和跨境生活时长，$Z$ 表示跨境学生或教师的特征变量，详见表 11-2 和表 11-3，$\beta_j$ 表示师生共同特征变量对跨境流动满意度的边际影响，$\theta_j$ 表示学生或者教师特征变量对跨境流动满意度的边际影响，$\varepsilon$ 为随机扰动项。

2. 变量说明

基于推拉理论、人力资本理论和预期收入理论以及跨境师生的人口特征，结合问卷实际设计状况，研究分别选择 5 类和 4 类因素来探讨其对跨境学生和教师流动满意度的影响。学生的满意度影响因素涵盖学生的基本特征、人力资本、就业因素、外部支援和流动诉求五方面的因素，详见表 11-2。教师流动满意度的影响因素包括教师的基本特征、工作因素、外部支持和跨境生活障碍四方面的因素，详见表 11-3。

表 11-2 学生流动满意度分析变量说明

| 因素 | 具体变量 | 说明 |
| --- | --- | --- |
| 基本特征 | 性别 | 女（对照组）和男 |
|  | 年龄 | 20 岁以下（对照组）、20~29 岁、30 岁及以上 |
|  | 学生类型 | 港澳学生（对照组）和内地学生 |
|  | 跨境生活时间 | 5 年及以下（对照组）和 5 年以上 |
| 人力资本 | 学历层次 | 本科生（对照组）和研究生 |
|  | 学科类型 | 教育文学艺术（对照组）、经管法社、理工类、医学等其他 |
|  | 奖助学金 | 未获得（对照组）和获得 |

续上表

| 因素 | 具体变量 | 说明 |
|---|---|---|
| 就业因素 | 毕业去向 | 内地找工作（对照组）、港澳找工作和继续深造 |
| | 回生源地就业优势 | 无优势（对照组）、稍有优势和较大优势 |
| | 资格证不互通 | 是和否（对照组） |
| | 缺少流入地实习经历 | 是和否（对照组） |
| 外部支援 | 政府支援 | 支援程度不够（对照组）、一般和充足 |
| 流动诉求 | 住宿条件 | 不需要（对照组）和需要 |
| | 医疗保障 | 不需要（对照组）和需要 |
| | 扩大可申请奖学金种类 | 不需要（对照组）和需要 |
| | 给予更多实习与就业指导 | 不需要（对照组）和需要 |

表 11-3 跨境教师流动满意度分析变量说明

| 因素 | 具体变量 | 说明 |
|---|---|---|
| 基本特征 | 性别 | 女（对照组）和男 |
| | 年龄 | 40 岁以下（对照组）和 40 岁及以上 |
| | 教师类型 | 港澳教师（对照组）和内地教师 |
| | 跨境生活时间 | 10 年及以下（对照组）和 10 年以上 |
| | 职称 | 副教授以下（对照组）和副教授及以上 |
| 工作因素 | 同行竞争威胁程度 | 威胁较小（对照组）和威胁较大 |
| | 国家级课题 | 没有（对照组）和有 |
| | 国际化交流便利 | 是和否（对照组） |
| 外部支持 | 家人支持 | 支持和不支持（对照组） |
| | 政府支援 | 支援程度很小（对照组）、一般和充足 |
| 跨境生活障碍 | 难以购房 | 是和否（对照组） |
| | 孩子难以就读公办学校 | 是和否（对照组） |
| | 退休保险难以对接 | 是和否（对照组） |
| | 交通拥堵 | 是和否（对照组） |
| | 无法使用网络的快捷支付 | 是和否（对照组） |
| | 部分酒店无法入住 | 是和否（对照组） |
| | 不能注册打车等平台用户 | 是和否（对照组） |

## 3. 跨境学生流动满意度影响因素的 Logit 回归结果

研究基于 Logit 模型（1）选择逐步回归法分析粤港澳三地高校师生跨境流动满意度的影响因素。其基本原理是：按由大到小的顺序挑选对流动满意度贡献最大的自变量引入回归方程，在现有数据的情况下，使得方程预测精度尽可能提高到最大程度。最终进入回归方程的样本观测值有 254 个，准 $R^2$ 为 0.126，$LR$ 统计量为 42.74，对应的 $P$ 值为 0.005，故整个方程的所有系数（常量除外）的联合显著性很高。最终模型预测的正确率为 68.5%，表明实际结果与预测值之间存在着较高的一致性，模型拟合程度较好，可信度较高。如表 11-4 所示，研究发现跨境学生的流动满意度与性别、年龄、学历层次以及学生来源等基本特征和跨境流动诉求因素均无关，但是和学生的人力资本变量、就业因素和外部支援等因素存在显著关系。具体地说，跨境学生的流动满意度与学科类型有关，与教育、文学、历史学以及艺术学等偏师范性质的学科相比，理工科学生跨境流动满意的概率显著更高，其满意度出现的概率是文史艺等学科的 2.338 倍。跨境学生流动满意度还受回生源地就业优势、资格证互通情况以及流入地的实习经历等因素的影响，回生源地的就业优势越明显，粤港澳三地的资格证互通情况越好，跨境学生感到满意的概率均显著更高，而缺少流入地的实习经历不会降低跨境学生的满意度，这与跨境学生"从哪里来，回到哪里去"的就业模式有关。以就业优势为例，回生源地具有较大优势学生满意度概率是不具备优势学生的 1.695 倍。此外，跨境学生的满意度还受政府支援力度的影响，内地政府支援程度越充足，跨境学生感到满意的概率显著更高。政府提供充足的外部支援能导致学生满意度概率提升 2.941 倍。实证分析结果表明，政府支援对提升跨境学生满意度的效果最明显，其次是回生源地就业的比较优势，再者是粤港澳三地的资格证互通情况。

表 11-4　跨境学生流动满意度影响因素 Logit 回归分析结果

| 因素 | 具体变量 | | 系数 | 标准误差 | 显著性 | 优势比 |
|---|---|---|---|---|---|---|
| 常量 | | | -0.372 | 0.705 | 0.597 | 0.689 |
| 基本特征 | 性别 | | 0.080 | 0.327 | 0.807 | 1.083 |
| | 年龄 | 20～29 岁 | -0.056 | 0.444 | 0.899 | 0.945 |
| | | 30 岁及以上 | -0.259 | 0.577 | 0.654 | 0.772 |
| | 学生类型（内地学生） | | -0.123 | 0.619 | 0.842 | 0.884 |
| | 跨境生活 5 年以上 | | 0.042 | 0.318 | 0.894 | 1.043 |
| 人力资本 | 研究生学历 | | 0.245 | 0.489 | 0.616 | 1.278 |
| | 学科类型 | 经管法社 | 0.442 | 0.440 | 0.316 | 1.556 |
| | | 理工类 | 0.849* | 0.513 | 0.098 | 2.338 |
| | | 其他 | -0.131 | 0.437 | 0.764 | 0.877 |
| | 获得奖助学金 | | 0.110 | 0.331 | 0.739 | 1.116 |
| 就业因素 | 毕业去向 | 去港澳找工作 | -0.270 | 0.432 | 0.532 | 0.764 |
| | | 继续深造 | -0.400 | 0.531 | 0.452 | 0.670 |
| | 回生源地 | 稍有优势 | 0.528 | 0.325 | 0.104 | 1.695 |
| | 就业优势 | 较大优势 | 1.283*** | 0.530 | 0.015 | 3.607 |
| | 资格证不互通 | | -0.924*** | 0.332 | 0.005 | 0.397 |
| | 缺少流入地实习经历 | | 0.618* | 0.322 | 0.055 | 1.855 |
| 政府支援程度 | 支援程度一般 | | 0.631* | 0.334 | 0.059 | 1.880 |
| | 支援程度充足 | | 1.371*** | 0.418 | 0.001 | 3.941 |
| 流动诉求 | 改善住宿条件 | | -0.166 | 0.298 | 0.578 | 0.847 |
| | 改善医疗保障 | | -0.301 | 0.315 | 0.340 | 0.740 |
| | 扩大可申请奖学金的种类 | | -0.251 | 0.305 | 0.411 | 0.778 |
| | 给予更多实习与就业指导 | | 0.143 | 0.329 | 0.664 | 1.154 |

注：*** 表示显著性水平为 0.01，** 表示显著性水平为 0.05，* 表示显著性水平为 0.10。

### 4. 跨境教师流动满意度影响因素的 Logit 回归结果

最终进入跨境教师回归方程的样本观测值有 67 个，准 $R^2$ 为 0.586，$LR$ 统计量为 41.77，对应的 $P$ 值为 0.002，整个方程的所有系数（常量除外）

的联合显著性很高。最终模型预测的正确率为 88.06%，表明实际结果与预测值之间存在着较高的一致性，模型拟合程度较好，可信度较高。最终回归结果如表 11-5 所示，跨境教师的流动满意度与性别、年龄、职称级别、跨境时长、教师来源等基本特征不相关，与外部支持和跨境生活障碍因素存在显著关系。在外部支持上，得到了家人支持的跨境教师感到满意的概率显著更高，与没有获得支持的教师相比，满意度出现的概率会提高 9.724 倍；政府支援力度越大，跨境教师越容易感到满意，获得政府支援的教师满意率会提升 4.655 倍。而在购房、退休保险对接、交通、出行和住宿等跨境生活障碍方面，都不会拉低跨境教师的流动满意度，但若孩子上学的问题未得到妥善安置，会显著降低跨境教师的流动满意度。在工作因素方面，拥有国家级课题的跨境教师感到满意的概率更高，虽未通过显著性水平检验，但这不代表国家级课题对跨境教师流动满意度没有影响，当模型减少加入的变量数时，拥有国家级课题的跨境教师的流动满意概率显著更高，可能的原因是未通过显著性检验与跨境教师勾选了国家级课题的样本数过低有关。实证分析结果表明，家人的支持以及孩子的上学问题对提升跨境教师满意度的效果是最明显的，其次是来自政府的外部支持，其他的影响因素依次为：是否拥有国家级课题、国家文化交流、酒店入住、平台用户、退休保险等。

表 11-5　跨境教师流动满意度影响因素 Logit 回归分析结果

| 因素 | 具体变量 | 系数 | 标准误 | 显著性 | 优势比 |
| --- | --- | --- | --- | --- | --- |
| 常量 |  | -3.811* | 1.960 | 0.052 | 0.022 |
| 基本特征 | 男性 | 1.729 | 1.505 | 0.250 | 5.636 |
|  | 年龄在 40 岁及以上 | 0.477 | 1.353 | 0.724 | 1.612 |
|  | 教师类型（内地教师） | 0.071 | 1.283 | 0.956 | 1.074 |
|  | 跨境生活时间 10 年以上 | -0.289 | 1.053 | 0.784 | 0.749 |
|  | 职称（副教授及以上） | -1.043 | 1.083 | 0.335 | 0.352 |
| 外部支援 | 家人支持 | 2.372* | 1.352 | 0.079 | 10.724 |
|  | 政府支援 | 1.733* | 0.964 | 0.072 | 5.655 |

续上表

| 因素 | 具体变量 | 系数 | 标准误 | 显著性 | 优势比 |
|---|---|---|---|---|---|
| 工作因素 | 同行竞争威胁大 | 0.435 | 1.371 | 0.751 | 1.545 |
| | 国家级课题 | 2.672 | 1.905 | 0.161 | 14.476 |
| | 国家文化交流 | 1.953 | 1.465 | 0.182 | 7.053 |
| 生活因素 | 难以购房 | -1.323 | 1.209 | 0.274 | 0.266 |
| | 孩子难以就读公办学校 | -2.723* | 1.609 | 0.091 | 0.066 |
| | 退休保险难以对接 | 0.805 | 1.101 | 0.465 | 2.236 |
| | 交通拥挤 | 0.348 | 1.383 | 0.801 | 1.416 |
| | 无使用网络快捷支付 | -0.004 | 1.041 | 0.997 | 0.996 |
| | 部分酒店无法入住 | 1.435 | 1.298 | 0.269 | 4.198 |
| | 不能注册打车等平台用户 | 1.100 | 1.391 | 0.429 | 3.003 |

注：***表示显著性水平为0.01，**表示显著性水平为0.05，*表示显著性水平为0.10。

## 五、政策建议

粤港澳大湾区高校师生跨境流动受到多方因素的制约。一方面表现为较为深层次的因素，主要包括教育的体制机制、教育理念、文化与核心价值观等方面的差异，这对港澳高校之间的合作及人员跨境流动产生了深刻的影响；另一方面表现为较为表层的因素，主要包括师生个人特征、人力资本水平、学习工作因素、生活便捷因素以及家庭、社会、学校、政府支持因素。内外因素的叠加势必影响粤港澳三地的高校师生跨境流动的强度与热度。依据《粤港澳大湾区发展规划纲要》所制定的宏伟目标，粤港澳大湾区旨在打造国际一流湾区。国际一流湾区的显著特征表现为区位性、集聚性、开放性、创新性、宜居性、国际性。其中，开放性主要表现为城市高度开放、经济外向、人口多元、社会包容；宜居性主要表现为宜居宜业，生态环境好，能吸引和留住人才；国际性主要表现为国内国际人才充分流动。可见要实现世界一流湾区的目标，人员跨境流动关系到粤港澳大湾区能否成为世界顶级湾区的战略格局。因此，作为人员跨境流动的重要组成部分的高校师生跨境流动，尽快消除其现有的流动障碍势在必行。

**1. 破解学生流动障碍，关键在于人才共育、资源共享、质量互认**

探索实施符合实际的人才培养合作模式，实现资源共享和人才共育。如建立粤港澳大湾区高校联合培养机制与平台，在平台上实现湾区内同类高校的学分互认、学生互换、师资互进、课程共享、图书互通、资金互流和学历互认的合作办学模式。此外，需要对标国际，建立共同规则和统一的人才培养质量指标体系，建立粤港澳三地资格证书认证衔接机制，实现质量互认。而在实习、就业指导、奖助学金申请和求职机会上，应该减少本地学生和湾区跨境学生的"差别"对待，为跨境学生创造公平公正的培养、考评、奖励和就业环境。最新的相关调查结果显示，67.61%的香港被访者前往大湾区内地城市的主要目的是"休闲旅游"，少有"升学、进修、就业与创业"。可见，去标签化、还原历史与现实、增进双方互动互信以寻找内地与香港之间价值共同点在跨境流动中显得非常重要。建议三地政府部门加大力度推动粤港澳三地高校的交流合作，在香港、澳门和广东开办学校，互建姊妹学校，打造一批符合"一国两制"价值观要求的优秀办学团体，尽快培育出一批高水平合作的大中小学，形成强烈的正向示范效应，吸引港澳学生前往内地升学、访学和就业、创业。建议三地政府部门启动粤港澳青年教师合作交流及教师培训计划，互相参观、访问、观摩学习。建议启动更多港澳—内地学生交流计划，让学生多到内地来，亲身感受祖国，了解祖国，也让内地学生有更多的机会感受港澳。

**2. 破解教师流动障碍，关键在于科研合作、资源共享、资金互流**

粤港澳大湾区经济一体化必然要求湾区内部高校科研深度合作。一方面，要为粤港澳三地高校教师创造合作平台；另一方面，要参照国际标准，建立科研成果市场化转化机制，推动粤港澳大湾区协同创新生态体系。目前粤港澳三地高等教育做不到迅速融合起来，可以做到的是在可能的范围内共建资源共享平台，让三地教师、学生在这个教育平台上共享教育，实现共同的目标。要创造公平的课题项目申请机会和高效的科研合作平台，实现数据、设备、仪器和图书等科研资源的共用共享，促进科研资金的自由流动，提高科研效率和资金配置效率；参照国际标准，建立科研成果市场化转化机制，推动粤港澳大湾区建立完善的"产学研"一体化协同创新生态体系；建立教师跨校讲座与授课的配套制度，推进校际合作，促进人才流动；开展跨地区联合办学，组织区域内各级各类学校开展结对互助；鼓励区域内不同层级的高校联盟合作，依托学科优势，与区域内的科研院所、企事业单位等建立深度合作机制，建立起一批具有国际影响力的区域性学术高地和行业企业共性技术的研发基地；创新高等教育协作模式，政府主导的集中模式、市场主导的契约模式和个人主导的自由模式并存，共同推进三地高等教育协同发展。

**3. 破除通关、税收、社保、医保等人才流动障碍，关键在于制度创新**

真正实现人才自由流动需要破除制度障碍，一方面，要简化粤港澳三地的通关程序，增加粤港澳三地人才流动的交通便利程度；另一方面，要放宽对粤港澳三地的人才流动限制，建议尝试颁发"高科技人才通行证"和"大湾区人才绿卡"等措施，简化湾区高层次人才流动的程序和时间。此外，要改变人才双重税收政策，减少、补贴甚至取消港澳教师到访内地的税收，刺激高层次人才在湾区高校之间流动的意愿和动力。在社保制度上，可以效仿先进国家或地区的做法，规定如果在内地连续工作了一段较长的时间，就能享受到与内地人士完全一样的社会保障，如有社保等新政策，就要加快落实细节。建立完善区域间合作协议项目的评估与质量保障机制，加强官方评估机构建设和对合作交流项目的事后评估。在流动人才子女教育方面，当地政府部门要加强学校建设，扩大学位供给，进一步完善跨区域就业人员随迁子女就学政策，推动实现平等接受学前教育、义务教育和高中阶段教育，确保符合条件的随迁子女顺利在流入地参加高考。推动在粤港澳大湾区工作生活并符合条件的港澳居民子女与内地居民同等接受义务教育和高中阶段教育的权利的工作，这也应该成为今后的研究重点与推进着力点。

**4. 破除文化与观念障碍，关键在于求同存异、彰显特色、交互融通**

粤港澳三地要重视当地文化的塑造和宣传，使得文化成为促进人才流动的重要推力。同时，要客观面对粤港澳三地语言、价值观念等差异带来的合作困难，粤港澳三地政府可以通过组织公益性的语言培训、文化讲座，提供最新的城市发展咨询，开拓多样化的社交活动等方式帮助跨境师生更好地适应和融入当地生活。要推进三地价值认同，实施精英治理，加强文化领导力，促进文化融通，实现人心回归和人才自由流动。建立高等教育协同发展多元参与机制，引入社会共同参与的思路，引导和支持区域基层组织与学校开展多层次、多领域、立体化的纵横网络协作，激发学校、教师、学生、民众和社会组织等众多利益主体的积极性。建立相关激励机制，构建起一个涉及政府、市场和社会3个维度的治理框架，通过民主协商方式，进行合理的制度安排和持续的政策改进，以保持大湾区高等教育协同发展的活力。

## 六、结语

研究利用中山大学"高等教育、区域创新与经济增长"课题组2018—2019年粤港澳大湾区高校师生跨境流动问卷调查数据，对粤港澳大湾区高校师生跨境流动状况及影响因素进行了实证分析，研究得到以下主要结论：在流动现状与诉求上，大部分师生对跨境流动的满意度较高，师生在跨境流动中均体验到了一定的生活便捷，但在公共服务等领域仍然存在诸多不便；当地文化特色是吸引高校师生选择跨境流动的重要原因；绝大部分学生选择回流就业，但教师回流可能性较低；跨境学生最希望当地政府提供更多的实习和就业机会，而跨境教师的诉求存在差异；跨境学生在求学期间主要面临奖助学金额较低和资助渠道较窄的困难，在求职阶段主要面临缺乏人脉、对当地语言文化不熟悉、用人单位的歧视和证书报考限制等困难；制约跨境教师流动的主要因素包括竞争激烈、工作强度大和晋升较难较慢；教师薪资与学术水平不相符的问题也比较突出；跨境教师在创新创业中均面临人脉缺乏的障碍，港澳教师受政策限制的影响较大，而内地教师则主要面临供求信息不对称的困境。在跨境流动满意度的影响因素上，政府的支持程度对提升跨境学生满意度的效果是最明显的，其次是回生源地就业的比较优势和粤港澳三地的资格证互通情况；跨境教师的流动满意度受家人的支持以及孩子的上学问题的影响最明显的，其次是来自政府的外部支持。跨境流动是推动大湾区高等教育协同发展的一个重要表现。湾区高校跨境流动是湾区发展的必然要求，也是湾区高等教育协同发展的必然要求，更是推进"一国两制"行稳致远，湾区人心回归、融合发展的必然要求。推动湾区高校师生平稳有序跨境流动及促进湾区高等教育深入融合发展，需要从学生层面、教师层面、制度层面、技术层面、文化理念层面等进行持续推进。只有深入地感知和持续地人员流动与交流，粤港澳大湾区高等教育协同发展才有可能从理念变为现实，粤港澳大湾区建设的既定目标才会指日可待。

# 第十二章 粤港澳大湾区跨境创业：问题与对策

## ——以珠海横琴建设香港青年创业基地为例

廖唐勇　张光南[①]

《粤港澳大湾区发展规划纲要》提出要"扩宽港澳居民就业创业空间"，"在珠三角九市建设一批面向港澳的科技企业孵化器"。广东和香港地缘相近、资源互补，搭建香港青年内地创业基地，一方面，可以使香港青年分享内地优质创业环境，满足香港青年内地创业需要，并通过打造"产学研"合作平台促进香港高校科研成果的产业化；另一方面，可以利用香港的创业人才资源和高校科研资源推动内地现代产业发展，助力广东产业结构转型升级。

然而，针对跨境创业基地微观角度的深入研究却较为缺乏，关于粤港澳大湾区跨境创业的现有文献主要关注宏观区域层面存在的问题及对策。如王阁（2019）认为影响港澳青年到内地发展的主要因素包括政治因素、经济因素、社会心理因素以及历史文化因素，提出以政策改革、经济合作升级、加强文化交流、完善基础设施促进港澳青年到内地发展。谢宝剑、胡洁怡（2019）认为港澳青年在粤港澳大湾区内地区域发展面临价值观差异、制度差异、信息不对称、能力与需求差异、营商环境差异五方面的挑战，提出以加强政策协同与引导、发挥企业和行业团体作用等措施推动港澳青年在大湾区

---

[①] 廖唐勇，中山大学粤港澳发展研究院/中山大学港澳珠江三角洲研究中心博士研究生；张光南，中山大学粤港澳发展研究院/中山大学港澳珠江三角洲研究中心教授、博士生导师，穗港澳区域发展研究所所长。

内地城市发展。卢雯雯、邹平学（2019）认为香港青年在粤港澳大湾区内地城市创业面临的主要问题是资讯繁多分散、制度突破较难、创业隐形成本待降低等，提出构建"一站式"信息平台、加大同香港特别行政区政府合作、对香港青年实行同等待遇等政策建议。彭春华（2019）分析了现行社会交往制度、经济合作制度、特殊的身份设定、文化交流方面的障碍，提出放开经济要素自由流动、完善社会管理政策、推动爱国社团向内地延伸、成立粤港澳青年管理联席制度、促进粤港澳教育体系完善等建议。

针对现有文献较少关注以创业基地建设促进跨境创业的问题，本文分析了香港青年跨境创业的现状及存在的问题，在借鉴创业基地建设全球经验与中国实践的基础上，基于珠海横琴建设香港青年创业基地案例，制定建设原则并提出政策建议。

## 一、香港青年跨境创业现状

第一，香港青年在粤创业意愿比例较高，但实现率较低。在创业意愿方面，"青年创研库"2019年针对在职或待业香港青年的调查发现，92.1%的受访者听过"粤港澳大湾区"或"大湾区"，71.3%的受访者认为建设粤港澳大湾区对增加香港青年事业发展机遇有帮助，50%的受访者愿意赴大湾区创业[1]。调查同时显示，香港青年认为内地城市在市场空间（75.5%）、积累工作经验（65.1%）、事业发展机会（63.8%）、人才供应（58.4%）、创新文化（54.0%）、创业资助或支援（52.3%）、创业优惠措施（47.7%）等方面有吸引力。然而，在跨境创业实现率方面，2016—2017年由中共广东省委、省青联组织的港澳青年到内地实习见习交流项目参与人数超过2000人，但真正在内地实现创业或就业的青年不足100人，比例低于5%[2]。

第二，受限于地理、交通、政策等因素，香港青年在粤创业的地理分布集中于深圳，而广州、珠海分布相对较少，基于地缘关系就近择城特征突出。调研数据显示，截至2018年12月底，深圳前海青年创新创业梦工场总计入驻

---

[1] 青年创研库：《消除港青在粤港澳大湾区发展事业的障碍》，2019年2月26日，https://yrc.hkfyg.org.hk/2019/02/26/yi039/。

[2] 林洁、张夺：《港澳青年内地创业就业壁垒如何打破》，载《中国青年报》2018年2月25日，http://zqb.cyol.com/html/2018-02/05/nw.D110000zgqnb_20180205_9-03.htm。

340 家孵化团队，其中，香港团队 169 家；广州南沙粤港澳（国际）青年创新工场和"创汇谷"粤港澳青年文创社区共吸引 56 家团队落户，其中，有 3 家香港团队和 2 家澳门团队（卢雯雯、邹平学，2019）。根据中青在线的数据，截至 2018 年 4 月底，横琴澳门青年创业谷累计孵化初创企业（项目）253 家，其中，澳门创业企业（项目）131 家，香港创业企业（项目）7 家[①]。

## 二、香港青年跨境创业存在的问题

第一，由于语言差异等原因，香港青年对内地政府架构、商业文化、劳动力市场比较陌生。香港和内地在政府架构、商业文化、劳动力市场等营商环境方面存在较大差异（林至颖，2018），受制于语言差异、国情教育缺失、社会交往不多等原因，香港青年对内地不了解（彭春华，2019）。此外，内地政策较多，发布渠道各异，也增加了创业青年获取相关信息的时间成本（卢雯雯、邹平学，2019）。

第二，子女教育、医疗保障、社会保险、跨境交通等公共服务有待完善。在子女教育、医疗保障、社会保险等公共服务方面不能享受与内地居民一样的待遇，如香港居民子女不能享受内地义务教育，内地社保与香港强积金不能互通对接等[②]。在跨境交通方面，目前港珠澳大桥对跨境车辆通行实行配额管制，香港私家车还未能大量进入珠海[③]。此外，香港私家车进入内地需要两地牌照，但两地牌照的申请对投资者的投资额或纳税额有较高要求，创业青年通常无法达到[④]。

---

① 王素洁：《广东成港澳青年创业"热土"》，载中青在线 2018 年 5 月 19 日，http://news.cyol.com/yuanchuang/2018-05/19/content_17203954.htm。

② 林洁、张夺：《港澳青年内地创业就业壁垒如何打破》，载《中国青年报》2018 年 2 月 5 日，http://zqb.cyol.com/html/2018-02/05/nw.D110000zgqnb_20180205_9-03.htm。

③ 广东省公安厅交通管理局：《关于恢复申请经港珠澳大桥口岸通行的粤港两地车牌的公告》，2019 年 10 月 28 日，http://gdga.gd.gov.cn/jgj/gggs/content/post_2655220.html。

④ 广东省公安厅：《香港入出内地商务车指标新办（港珠澳大桥口岸）》，http://gdga.gd.gov.cn/jgj/jtznj/content/post_2278527.html；《境外商户申请香港入出内地商务车指标（非港珠澳大桥口岸）》，http://gdga.gd.gov.cn/jgj/jtznj/content/post_2278500.html；《港澳籍政协委员、人大代表、高端人才等申请香港入出内地商务车指标（非港珠澳大桥口岸）》，http://gdga.gd.gov.cn/jgj/jtznj/content/post_2278509.html。

第三，所得税优惠政策仅针对高端人才与鼓励类产业。在个人所得税优惠方面，《关于粤港澳大湾区个人所得税优惠政策的通知》仅针对高端人才与紧缺人才实行差额税负补贴，许多创业者往往难以达到要求。在企业所得税方面，也仅限于《企业所得税优惠目录》中涉及的鼓励类产业企业，并未实现对所有创业企业的全面普惠。

第四，市场经济体制与商事法律规则差异阻碍人才流动。经济体制方面，香港是自由市场经济体制，奉行"小政府、大市场"理念，税率低；内地是社会主义市场经济体制，税率相对较高。法律制度方面，内地是大陆法系，香港是英美法系，两地在商事法律规则方面存在较大差异。例如，在知识产权保护方面，香港对商标所有权采用"使用在先"的原则，而内地则适用"注册在先"的原则。

第五，职业资格互认滞后，缺乏对香港专业人才的认可机制。虽然随着系列 CEPA 补充协议签订，内地与香港之间服务贸易开放水平不断提高，特别是《内地与香港关于建立更紧密经贸关系的安排》关于内地在广东与香港基本实现服务贸易自由化的协议使香港与广东之间已基本实现服务贸易自由化。但是，由于两地职业资格不能互认，在香港获得的职业资格并不能直接在内地执业，极大地阻碍了香港青年在内地创业就业。虽然横琴新区政府和香港特别行政区政府发展局于 2017 年创新性地以"港澳服务专项"形式推进专业人士执业资格单向认可①，但这一机制仅局限于投资建设领域，香港青年在其他大部分行业具有的职业资格，如会计师、律师、翻译员等并未受到认可，不利于吸引专业人才。

第六，回乡证使用在涉及"互联网＋"的应用场景缺乏便利，居住未满半年不能办理居住证。在回乡证方面，香港居民往返内地通行证（即回乡证）只是一种旅行证件②，在内地办事时产生许多不便，比如，在银行办理金融业务时须额外准备更多的证明资料，并且由于其与内地居民身份证分别属于不同系统，因此香港居民在自助取票等许多涉及"互联网＋"的

---

① 广东省人民政府港澳事务办公室：《"香港＋横琴"新机遇来了》，2018 年 4 月 11 日，http://hmo.gd.gov.cn/hq/content/post_45299.html。

② 根据《中国公民因私事往来香港地区或者澳门地区的暂行管理办法》（公安部，1986），港澳同胞来内地须申请领取港澳同胞回乡证。

应用场景均无法享受到内地居民同样的便利。在居住证方面，2018年，《港澳台居民居住证申领发放办法》规定，香港居民在内地城市持有居住证，就可在居住地依法享受与内地居民基本相同的权利、公共服务和便利。然而，对于刚进入内地创业的香港青年而言，通常由于未满半年不满足办理居住证条件而不能享受到相应的权利、公共服务和便利①。

## 三、创业基地建设：全球经验与中国实践

### 1. 美国硅谷：创业文化、知识产权、"产学研"结合

1951年，美国斯坦福大学创立了世界上第一个科技园区——斯坦福研究公园，在此基础上形成了"硅谷"（蒋伟，2003）。硅谷是世界范围内最成功的自主创新和创业区域，曾引领多次产业形态和产业链的更新和变革（李向辉、李艳茹，2014）。硅谷经验主要体现在创业文化、知识产权、"产学研"结合等方面。如表12-1所示。

表12-1　美国硅谷经验

| |
|---|
| 美国硅谷的主要经验包括：①创业公司"栖息地"的硅谷文化，包括开放的生产结构、人才的频繁流动、宽容失败以及多元移民等。②优质的知识产权制度环境。斯坦福大学出台了一系列知识产权管理制度以鼓励教职人员的职务发明向企业转移，并允许拥有重大科研成果的教授停薪留职去硅谷创业，使得学校的科技成果转化率达到80%以上。③发达的风险资本和完善的投融资机制。硅谷的创业风险投资为创业企业提供了资金、管理等支持，并具有灵活的投入机制、高效的运行机制和成熟的退出机制。④"产学研"紧密结合。斯坦福大学为硅谷的发展提供了智力、技术和人才等多方面的强大支撑。目前，硅谷内超过六成企业源于斯坦福大学的科研团队，而与斯坦福大学科研项目有关的产值占到硅谷总产值的一半以上 |

资料来源：钱颖一：《硅谷的故事》，载《经济社会体制比较》2000年第1期，第28-35页；李向辉、李艳茹：《美国硅谷科技创业经验研究》，载《江苏科技信息》2014年第2期，第11-13页。

---

① 根据《港澳台居民居住证申领发放办法》（国务院办公厅，2018），前往内地居住半年以上，符合有合法稳定就业、合法稳定住所、连续就读条件之一的香港居民，可持有效的港澳居民来往内地通行证，到当地公安机关申请办理港澳台居民居住证。

## 2. 以色列科技孵化器：严格筛选项目、确保服务质量、科学管理模式

以色列被称为"创业国度""第二硅谷"，拥有世界上最先进的孵化器，使得800万人口的国家在纳斯达克的上市企业数量仅次于美国（宋洋、刘明，2019），项目孵化成功率超过50%（曹晓蕾、吴如忠，2014）。以色列科技孵化器的主要经验体现在严格筛选项目、确保服务质量、科学管理模式等方面。如表12-2所示。

表12-2 以色列科技孵化器经验

| |
|---|
| 以色列科技孵化器的主要建设经验包括：①严谨的项目筛选机制。孵化器依次经历预选、评审、首席科学家办公室指导委员会与孵化器经理共同讨论决定孵化项目三个阶段，从创业者资信、市场潜力和技术实力三个维度对创业项目进行评估与筛选，使得项目申请通过率一般只有3%。②确保孵化服务质量。每个孵化器内同时在孵企业一般不超过15家，以确保孵化服务有效和过程可控。此外，孵化器在每个入孵项目中占20%的股份，其中3%给孵化器经理，通过股权激励机制保证项目管理服务质量。③政府提供引导性资金支持，在孵化器发展成熟后则逐步撤出；通过首席科学家办公室对投资项目进行把关而不直接干预投资管理，保证孵化器按照市场机制运作 |

资料来源：曹晓蕾、吴如忠：《以色列科技孵化器发展启示》，载《群众》2014年第2期，第77-78页。

## 3. 深圳前海深港青年梦工场：项目运作市场化、港人港味港服务、完善创业生态圈

由前海管理局、深圳青联和香港青协三方发起成立的前海深港青年梦工场是内地与香港科创界合作的标志性项目，被团中央授予全国唯一的"青年创新创业跨境合作示范区"①。梦工场以现代物流业、信息服务业、科技服务业、文化创意产业及专业服务为重点，服务深港及世界青年创新创业②，其主要经验体现在项目运作市场化、港人港味港服务、完善创业生态圈等方面。如表12-3所示。

---

① 前海网：《前海梦工场：深港青年创客竞逐梦》，2018年6月7日，http://iqianhai.sznews.com/content/2018-06/07/content_21025411.htm。

② 深圳市前海深港现代服务业合作区管理局：《梦工场介绍》，2019年5月7日，http://qh.sz.gov.cn/ehub/mgcjs/index.html。

表12-3 深圳前海深港青年梦工场建设经验

> 前海深港青年梦工场建设经验主要包括：①公益项目市场化运作。在提供各项扶持政策的同时，运用市场化手段集聚优质资源，整合众多知名创业孵化器、行业组织、专业机构，建立一体化综合服务平台。②借鉴香港成功经验，采用香港及国际企业提供的优质服务，营造出"港人港味港服务"的独特环境。③发起成立前海"梦想+"联盟，重点打造创业孵化、创业培训、投融资、专业活动、专业服务、线上路演、创业传媒、国际交流8个专业委员会，构建完善创新创业生态圈

资料来源：张智伟：《制度创新让前海成为"人才磁场"》，载《深圳特区报》2017年7月1日，http://sztqb.sznews.com/PC/content/201707/01/c102034.html；《前海携500机构成立"梦想+"联盟》，南方网，2015年6月20日，http://news.southcn.com/dishi/phb/content/2015-06/20/content_126758976.htm。

### 4. 珠海横琴澳门青年创业谷：立体孵化模式、优惠政策叠加、联合孵化机制

由横琴新区管委会打造、横琴金融投资集团有限公司负责运营的横琴澳门青年创业谷于2015年6月正式启用，旨在孵化澳门和内地青年创新创业团队，是"国家级科技企业孵化器""国家级众创空间""广东省创业孵化示范基地"[①]。横琴澳门青年创业谷的主要经验体现在立体孵化模式、优惠政策叠加、联合孵化机制等方面。如表12-4所示。

表12-4 珠海横琴澳门青年创业谷建设经验

> 珠海横琴澳门青年创业谷建设经验主要包括：①立体孵化模式：空间载体（众创空间+孵化器+加速器全链条）+创业生态（创投资本+创业项目+孵化服务+创新协作资源）+运营机制（共享+互助+社群）。②优惠政策叠加：国家级新区与自贸片区政策叠加优势大大降低澳门青年在横琴的创业成本。③联合孵化机制：与澳门相关政府机构密切合作，使特区政府的创业扶持政策延伸到创业谷；与澳门相关社会组织签署框架协议，联合孵化优质项目

资料来源：《横琴青年创业谷：打造澳门青年创客的首选孵化地》，载中青在线2017年12月1日，http://news.cyol.com/yuanchuang/2017-12/01/content_16738314.htm；《横琴"创业谷"：让澳

---

[①] 钟夏、张映竹：《横琴·澳门青年创业谷：见证初心 孵化梦想》，载《珠海特区报》2019年10月15日，http://zhuhaidaily.hizh.cn/html/2019-10/15/content_1213_1711945.htm。

门青年梦想照进现实》,载新华网 2016 年 4 月 28 日,http://www.xinhuanet.com/politics/2016-04/28/c_128938596.htm;《横琴澳门青年创业谷获百万元资金支持》,载《羊城晚报》2020 年 3 月 24 日,http://ep.ycwb.com/epaper/ywdf/html/2020-03/24/content_793_247387.htm。

## 四、香港青年跨境创业基地建设原则：以珠海横琴为例

尽管在内地,特别是广东省已有不少创业基地,但由于独特的体制优势,三大自贸区是港澳青年跨境创业的首选（王阁,2019）。此外,地缘关系在港澳青年创业地点选择中具有决定性作用,香港创业青年主要集中在深圳,而珠海则主要对接澳门创业青年（卢雯雯、邹平学,2019；王阁,2019）。

港珠澳大桥通车改变了区域地理空间格局,珠海成为与香港陆路相连的城市,两地车程距离缩短为 40 分钟。珠港"一小时交通圈"的形成拓展了香港青年的发展空间,珠海成为香港青年创业的又一理想城市。通过在横琴自贸区打造针对香港青年的创业基地,支持和便利香港青年到珠海创业,是落实《粤港澳大湾区发展规划纲要》,进一步深化珠海与香港城市合作的应有之义。在横琴建设香港青年创业基地具有区位、经验、体制三大优势条件,存在科技金融资源相对不足、土地面积趋紧两大劣势条件,同时享有政策、市场双重外部机遇,面临区域内同类基地竞争及体制机制障碍等外部挑战。基于此外部环境与内部条件,借鉴全球经验与中国实践,确定如下基地建设的方向性原则。

第一,互补合作,错位竞争。首先,香港青年创业（横琴）基地的建设应基于香港与珠海两地在科技人才、科研实力、制造业基础、创业成本、市场空间等方面的比较优势互补合作,实现双赢。香港高校资源丰富,科研成果丰硕,科技人才较多,有创业意愿的人才所占比重大,而珠海制造业发达,劳动力及租金成本较低,产品市场空间大。其次,为避免与其他城市同类创业基地的同质化竞争,应突出城市特色,在产业定位上实现错位发展。珠海市将高端新型电子信息、生物医药、新能源及新能源汽车、

新材料、航空、海洋工程及节能环保行业作为未来的重点产业布局方向[①]，而香港高校和研究机构在生命科学、人工智能、智慧城市、金融科技及大数据、纳米材料、电动汽车等方面具备领先研究能力（张宇萌、谢薇，2019），综合比照广州、深圳、东莞等地创业基地的产业布局方向，香港青年创业（横琴）基地可鼓励香港青年重点围绕生物医药、新一代信息技术、中高端制造等领域创业。

第二，共享发展，协同推进。首先，共享创业服务与资源。一是服务共享。联合举办创新创业大赛、在线讲座等活动，共享项目对接、导师智库等创业服务。二是信息资源共享。建立统一的人才资源信息库和企业信用信息数据库。三是金融资源共享。横琴可共享香港与深圳的科技金融资源，弥补自身短板。其次，协同推进基地建设与宣传。基地建设方面，可由香港特别行政区政府选派专业团队协助基地的规划与建设，借鉴深港青年梦工场经验打造"港人港味港服务"的创业基地，增强香港青年环境适应水平。基地宣传方面，可由两地政府联合举办路演，宣传基地的目标定位、设施及服务保障、项目入驻条件、入驻渠道、优惠措施等信息，提高香港青年认知度。

第三，规模集约，运营高效。首先，选择集约空间规模。横琴土地资源有限，仅剩17.84平方千米的适建区[②]，应选择"小而精"的集约利用土地模式，充分发挥土地效能。可借鉴澳门青年创业谷的经验，充分利用现有的商业配套，并统筹区内的人才公寓等为人才提供租住房屋，减少重复建设。其次，采用高效运营模式。一是全周期扶持。打造"众创空间+孵化器+加速器"孵化体系，实现范围经济。二是多板块布局。打造以"资本、人才、知识、资源"为牵引的空间板块，形成分类集聚。三是政府引导，市场化运营。

---

[①] 珠海市政府：《关于加快发展战略性新兴产业的意见》，2010年9月。
[②] 广东省发展和改革委员会：《横琴总体发展规划》，2009年6月。

## 五、香港青年跨境创业（横琴）基地建设：政策建议

基于香港青年跨境创业面临的问题，借鉴创业基地建设全球经验与中国实践，提出如下建议。

第一，以畅通渠道对接香港青年跨境创业需求。首先，以"产学研"合作带动跨境创业。一是鼓励香港青年教师及科研团队到横琴投资兴办创新创业企业；二是与香港高校共建大学生创业实习基地；三是推动香港高校及科研院所一流实验室在横琴落地；四是举办高校重大科研科技成果与产业对接会。其次，优化创业项目对接机制。一是打造针对粤港青年的创新创业大赛。借鉴以色列经验，重点从技术创新度、产业化前景、创业者资信维度评估创新创业团队。二是线上对接。针对线下对接模式存在对接内容涵盖面窄、成本高、效率低等问题，建议打造专业、便捷、高效的线上项目对接平台。三是清单化对接。可由香港与横琴分别统计香港高校及研究院所的科研成果供给清单与需求清单并动态更新，消除信息不对称，便利项目对接。最后，拓宽职业资格互认范围。一是推广职业资格单向认可。建议根据区域发展实际需求，在 CEPA 框架下，扩大紧缺型人才职业资格单向认可的专业领域，把金融服务、高科技、文化创意等领域的职业资格纳入单向认可范围。二是探索引进国际职业标准和认证体系，实行"一试多证"[①]。建议横琴引进国际先进职业标准和认证体系，会同香港职业训练局、香港雇员再培训局等机构探索职业资格的多向评价互认制度，优先在横琴战略性紧缺型专业人才领域实行"一试多证"[②]。

第二，以优质服务推动香港青年跨境创业成功。首先，加大物质扶持力度。一是完善创业补贴方案，使创业扶持资金涵盖《横琴新区产业发展

---

① 2013 年，广东省人力资源和社会保障厅、香港职业训练局率先在美容、美发两个行业开展"一试三证"的粤港合作，实现了该领域劳动力职业能力的国际对接。

② 2018 年 11 月，珠海市人力资源和社会保障局发布了《2018—2019 年珠海市技能人才紧缺职业（工种）目录》，将战略性新兴产业 28 个紧缺工种纳入其中，主要集中在生物医药、高端装备制造、新一代信息技术和新能源汽车等产业。

指导目录》规定的各项产业类型①。二是扩大税收优惠范围，为更多行业的香港青年创业企业提供税收支持，以解决部分从事跨境电商、现代农业等行业的创业者因为相关行业未被覆盖而未能享受税收优惠的问题（卢雯雯、邹平学，2019）。三是强化香港青年创业融资支持。招募粤港两地的天使投资者、风险资本、私募股权基金等进驻基地；建立融资性担保机构和再担保机构；利用风险补偿基金引导银行业金融机构给予项目融资支持；构建资本市场服务基地，帮助创新创业企业对接资本市场。其次，打造综合服务平台。一是提供涵盖工商注册、税务登记、银行开户、金融机构对接、人力资源等的"一站式"服务，便利创业项目落户发展；二是邀请政府相关部门定期举办政策培训班，为企业解读创业相关政策，推送政策红利；三是组织知名创业导师举办创业辅导讲座，提升创业素养。最后，深化商事制度改革。一是优化市场准入。应放宽香港青年创业企业的注册资本限额要求，对以知识产权和科技成果作价出资比例不作限制②，降低创新创业制度性成本。二是加大改革力度。对标世界银行营商环境指标，营造法治化、国际化、市场化投资营商环境。推动商事登记离岸（香港）受理、远程办理③。三是强化部门协同。强化工商、公安、税务、人民银行等各部门的相互协调与主动衔接，实现部门间信息互通和共享，完善行政许可协同审批和后续监管协同执法④。

第三，以完善保障消除香港青年跨境创业顾虑。首先，完善知识产权保护体系。横琴知识产权保护存在侵权成本低、维权举证难、审判周期长等问题（吴创伟，2019），应完善知识产权保护体系。一是加强行政保护，加大行政处罚力度，披露严重侵权违法企业名单。二是强化司法保护，提

---

① 《横琴新区产业发展指导目录》规定了旅游休闲、物流、商贸和商务服务、金融服务、文化创意、医药卫生、科教研发、高新技术、其他8项产业类型合计200个具体产业。

② 2012年实施的《珠海市港澳青年创业基地管理规定》规定香港青年作为股东设立的外商投资企业，注册资本需3万元人民币以上，其中一人公司注册资本需10万元人民币以上，以知识产权和科技成果作价出资可达注册资本的70%。

③ 广东省人民政府官网：《港企来粤投资，"足不出港"登记注册》，2017年8月2日，http://www.gd.gov.cn/tzgd/gdtzdt/201708/t20170802_256408.htm。

④ 珠海市政府官网：《2016年珠海市人民政府工作报告》，2016年1月18日，http://www.zhuhai.gov.cn/zw/zfgzbg/content/post_1839063.html。

高侵权赔偿数额；推进案件繁简分流，破解审理"周期长"问题；与行政部门证据互通互认，缓解"举证难"困境（吴创伟，2019）。三是推行知识产权保险。其次，推动回乡证信息系统兼容。建议协调相关政府职能部门将回乡证信息纳入通行的身份证件认证系统，使其能够识别回乡证，推进回乡证与内地居民身份证的网络应用逐步兼容①，让在横琴创业的香港居民在创业初期也能享受移动互联网支付等生活便利及就医挂号等基本公共服务便利。最后，优化公共服务配套。一是扩大公办学校学位供给，创办优质国际学校，满足香港居民子女跨境接受义务教育的需求。二是引入高质量医疗资源，优化医疗政策衔接，引导横琴医疗机构开放对香港医疗券的认可使用。三是通过提供住房补贴、免租入住人才公寓、享受政府公共租赁住房、享受公积金贷款优惠等形式，统筹安排各层次创业人才的住房需求。四是增加港珠澳大桥通行配额，放宽车辆牌照限制，为香港创业青年跨境通勤提供更多便利。

**参考文献：**

［1］卢雯雯，邹平学. 香港青年在粤港澳大湾区内地城市创业现状、困境与趋势分析［J］. 青年发展论坛，2019，29（1）：22-34.

［2］彭春华. 依托粤港澳大湾区建设促进香港青年融入国家发展［J］. 广东行政学院学报，2019，31（2）：41-50.

［3］谢宝剑，胡洁怡. 港澳青年在粤港澳大湾区发展研究［J］. 青年探索，2019（1）：5-14.

［4］吴创伟. 构建知识产权侵权惩罚机制的实践与思考［J］. 中国市场监管研究，2019（3）：52-55.

［5］林至颖. 香港青年赴粤港澳大湾区创业的机遇、挑战及应对［J］. 港澳研究，2018（1）：55-62，95.

［6］王阁. 粤港澳大湾区建设背景下港澳青年到内地发展的现状、影响因素及对策建议［J］. 厦门特区党校学报，2019（3）：58-63.

---

① 邹春霞：《港澳代表建议：将"回乡证"纳入内地居民身份认证系统》，载北青网2018年3月8日，https://www.sohu.com/a/225151352_255783.

[7] 钱颖一. 硅谷的故事 [J]. 经济社会体制比较, 2000 (1): 28-35.

[8] 毛蕴诗, 周燕. 硅谷机制与企业高速成长: 再论企业与市场之间的关系 [J]. 管理世界, 2002 (6): 102-108.

[9] 李向辉, 李艳茹. 美国硅谷科技创业经验研究 [J]. 江苏科技信息, 2014 (2): 11-13.

[10] 陈晴. 美国硅谷孵化器的发展经验对我国的启示 [J]. 中国科技产业, 2014 (8): 36-39.

[11] 宋洋, 刘明. 以色列技术孵化器成功经验与启示: 上 [N]. 中国科学报, 2019-02-28 (6).

[12] 曹晓蕾, 吴如忠. 以色列科技孵化器发展启示 [J]. 群众, 2014 (2): 77-78.

[13] 蒋伟. 高科技园区运作及管理模式研究 [D]. 成都: 西南交通大学, 2003.

[14] 张宇萌, 谢薇. 建设世界一流湾区需打造一流湾区教育: 首届粤港澳大湾区发展与教育创新高端论坛会议综述 [J]. 现代教育论丛, 2019 (1): 91-96.

[15] 广东省发展和改革委员会. 横琴总体发展规划 [A]. 2009.

[16] 珠海市政府. 关于加快发展战略性新兴产业的意见 [A]. 2010.

[17] 政贤力量. 港青创业意愿高实践率低 欠缺资金为最大困难 [EB/OL]. (2015-02-12). http://www.arete.org.hk/site/research_details.php?id=4.

[18] 青年创研库. 消除港青在粤港澳大湾区发展事业的障碍 [EB/OL]. (2019-02-26). https://yrc.hkfyg.org.hk/2019/02/26/yi039/.

[19] 广东省人民政府港澳事务办公室. "香港+横琴"新机遇来了 [EB/OL]. (2018-04-11). http://hmo.gd.gov.cn/hq/content/post_45299.html.

[20] 横琴在线. 横琴工商、法院共建知识产权侵权惩罚机制 [EB/OL]. (2018-09-06). http://ftz.gd.gov.cn/rdgz215/content/post_918439.html#zhuyao.

[21] 林洁, 张夺. 港澳青年内地创业就业壁垒如何打破 [N/OL]. 中国青

年报，2018-02-05. http://zqb.cyol.com/html/2018-02/05/nw. D110000 zgqnb_20180205_9-03.htm.

［22］张智伟.制度创新让前海成为"人才磁场"［N/OL］.深圳特区报，2017-07-01. http://sztqb.sznews.com/PC/content/201707/01/c102034. html.

［23］王素洁.广东成港澳青年创业"热土"［EB/OL］.（2018-05-19）. http://news.cyol.com/yuanchuang/2018-05/19/content_17203954.htm.

# 第十三章 港澳青创扶持政策的实施进程、实践样本及推进建议

方木欢[①]

《粤港澳大湾区发展规划纲要》(以下简称《规划纲要》)实施一年多以来,粤港澳三地鼓励港澳青年创业(以下简称"港澳青创")的落地政策日渐增多,尤其内地9城市全面兴起港澳青创基地建设热潮,积极培育与引进港澳青创项目,在财税政策、平台服务、资源对接、法律援助、基础设施等方面给予极大帮助,港澳青创势头良好且成效初现,粤港澳大湾区逐渐成为港澳青年创新创业的热土和成长成才的舞台。目前,广东建有60多家港澳青创基地,其中,广州打造的港澳青创基地达28家,入驻项目200多个;深圳建有13家,几乎覆盖至每个区,400多个项目正在孵化。从当前发展趋势看,粤港澳大湾区包括广州、深圳、珠海、惠州等内地城市已成为大量港澳青年创业者的首选地,所在城市建立的港澳青年创新创业基地成为港澳青年在内地创业发展的重要集聚区。为了更好地认识和理解港澳青创扶持政策,本章将集中分析港澳青创扶持政策的实施进程,以及讨论深圳前海深港青年创业梦工场、珠海横琴澳门青年创业谷、广州南沙创汇谷粤港澳青年文创社区三大实践样本,并就推进港澳青创扶持政策遇到的问题提出针对性的对策建议。

---

[①] 方木欢,中山大学粤港澳发展研究院博士后,政治学博士,研究方向是地方政府与治理、澳门政治、大湾区区域治理、港澳青创扶持政策。

## 一、大湾区港澳青创扶持政策的实施现状

青年是富有创业激情与活力的群体,是党和国家推动大众创业、万人创新的最重要主体。在粤港澳大湾区创新创业群体中,港澳青年是重要部分。政府能否在促进港澳青创方面做出有效政策供给和机制保障,将直接影响港澳青创的实践成效。政策供给是影响港澳青年创业者成功的重要因素,而粤港澳大湾区各级政府制定并实施有效的创新创业扶持政策、营造创新创业型发展氛围是制度供给端亟须解决的问题。在新时代粤港澳大湾区建设的大背景下,中央政府、广东省政府及珠三角9市政府以及港澳特别行政区政府出台了一系列行之有效的港澳青创扶持政策,以支持、吸引和鼓励港澳青年到内地创业发展。

### (一)中央政府促进港澳青创的政策措施

2019年中共中央、国务院印发实施《规划纲要》,其中涉及众多港澳青年创业的发展措施:加快国家自主创新示范区与国家双创示范基地、众创空间建设,支持其与香港、澳门建立创新创业交流机制,共享创新创业资源,共同完善创新创业生态,为港澳青年创新创业提供更多机遇和更好条件。支持粤港澳在创业孵化、科技金融、成果转化、国际技术转让、科技服务业等领域开展深度合作,共建国家级科技成果孵化基地和粤港澳青年创业就业基地等成果转化平台。在大湾区为青年人提供创业、就业、实习和志愿工作等机会,推动青年人交往交流、交心交融,支持港澳青年融入国家、参与国家建设。

支持港澳青年和中小微企业在内地发展,将符合条件的港澳创业者纳入当地创业补贴扶持范围,积极推进深港青年创新创业基地、前海深港青年梦工场、南沙粤港澳(国际)青年创新工场、中山粤港澳青年创新创业合作平台、中国(江门、增城)"侨梦苑"华侨华人创新产业聚集区、东莞松山湖(生态园)港澳青年创新创业基地、惠州仲恺港澳青年创业基地等港澳青年创业就业基地建设。实施"粤港暑期实习计划"、"粤澳暑期实习计划"和"澳门青年到深圳实习及就业项目",鼓励港澳青年到广东省实习

就业。支持香港通过"青年发展基金"等帮助香港青年在大湾区创业就业。支持澳门建设中国与葡语国家青年创新创业交流中心。支持举办粤港、粤澳劳动监察合作会议和执法培训班。

(二)广东省促进港澳青创的政策举措

2019年广东省政府出台《广东省关于加强港澳青年创新创业基地建设的实施方案》,主要提出了四方面的激励举措:一是在政策支撑方面,通过推进创新创业政策协同、打造港澳青年人才服务体系和建立多层次融资支持体系,紧扣港澳青年需求强化扶持打造政策高地;二是在打造平台方面,通过优化平台载体规划布局、加大平台载体建设资源投入、构建孵化基地平台载体全链条服务体系和促进"产学研"一体化,为港澳青年提供环境最优、成本最低、要素最齐的硬件支撑;三是营造环境方面,通过扩大港澳青年住房保障供给、提升公共服务便利化水平和加强生活配套服务,重点解决港澳青年反映突出的服务保障等问题;四是在建立机制方面,通过开展粤港澳三地青年交流行动、建设粤港澳三地双创资源对接平台和加大基地建设宣传力度,建立长效机制,促进三地青年融入湾区发展。与之相对应,粤港澳大湾区的珠三角9个地级市也出台推进青创基地建设的实施方案,包括《关于鼓励港澳青年来穗创新创业工作方案》《佛山港澳青年创业孵化基地建设实施方案》《东莞松山湖推动港澳人才创新创业实施办法》《江门市关于加强港澳青年创新创业基地建设实施方案》《深圳市加强港澳青年创新创业基地建设工作方案》《关于加强珠海市港澳青年创新创业基地建设的实施方案》《惠州仲恺港澳青年创业基地实施方案》《肇庆市鼎湖区港澳青年创新创业基地实施方案》。

为了更好地与本地相适应发展,珠三角城市也结合自身情况推出了促进港澳青年创业发展的具体措施。例如,广州黄埔区、广州开发区2019年出台了《支持港澳青年创新创业实施办法》,从创业启动、创新激励、平台建设、金融支持、办公补贴、实习就业、合作交流、生活保障等方面提供支持,着力打通港澳青年在内地创新创业的难点、堵点问题。南沙新区2020年5月发布了《广州南沙新区(自贸片区)鼓励支持港澳青年创新创业实施细则(试行)》,在港澳青年创业者的落户、贷款贴息、场地租金、重大活动、参展等方面设置专项补贴,推动南沙成为港澳青年湾区创新创业的首选地和全面融入国家发展的中转站。深圳前海管理局2019年3月专门实施了《关于支持港澳青年在前海发展的若干措施》,针对年龄在18～45周岁的香港、澳门居民及在港澳高校毕业的内地居民进行扶持,措施不仅贯穿"实习、就业、创业初期、企业发展期"等全过程,而且覆盖个体、孵化载体、综合平台及生活保障等多方面。珠海推行《珠海市支持港澳青年来珠海就业(创业)和技能培训(训练)若干政策措施》,从10个方面全方位推动和促进港澳青年在珠海实现高品质就业创业。2020年3月,横琴新区澳门事务局专门实施《关于进一步支持澳门青年在横琴创新创业暂行办法的实施细则》,从租金和物业管理费补贴、优秀项目配套资助、科技型企业资金扶持、天使投资基金创投支持、创业奖励、孵化企业开办资助、住房和生活补贴、个税差额补贴等做出细则性规则,助力澳门青年进入横琴新区创业发展。总体来看,这些地方制定的扶持政策为港澳青年创业提供了有力保障,吸引了不少港澳青年前来创业发展。

### (三) 香港特别行政区政府促进港澳青创的政策举措

促进香港青年发展是香港特别行政区政府的重点工作之一。香港特别行政区政府行政长官在《2018年施政报告》和《2018年施政纲领》中提出与非政府机构合作推出试行计划,鼓励香港青年发掘香港以外的机遇,善用粤港澳大湾区创新创业基地。同时,宣布向青年发展基金注资,邀请青年发展委员会研究推出新计划,资助香港非政府机构为在香港及在粤港澳大湾区其他城市创业的香港青年提供到位的创业支援及孵化服务,例如,落户创业基地、进一步协助香港青年解决创业初期的资本需要、举办年期较长并与政府发展青年工作相辅相成的项目等[①]。值得注意的是,青年发展委员会是一个高层次督导委员会,负责加强香港特别行政区政府内部的政策统筹工作,从而更全面有效地研究与讨论香港青年关注的政策议题,并推动跨局、跨部门协作,一同落实青年发展委员会议定的政策措施,更好

---

① 参见《行政长官2018年施政报告》,第80-84页;《中华人民共和国香港特别行政区行政长官2018年施政报告施政纲领》,第181-185页。

地关注香港青年的学业、事业和置业①。

2019年，香港特别行政区政府行政长官林郑月娥在《2019年施政报告》中提出向社会创新及创业发展基金注资5亿元，进一步推动社会创新。特别行政区政府亦将资助业界在深圳前海地区设立培育计划及举办交流活动，协助香港年轻创意人才及初创企业在大湾区发展事业。特别行政区政府将成立"大湾区香港青年创新创业基地联盟"，邀请粤港两地机构包括具有实力及曾提供过支持的双创基地、大学、非政府机构、科研单位、专业团体、创投基金等加入联盟，携手建立"一站式"资讯、宣传及交流平台，以支持在大湾区创业的香港青年，协助处理香港青年创业者遇到的问题，使联盟成为一个有效处理创业疑难的平台。为拓宽香港青年的视野，特别行政区政府亦研究推出更多青年内地实习计划，包括进一步扩展"内地专题实习计划"，与内地机构合作提供更深、更广的实习机会，以及在"粤港澳大湾区香港青年实习计划"框架下，开设与创科产业有关的专项实习计划，在内地一线创科龙头企业总部提供优质的实习岗位②。

从设立的相关基金看，青年发展委员会成立"青年发展基金"的目的是与非政府机构合作，支持青年人创业及其他青年发展活动，其中，包括以资金配对形式与非政府机构合作，从而协助青年人创业。青年发展委员会2019年3月在"青年发展基金"下推出"粤港澳大湾区创新创业基地体验资助计划"和"粤港澳大湾区青年创业资助计划"，资助香港非政府机构为在香港与大湾区内地城市创业的香港青年提供更到位的创业支援及孵化服务，包括落户创业基地，以及进一步协助青年解决创业初期的资本需要。

（四）澳门特别行政区政府促进港澳青创的政策举措

近年来，为促进澳门青年积极融入国家发展大局，参与国家建设，澳门特别行政区政府制定了相应的一系列政策举措。例如，澳门特别行政区政府教育暨青年局制定实施了《澳门青年政策（2012—2020）》，从各方面

---

① 参见香港青年发展委员会简介，https://www.ydc.gov.hk/tc/ydc/welcome.html，2020年3月1日访问。
② 参见《行政长官2019年施政报告》（附篇）第四章《多元经济》及第八章《与青年同行》，第39-40页、102页。

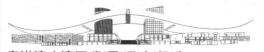

关注澳门青年的健康成长,为澳门青年的全面发展创设良好条件。教育暨青年局亦编制实施"《澳门青年政策》行动计划2017—2020",按序落实与青年政策相关的工作,积极促进澳门青年成长发展。当前澳门特别行政区青年事务委员会正在推进《澳门青年政策(2021—2030)》,提出了政策初步框架,进一步为澳门青年全人发展创设良好条件。随着粤港澳大湾区建设的深入推进,澳门特别行政区政府也出台了一系列政策举措,鼓励澳门青年把握好粤港澳大湾区建设带来的发展机遇。同时,澳门特别行政区政府与粤港澳大湾区内地城市展开密切合作,助力澳门青年到大湾区创业发展。当前,澳门特别行政区政府围绕澳门青年创业孵化中心及相关创业资助计划,展开澳门青年创新创业的工作。

澳门特别行政区政府2015年设立了澳门青年创业孵化中心,以每天24小时、全年365天无休的营运方式,为青年提供创业配套支援服务。澳门青年创业孵化中心在位于中山的粤澳青年创新创业基地建立"澳中致远火炬创新园",园区将包括"葡语系国家特色产品展示中心""澳门中山科研成果转化中心"等多功能布局定位,进一步连接内地与海外双创资源,加速融入区域合作、建设"一带一路"欧洲门户的国家发展大局。2019年8月底,澳门青年创业孵化中心共接获343项进驻申请,251项获批准;获批企业主要从事科技、文化、会展旅游业、餐饮管理业、商贸服务业及医药业等行业[①]。《青年创业援助计划》是澳门特别行政区政府在工商业发展基金下设立的一项促进澳门青年创业项目计划,目的是鼓励澳门青年在传统就业取向以外开拓新的选择和机会,实践创业理想,为澳门经济发展注入新的动力。

为加强支援澳门青年在大湾区创业发展,澳门特别行政区政府经济局于2019年推出"专业顾问服务互换计划",透过澳门青年创业孵化中心推进与大湾区相关青创孵化机构共同合作,相互向所在地的进驻创业团队提供法律、会计及税务等方面的专业顾问服务,让澳门初创人士在大湾区创业发展和开拓业务时,得到专业和可靠的创业支援服务。专业顾问服务互换计划的服务对象是透过协议认可机制获推送到内地相关青创孵化机构的

---

① 澳门特别行政区政府:《二〇一九年财政年度政府工作总结》,第66页。

澳门初创企业或团队，以及已进驻内地相关青创孵化机构的澳门初创企业或团队。

澳门特别行政区政府在施政方针中提出了"青年湾区创业创新计划"，为澳门融入大湾区青年创新创业发展提供了崭新的台阶，内容涉及澳门青年到大湾区的实习计划、创业体验、考察交流等。例如，澳门人才发展委员会与广东省人民政府港澳事务办公室于2019年联合举办"澳门青年湾区实习计划"创业体验项目及"粤港澳大湾区澳门青年实习计划"，在澳门或澳门以外就读的澳门大专学生利用暑假前往广东珠三角城市的企业进行实习，了解创业的过程，并从中学习有关创业的知识和了解当地相关政策，加深了解内地经济社会发展情况，拓展在湾区内创新发展的空间，从而启发其到湾区创业或就业。

## 二、大湾区推进港澳青创的样本经验

粤港澳大湾区的港澳青创基地是港澳青创扶持政策实施的重要载体，是港澳青创群体选择在大湾区奋斗的落脚点与目的地。目前，广东省在聚焦粤港澳大湾区建设上，分两个阶段将港澳青创基地打造成为粤港澳青年创新创业活力区、融合发展示范区、安居乐业试验田：第一阶段是到2020年，在广州南沙、深圳前海、珠海横琴3个自贸片区打造南沙港澳青年创新创业基地、前海港澳青年创新创业基地和横琴港澳青年创新创业基地，充分发挥3个基地的引领示范作用，实现港澳青年进入基地创新创业的政策障碍基本消除，资金、信息、技术、服务等瓶颈问题得到解决，政策衔接和服务协同初步实现，粤港澳创新创业交流合作进一步深化，港澳青年入驻基地创新创业成为常态；第二阶段是到2025年，广州南沙、深圳前海、珠海横琴港澳青年创新创业示范基地辐射带动效应进一步发挥，珠三角9市各建设至少一个港澳青年创新创业基地，以粤港澳大湾区（广东）创新创业孵化基地为龙头的"1+12+N"孵化平台载体布局基本建成，港澳青年创新创业的基础设施、制度保障、公共服务供给到位，粤港澳共同参与基地建设运营的体制机制基本建立，创新创业生态链进一步完善，港澳青年的国家认同感、文化归属感、生活幸福感得到全面提升。

为了更好地理解港澳青创基地建设进程以及对促进港澳青创的作用，本章选取深圳前海深港青年创业梦工场、珠海横琴澳门青年创业谷、广州南沙创汇谷粤港澳青年文创社区为样本，就它们促进港澳青创的保障机制与特色优势进行分析。

（一）深圳前海深港青年创业梦工场

前海深港青年梦工场是全国"青年创新创业跨境合作示范区"、广东港澳青年创新创业基地、广东省政府和香港特别行政区政府共同认定的"粤港青年创新创业基地"①。2019年6月，梦工场累计孵化创业团队388家，近半数为港澳台及国际团队；超半数项目成功获得融资，累计融资金额超15亿元。为助力港澳青年创业，梦工场建立起一套系统化的保障机制。

第一，财政税收政策实惠化。实惠化的财政资助与税收优惠能为港澳青创提供充足的资金支持。深圳前海为梦工场的港澳青年创业提供多形式的财政资助与政策优惠②：①专项资金扶持，包括贷款贴息和财政资助两种方式；②税收优惠，如获得前海境外高端人才和紧缺人才认定的港澳青年享受15%个人所得税优惠；③场地租金优惠，符合条件的港澳青创团队入驻将获得半年免租期，若半年内取得第一笔融资，免租期可再延半年。

第二，运营资金来源多样化。多样化的资金来源能为港澳青年初创企业提供强大的原动力。保证企业的"资金链"是梦工场打造全链条创新创业生态圈的重要一环，由内地金融机构贷款、资本企业投资、基金平台融资、政府配套资助等组成。梦工场与众多融投资机构保持密切合作，向港澳青创团队创造融资对接机会，能够为初创企业和产品研发造血供液。例如，前海科创投公司与香港X科技创业平台共同发起"深港合作人民币基金管理平台"，助力梦工场港青初创创业解决天使期科创项目融资难问题。

第三，基础设施建设便利化。便利化的基础设施建设是促进港澳青创的硬件保障。梦工场致力为港澳青年提供国际化硬件设施和一流配套服务，

---

① 具体内容可参见《前海青年创新创业梦工场入园企业管理办法（暂行）》，http://qh.sz.gov.cn/ehub/cyzc/201412/t20141222_10473748.htm，2019年12月12日访问。

② 参见《前海深港青年梦工场政策汇编》，http://qh.sz.gov.cn/ehub/cyzc/201412/t20141222_10473749.htm，2019年12月12日访问。

专门建有展览及创业服务中心、创业学院、创业园 ABC 三座、多功能创新中心、人才公寓、路演广场等设施,梦工场二期扩建工程亦将为港澳青创提供共享办公空间、孵化器、加速器、公共实验室、产品检测中心及配套服务区等设施,为港澳青创构造独特的创业营商生态圈。

第四,生活配套服务人性化。人性化的生活配套服务可为港澳青年创客提供一体化的后勤保障。为解决港澳创客衣食住行的"后顾之忧",梦工场着力从多方面设计人性化的措施,如饮食上提供突出港澳特色的饮食服务,在住房条件上帮助解决港澳青年租房难问题。例如,港澳青年创客除能申请前海人才保障房或公共租赁房外,亦可申请入住梦工场配套人才驿站"YOU+青年创业小区",专注为港青提供 $7\times24$ 小时的生活创业空间。

第五,管理服务机构专业化。专业化的管理和服务机构是推动港澳青年创业规范有序进行的组织保障。梦工场设有专门管理和服务机构——梦工场事业部,主要任务是打造创新创业生态圈,以粤港澳青年创业企业为服务对象,为入园企业提供专业孵化、办公场地、共享设施,提供政策、管理、法律、财务、融资、培训等服务,以降低企业创业风险和创业成本,提高企业成活率和创业成功率。

第六,合作平台服务贴身化。贴身化的合作平台服务可为引导港澳青创提供行之有效的方法与途径,助力港澳青年创客克服创业困难。梦工场按照"公益项目市场化"的运营理念,开展以"梦工场为主导,合作机构为主体"的协同创业服务模式。合作平台来自从事青年创业服务,具备整合创新创业资源能力,且能引进港澳青创团队,有能力为港澳青创提供配套服务的国内外知名机构或专业团体,具备提供科研支撑服务、公共技术服务、投融资服务、营销推广服务、导师式辅导等综合功能。

第七,专业法律服务"一站化"。"一站化"的专业法律服务能协助港澳青年创客群体解决创业初期碰到的法律问题,是他们维护合法权益的重要途径。梦工场设立"深圳创客法律中心",是全国首个针对创客群体提供全生命周期、"一站式"法律服务的平台,以政府购买服务方式免费向创客企业提供公益性法律服务。通过线上互联网服务平台和线下服务中心无缝链接,青年创客可以随时与律师联系,获得面对面沟通、个性化支持与定向服务。该中心成为港澳创客双创综合服务平台,提供对接会计师事务所、知识产权保护机构、政府资助申报机构等服务。

(二) 珠海横琴澳门青年创业谷

横琴澳门青年创业谷位于珠海横琴新区，由横琴新区管委会发起，政府、企业、高校、社团联合打造的青年服务平台，也是在中国（广东）自贸试验区横琴新区片区为澳门和内地青年交流合作、干事创业、实现梦想而重点打造的孵化平台，旨在鼓励澳门青年人创新创业，追求梦想，以此加强港澳与内地青年人的交流，促进粤港澳深度融合，成为粤港澳深度融合发展的新载体和促进澳门经济多元发展、澳门青年成长成才的有力抓手，在推动珠澳合作、促进产业集聚、支持澳门融入国家发展大局等方面发挥了重要的作用。创业谷是横琴自贸试验区粤澳深度合作的重点工作，是促进澳门经济多元发展的有力抓手。该项目位于横琴口岸对面，用地面积12.8万平方米，建筑面积13.7万平方米，集商务办公、商业服务、人才公寓于一体。横琴澳门青年创业谷主要面向年龄在18~45周岁，在澳门学习、工作、生活的青年（涵盖具有澳门户籍、持有澳门单程证的内地、外国青年），采取政府推动、市场运作的方式，以培育上市公司、造就创业新星、打磨创意企业、掀起创业热潮为行动目标，最终打造珠三角最具"互联网+"思维的创业新高地①。相关数据显示，2020年2月底，横琴澳门青年创业谷累计孵化392个项目，其中，港澳创业项目218个（澳门项目205个，香港项目13个）；培育高新技术企业48家；30家企业获得风险投资，融资额突破5.03亿元。②自2015年启用以来，横琴澳门青年创业谷实现珠海市级、广东省级、国家科技企业孵化器三级跳，并且陆续被授予"粤澳青年创新创业基地""中国青年留学人员创业基地""留学报国基地""广东珠海旅欧留学人员创业园""粤港澳青年创新创业基地"等20多项资质。

港澳青年在粤港澳大湾区创业发展，往往都会面临"落户难""招聘难""发展难""融资难"等难题，横琴澳门青年创业谷着力向港澳青年提

---

① 参见横琴澳门青年创业谷官网，http://www.innovalleyhq.com/cyg/index，2020年5月22日访问。
② 《横琴·澳门青年创业谷获评"粤港澳科技企业孵化器"》，载中国报道网，http://cxzg.chinareports.org.cn/qccy/20200306/18633.html，2020年5月23日访问。

供多方位服务，其服务职能涵盖如下几方面：

第一，提供初创企业的落户服务。创业谷提供工商注册、税务登记、银行开户等"一站式"服务，以及与会计事务所、律师事务所、税务事务所、管理咨询公司、资产评估公司等中介机构对接的齐全服务。入驻创业谷的青年将减免至少一年的办公场地租金，同时谷内配套完备的通信和网络以及公共服务中心、会议中心、商务中心、展示厅等服务设施，创业青年可以"拎包入驻"。创业谷将设立人才交流培训中心，帮助企业进行人才招聘，为澳门创业项目汇集内地优秀人才。

第二，提供专业培训与咨询服务。创业谷将引入内地领先的创业孵化机构，为澳门青年提供专业的创业培训辅导以及最先进的创业资讯服务，辅助澳门创业项目发展壮大，推动澳门创业项目以横琴为平台打入内地市场。创业谷也提供专业的创业咨询服务，助力青年落户珠海发展。同时，创业谷围绕行业（人工智能、物联网、智慧城市、电子商务等）和专业（人力资源、知识产权、投融资、法律财税等）两个领域，选拔了一批优质的创业导师为创业者提供免费的咨询和交流服务。

第三，提供初创融资募投服务。创业谷将配套总规模20亿元人民币的专项资金，用于横琴日常运营、发起设立横琴澳门青年创业投资引导基金等用途。创业谷还将加强与国内外优秀投资机构合作，定期邀请投资机构来创业谷遴选优秀创业项目，为澳门青年创业项目提供风险投资。此外，创业谷也将引入新三板服务合作平台，使创业青年足不出谷，即能实现从想法到资本市场的创业梦想。

第四，配备实施创业优惠政策。在创业谷实施横琴新区制定的配套政策，人才及配套政策如《横琴新区引进人才租房和生活补贴暂行办法》《珠海经济特区横琴新区特殊人才奖励办法补充管理规定》《珠海经济特区横琴新区特殊人才奖励办法》，产业政策如《横琴新区科技型企业办公场地租金补贴暂行办法》《横琴新区企业研究开发费补助资金管理暂行办法》《横琴新区推动高新技术企业树标提质扶持办法（暂行）》，鼓励澳门青年创业的政策如《关于进一步支持澳门青年在横琴创新创业的暂行办法》《横琴新区举办创新创业大赛并给予优胜团队研发费无偿资助的暂行办法》。

横琴澳门青年创业谷最具特色之处是其"四汇"服务平台所展现的功

能。横琴澳门青年创业谷由横琴金投创业谷孵化器管理有限公司负责运营和管理,而该公司是横琴金融投资集团有限公司(简称"横琴金投")下设子公司。为推进横琴澳门青年创业谷的有效运行,横琴金投打造出"金谷汇""琴澳汇""科谷汇""智谷汇"四大服务平台,依托澳门青年创业训练营、澳门青年创业服务中心、横琴硅谷创新论坛等项目,整合政府、高校、企业、协会等资源,以深化对澳门合作和加速产业培育。其中,"金谷汇"解决资金的问题,"琴澳汇"解决琴澳产业交流对接问题,"科谷汇"则是对科技型企业的扶持,"智谷汇"提供人才交流和培育的平台。具体而言,"金谷汇""琴澳汇""科谷汇""智谷汇"的功能作用体现在以下四个方面。

第一,"金谷汇"相当于一个工具或平台,能够促进金融机构或投资机构与企业项目相互了解,从而解决创业者与资金方之间信息不对称的问题,帮助初创企业成功融资。作为具有区域影响力的综合金融投融资平台,横琴金投不断探索国有资本市场化运营新模式,打造助力横琴产业发展的核心载体。在金融投资方面,主要通过引导基金、天使投资、融资租赁这"三大抓手"来进行产业扶持和培育[1]。例如,政府引导基金现阶段主要招募创新创业和新兴产业发展两大类子基金,分别针对初创期、早中期创新型企业以及符合区重点发展领域的产业。横琴新区为此出资1亿元设立首期天使投资基金,对符合申请条件的早期创业项目进行投资扶持,如珠海市一微半导体有限公司便是其中一家被投企业。在融资租赁上,成立了横琴金投国际融资租赁有限公司,其广泛开展直接租赁、售后回租、保理等业务活动,遍布近20个省市区,累计为百余家企业提供近百亿元资金支持。

第二,"琴澳汇"是解决产业交流对接的问题。"琴澳汇"立足于琴澳资源禀赋和产业特点,以"琴澳产业交流对接会"为品牌活动,以"琴澳产业协同创新联盟"为主要依托,共同搭建的资源整合、紧密合作、协同创新的产业交流平台,旨在破除琴澳沟通、交流、合作障碍,探索建立琴澳产业协同发展的新模式,找准两地产业发展结合点,携手提高琴澳产业

---

[1] 刘梓欣、梁涵、关铭荣:《横琴金投 架起琴澳产业协同发展融通桥》,载《南方日报》2019年9月26日第BT03版。

协同发展水平，谋划更多促进澳门产业多元发展的新路子，促进琴澳共创、共生、共荣。

第三，"科谷汇"关注的方向是如何把中小企业快速培育成高新技术企业。"科谷汇"旨在筛选一批创新能力强、成长快、发展前景好的科技型中小企业，集成资金、人才、技术、政策等创新要素，通过持续举办创业大讲堂、科技政策培训、横琴 CEO 下午茶等活动，培育一批科技小巨人，带动形成一批高技术产业。"科谷汇"的使命是成为横琴新区的"科技企业俱乐部、企业成长助推器"。截至 2019 年 12 月 31 日，"科谷汇"累计举办 49 场活动，参加人数近 1800 人次。

第四，"智谷汇"是横琴新区高层次人才服务中心为横琴入驻企业提供人才引进、落户、交流、培训等全方位一体化的服务平台，通过搭建起高层次人才交流合作对接平台来实现高端资源的聚集融合。横琴新区高层次人才服务中心旨在凝聚国家特聘专家、行业领军人才等高层次人才，团结并服务于海内外留学人才，并致力于为横琴新区建设提供有力的人才支持和智力保障。同时，通过横琴新区高层次人才服务中心开展高水平招商，承接高端资源，搭建交流平台，实现资源共享，促进协同创新，达到培育和扶持高新技术产业发展的目标。

## （三）广州南沙创汇谷粤港澳青年文创社区

广州南沙位于粤港澳大湾区几何中心，总面积约 803 平方千米，是自贸试验区、国家级新区和粤港澳全面合作示范区。在南沙建立的"创汇谷"粤港澳青年文创社区以"青年特色、港澳元素、前端定位、综合服务"为目标导向，以服务港澳青年特别是在穗高校就读的近万名港澳青年学生为主体，以人文交流、实习就业、创新创业、经贸往来（青年专才合作）、居家置业为主要路径，逐渐发展成为粤港澳青年追梦的沃土。创汇谷已经成为许多港澳青年来南沙的"网红打卡地"，每年接待相关考察团 8000~10000 人次。在创汇谷社区内，设有青年创业孵化基地、青年创业学院、青年创意工坊、青创公寓 4 个功能区，以文化传媒、互联网科技、创新型科技产品、跨境电商等为切入点，重点面向粤港澳本土文创项目。截至 2020 年 4 月，创汇谷总签约入驻项目团队（企业）153 个，其中，港澳青创团队

103个（香港团队82个，澳门团队21个），在校大学生团体及初创团队占比接近100%。从创汇谷运行过程来看，其功能特色主要表现在以下五个方面。

第一，空间充足。创汇谷在南沙中心区位，距离广州地铁4号线金洲站5分钟，距离南沙客运港、广深港高铁庆盛站皆为15分钟车程，交通十分便利。园区使用面积达2万平方米，可容纳200个创业团队入驻。创汇谷致力于为港澳青年提供一个低成本、便利化、全要素、开放式的试创平台，园区整体面向港澳青年免费开放，创汇谷开辟有香港青创空间、澳门青创空间、葡语系平台、粤港澳青年三新讲学所等特色功能区，提供商事登记、人力资源、知识产权、法律顾问、融资对接、财税代理等创业服务。

第二，服务到位。在内容上，创汇谷将打造商事登记、人力资源、知识产权、法律顾问、融资对接、财税代理、物业服务、导师顾问、政策咨询、商务秘书"十项全能"服务体系，为港澳青年提供一个低成本、便利化、全要素、开放式的试错平台。创汇谷粤港澳青年社区在2018年就成立了"南沙政务服务中心港澳青创分中心"，可为港澳创业青年提供商事登记绿色通道和"一站式"服务，实现商事登记随来随办、即来即办，企业注册"只来一次，只待一天"。此外，创汇谷与澳门经济局合作推出"专业顾问服务互换计划"，向进驻创业团队提供法律、会计及税务等方面的专业顾问服务，让澳门初创人士在大湾区创业发展和开拓业务时，得到专业和可靠的创业支持服务。

第三，政策优惠。入驻创汇谷的港澳创业青年能够享受《广州南沙新区（自贸片区）鼓励支持港澳青年创新创业实施办法（试行）》所规定的优惠措施，涵盖落户补贴、贷款贴息补贴、场地租金补贴、重大活动补贴、参展补贴、创业成长补贴、1∶1参赛配套和政府资助配套奖励等领域，有利于降低港澳青年在南沙生活和发展的成本，将全方位支持港澳青年在南沙发展。

第四，办税方便。南沙青年创汇谷设有专门的"港澳青创税务驿站"，精准对接港澳青年创新创业、交流融合需求，为港澳创业青年提供跨境便捷办税、智能自助办税、"直通车"绿色服务通道和专窗专线专业团队"一对一"辅导等全流程、定制式便捷税务服务，能够实现港澳青年的双创企业"足不出园、足不出区"即可24小时轻松办理纳税申报、发票验旧、税控设备报税、信用等级查询、办税指南、预约办税、政策咨询等各类涉税事项。

第五，食宿保障。在饮食保障上，创汇谷粤港澳青年文创社区内设有一间"青创人才共享餐厅"，以白色和绿色为主调，方便港澳青年就餐。在住房保证上，入驻创汇谷的港澳青年可以选择"共有产权房"或"青创人才公寓"两种。南沙区共有产权住房面向区域内重点发展领域紧缺型人才、港澳青年供应，满足港澳青年人才的居住需求。同时，"创汇谷"粤港澳青年文创社区建有"青创人才公寓"，由南沙共青团牵头规划建设并已正式投入运营，地理位置优越，交通便捷，设有双人公寓、团队公寓、专家公寓等不同标准的公寓共110间，可同时容纳180人入住，公寓内基础生活设施齐全，24小时全天候提供前台服务，周边配备健身房、共享餐厅、烘焙房、无人超市等共享空间，为港澳青年生活居住提供全方位"一站式"服务。

## 三、港澳青创扶持政策面临的问题及改进完善

### （一）港澳青创扶持政策实施遇到的问题

从当前粤港澳大湾区港澳青创发展的整体情况看，虽然粤港澳大湾区各级政府积极推进港澳青创扶持政策，且取得了不少成效，但是仍然遇到了一些问题亟须解决。具体而言，这些问题主要有：

第一，港澳青创的政策安排与现实的贯彻落实存在落差，一些地方的执行机制也不健全、不完善。例如，一些地方政府会将港澳青创基地建设当作一种政治性任务或一项工作指标来完成，从而导致选择仓促上马孵化功能不全的港澳青创基地，或是不计港澳青创基地建设的投入与产出，使青创基地投入运营之后难以获得理想的经济效益。

第二，珠三角城市一些地方可能在推进港澳青创方面出现激烈竞争。例如，地方政府出于功利主义引发一些青创基地抢人才、挖团队、拼项目，甚至有些地方动辄以几十万元或上百万元现金奖励来吸引港澳创新团队，这将容易引发地方间的无序竞争或恶性竞争。

第三,粤港澳三地政府有关推进港澳青创的政策协调相对不够顺畅。目前粤港澳三地都极为重视港澳青创工作,并采取不同措施积极推进港澳青年创业。但是,粤港澳三地制定的港澳青创扶持政策缺乏整体性、系统性与连贯性,尤其在平台服务、规则对接、资源共享、人才跨境、资格互认、网络资讯等方面还有许多工作需要完成,不少体制机制性障碍需要通过不断完善相关制度技术予以攻克。

第四,粤港澳大湾区的政策宣传的广泛度与政策的接受面还不能实现全覆盖、全深入。例如,不少港澳青年不熟悉粤港澳大湾区扶持港澳青创的财政资助或税收优惠政策,对内地营商环境和市场规则还相对陌生,并不能很快融入当地生活与工作中。一些港澳青年由于不掌握内地法律知识,以至于不能有效处理知识产权维护和商业纠纷。

第五,港澳青年创业群体的大湾区意识还没有完全形成。一些港澳青年对粤港澳大湾区知之甚少,或是不愿意过多了解粤港澳大湾区建设,在日常生活工作中未能充分认识到粤港澳大湾区与自身上升发展的联系以及价值意义,因而对粤港澳大湾区缺乏较强的参与感、归属感与认同感。例如,港澳地区的一些实证调研发现,前往大湾区青创基地参观、学习、交流的港澳学生虽然很多,但真正愿意来大湾区就业创业的青年相对不多。

第六,支持推进港澳青创的社会力量还未得到充分调动和发动。在粤港澳大湾区,愿意推进港澳青创事业发展的社会力量相当广泛而且活跃,但是因缺乏健全完善的制度机制或是参与渠道与路径未得到充分拓宽,这些社会力量还没有得到完全有效发挥。

## (二)进一步推进港澳青创的政策建议

全面有效地实施港澳青创扶持政策,对于建设粤港澳大湾区人才高地具有重要的意义。基于此,粤港澳大湾区各级政府必须健全完善港澳青创扶持政策,以促进粤港澳人才集聚以及跨境流动,营造更加有利于粤港澳青年人才成长的发展环境,不断提升粤港澳大湾区引才育才的城市品质,从而形成具有国际竞争力的人才制度和人才环境。粤港澳大湾区各级政府需要全方位健全完善港澳青创保障机制,例如,重点在财税政策、资助奖励、平台服务、融资对接、专业管理、基础设施、法律服务等领域加强港澳青创政策供给，全方面、系统化地构建一套健全合理、有机衔接、协调运转的保障机制，确保港澳青创扶持政策落到实处，切实帮助港澳青年解决创业难题。尤其针对上述港澳青创面临的突出问题，相关扶持政策实施应该着重从如下六个方面采取措施加以改进。

第一，加强港澳青创扶持政策实施进程及效果的评估与反馈。粤港澳大湾区各级政府要全面贯彻落实中央政府关于促进港澳青年创新创业的政策措施，强化政府对港澳青创工作的扶持力度，建立健全大湾区港澳青创扶持工作的考核机制，制定合理的考核体系，将港澳青创基地建设质量、港澳青年初创企业成长发展等指标纳入部门的考核范畴。同时，通过多途径、多渠道、大范围地深入调研各级政府实施港澳青创扶持政策遇到的问题，从而建立港澳青创扶持政策的信息源与问题库。此外，也可以吸纳高校研究机构、民间智库、社会团体展开深度的调查研究，例如，在广州、深圳、珠海、惠州、江门、佛山、中山等地进行摸底调研，可以从运营基础完善、优惠政策体系、场地空间充足、服务团队专业、交流活动丰富、创业项目入驻六个方面制定具体的评价指标，对港澳青创基地建设情况进行实时的、动态的跟踪评估，向相关部门提供有针对性的反馈意见和改进建议，使相关的政策安排与具体执行紧密结合起来，促进港澳青创扶持政策有效推进。

第二，加强粤港澳大湾区城市间的协调合作与联动配合。一是借鉴日本东京湾区产业集聚"错位发展"的经验。粤港澳大湾区港澳青创基地建设要与《规划纲要》对特定城市的功能定位相一致，应充分利用所在城市的功能特色对青创基地进行差异化发展，优化引进港澳青年初创企业，支持其做强做大，形成产业聚集效应和竞争优势，促进城市间港澳青创基地的错位互补和良性竞争。更重要的是，港澳青创基地建设要充分融合和发挥粤港澳三地的创新优势，瞄准高科技产业和新兴产业，推动"穗深港澳科创走廊"建设，促进港澳青年更好地对接国际国内创新资源，参与国际科技前沿合作与竞争。二是强化大湾区内地城市负责港澳青创工作的职能机构的协调合作，完善城市间港澳创新团队和项目的推荐引介机制，将符合条件的港澳创新人才分流至适合的青创基地进驻发展，形成良好的分工合作格局。同时，发挥广州南沙、深圳前海、珠海横琴等港澳青年创新创业基地的载体作用，形成"串珠成链"效应，打造粤港澳大湾区港澳青年创业创新带。三是在粤、港、澳政府之间专门设立大湾区港澳青年创业创新协调机构，融合三地促进港澳青年发展的政策体系，共同统筹推进三地港澳青创工作的沟通、联系与合作，加强财税政策、平台服务、资源对接、公共服务、基础设施等领域的政策供给，确保有关政策执行与落实走向制度化、系统化、常态化，让港澳青年创客切实享受粤港澳大湾区建设带来的政策红利。

第三，有效促进政府扶持与市场主体性作用相结合。一是政府扶持港澳青创应实行有限干预和选择性支持，而非大包大揽。政府制定政策除了为港澳青创提供研发资助、税收优惠、廉租场地外，还要注重发挥市场配置资源的基础性作用，根据市场供求规律推动港澳青创团队和项目发展，建立多层次、多元化的孵化组织和行业生态，引入风险投资和私募基金培育港澳青年初创企业，为集聚港澳创新人才提供动力。二是借鉴纽约、旧金山、东京三大国际湾区建设企业孵化器的成功经验，健全完善粤港澳大湾区"产学研"相结合的体制机制，将大湾区众多的港澳青创基地打造成为优惠政策齐全、管理机制灵活、内外格局开放的人才创业新高地，培育和吸引更多的粤港澳青年人才，大力推动高科技产业和新兴产业在粤港澳大湾区城市落地。三是更深入地促进港澳青年创新成果与市场需求紧密对接，设立创新成果转化中介机构，搭建各种商业平台帮助港澳青年将高新技术和科研产品落地、发展与推广，利用市场竞争机制实行优胜劣汰，提高港澳青年初创企业的存活率与竞争力。

第四，建立"粤港澳大湾区政策通"以加强政策宣传力度。为了更好地宣传粤港澳大湾区政策，珠三角9市可以聘请港澳人士担任推广专家顾问。此外，推行"粤港澳大湾区政策通"也是一种可行的途径。目前，深圳罗湖尚创峰深港澳青年创新创业基地与南粤服务中心达成合作，在其微信公众号平台上线"政策通"功能，港澳青年创业者可以通过基地的微信公众号平台实时查看全面的政策信息。为更好地宣传粤港澳大湾区政策体系，粤港澳大湾区负责部门可以汲取这一政策举措，建立"粤港澳大湾区政策通"APP客户端或微信小程序，由专人负责该系统的开发、运行与维护，通过24小时的信息采集系统，实时发布中央政府、广东省、珠三角9

市、港澳特别行政区政府的项目申报信息、通知公告、政策解读、政策文件，为入驻粤港澳大湾区创业发展的港澳青创群体提供更及时、更全面的信息资源，帮助创业者更高效地获取政策内容。"粤港澳大湾区政策通"设立多个功能板块，例如，在项目日历板块，可一目了然地获取项目申报通知、项目来源单位、跟进提醒等信息，让企业不再错过政府资金申请机会；政策解读板块，分析解读各类政策信息，精准直击政策要点，帮助企业快速掌握项目申报的核心内容。

第五，加强培养港澳青年的"大湾区共同体意识"。粤港澳大湾区涵盖的所有城市都有着不可分割的地缘、血缘、史缘，即地域相近、民俗相近、人缘相亲、语言相通。正是由于粤港澳三地的交流融合相当紧密，从未间断，具有天然的文化认同感和亲切感，粤港澳大湾区对港澳青年来说更为贴近，港澳青年要适时抓住粤港澳大湾区建设提供的机遇实现创业理想。因此，需要大力培养港澳青年的大湾区共同体意识，增强港澳青年对粤港澳大湾区的参与感、归属感与认同感，让港澳青年意识到创新创业只有与国家发展大局和粤港澳大湾区建设紧密地结合在一起才具有实质意义，才能充分体现自身价值。因此，要注重培养港澳青年正确的世界观、人生观和价值观，在港澳青年群体中培育以中华文化为主流、多元文化共存共享的价值体系，自觉成为"湾区人"。要大力开展考察团、企业实习、创业体验、训练营、培训班等形式的培训交流活动，以扩大港澳青年与内地青年之间的沟通交流，将广大港澳青年聚集起来并形成强大合力，促进港澳青年形成湾区共同体意识，使港澳青年更好地了解湾区、感知湾区、热爱湾区、建设湾区，增强港澳青年融入大湾区以及参与国家建设发展的信心与希望，促进他们形成建设粤港澳大湾区的最大共识，自觉主动地成为建设粤港澳大湾区的参与者、见证者和受益者。

第六，充分调动社会力量参与支持港澳青创事业发展。《规划纲要》提出要"扩大社会参与"，推进港澳青创事业发展同样需要广泛社会力量的参与和支持。为建立更具活力的港澳青年创新创业体系提供强大的社会力量支持，可以从三方面采取行动：一是加大社会团体支持力度。加快利用粤港澳三地知名企业、行业商会、企业协会、同乡会、青年团体或联合会等非政府组织力量组建粤港澳青年创新创业联盟，成立众多实力雄厚的青年发展基金或公益基金,为提升港澳青创项目技术含量和质量提供助力。二是善于利用高校资源。利用周边、省内乃至国内高校资源,不断开拓校企合作新思路、新形式。譬如,有条件、有需求的高校可到港澳青创基地建立工作站、人才驿站、实习培训基地、研究中心,共同合作开展相关领域的人才培养工作。三是利用各领域专业人士的有生力量。在大湾区各城市青创基地普及设立导师团,吸纳不同领域的知名创业人士充实导师团,利用它们的专业知识与优势力量向港澳青年传授创业经验或提供指引,扩大港澳青年创业的思想空间。

# 第六编 粤港澳大湾区市场一体化

# 第十四章　粤港澳大湾区人员、货物通关便利化问题研究[①]

符正平　汪　洋[②]

## 一、粤港澳大湾区通关便利化研究背景

根据2019年2月18日中共中央、国务院印发的《粤港澳大湾区发展规划纲要》（以下简称《规划纲要》），粤港澳大湾区在国家发展大局中具有重要战略地位。建设粤港澳大湾区，既是新时代推动形成全面开放新格局的新尝试，也是推动"一国两制"事业发展的新实践。然而，在看到机遇的同时，粤港澳大湾区的发展也面临着诸多挑战。《规划纲要》提到，在"一国两制"下，粤港澳社会制度不同，法律制度不同，分属于不同关税区域，市场互联互通水平有待进一步提升，生产要素高效便捷流动的良好局面尚未形成。从湾区演进发展规律看，要素自由流通，包括人员流动与货物流动是打造世界一流湾区的重要基础和条件，粤港澳大湾区的突出特点是"一国两制"，这是其与三大世界一流湾区的最大不同，也是粤港澳大湾区建设需要遵循的基本原则和前提条件。粤港澳大湾区是社会制度有别、法律体系相异、要素流通需要管制的城市集合：港澳和广东（内地）分别实行资本主义制度和社会主义制度（两种制度）；适用三种法系（香港适用普通法系，澳门适用大陆法系，内地适用社会主义法系）；港澳是单独关税

---

[①] 本文受国家发展和改革委员会地区经济司课题资助。
[②] 符正平，中山大学粤港澳发展研究院副院长、中山大学自贸区综合研究院院长、中山大学管理学院教授；汪洋，中山大学管理学院硕士研究生。

区,粤港澳三地存在口岸通关,这样的特点导致三地的要素自由流动受阻。同时,《规划纲要》第九章第二节"提升市场一体化水平"中也提到,推动贸易自由化,加快国际贸易"单一窗口"建设,推进口岸监管部门间信息互换、监管互认、执法互助与促进人员货物往来便利化。通过电子化、信息化等手段,不断提高港澳居民来往内地通行证使用的便利化水平。同时,建设国际创新中心与宜居宜业宜游的优质生活圈也对大湾区三地的人员与货物通关便利化提出了新的要求。粤港澳大湾区人员与货物通关便利化的问题,已经成为将粤港澳大湾区打造成国际一流湾区和世界级城市群的一个必须面对与解决的重大问题。

鉴于人员与货物通关是粤港澳要素流通的主体,口岸是粤港澳要素流通的关键区域,也对提升大湾区市场一体化水平、建设国际科技创新中心与宜居宜业宜游的优质生活圈影响较大。本研究报告以粤港澳口岸人员与货物通关为重点,结合粤港澳口岸通关现状,以及对粤港澳口岸人员货物通关存在的问题进行分析,并且通过与国际先进地区通关模式进行比较,寻找粤港澳人员与货物通关模式创新的新思路,为粤港澳大湾区创新通关模式,为推动体制机制创新提供支持与建议。

## 二、粤港澳大湾区通关便利化现状研究

### (一)人员往来通关现状

根据最新的统计数据,2019年经深圳口岸出入境人员2.4亿人次,日均66.0万人次,出入境车辆1431.1万辆次,日均3.9万辆次,深圳机场空港口岸出入境旅客595.7万人次;珠海口岸2019年共查验出入境人员首次突破1.73亿人次,同比增长约12.3%,查验出入境交通运输工具513万辆(架、艘)次,同比增长约18.5%。单日最高查验出入境人员达61.05万人次,创历史新高。其中,拱北边检站查验出入境人员达1.45亿人次,同比增长约7.4%,第8年位居全国首位,单日最高客流量高达48.39万人次,全年4次突破历史新高;横琴边检站查验出入境人员达918万人次,单日最高客流量5万人次;港珠澳大桥边检站查验出入境人员1288万人次,单日

最高客流量达 11.3 万人次。而精确到粤港澳大湾区三地人员流动层面，根据最新的统计数据，2019 年粤港澳大湾区三地人员往来现状如表 14-1 所示。

表 14-1 香港、澳门与珠江三角洲地区人员往来情况

单位：万/人次

| | | |
|---|---|---|
| 从珠三角去往香港 | 11766.3 | 占珠三角总人口的 182.5% |
| 从珠三角去往澳门 | 3940 | 占珠三角总人口的 61.1% |
| 从澳门去往珠三角 | 5358.7 | 占澳门总人口的 808.3% |
| 从香港去往澳门 | 735.5 | 占香港总人口的 98.1% |
| 从香港去往珠三角 | 11850 | 占香港总人口的 1579.0% |

注：*本表仅做单向的入境人流统计，因出入境是双向的，故边境口岸的人流次数应为本表人次的 2 倍。由此可见，三地口岸的人员流动之多。此外，珠三角地区进入香港与澳门采用的是内地从双方陆地口岸进入数，而非从港澳机场进入数。因为陆地口岸进入一定要利用珠三角的各种设施，与珠三角地区相关联。（数据由 2019 年每个月香港统计月报、澳门统计月报整理而得）

从表 14-1 可以看出，2019 年三地通关人数超过 4.13 亿人次，其人员流通次数为粤港澳大湾区人口数量的 5.73 倍。由此可见，粤港澳大湾区三地通关频率之高、交流之密切。如何保证三地通关的通畅与便利，是目前必须要解决的一个重要问题。从目前的情况来看，三地通关措施已经有了很多便利化改善举措，例如，从深圳到香港，目前主要推行的是"一地两检"模式。"一地两检"是指在两个地区的边境口岸，在同一处地点完成两地的出境与入境检查、检疫手续。在这一手续下，旅客的过关时间一般是 15～30 分钟。但是，该模式仍然存在一定的问题，导致人流高峰期出入境依然较为缓慢。而珠海海关对通关便利化措施进行了进一步的升级，拱北海关与澳门海关合作，在卫生检疫方面实施"合作查验，一次放行"的通关便利化政策，双方互相交换数据，合作查验，避免了重复检查的麻烦，便利了通关；另外，珠海海关采用旅客的行李物品的正面清单措施，跟澳门海关达成共识，协商确定双方执法工作的清单。双方在查获对方的清单内货物时，把查获的情况和旅客的信息告诉对方，从而达到提高监管效率、便捷通关的效果。

## （二）货物流动通关现状

根据最新的统计数据，从商品贸易的数字来看，2019年香港与内地的商品进口贸易总额为2059.2亿港元，占进口贸易总数的73.2%；香港与内地的商品出口贸易总额为2211.9亿港元，占出口贸易总额的87.7%。从中可以看到，无论是出口还是进口，内地对香港的重要性不言而喻，尤其是出口总额达到了近90%。

从货品通关便利化全球比较来看，根据2018年WTO最新发布的全球贸易便利化报告的结论，2017—2018年粤港澳三地中，便利化得分全球排名最高的是香港，得分5.53分，排名全球第6位，相较于上一年的5.4分全球第9位上升了3个名次。其中，基础设施得分6.7分，排名全球第1位；政府和机构因素得分5.7分，排名世界第9位；经济环境得分6.3分，排名世界第6位。澳门方面的数据并未公布。内地总体得分5.0分，排名世界第27位，相较于上一年的4.8分世界第29位上升了2个名次，但是相较于香港低了21个名次，说明内地的贸易便利化程度仍然存在较大问题，需要进一步加强贸易便利化措施的实行。具体来看，基础设施得分4.7分，排名全球第46位，与香港相差45个名次，差距极大；政府和机构因素得分4.4分，排名全球第41位，与香港相差32个名次；经济环境方面得分为6.0分，排名世界第17位，与香港相差11个名次。具体到二级指标方面，在新技术的使用和公司的技术吸收这两个和电子通关息息相关的贸易便利化指标上，内地得分4.5分和4.6分，分别排名第81位和第58位；香港得分5.6分和5.2分，分别排名第29位和第27位，平均比内地高了1分左右。海关手续复杂度上，香港得分6.0分，排名世界第3位；内地得分4.6分，排名世界第44位。政策透明度方面，内地得分4.5分，排名世界第45位；香港得分5.8分，排名世界第6位。政府管制负担方面，香港得分5.3分，排名世界第4位；内地得分4.4分，排名世界第18位。政策可信型方面，内地得分4.5分，排名世界第27位；香港得分4.8分，排名世界第18位。产权保护方面，香港得分5.9分，排名世界第9位；内地得分4.5分，排名世界第49位。综上所述，可以得知内地的贸易便利化程度和香港比较仍然有较大的差距，需要向香港学习，促进货物贸易便利化程度上升。

## 三、粤港澳大湾区通关便利化存在的问题

### （一）人员通关便利化问题

**1. 政策不对等导致粤港澳三地人员流通的非均衡和不对称**

粤港澳地区人员组成较为复杂，包含内地居民、香港居民（拥有香港身份证）、澳门居民（拥有澳门身份证）、在香港外国人、在澳门外国人、在内地外国人。粤港澳人员的流通，长期以来都存在着非均衡性与不对称性的问题，通关客流存在单向性。

港澳居民进出广东较为自由，凭智能身份证和回乡证在有效期内可无限制多次往返，证照的类型比较简单，申请也较为方便，按需申请。而内地居民进出港澳的政策是"有进有退"。"非典"之后香港急需内地人赴港旅游，所以放开了个人旅游签证，按需办理，每次签证只能往返一到两次；后来签证政策收紧，每两个月只能签证一次，但仍然满足不了大多数内地居民的需求；深圳市2008年后对赴香港的市民试行了"一签多行"，深圳市居民办理一次签证可以在一年内无限次往返香港，结果导致了"水客"问题的出现；不久，"一年多签"又改成"一周一行"。内地更多的是从支持港澳的发展、维护港澳的繁荣稳定出发，制定内地居民进出港澳的政策，主要问题是内地居民要办理专门的证件、证件的类型较多、不同类型的证件有不同的限制和要求、申请程序相对复杂、申请时间成本较大。

这样的三地人员通关便利化的差距，一方面，是由两地容纳量的不对称性所导致，香港方面担心一旦放开限制，会导致大量内地人员进入香港，挤压香港本地人的生活环境，降低其生活质量；另一方面，主要是因为粤港澳人员流通政策的不对等性，即广东对香港、澳门全面开放，而香港、澳门对广东则是限制性开放。根据香港的入境规定，在目前13项香港入境签证/进入许可中，有5项不适用于"内地的中国居民"，分别是一般就业政策、受雇为外籍家庭佣工、来港受训、来港就读、以受养人身份来港居留，如果加上"资本投资者入境计划"的适用范围不包括"内地的中国居民"，共有6项"不适用"。"内地的中国居民"无论是赴港就业、受训还是

就读,实际上并没有享受到如大多数国家(如美国、日本等)公民的平等待遇,而是与少数国家(如古巴、柬埔寨等)公民一样享受"特殊待遇"。

**2. 未能对粤港澳服务业领域的人员流通做出特殊安排**

目前,粤港澳人员流通政策的主要着眼点,乃是逐步开放内地各主要城市赴港"自由行",主要目的是增加香港的客流,确保香港的旅游业和零售业等行业的发展。实际上,能否实现商务领域的粤港澳人员较自由地流通更为重要,这直接关系到粤港澳合作尤其是以落实CEPA为核心的粤港澳服务业合作的深度和广度。因此,畅通粤港澳人员之间的商务流通,应该是当前和今后粤港澳人员往来政策调整的主要着力点。

在国际服务贸易4种提供方式中,跨境交付和境外消费均不要求服务提供者进入消费国国境内。商业存在和自然人流动则需要外国服务者进入消费国提供服务。尽管商业存在也可以由服务消费国本地雇佣员工提供服务,但是出于对商业存在的控制和经营需要,母国必然会或多或少派出实际决策人员或者辅助人员。而自然人流动这种服务提供方式更是需要以服务提供人员进入消费国作为前提和核心。因此,对于自然人流动来讲,能否顺利便捷地进入消费国国境成为影响服务贸易的关键性因素。

就广东的现实需要而言,由于CEPA的逐步深入,香港、澳门服务业开始进入内地尤其是广东,三地的服务业整合已经开始,香港公司对内地人员的聘用数量将大幅增加。而且由于服务业的特殊性,这些受聘的内地人员具有更多往返粤港澳的商务需求,而目前的政策对这种需求尚未给予高度重视。这些内地员工和专业人士能否方便地往返香港、澳门,对CEPA的落实和粤港澳服务业的共同发展,是一个关键环节,也可以说是一个"瓶颈":解决得好,会起到积极的促进作用;解决得不好,则会起到消极的阻碍作用。而只有满足这方面的需求,粤港澳经济才会逐步实现真正的融合,并在融合过程中不断提升粤港澳三地的产业形态,甚至催生出新的产业;而只有达成粤港澳人员流通的畅通无阻,才能实现上述目标。目前,粤港澳三地尚未就此问题达成共识,也未能就畅通粤港澳服务业人员流通及时做出安排。

**3. 粤港澳人员之间的商务往来仍存在诸多不便**

这种不便主要体现在赴港签证上。办理赴港签注对申请办理人员的户口还有特殊要求（如 2017 年 5 月前必须到户口所在地办理通行证和签注），商业签注门槛较高，签注周期较长，多次往返的需求也得不到满足，这些问题对企业而言尤为突出。企业人员如果不具有珠三角本地户籍，则难以在广东办理签证，企业员工很难赴港从事商务活动。自 2017 年 5 月 1 日起，在广东全省施行居住证持有人在居住地公安出入境管理部门申办因私出入境证件。广东的企业人员通常需要频繁地往来于珠三角与香港之间，且赴港从事商务活动在时间上具有很大的机动性，却因为签证的限制而无法实现多次往返。

由于商务签注受到限制，大部分企业员工都通过自由行签注赴港。问题在于，自由行签注是旅游签注而不是工作签注，如果仔细追究起来，以自由行签注身份赴港进行工作性质的活动，在香港实际上是违法的。即使对此不追究，自由行签注在申请过程中也存在问题，即准许在港停留的时间与商务活动时间不匹配，自由行在港可停留 7 天，而企业商务赴港的特点是停留时间短而频率高。自由行签注解决不了上述两个问题，况且自由行签注并没有对内地完全开放，有些员工并无申请自由行签注的资格。广东企业大都是企业高层人员商务赴港，因为其他工作人员可能没有资格申请商务签注。有的企业不得已采取招聘具有广东户籍的员工以部分解决这个问题。

### 4. 香港人员进入广东存在行业准入条件的限制，广东人员进入香港存在入境和签证政策的限制

最新颁布的《规划纲要》提到，粤港澳大湾区要打造高水平科技创新载体和平台，要深化区域创新体制机制改革，要研究实施促进粤港澳大湾区出入境、工作、居住、物流等更加便利化的政策措施，鼓励科技和学术人才交往交流。然而，目前的实际情况是，双边的人才交流仍然存在诸多不便，主要体现为香港人员进入广东存在产业准入条件的限制，以及广东人员进入香港存在入境和签证政策的限制。

从港澳的角度看，港澳人才到内地工作，能不能买房、上车牌，能不能享受同香港居民一样的保险、税收和医疗教育等福利待遇，都直接影响他们是否选择进入广东。

从广东的角度看，目前珠三角民营企业中的中高层管理人员普遍存在

往返香港不便的问题,而这些人恰恰又是需要随时前往香港开展商业活动的人员,这就使得粤港经济联系和合作受到人为的区隔和阻碍。此外,虽然广东企业到香港设立和注册机构非常简单,但非国有企业的经理和管理人员无法获得自由出入香港的证件以及工作签证,从而大大降低了香港对他们的价值,也大大延缓了两地服务市场整合的进程。比较而言,广东人员进入香港受到的限制更大,毕竟香港人员可以相对自由地进出广东。2019年,广东省针对企业商务签注需求已经实施了"零门槛"政策,大大便利了大湾区内的企业商务人员赴港澳开展商务活动,但在具体政策实施过程中,如何把握商务签注的控制标准,仍然是一个有待进一步在实践中探索解决的问题。

**5. 口岸通关能力与现实需求错位**

从粤港口岸看,数据显示,2019年上半年,皇岗、深圳湾口岸日均通关客流量均超出设计通关能力。其中,皇岗口岸出入境人员1668万人次,日均客流量9.2万人次,超出其设计日均承载量5万人的46%;深圳湾口岸出入境旅客2363.51万人次,日均13.06万人次,超出其设计日均承载量6万人次的一倍以上。另外,罗湖口岸出入境旅客数8200多万人次,日均23万人次,仅为其设计承载量40万人次的57%;福田口岸出入境旅客约2750万人次,日均15.1万余人次,是其设计承载量25万人次的60.4%。

粤港口岸通关能力与现实需求错位,既是"总量性"的,也是"结构性"的。罗湖口岸是客运口岸,改造后通关能力的提升幅度高于实际客流的增长;福田口岸是新开客运口岸,但由于周边交通有待完善,对通关客流的分流尚未达到理想状态;深圳湾口岸原本以货运为主,却因为西部缺少客流口岸而导致客流量剧增,而货流由于以往的通关惯性和深圳湾口岸通关服务不到位而未达到预先设想。可见错位的原因是多方面的,有口岸功能规划问题,也有通关设施配套问题。粤港口岸通关问题主要是管理的问题,即如何解决通关能力与现实需求、口岸功能定位与通关选择的不匹配。

从粤澳角度看,虽然横琴口岸已实施24小时通关3年多,但从实际成效来看,未能显著分流拱北口岸的通关压力。拱北口岸几乎每日出入境人流都是"人山人海",尤其重大节庆的情况更为严峻。数据显示,拱北口岸

2018年出入境人员就达到1.35亿，日均约30万人次。2018年"五一"最高峰是每天超过45万人次。相比而言，横琴口岸2018年出入境人员仅900多万人次，日均约2.4万人次。2018年数据显示，粤澳口岸的通关模式仍须不断努力和精准创新。

### 6. 口岸交通配套有待完善

目前，粤港口岸除罗湖口岸综合交通配套较为完善外，其他客流较大的口岸均差强人意。皇岗口岸虽然是24小时通关口岸，但公交车在23时基本停止服务，有些线路甚至20:30就停止服务，导致晚归旅客只有搭乘的士一种选择。福田口岸更多考虑的是地铁和公交接驳，属于"绿色出行口岸"。随着福田口岸通关客流增长，对交通多样化的需求越来越强，社会车辆停车难的矛盾日趋尖锐，并对周边造成较大影响。深圳湾口岸的主要功能是连接广州、东莞及珠三角西部地区的货流及旅游包车，在交通设计上并没有充分考虑客运交通配套问题，因此公共巴士线路不足，出租车进出受限，过境人员没有更多的交通工具可以选择。

### 7. 通关效率有待提高

影响通关效率的因素较多，在这一方面，珠海—澳门口岸做了大量创新，取得了显著的成效。相比之下，深港口岸由于受到诸多掣肘，创新较慢，这里主要是提出影响深港口岸通关的问题。目前，深港口岸旅检仍采用"在各自境内处理各自出入境程序"的传统模式，通关需要在两边各自关口办理各自的通关手续。深圳湾口岸"一地两检"主要是地理上的"一地"，出入境程序并没有简化（皇岗口岸新建以后也将采取"一地两检"）。这种双重轮候降低了通关效率，也造成了人力、物力的浪费。

深港通关信息难以共享。深港尚未实现出入境旅客相关信息的联网对接，高效监管对信息资源需求迫切与信息资源实际占有量不足之间的矛盾日益突出。香港居民进出内地的证件和签注申请均由内地部门办理，通关较为顺畅，所费时间较短；而内地居民赴港证件和签注申请由内地部门办理，香港方面没有相应的数据库，导致出入境查验需时较长，粤港查验时间不匹配也影响通关效率。

### 8. 港澳居民ETC安装问题

2019年10月底，深圳各高速公路收费站已经大部分支持ETC（电子不停车收费系统）且仅保留一条人工通道。2020年1月起，节假日高速通行免费仅限ETC车辆。但香港居民在内地购买的车辆，注册ETC时系统只接受内地居民身份证，不支持香港身份证或者港澳通行证，无法安装，给港籍人员车辆在内地尤其是大湾区通行带来了不便。

**9. 科研人员的通关问题**

2020年，国家给予了粤港澳大湾区高等院校、科研机构人员往来香港、澳门审批权下放，即30天内由高等院校、科研机构自己审批，这一政策利好措施在一些重点高校虽然已经落实，但是根据实地调研，在一些中小型科研机构，仍旧未能落实这一政策利好，机构人员往来香港开会，合作研究的事前手续流程依然要一个月左右，同时，若使用因私护照出行，则财务报销方面非常麻烦。

**10. 车辆通关便利化问题**

目前，粤港澳大湾区车辆通关便利化存在的问题主要是湾区车辆通行配额管理及审批程序烦琐。首先，受制于口岸通行能力等因素，往来湾区的车辆实施配额管理制度，限制了重大跨境基础设施作用的发挥。同时，部分特种车辆缺少配额对两地业务协作造成了不便，比如，医疗患者的转运存在障碍，不具备粤港或者粤澳两地车牌的非紧急医疗转运救护车，无法实现在湾区内的患者直接转运。澳门单排车进入横琴试点存在审批程序烦琐，准予通行期限只有3个月，时间较短，车主在一年内需要多次审批，导致参与申报车辆不多，政策效果不明显。

同时，湾区内地与港澳之间的车辆往来仍按"国与国"的方式进行查验，三地口岸信息互换机制不健全，且湾区内地口岸各联检单位信息未充分共享，难以满足车辆通关便利化的需求，比如说车辆"一站式"查验推广应用目前进展较慢，无法达成通关车辆和司机信息的共享，是主要的阻碍。

**（二）货物通关便利化问题**

**1. 口岸查验主管部门协调问题**

内地口岸查验仍以主管部门条条管理为主体，表现为一定程度的纵强横弱、条块分割。同一部门（比如，海关）查验尚难以做到全国性的"三互"（查验部门之间信息互换、监管互认、执法互助）和"三个一"（关检合作一次申报、一次查验、一次放行），部门间协作机制缺乏或运行不畅，各自为政和重复执法屡见不鲜。信息互换方面，口岸各查验部门自建信息系统，缺乏整体统一规划，部门间信息资源难以实现有效整合，数据互联互通程度不够，信息孤岛普遍存在。尤须重视的是，某些领域的信息互换难以实现并非客观条件所限，而是主观刻意封锁。监管互认方面，查验部门内部还存在地方意识和地方保护主义；执法互助方面，"并联执法"和"共同执法"尚未普及，既影响管理效率，又增加企业成本，导致口岸综合竞争力一直处于低水平。

同时，海关的安全职能与货物通关的便利化职能二者关系处理问题，尤其是海关的国门安全职能过多地依托陆路边境口岸时，会影响货物通关和人员通关的效率。

**2. 口岸功能与货运车辆通关供求关系平衡存在问题**

落实粤港货物（车辆）通关"东进东出"（广东东部货物经由建设中的莲塘/香园围口岸进出香港）、"西进西出"（广东西部货物经由深圳湾口岸进出香港）并不容易。一方面，东部货流可能不大，所以莲塘/香园围口岸港方只设计了4条车道，要防止莲塘/香园围口岸成为第二个深圳湾口岸，同时要有应对预案；另一方面，深圳湾口岸货运功能定位是基于当时粤港"前店后厂"的合作模式，但如今珠三角转型带来跨境货流的改变，是否固守深圳湾口岸以货运功能为主还需要进一步论证，同时深圳湾口岸货运功能也与前海深港现代服务业合作区的发展定位及目标有冲突。

此外，通关货运车辆更多选择皇岗口岸而不是深圳湾口岸，原因是皇岗口岸24小时通关，遇到抽检当天也能过关，深圳湾口岸则难以保证，货运车辆一旦在深圳湾口岸被查，则通关时间不可预见，而香港海关查车，有无问题都会在两小时内确定；深圳湾口岸生活配套不足，等车时的就餐、休息不便，报关公司也多在皇岗口岸，导致货运车辆对皇岗口岸有路径依赖。

**3. 货物通关一、二线管理存在问题**

海关一线管理中，货物转仓调拨、转贸易方式和交易还存在很多的条条框框，不方便结转。一线管理平时采用舱单、账册之类管理，例如，舱单是大类申报，在转关时有些口岸海关会套用二线申报的严格要求，加重企业负担和影响物流时效。一线管理过严,导致贸易不便、效率低、工作量大。企业一直争取的真正的自贸区监管,包括特殊监管区、一线放开等一直得不到落实,极大地阻碍了国际贸易的正常开展。

在二线管理上,分类管理有时做得好,有时做得不好,"一刀切"的现象还存在,影响通关效率。在实践中,部分情况下会以二线的要求来处理一线业务,从而导致货品申报错误,扣货罚款。

**4. 生物产品检验检疫通关问题**

生物产业与其他产业不同,生物产业的出入境需要经过严格的检验检疫。在这一方面,由于粤港双方海关管理部门不同(香港主要由食环署查验而内地主要由检验检疫部门查验),双方各自对生物产品的检验检疫标准有所不同,以及双方信息共享较少,特区与内地的检验检疫互认工作虽然有进展,但未能达到"贸易畅通"的全新要求,致使港澳货品进入内地不顺畅的问题时有发生,导致生物产品进出关检验流程烦琐,而生物产品本身的性质对时间要求又较敏感。

**5. 电子口岸建设不足,整体运营水平较低**

电子口岸是国际贸易"单一窗口"的重要平台。没有覆盖范围广、运营水平高、实时响应快的电子口岸,国际贸易"单一窗口"建设就难以落实,国家贸易竞争力就难以提升。尽管"十二五"期间我国电子口岸发展较快,但整体建设水平、运营服务能力与企业对贸易便利化的需求、与口岸管理部门提高监管和转变职能的要求还存在差距,业务协同和数据共享仍须深化,综合应用效能有待发掘,建设运行维护还需要有长效保障机制。发达国家"单一窗口"已经实现企业提供信息和政府审查监管一体化,而我国电子口岸仅仅实现企业从同一入口登录和部分海关数据统一申报,检验检疫和财税等还没有实现数据统一报批,查验单位也不能在同一平台实现数据交换和资源共享,很多业务单证无法实现无纸化,难以满足企业通关便利化的需求。

**6. 科研设备和材料通关便利化问题**

首先,是 AEO 认证问题。AEO 认证,即"经认证的经营者"(authorized enterprise organization),是世界海关组织(WCO)通过构建海关与企业合作关系,对符合条件的企业提供本国和互认国海关的通关便利措施,分担守法和安全责任,保障供应链安全和贸易便利的制度安排。海关总署 2014 年第 81 号公告规定,原 AA 类企业过渡为高级认证企业,A 类企业过渡为一般认证企业,B 类企业过渡为一般信用企业。目前国家正在试推行"两步通关政策",即如果第一步申报没有问题,货物就可以放行。第一步申报是不含价格和税号申报的,如果高校成为试点企业整个的通关便利度就会提高。成为试点企业的前提是获得 AEO 认证一般认证企业以上的认可,但高校校办企业由于其自身的性质,很难达到一般认证企业要求的资产负债率不低于 95% 这一硬性标准,无法成为"两步通关政策"的试点单位,这对高校与科研机构的科研设备与材料的通关便利化会造成一定的影响。

其次,是目的地检验方面的问题。如果高校存在多个校区,并且相隔较远,就会面临目的地不同所导致的检验标准不同的问题,这在一定程度上会极大地拖延设备的通关时间,也会对通关便利化造成影响。

此外,香港院校在深圳的研究院设有实验室,香港实验室有很多先进的测量仪器设备,在深圳做实验的时候需要短期借用,但是没有渠道可以运到深圳。这样会导致两边实验室的设备不可避免地需要重复采购,导致资源浪费。

### 7. 空运便利化存在的问题

空运便利化存在的问题具体表现为:国外经深圳、广州机场过境到香港的货物没有好的处理途径,空运进口货物过境不通;深圳机场不能接受香港、广州空陆联运转运过来的进口联程货物,空运进联程转关不通;深圳机场对进口联程的预装食品类货物没有好的途径转运至内地其他机场,但其他内地机场之间均可正常互转。

出现这些问题的主要原因是大湾区机场群之间的互联互通出现了问题。如果大湾区内各个机场不能互通,地面转运最后一千米的服务将不能顺利通过,空运成本就会大幅度增加,空运时效性大幅降低,航空运力的覆盖面大幅度减小。目前,大湾区各个机场的互通还不充分。香港机场的航空优势资源最为丰富,是国际航运中心,世界各地大量进口货物经香港分流到大湾区各个机场,最常见的是广州及深圳机场;同样,广州、深圳机场也会有国际联程货物分流到香港机场。这种机场间的互通符合国际航空运作规则,符合经济规律,有利于共享优势航空资源,有利于节约社会物流的经济及时间成本，对大湾区的营商环境有正面作用。

大湾区机场群之间要互联互通，是由于各机场的条件及情况不同，所赋予的功能不同，在国内、国际上的角色地位也不同。每个机场既有共同的方面，但又有差异性，这就需要互补发展。香港机场运力充足，外端市场是全球性的，内端市场占大湾区的七成左右，但短板是地面仓库和人力严重不足，地面保障成本较高；广州机场在航空资源、市场分布、保障能力等各方面较为均衡；深圳机场由于起步较晚，航空资源的差距比较明显，运力及航线资源较少，地面保障能力不足，市场空间较小且不稳定。

### 8. 海运港口条件不同引发的通关问题

以黄埔海关为例，广东黄埔海关关区内的货物码头大多集中在珠江口以东沿岸，是传统的集装箱散货进出口的重要码头。由于港口条件不适宜停靠巨型远洋轮船，货物往往要经过深圳、香港等重要的枢纽港换装后再发往目的地港口。此前，企业急于出口的货物由于通关时间的限制往往通过陆路运输直接运至深圳，不仅费用高昂，大货车夜间行驶也存在一定的安全隐患。

### 9. 葡语国家产品的 CEPA 原产地标准需要放宽

按照现时 CEPA 货物贸易的优惠措施，对于符合"原产地标准"，并取得"原产地证明书"以确定为"澳门制造"的产品（包括完全在澳门获得的货物，以及在澳门进行实质加工的货品），从澳门直接进口内地，可豁免关税。经过 CEPA 多个阶段的开放，目前共有 1527 项澳门产品已制定了 CEPA 原产地标准，可享受零关税优惠。由于经澳门进入内地的葡语国家产品的原材料属外地进口，这些葡语国家产品或以这些葡语国家产品为原料的澳门货品难以符合 CEPA 的原产地标准，未能享受零关税优惠，不利于澳门打造中葡平台和"葡语国家食品集散中心"。

### 10. 珠澳口岸的布局"不协同问题"

珠澳口岸的"不协同"源于自身的"结构性矛盾"。从共时态看，"一国两制"背景下的两种社会体制、两种法系、两种关税区、两种监管体制、两种城市格局造成了珠澳口岸的各种不一致，具体表现为：口岸政策导致澳门游艇、小型船舶入境维修困难，珠海平沙游艇基地能力未能发挥；网络标准化建设和一体化发展等一系列问题导致业务监管协同效率不高；口岸设施标准不一致导致双方对接存在不协调；口岸地区疏运体系完善程度不一致导致应急机制、能力不一致；参与口岸规划的各方因各自的知识和文化背景不同而不容易达成共识；口岸管理群体因身份不同（政府代言人与利益人）造成的价值观差异。

### 11. 南沙自贸区分拨中心货物的通关问题

建设在南沙的南沙全球优品分拨中心目前在货物通关方面存在的问题有：首先，进入分拨中心的货物入区时，流向未明确，存在再次出境的可能，按照《中华人民共和国海关法》《中华人民共和国海关保税港区管理暂行办法》"保税港区与境外之间进出的货物应当按照规定向海关办理相关手续"的规定，须向海关申报备案清单，手续较为烦琐。其次，为促进海关特殊监管区域发展，海关总署在全国海关推广实施金关二期海关特殊监管区域管理系统。在系统中网购保税进口账册与保税物流账册均须单独设立。如单独设账，国际分拨中心运行中的不同贸易性质货物，需要多次办理不同账册之间的结转手续，不利于开展同仓存储、合包配送等业务。

广东自贸试验区需要强化国际贸易功能集成，需要建设高水平对外开放的门户枢纽，但在海关监管模式上仍未完全建立起与之相适应的完善制度。具体体现在：一是南沙保税港区在口岸监管上仍沿用传统口岸的管理模式，舱单管理手续烦琐，货物到港限定14天内申报，监管单元仍以集装箱为主等；二是作为推进南沙自贸片区海关监管模式创新核心区块的南沙保税港区，区内企业面临一线报关、区内建账、日常巡查、二线报关等多重监管，手续烦琐，成本较高，不能适应"自由贸易"的需求。

### 12. 生物制品的通关问题

在生物制品尤其是药品疫苗方面，首先，三地对药品的检验标准不同，事实上内地的药品检验上市标准处于世界较高水平，而港澳标准相较于内地较低，开放药品的自由通关对内地的药品市场会造成冲击，因此在标准统一之前，仍然会严格审核，因而通关不便。在批签发授权进口方面，因为生物制品与化学药品不一样，不像化学药品只要对终产品负责，它一定是一个全过程的管理，所以需要做资料审核，资料审核就是审核生物制品的批生产记录的摘要，每批生产记录的摘要都要进行审核。如果发现问题，相关工作人员必须去现场核实，而且不同药品检验要求不同，这会导致大量的时间消耗，但这也是必须保障的部分，生物制品的进口还必须同时具备满足中检院复核标准的许可证和注册证，检验流程复杂。其次，生物制品必须在药监局进行通关，目前具备进口生物制品资质的只有北京、上海和广东省的药监局，因此，从港澳进口的生物制品不能从珠海和深圳的口岸进行通关，必须拉到广州，通过广东省药监局和海关配合通关，时间消耗较多。

## 四、欧盟通关便利化政策研究与借鉴

这一部分主要对国外先进的通关模式进行梳理，从中汲取经验加以利用，帮助解决粤港澳大湾区通关模式存在的问题。

欧盟的通关便利化模式可以说是世界上最完善的一体化模式，基本实现了成员方内部人流、物流的无障碍流动，因此，本报告重点关注欧盟的治理模式，并且针对性地提出相关建议。

### 1. 欧盟通关模式现状

改革后，欧盟国家内部实行了预归类通关制度和关税同盟制度等一系列制度，这一系列制度的实行组成了现在的欧盟通关制度，也是这些制度的实行实现了商品、人员等在欧洲大陆的自由流动，从而在物流上实现了物和人在欧洲大陆的自由流动，大大缩减了物流成本，提高了欧盟国家内部货物在固定流向上的流速和流效。下面将主要分析预归类通关制度、关税同盟和共同外贸政策。

预归类通关制度是海关提前对货物的通关进行准备的过程。欧盟的预归类通行做法是在健全法律、明确法规的前提下，按既定程序对商品分类进行审核并以"税则归类建议"答复。此举的显著特点是法律条例健全，使海关及预归类申请人均有法可依。欧盟的成立是建立在法制不断健全的过程中，预归类通关制度的实施不仅可以防范商业诈骗、偷税漏税等不法行为的发生，同时也提高了货物通关的速度。因为海关提前对货物通关进行了准备，所以大大缩减了货物通关所需时间，减少了货物在途时间成本、保管费用和损失风险。

关税同盟最早是在《罗马条约》中提出的。《罗马条约》规定：自

1958年1月1日至1969年年底，成员方之间逐步取消关税壁垒和贸易限额，废除在成员方间公路、铁路和水运运费率的歧视待遇，以使商品自由流通；对外则逐步实行统一关税率。实际上六国关税同盟已于1968年7月1日提前建成。1993年，欧盟国家的边境间废除了检查站。关税同盟使整个欧盟国家内部施行货物流通自由化，而不论这些货物是在欧盟国家制造的还是从其他国家进口的。比如说，一辆瑞典车可以不用交纳任何关税，也不用经过任何海关检查而运送到英国；一辆日本车被进口到欧洲时，只需要在第一次进入的欧盟国家交纳税和进行检查。

从1970年起，共同体基本实现了共同外贸政策，包括共同进口政策和共同出口政策。共同外贸政策规定在关税的变动、贸易和关税协定的缔结、自由化措施、出口政策等方面建立一致的原则，在与第三国签订贸易协定时，只能由共同体委员会根据部长理事会的授权和指示进行谈判。

**2. 欧盟通关模式的优势**

（1）高效率

关税同盟的建立和NCTS（New Computerised Transit System）系统的应用，使欧盟国家通关效率大幅提高。关税同盟使任何国家的货物进入欧盟只需要在欧盟任何一个国家的边境入关，就可以在欧盟所有国家通行。因此，一位中国商人的货物要想同时在法国和芬兰销售，只需要在法国或者芬兰入境一次就可以了。由于欧盟所有国家的海关使用了统一的通关电子系统，所以省去了很多填写单据的麻烦，从而大大提高了通关效率，也提高了货物流动的速度，即提高了物流运作效率。从其他方面来说，1993年，荷兰海关以"守法"理论为基础，提出了"客户导向"的思想，该思想的基本出发点是：货物是由人支配的，在进出境货物与日俱增的情况下，如果以100%的力量去监管货物，远不如以50%的力量去监管支配货物的"人"（客户）更有效。实践证明，近些年来，荷兰海关不但没有因为货运监管量的不断增加和海关人员的减少而出现问题，反而比原来的监管更加有效，同时还取得了很好的社会效应。

（2）低成本

成本管理是物流管理中很重要的一部分，低成本意味着企业的高利润。首先，货物流通在欧洲大陆流通时不再需要一次又一次地通关，企业可以节省许多通关费用；其次，货物的流通过程加快，节约了大量货物流通的时间成本；最后，货物的流通速度加快，可以大大减少货物在流通过程中的损坏数量或降低丢失概率。具体成本的降低可以与欧洲联盟建立前的物流成本进行比较，仍以货物在欧盟 25 个国家销售为例，假如通关 1 次时间仍为 3 天，在途保管费平均每天 10 欧元。

(3) 统一管理

《罗马条约》早就已经提出要实行关税同盟，为以后在欧盟国家实行统一的通关制度迈出了坚实的步伐。1993 年，欧盟国家之间废除了边境的检查站，海关统一使用 NCTS 系统。在统一的关税制度下，各国可以根据自己的具体情况制定一些更适合自己国情的海关制度。这种灵活的操作方式，使各成员方受益匪浅。以德国为例，德国从 1951 年和其他五国签订了《巴黎条约》以后，进出口都呈逐年上涨趋势，特别是在 1993 年欧洲单一大市场形成后，对外贸易顺差持续上升。从德国的对外贸易可以看出，从 1951 年到 1968 年，进口和出口分别增长了 5.5 倍和 6.8 倍，对外贸易差额增长了 9469 亿欧元；1968 年 7 月 1 日，关税同盟建成，欧盟对外实行相同的关税政策，德国 1969 年的进口额和出口额由此迅速提高，比 1968 年分别增长了 8586 亿欧元和 7161 亿欧元；1993 年，欧盟内部单一市场形成，欧盟通关在很大程度上实现了内部电子化，德国对外贸易额在通关越来越快捷的条件下，由 1969 年的 7968 亿欧元迅速攀升到 31645 亿欧元。鉴于以上数据比较，可见欧盟海关在实行统一管理以后，对成员方在贸易等各方面都有很大帮助。

**3. 欧盟通关模式给粤港澳大湾区通关便利化方面的启示**

(1) 加强三地信息共享，促进预归类制度

从欧盟模式可以看出，预归类模式，不仅可以防范商业诈骗、偷税漏税等不法行为的发生，同时也提高了货物通关的速度。因为海关提前对货物通关进行了准备，所以大大缩减了货物通关所需时间，减少了货物的在途时间成本、保管费用和损失风险。达成这一目标的首要前提就是欧盟各国海关的信息共享，因此，粤港澳大湾区要解决人员货物通关便利化的问题，三地政府加强合作，信息共享，效仿欧盟，建立健全的预归类制度非常重要。从之前的调研中我们可以发现，目前珠海口岸与澳门信息交互密

切，已经进行了"合作查验，一次放行""负面清单"等一系列建立在良好的信息共享上的合作模式，并且大大加快了通关的进度，但是香港与内地的信息共享仍然存在阻碍，三地的检验尺度也存在着区别，基于上层建筑的信息共享十分迫切。

（2）建立统一的关税政策

目前，影响货物便利化流通的关键问题是税收政策的不同，香港是免税区，澳门和内地分别有不同的税收政策，这导致货物的出入境需要重新征税，流程烦琐，而欧盟的关税联盟政策做到了内部自由流通，外部只征一次税，大大降低了货物流动的成本与时间，因此，针对三地的关税问题，需要进行协调与统一。由于香港的特殊性，可能建立和欧盟一样的自由流通策略比较困难，但是可以逐步减少海关的代收税，或者将征税流程前移，和香港有关部门沟通，在香港就完成进入内地的征税步骤，缩减时间。

（3）建立高效的海关电子通关系统

欧盟海关实现关税同盟和单一市场的重要基础是，它们建立了一个高度发达的电子海关系统 NCTS。目前，我们已经推出了"单一窗口"、电子锁等一系列电子通关手段，需要贯彻落实电子化方针，发展出属于大湾区的电子海关系统，大幅提高海关信息系统的改进，以达到大幅提高货物进出口效率的目的，缩短货物进出口时间，在湾区实现真正的无纸化通关。

（4）推广契约式管理

欧盟海关的契约式管理的最大优点就是责任细分到人，任务清晰明确，而我国海关则有不足。根据之前的实地调研，科研机构进行异地报关的时候，不同海关乃至不同的负责人之间操作流程都有所不同，因此，为了使海关从上至下提高工作效率，契约式的应用可以把责任分配到人，让每一个海关工作人员清楚地知道自己的任务和目标，来达到提高海关总体工作效率的目标。同时，契约式管理包括绩效管理的思想，可以从根本上让责任与绩效直接联系在一起。定时定量完成自定指标就是有成绩有效率的表现，表现可以直接与海关工作人员的收入联系在一起：当提前超额完成任务时，对海关工作人员的奖励是必不可少的；同时，在规定时间内没有完成任务，实施惩罚措施也是十分必要的。除了有明确的奖罚措施，认真地归纳总结成绩中的经验和失误的教训是我们不断前进的基础。因此，在海关工作中，不但要将责任、任务明确细分到个人，总结小结工作也要有专人定时进行。这一项也可以加在契约中，以契约方式完成。

## 五、粤港澳大湾区人员与货物通关便利化改善建议

### (一) 人员通关便利化建议

**1. 对粤港澳人员流通做出普惠性安排，并逐步过渡到优惠性安排**

在世界范围内，一个国家或地区制定人员流通政策的目的主要有两个：一是限制不同政治、社会或经济制度的两个国家或地区的人员流通，以维持本国的社会治安、控制人口数目和素质，防止非法移民等；二是促进包括人员在内的各种生产要素在两个国家或地区之间交往或交换，以达到地区经济规模效益。

目前，世界经济已经发展到全球化阶段，经济的全球化意味着资本、劳动力等生产要素和技术在国际间流动，各国的相互作用、相互依赖性增强。为了强化本区域经济的规模效应，许多国家之间开始简化或减少边境之间不必要的人为阻碍，简化甚至取消口岸管理制度，以充分利用国家或地区之间的各种资源。以欧洲为例，1985年6月14日，由5个欧洲国家（联邦德国、法国、荷兰、比利时、卢森堡）在卢森堡申根（Schengen）签署的《申根协定》便是取消出入境管制的典型。《申根协定》取消了成员方之间的边境检查点，持有任一成员方有效身份证或签证的人都可以在所有成员方境内自由流通，成员方协调对申根区之外的边境控制。随着申根区经济的不断发展，协定签订以后不断有新的国家加入。截至2017年，《申根协定》的成员方增加到26个，构成了著名的"申根区"。"申根区"的形成实现了欧盟成员方之间的人员自由流通，是欧洲一体化进程中的一个里程碑。

基于此，可以效仿欧盟，联合港澳特别行政区政府，以大湾区为试点，发布"大湾区身份证"，持证者可以自由出入三地，逐步发展到全国范围内彻底放开人员往来港澳自由流动。

**2. 加快落实港澳居民在粤港澳大湾区的同等待遇**

从顶层设计的角度，粤港澳三地政府有必要参考和借鉴TISA（Trade in

Service Agreement，国际服务贸易协定）的合理成分以及欧盟与其他国家签署自贸协定中有关自然人流动的科学分类，结合粤港澳大湾区实际需要，通过友好磋商签订跨境贸易自然人流动的专门性协议，分门别类地对短期商业访客、合同服务提供者、独立专业人士和公司内部调任人员等提供出入境的便利和根据不同情况给予其长短不一的逗留期限，发挥各自专业人士的服务特长和优势，从而提升服务贸易的品质和数量。

大湾区内港澳居民的同等待遇，是促进要素流通的一个重要组成部分。要加快制定完善便利香港、澳门居民在内地发展的政策措施。在经济领域，推动港澳居民在内地公司注册、准入限制、税收等方面的同等待遇；在社会领域，加快港澳居民在内地就业、社保、医保、教育等方面的同等待遇，探索港澳居民在执业就业的深度开放，允许港澳籍大学毕业生考取教师证并就业，探索港澳服务者举办非营利性社会服务机构准入前享受内地待遇等；在民生领域，促进港澳居民在内地购票、购房等方面的同等待遇。

**3. 配备粤港澳大湾区商务卡，制定科研人员往来便利化制度**

让三地持卡商务人员使用优检通道，在大湾区便捷流动。允许大湾区商务人士在三地间出入境时享有"一签多行"之便利，以及在通关时使用三地设立的优检通道，节省商务人士办理签证及通关成本。

内地科研人员和学生因公往返港澳可探索"一次签证、一次审批、多次往返"的便利化制度。建议对已经签订合作协议并且明确合作的内地科研人员，采取每年一次审批多次往返港澳计划。针对因私护照的报销问题，借鉴香港高校的经验，实行经费报销包干制度。

**4. 推动资格互认，促进人才流通**

积极推动粤港两地行业标准互认，推动两地优秀人才交流与沟通。引进香港的优秀行业精英，有利于优化国内相关行业结构。同时，放开国内行业准入，有利于解决香港的部分就业问题，加强两地行业沟通，使两地的合作关系更加紧密。

**5. 推进客货分流方式多样化**

构建容纳货物集散各环节的综合货运枢纽。推动港口货运的水铁联运、江海联运发展，减少疏港货物经由道路运输的数量，降低货运车辆对沿线城区的影响。强化高速公路承担的疏港、机场集疏运、口岸过境功能，引导出入境货车根据目的流向按规定路线行驶，减少对城市路网的影响。建立"快普相辅"的轨道交通系统，明确各类口岸尤其是铁路口岸和公路口岸在轨道交通系统中的地位和功能，实现无缝对接，推进人员快速分流。

### 6. 完善口岸与交通路网接驳建立布局

建构合理、方便快捷、运行高效的交通系统，完善地铁、的士、公交巴士等交通接驳方式，强化社会停车场设施建设，增加公交线路与发车频次，提高口岸巴士流动率，杜绝口岸周边违法停车现象，加强周边道路通行能力与集散能力，扩大旅客出行覆盖范围，减缓口岸进出口交通拥堵，严格交通执法，优化口岸周边交通组织形式，保障交通运行秩序。

### 7. 推进通关自动化和电子化

一是推进签注申请无纸化，推广使用电子往来港澳通行证，提升自助签注系统的覆盖面，长远则研究如何实现通过网络或移动通信技术、电脑或手机终端完成签注申请；二是推进 E 道自助通关，加大对自助查验通道建设的投入，争取 2030 年旅客自助通关比例达到 80%；三是提升两地 E 道通关同步性，香港方面开通更多广东居民可以使用的 E 道，使两地口岸 E 道配置和通关能力相匹配，保证现有 E 道开通情况能够满足客流量的需求。

### 8. 统一查验标准和信息共享以推进粤港澳口岸通关模式创新

一是继续改善提升现有的以罗湖口岸为代表的"两地两检"模式，使通关程序更简单，效率更高；二是逐步推广深圳湾口岸"一地两检"模式或波兰—白罗斯"联检"模式；三是"管进不管出"，比如，粤方可将其出境检查委托给港澳方，内地保留对出境人员进行抽查的权利。当遇到内地限制出境的人员通关时，香港、澳门边检数据库不存在该类人员的数据，将限制该类人员入境香港、澳门，亦即不能出境内地；同样，从香港、澳门进入内地也是如此。通关模式的演变主要涉及的是两地边检查检标准与信息共享的问题。粤港澳三地边检部门可以在自愿原则下采集过境旅客的信息，然后逐步统一内地与香港、澳门的查检标准。

### 9. 促进机构融合，提高效率

2003 年 3 月 1 日，美国成立了美国海关和边境保护局（U. S. Customs and Border Protection，CBP）。CBP 的成立使美国历史上首次实现了由一个机构统一管理进入美国口岸的人员与货物。CBP 的组建旨在整合口岸执法部门的管理资源和管理技能，提高管理效能与效率，实现利用一切可支配的资源保护和防御美国免遭侵害的同时便利合法贸易与合法旅行的目标。这一机构的成立，直接促成了美国—加拿大和美国—墨西哥高效的通关模式。目前，内地的海关部门虽然通过了关检合并，进行了一些机构的简化与整合，但是人员与货物通关依然分属海关与边检两大部门管，其中还夹杂着地方政府部门设置的口岸办。各个机构之间的信息互通、政策互通、政策实施与审批依然存在着一定的鸿沟与复杂的手续。所以，未来将海关、边检部门重组在一起，有利于信息的互通和手续的简化，对发展更为便捷的通关模式有很好的推动作用。

### （二）货物通关便利化建议

#### 1. 优化分类监管模式

企业分类管理制度已经为分类通关改革打下了坚实的基础，但现有分类标准过于笼统，应对之予以细化。目前，企业有5种分类（AA、A、B、C、D），因为现分类办法对AA类企业的设定标准较高，数量也较少，对AA类企业可以暂时不考虑进一步细化和优化；现分类办法对A类企业的标准相对宽松，是属于信用良好的企业，这类企业享受较多海关的便利措施，但在分类上仅以A类收发货企业和A类报关企业来划分。综合考虑我国未来参与进出口领域的企业类型，应不局限于这两种类型的企业，诸如物流环节的运输企业、特殊监管区域经营仓储企业等也在海关监管范围内，此类企业也应纳入海关对企业的分类中来。因此，我们有必要对现行分类办法进行优化，将A类企业分为A类生产型企业和A类非生产型企业。在考虑目前海关技术手段、环节等基础上，有针对性地做出监管方式的改革。

#### 2. 建设口岸通关改革综合试验区

争取国家支持，率先推进口岸通关改革，创新监管机制，率先推动免税购物、贸易、便利化金融、保险等改革试点；创新海关、检验检疫、边检等口岸部门的联动监管机制；借鉴香港经验，货物进出港采用"信用通关"模式；创新口岸发展的优惠政策体系，鼓励企业从事加工、制造、贸易、物流等业务，并给予最大的财税、土地、外汇、金融、结算等优惠政策，实现资金、物资等各种资源的自由流通。

**3. 完善粤港澳大湾区通关建设的信息化支撑**

建设粤港标准统一、口径一致的数据库体系，配合国家诚信体系建设，利用口岸管理部门信息资源，建设进出口企业综合资信库和口岸管理政策法规资讯库及配套的应用服务系统，在统一的平台上逐步建立健全进出口企业综合资信库系统、报关报检系统、进出境船舶联检系统、舱单申报系统、多式联运信息系统、出入境人员联网监管系统、关库联网税费核销系统、通关单联网核查系统、原产地证书联网共享系统等，提高口岸管理部门联合执法、预测分析、科学决策能力，方便企业获取口岸通关信息。

**4. 关闸口岸的通关能力和舒适度有必要改善**

首先，增加口岸硬件设施，大幅增加自助过关通道，提升通关能力；其次，推进"合作查验、一次放行"在不同口岸实施，同时，实现更多口岸24小时通关；最后，增强现时口岸汽车通关处理能力，减少口岸外塞车情况。

**5. 一线放开，用数字化管理；二线管住，形成震慑**

这一政策最初出自上海自贸区，所谓一线，是指自由贸易区与国境外的通道口，即国境线，"一线放开"是指境外的货物可以自由地、不受海关监管地进入自由贸易区，自由贸易区货物也可以自由地、不受海关监管地自由运出境外；所谓二线，则是指自由贸易区与海关境内的通道口，"二线管住"是指货物从自由贸易区进入国内非自由贸易区，或者货物从国内非自由贸易区进入自由贸易区时，海关必须依据本国海关法的规定，征收相应的税收。但是，在实践中，部分关员采用二线的要求来处理一线业务，导致贸易不便、效率低、工作量大。企业一直争取的真正的自贸区监管，包括特殊监管区一线放开等一直得不到落实，极大地阻碍了国际贸易的正常开展。一线管理的货物属于暂存，还没正式申报进口（有些可能转口、复出），在整个监管区域或监管运输工具上，可以使用更为简化和便利的方式来监管。二线管理是最后一道关口，采用分类管理、结合系统风险分析和情报分析，对货物做出有效和高效的管理。以南沙保税港区为例，具体要做到：

一线安全放开，舱单放行，汇总报关，紧密衔接海关总署"两步申报"改革思路，对保税港区与境外进出的货物，企业仅凭舱单、提单信息，提交满足口岸安全准入监管要求等必要信息进行概要申报；舱单放行后，企业即可将货物运至保税港区内企业仓储、生产、加工，无须提供担保，减少贸易管制措施。放宽货物口岸放行后14天报关限制，企业可每月汇总向海关申报。二线分类管理，卡口分类，内贸自由，在保税区设置申报卡口和非申报卡口，运用物联网、大数据技术实施智能化管理，申报卡口凭海关信息实现自动验放，非申报卡口由管委会实施管理，区内企业可通过非申报卡口自由开展国内贸易，自由进出已经在口岸报关放行的货物，确保口岸、保税港区卡口之间数据的互联互通，实现海关高效监管。

### 6. 推动生物产业通关便利化的相关措施

推动港澳海关效仿广州和深圳设立专门的产品监管科，简化产品进出关口的程序和缩短通关时间，为产品进出港澳及内地提供便利；建立粤港澳三地检验检疫结果互认的长效机制，推动粤港澳第三方检测和认证服务的检测结果互认，实施检验电子化联网；建立粤澳免检食品清单制度，实行"合格假定"的绿色通关模式；加快推进贸易"单一窗口"制度；加强粤港澳在检测技术、人才培养、技术标准研究方面的合作。

### 7. 简化粤港澳大湾区枢纽港通关，管住珠三角内河目的港口岸

枢纽港原则上不对货物进行任何查验。这一目标存在两个问题，一是目前海关的设置无法满足这一目标，二是关税的目的地归属也存在问题。放开枢纽港、管住目的港，有利于通关时间进一步压缩。珠三角河网发达，应该鼓励更多的货物通过水路运输。

### 8. 推进电子口岸建设

推进包括国际贸易"单一窗口"、口岸管理部门"三互"、口岸关检"三个一"等为主体的大通关和电子口岸建设。落实国家电子口岸发展规划，高标准规划建设电子口岸。一是要构建具有特色的口岸信息服务功能和服务体系，包括安全保证体系、通关管理应用系统、安全反恐管理体系等。二是要强化电子口岸网络化平台建设，建立口岸公共数据平台和物流网络平台，扩大网络覆盖范围。三是要推进电子化技术应用，加大口岸电子科技硬件设施投入，加强电子信息化技术运用，对出入境运输工具、货物、物品、人员等申报信息、物流监控信息、查验信息、放行信息、企业资信等方面推行全面信息化、电子化。四是加强口岸智能化流程管理，推

进"互联网+口岸"通关模式、口岸物联网管理模式。

推进建设"粤港澳三地口岸业务数据交换平台",对两地清关电子化数据进行对接和拓展,推动交通工具和货物进出口清关中电子化单证一次申报,即可同时满足内地与港澳口岸监管部门所需数据;优化和完善跨境电子商务信息化服务平台建设,推动跨境电子商务溯源体系;推动"单一窗口"功能向金融、保险等领域拓展,推进保障关检和统一申报系统以及关税支付系统建设;开发"会展通关系统""进出口物品邮递系统""港口物流园区信息系统"、粤港澳通关"载货清单"互认通用系统;游艇自驾系统实现入境游艇资料备案、入境申请、个人资料申请、相关监管部门审批等功能。

合作发展口岸智能物流系统,推进货运单证电子化和共享互认,建立全程跟踪查询系统,提供货物的全程跟踪查询,完善物流末端信息网络,推进物流配送全链条信息共享,提供全程可检测、可追溯、各物流相关管理信息互认的"一站式"物流服务,推广口岸通关时效评估系统,采集通关时效节点数据,加强对口岸通关时效的统计分析。

### 9. 解决高校进出口公司 AEO 认证问题与目的地检验标准不统一问题

针对目前高校科研设备与材料的进出口企业存在的难以达到 AEO 认证标准的问题,可以针对相关企业的特性和资质,提供单独的渠道,为企业解决相关的认证问题,以成为"两步检验"的试点企业,促进高校科研设备与材料的进出口便利化。同时,针对存在多个校区的高校,统一各区的通关检验指标,出台统一的政策或者文书,或者各个海关公开自己的相关指标,这都有助于高校科研设备与材料的进出口便利化。

同时,实行同一个高校实验室设备的便利通关机制,比如,对某些设备进行备案,以高校名义进行担保后,可以采用简易通关方式借用到深圳一段时间。同样,深圳的设备也实行此政策,避免重复采购导致资源浪费。

### 10. 促进海关安全职能与货物检验职能分线管理

针对海关和边检安全职能与货物、人员通关便利化二者的矛盾关系处理问题,可以参考货物一、二线管理的方法,可考虑适当地将一些安全检验功能前移或者后置,从而将安全与人员、货物通关便利化职能适当地分离,提高货物和人员通关的效率。

# 第十五章  粤港澳大湾区法律服务业发展研究

伍俐斌[①]

法律服务指以为公民、法人和其他社会组织提供法律事务性帮助为主要内容，具有法律意义的服务活动，涵盖律师服务、公证服务、仲裁、基层法律服务、司法鉴定，以及法律援助等领域，具有法律服务、法律保护、法律帮助、法律调整等独特功能。法律服务业具有高知识含量、高附加值、高产业带动力、高开放度、低资源消耗、低环境污染等特征。其职能作用的特点和优势在于，它能够及时有效地指导公民个人、市场主体、社会组织依法从事经济社会活动，依法调整和规范经济关系、社会关系，最大限度地预防和减少矛盾纠纷的产生，或者为矛盾纠纷的妥善解决提供有效的途径，特别是律师的非诉型现代法律服务、公证法律服务具有事先性、先导性的特点，基层法律服务工作具有贴近基层、熟悉基层、便民利民的特点，在调整和规范经济社会关系方面具有独特的职能优势[②]。

传统的法律服务是律师等法律服务专业人员接受法人或自然人的委托、聘请，为处理解决其在民商事活动中发生的纠纷案件、维护其合法权益提供的诉讼和法律咨询服务。现代法律服务业进一步丰富、拓展了传统法律服务范畴：首先，在服务主体上，由原本仅律师、公证员扩大为律师、公证员、基层法律服务人员、司法鉴定人员、法律援助工作人员等；其次，在服务范围上，由刑事辩护、民商事案件代理、代书咨询、一般民事事项公证等延伸到企业经营、政府行政、社会管理、科技创新、生态环保、金

---

[①]  伍俐斌，中山大学粤港澳发展研究院副教授。
[②]  天津市司法局政策法规研究室：《加快发展壮大现代法律服务业的对策研究》，载《中国司法》2013 年第 11 期，第 42 页。

融证券、并购重组、工程建设、新兴产业、园区建设、"三农"发展等众多领域；最后，在服务功能上，由事后补救扩展为事前规划、事中控制的法律服务，体现为法律审查、法律论证、法律调整等。随着经济转型的加速推进，现代法律服务业的内涵和外延还将不断扩展①。

总体而言，法律服务业包括律师服务、仲裁服务、公证服务、司法鉴定服务、法律援助服务、基层法律服务等方面。因应粤港澳大湾区发展所需，本课题选择律师服务、仲裁（含调解）服务、公证服务三个方面对粤港澳大湾区法律服务业的现状、主要问题及建议展开研究。

# 一、粤港澳大湾区法律服务业现状

## （一）律师服务

### 1. 广东律师服务概况

广东一直是律师行业发展的先行先试之地。1979年上半年，广东省开始恢复律师工作，当年6月成立全国第一家法律服务机构——广州市法律顾问处；1980年12月24日，广东省律师协会成立，成为中国律师制度恢复重建之后第一家成立的省级律师协会；1983年7月15日，深圳蛇口律师事务所正式挂牌成立，这是改革开放后中国设立的第一家律师事务所；1983年8月8日，全国首家涉外经济贸易律师机构——广东对外经济律师事务所成立；1983年10月1日，全国第一家专项从事涉外业务律师事务所——深圳市对外律师事务所组建成立；1988年5月4日，深圳诞生了全国第一家合伙制律师事务所——段武刘律师事务所；2002年，广东率先在全国开展公职公司律师试点工作，在全省各地市首创公职律师事务所；2017年2月，广东在全国率先成立律师投诉中心和维权中心②。广东按照司法部部署积极开展刑事案件律师辩护全覆盖试点、律师调解试点、法律援助值班律师等

---

① 江苏省司法行政系统理论研究课题组：《加快发展现代法律服务业的思路和途径初探》，载《中国司法》2012年第7期，第48页。

② 广东省司法厅：《改革开放40周年　广东全面推动律师行业改革发展　律师队伍成为推进全面依法治国重要力量》，http://sft.gd.gov.cn/sfw/gov_gk/zwwgk/content/post_1164163.html，2019年6月26日访问。

工作。2017 年，深圳市率先在全国实行律师驻队参与城市管理执法活动。从 2018 年 5 月 1 日开始，广东全面启动刑事案件律师辩护全覆盖，成为我国唯一实现全省三级法院刑事案件律师辩护全覆盖的省份，广州成为全国率先实现刑事案件律师辩护全覆盖的城市。广州市律师协会还成立了全国首个粤港澳大湾区法律专业委员会。

广东省制定了多个规范律师业发展的地方性法规、规章等规范性文件。1995 年 5 月 1 日，《深圳经济特区律师条例》公布实施，成为我国律师体制全面改革后的第一个地方性律师管理法规。2017 年 11 月 1 日，《广东省实施〈中华人民共和国律师法〉办法》正式施行，这是全国首部实施律师法的地方性法规。2017 年以来，广东还制定印发了《关于深化律师制度改革的实施意见》《关于推行法律顾问制度和公职律师公司律师制度的实施意见》《关于依法保障律师执业权利的实施办法》《关于发展涉外法律服务业的实施意见》《广东省司法厅关于加强我省律师协会建设的实施意见》等一系列重大改革性文件。此外，《关于公职律师资质的管理办法》等规范性文件也相继出台，标志着广东省律师制度改革规范体系基本形成。2018 年，广东制定《关于开展法律援助值班律师工作的实施意见》，该意见于 2018 年 12 月 1 日起正式施行，对巩固和完善广东省刑事法律援助工作发展的新成果具有十分重要的现实意义①。

广东律师队伍已经颇具规模。截至 2018 年年末，广东省共有执业律师 43434 人，律师事务所 3223 家，律师人数连续 7 年居全国首位。同年，广东省律师行业总收入 156.25 亿元，广东省 8100 名律师担任全省 26113 个村（社区）的法律顾问，为村（社区）两委和村（居）民提供法律咨询超过 54 万人次，举办法治讲座 13.6 万场，直接参与调处矛盾纠纷近 1.3 万宗②。如表 15-1 所示。

---

① 广东省司法厅：《改革开放 40 周年　广东全面推动律师行业改革发展　律师队伍成为推进全面依法治国重要力量》，http://sft.gd.gov.cn/sfw/gov_gk/zwwgk/content/post_1164163.html，2019 年 6 月 26 日访问。

② 广东省司法厅官网，http://sft.gd.gov.cn/sfw/gov_gk/xxgk/content/post_2164740.html，2019 年 6 月 26 日访问。

表 15-1 粤港澳大湾区珠三角 9 市律师规模①

| 城市 | 律师事务所数量（家） | 律师人数（人） |
| --- | --- | --- |
| 广州 | 730 | 14909 |
| 深圳 | 762 | 11775 |
| 珠海 | 60 | 763 |
| 佛山 | 300 | 2818 |
| 东莞 | 245 | 3143 |
| 中山 | 100 | 1096 |
| 江门 | 72 | 648 |
| 惠州 | 77 | 810 |
| 肇庆 | — | — |
| 总计 | 2346 | 35962 |

从以上统计数据可以发现，珠三角 9 市的律师事务所数量、律师人数占了广东省的绝大部分，分别占七成和八成以上。从珠三角 9 市内部来看，律师事务所数量和律师人数与所在市的经济规模、人口规模等成正比，反映出经济越发达，人口越多，对法律服务的需求越大，律师规模也越大。珠三角 9 市的律师事务所和律师主要集中在广州和深圳，两市律师事务所数量、律师人数占珠三角 9 市的六成和七成以上。

广东积极推进涉外法律服务发展。党的十八届四中全会提出要发展涉外法律服务业。2016 年，中共中央办公厅、国务院办公厅印发的《关于深化律师制度改革的意见》明确提出加强涉外法律服务工作；同年，司法部等四部委联合印发了《关于发展涉外法律服务业的意见》，对发展涉外法律服务业做出全面部署。广东围绕"一带一路"、粤港澳大湾区和自贸区建设，充分利用毗邻港澳的地缘、人缘优势，不断推进涉外法律服务业发展，相继印发了《关于发展涉外法律服务业的实施意见》《关于推动"一带一路"建设法律服务工作的实施方案》《广东省司法厅关于省内律师事务所聘请外

---

① 数据来源：各市律师协会官方网站公布数据。以上数据因各律师协会的统计年份等有所不同，并非珠三角 9 市律师事务所数量、律师人数的精确数字，只能大概反映珠三角 9 市的律师规模。

籍律师担任外国法律顾问试点工作的实施意见》等文件，为大力发展涉外法律服务业提供了制度政策保障。

**2. 粤港澳律师服务合作**

据世界经济论坛《2018 年度全球竞争力报告》，香港在法律机制争议解决方面的效率全球排名第四；据世界银行《世界管治指标》2018 年数据，香港法治指标居亚洲第二、全球第四，法治百分值从 1996 年的 69.9 分上升至 2017 年的 93.8 分。目前，香港有约 9900 名执业事务律师、约 1500 名执业大律师（包括约 100 名资深大律师），有来自 30 多个司法管辖区的约 1500 名注册外地律师及逾 80 家注册外地律师事务所[①]。澳门现有大律师 427 人[②]。

在 CEPA 框架下，作为先行先试，广东省颁布了多项规章制度，包括 2014 年《广东省司法厅关于香港特别行政区和澳门特别行政区律师事务所与内地律师事务所在广东省实行合伙联营的试行办法》和 2014 年《关于内地律师事务所向香港律师事务所驻粤代表机构派驻内地律师担任内地法律顾问试点工作实施办法》。

粤港澳大湾区律师服务合作取得了一定的成果。一是律师事务所互设代表机构。截至 2019 年 6 月，共有 23 家香港律师事务所在广东设立代表机构，4 家广东律师事务所在香港设立分支机构。二是港澳律师事务所与广东律师事务所合伙联营。自 2014 年 11 月中国首家实行内地香港合伙联营的华商林李黎律师事务所落户深圳前海后，截至 2019 年 6 月，广州、深圳、珠海三地已获准设立了 11 家粤港/粤澳合伙联营律师事务所，其中，广州 2 家，深圳 7 家，珠海 2 家，共有 46 名港澳律师派驻到合伙联营律师事务所。另有 1 家粤港协议联营律师事务所。三是港澳居民在内地从事法律职业。自 2004 年 1 月 1 日施行的《香港特别行政区和澳门特别行政区居民参加国家司法考试若干规定》以来，有 1000 多名港澳居民参加考试。2017 年，参加国家司法考试的香港居民 260 人，澳门居民 20 人。截至 2019 年 6 月，155

---

[①] 香港特别行政区政府官网，https://www.legalhub.gov.hk/sim/pdf/Legal_System_SC.pdf，2019 年 7 月 28 日访问。

[②] 澳门律师公会官网，http://aam.org.mo/zh-hant/our-lawyers/lawyers/?lang&lcode=zh-hant&rpp=100，2019 年 7 月 28 日访问。

名港澳居民成为在广东执业的内地执业律师，15 名港澳律师受聘于广东律师事务所担任法律顾问。

### （二）仲裁服务

**1. 广东仲裁服务概况**

截至 2018 年年底，广东省共有仲裁委员会 16 家，受理仲裁案件量约 22 万件①。成立于 1983 年的华南国际经济贸易仲裁委员会（深圳国际仲裁院）是粤港澳地区第一家仲裁机构，30 多年来解决大量纠纷，涉及的当事人来源达 118 个国家和地区。2018 年 12 月，深圳国际仲裁院成为粤港澳地区唯一一家被纳入最高人民法院"一站式"国际商事纠纷多元化解决机制的仲裁机构，将在大湾区争议解决服务上发挥更重要的作用。2014 年，广州仲裁委员会联合港澳仲裁界及法律专家，在广州市政府和南沙区政府的大力支持下，共同组建设立南沙国际仲裁中心，设置粤港澳 3 种仲裁模式供当事人选择，最大限度地满足当事人的仲裁需求；与广州港务局等单位联合港澳仲裁界组建广州国际航运仲裁院。2019 年 2 月 23 日，广州仲裁委员会牵头成立的粤港澳大湾区仲裁联盟在广州召开了第一次工作会议，确定了联盟运作机制和下一步重点工作方向。

**2. 香港仲裁服务**

香港仲裁业发展历史悠久，已经建立了比较完备的仲裁法律体系，在国际上积累了较高的声誉；香港专业服务发达，为仲裁提供了丰厚的人才储备；香港的仲裁规则、程序等制度设计在国际上居于领先水平；香港仲裁裁决易于得到承认和执行；等等。这些优势为香港建设国际仲裁中心奠定了基础。

（1）香港仲裁业具有较高的国际声望

《2015 年国际仲裁调查：国际仲裁的改进与革新》调查报告显示，65% 的受访者表示仲裁地点的声望和认可度是选择某一仲裁地点最主要的原因。如图 15-1 所示。

---

① 广东省司法厅官网，http://sft.gd.gov.cn/sfw/gov_gk/xxgk/content/post_2164739.html，2019 年 6 月 26 日访问。

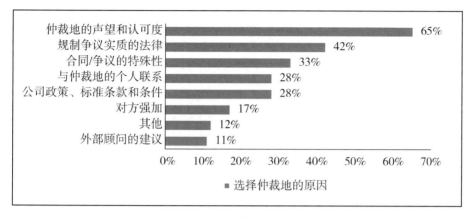

图 15-1 选择仲裁地的主要原因

（资料来源：School of International Arbitration, Mary Queen, University of London, *2015 International Arbitration Survey*: *Improvements and Innovations of International Arbitration*, p.13）

仲裁业在香港发展历史悠久。早在1963年，香港就颁布了第一部仲裁法——《香港仲裁条例》（*The Hong Kong Arbitration Ordinance*），该条例几乎完全照搬了1950年英国的仲裁法。随后，香港在1982年、1984年、1985年、1987年、1989年、1991年、1996年对有关条文做了修改和增减。目前，香港实行的新《仲裁条例》于2010年11月获立法会通过，2011年6月1日生效。1985年，香港国际仲裁中心（Hong Kong International Arbitration Center，HKIAC）成立。香港国际仲裁中心是一家独立的非营利组织，成立之后发展迅速，开了区域仲裁的先河，被评价为没有任何一所区域仲裁机构运行了如此长的时间并取得了如此巨大的成就[1]。据《2018年国际仲裁调查：国际仲裁的演进》调查报告，香港国际仲裁中心在全球仲裁机构中排名第四[2]。香港国际仲裁中心每年都会处理大量的仲裁案件，如图15-2所示。

---

[1] 香港国际仲裁中心官网，http://www.hkiac.org/zh-hans/arbitration/why-choose-hkiac，2019年6月29日访问。

[2] School of International Arbitration, Mary Queen, University of London, *2018 International Arbitration Survey*: *The Evolution of International Arbitration*, p.9, available at: http://www.arbitration.qmul.ac.uk/media/arbitration/docs/2018-International-Arbitration-Survey-The-Evolution-of-International-Arbitration-（2）.pdf, 2019年6月29日访问。

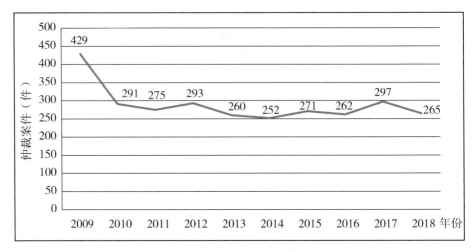

图 15-2　HKIAC 案例统计

（资料来源：香港国际仲裁中心官网，http://www.hkiac.org/zh-hans/about-us/statistics）

除香港国际仲裁中心以外，总部位于巴黎的国际商会仲裁院于 2008 年在香港设立秘书处分处；2012 年，中国国际经济贸易仲裁委员会在香港设立首个内地以外的仲裁中心；同年 12 月，海牙国际私法会议在香港设立亚太区域办事处；2014 年年底，中国海事仲裁委员会香港仲裁中心成立[①]。2015 年，中央政府及特区政府与总部设于海牙的常设仲裁法院分别签订了有关该院在香港开展争议解决程序的《东道国协议》和相关的《行政安排备忘录》[②]。如此多的国际仲裁机构"扎堆"于香港，足以证明香港的法治环境享有较高的国际声望，香港已经成为享誉全球的仲裁中心之一。

（2）香港仲裁人才丰富

香港专业服务发达，为香港仲裁服务发展提供了丰厚的人力资源。香港拥有大量多语种专业人才，除律师人才外，有大约 29000 名工程师、

---

① 香港律政司司长袁国强：《"一带一路"的机遇——在新界总商会主题演讲》，2015 年 12 月 17 日，香港律政司网站，http://www.doj.gov.hk/sc/public/pdf/2015/sj20151217sc1.pdf，2019 年 6 月 29 日访问。

② 梁振英：《2016 年施政报告》，香港特别行政区政府网站，http://www.policyaddress.gov.hk/2016/sim/pdf/PA2016.pdf，2019 年 6 月 29 日访问。

37000 名会计师，超过 8500 名香港测量师协会成员，及超过 4000 名建筑师①。这些专业人才可以为商业项目如基建、融资、大宗商品交易、海上运输等可能引发的仲裁提供高质量的专业服务②。

（3）香港的仲裁制度优越

香港回归后继续保留了在国际商事交往中通行的普通法体系，法治传统得到维护。新《仲裁条例》系亚洲首部基于 2006 年版《联合国国际贸易法委员会国际商事仲裁示范法》为范本的仲裁法律，并在 2013 年和 2015 年两次修订，使仲裁立法更臻完善。香港国际仲裁中心 2013 年《机构仲裁规则》是目前国际上最现代、最全面的仲裁规则，被《全球仲裁评论》（Global Arbitration Review）提名为 2013 年最佳发展之一。该中心有 500 多名仲裁员，来自数十个国家和地区；秘书处国际化程度高，可用 11 种语言管理案件。该中心还允许当事人选择按小时（每小时 6500 港元封顶）或以标的额大小支付费用③。

（4）在香港做出的仲裁裁决易于得到执行

"裁决易获执行"被认为是仲裁最有价值的特征④。回归前，《纽约公约》因英国是缔约国而于 1977 年 1 月延伸适用于香港。香港回归祖国后，《纽约公约》继续适用于香港，但依据有所改变。1997 年 6 月 6 日，中央政府声明中国所加入的《纽约公约》将在互惠保留的前提下于 1997 年 7 月 1 日起适用于香港，中央政府确认从该日起对《纽约公约》在香港适用而产生的国际权利和义务负责。因此，对于公约其他缔约国仲裁裁决在香港的承认与执行，香港法院将按照公约的规定办理，其他缔约国亦然。换言之，在香港做出的仲裁裁决将在加入《纽约公约》的 150 多个国家和地区得到承认和执行。对于内地与香港之间相互承认和执行仲裁裁决的问题，则依

---

① 香港国际仲裁中心官网，http://www.hkiac.org/zh-hans/arbitration/why-hong-kong，2019 年 6 月 29 日访问。

② 刘洋：《香港应打造成为"一带一路"仲裁中心》，香港文汇网官网，http://paper.wenweipo.com/2015/09/22/PL1509220005.htm，2019 年 6 月 29 日访问。

③ 香港国际仲裁中心官网，http://www.hkiac.org/zh-hans/arbitration/why-choose-hkiac，2019 年 6 月 29 日访问。

④ School of International Arbitration, Mary Queen, University of London, *2015 International Arbitration Survey: Improvements and Innovations of International Arbitration*, p. 28。

据 1999 年 6 月签署的《关于内地与香港特别行政区相互执行仲裁裁决的安排》办理。香港法院高度支持仲裁，极少拒绝执行仲裁裁决[①]。如图 15 – 3 所示。

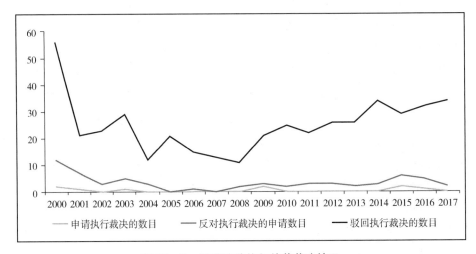

图 15 – 3　香港法院执行仲裁裁决情况

（资料来源：香港国际仲裁中心官网，http://www.hkiac.org/zh – hans/about – us/statistics/enforcement – awards）

**3. 粤港澳调解服务概况**

2018 年，广东全省共有 3.23 万余家调解组织，17.17 万名人民调解员，排查调解矛盾纠纷 39.72 万件，调解成功 38.99 万件，调解成功率 98.19%，调解协议涉及金额超 89 亿元。香港有约 2200 名由香港调解资历评审协会有限公司认可的调解员。

**4. 粤港澳仲裁（调解）服务合作**

深圳国际仲裁院允许香港人士以仲裁员、调解员、专家证人、代理人等多种角色，参与自贸区及内地商事法律服务；当事人可以约定仲裁时适用香港法、在香港开庭，可以约定或指定香港籍仲裁员。在 2019 年更新的深圳国际仲裁院名册中，有 88 名香港籍仲裁员、8 名澳门籍仲裁员。

---

[①] 香港国际仲裁中心官网，http://www.hkiac.org/zh – hans/arbitration/why – hong – kong，2019 年 6 月 29 日访问。

2009 年，深圳国际仲裁院与香港中国企业协会合作，建立了香港中国企业协会商事调解委员会，聘请香港中国企业资深法务人员、中国国际经济贸易仲裁委员会仲裁员、香港资深独立专业人士担任调解员，并设立了顾问委员会，还创建了"香港调解+深圳裁决"的跨境纠纷 ADR（alternative dispute resolution）机制。2013 年，深圳国际仲裁院牵头粤港澳 15 家机构创建了粤港澳仲裁调解联盟，推动三地商事争议解决制度、机制的互认、共生、衔接和整合，服务跨境纠纷解决。该联盟于 2019 年 2 月推出《粤港澳仲裁调解联盟争议解决规则》，这是在国务院发布《粤港澳大湾区发展规划纲要》（以下简称《规划纲要》）后大湾区内发布的首部争议解决规则，在规则层面融合三地商事调解资源，确立"调解+仲裁"对接制度，探索确立开放合作式争议解决机构选择及案件受理机制，满足跨境当事人的现实需求。

2013 年 12 月，深圳前海创立粤港澳商事调解联盟，以深圳国际仲裁院调解中心为平台，联合深圳和粤港澳地区 12 家主要的商事调解机构共同创立。其中，来自香港的调解机构有香港中国企业协会商事调解委员会、香港联合调解专线办事处、香港国际仲裁中心香港调解会、香港仲裁司学会、香港测量师学会、香港和解中心、英国特许仲裁学会东亚分会 7 家机构。

2015 年 4 月，珠海、香港、澳门三地主流调解仲裁机构共同发起成立了"珠港澳商事争议联合调解中心"，其中涉及香港联合调解专线办事处、香港仲裁司学会、香港博信法律专业调解中心，以及香港 G2G 六方等香港仲裁及法律事务机构。

（三）公证服务

截至 2018 年年底，广东省公证机构 152 家、公证员 925 名，办理公证总数 146 万件[①]。

为确保港澳发往内地使用的公证文书真实合法，司法部建立了中国委托公证人制度，规定港澳居民回内地办理法律事务所需公证书，须由司法

---

[①] 广东省司法厅官网，http://sft.gd.gov.cn/sfw/gov_gk/xxgk/content/post_2164737.html，2019 年 6 月 26 日访问。

部任命的委托公证人出具,并经中国法律服务(香港/澳门)公司审核。截至2018年年低,在香港有393名委托公证人,在澳门有16名委托公证人。

内地与香港的公证合作发展较早。1981年,司法部设立了委托公证人制度,委托具备一定条件的香港律师,对发生在香港地区的法律行为、有法律意义的事实和文书,依照法定程序对其合法性、真实性予以证明后发往内地使用。1995年,司法部制定《中国委托公证人(香港)管理办法》并于2002年修订。2003年,CEPA签订后,司法部会同商务部制定了《关于认真落实内地与香港关于建立更紧密经贸关系的安排严格执行委托公证人制度的通知》。司法部还发布了《关于中国委托公证人(香港)办理的在港设立的处分内地财产的遗嘱公证有关问题的通知》等文件。

内地与澳门的公证合作要晚于内地与香港之间的合作。2003年,内地与澳门的CEPA规定,对经培训合格的澳门律师授予内地认可的公证人资格。2018年1月,广东省司法厅与澳门特别行政区政府法务局签署《广东省司法厅与澳门特别行政区政府法务局在公证领域的会商备忘录》,内容包括公证领域的工作交流、培训互助及学术研讨等,并设立联络人制度,负责落实备忘录的具体工作。2018年9月,中国法律服务(澳门)公司横琴公证服务窗口在横琴新区综合服务中心挂牌,设立专门服务窗口满足澳门同胞办理涉及两地公证的业务需求。

## 二、粤港澳大湾区法律服务业面临的主要问题

粤港澳大湾区为法律服务市场如基础设施建设、跨境税务、跨境资本流动、企业上市、跨境区域纠纷解决等带来了广阔的发展机遇。近年来,内地法律服务市场不断开放,内地与港澳的法律交流合作逐步深入,取得了显著成绩。但是,粤港澳大湾区"一国、两制、三法域"的根本特征,法律传统和法治观念的重大差异,导致大湾区法律服务协同发展不够充分,法律服务市场部分开放政策"大门开、小门不开"的情况仍较普遍,具体操作中存在"玻璃门""弹簧门",香港法律界对内地法律服务市场的参与度、获得感仍然不强,须进一步关注解决。

## （一）粤港澳大湾区法律服务业协同发展的上层建筑不健全

粤港澳大湾区法律服务业的协同发展，以内地、香港、澳门3个法域之间公权力机关达成的法律合作安排为基础，但时至今日，这种上层建筑仍不健全，不利于大湾区法律服务业的协同发展。

香港、澳门回归祖国以来，内地与港澳已经签订了若干项法律合作协议，内地与港澳法律合作取得了一定进展。但这些协议涵盖范围有限，未能建立起内地与港澳的全面法律合作安排。一是现有法律合作安排限于民商事领域，较少涉及刑事领域。迄今为止，在民商事领域，内地与香港签订了6项法律合作协议，与澳门签订了3项司法合作协议。但在刑事领域，仅签订了内地与香港《关于就采取刑事强制措施或刑事检控等情况相互通报机制的安排》的法律合作协议，内地与港澳在管辖权、调查取证、移交逃犯、相互承认和执行法院刑事判决、移交被判刑人等方面缺乏共识，尚未签订任何法律合作协议，仍采用"个案协查"的模式。"个案协查"具有办案周期长、效率低、成本高的缺陷，难以涵盖移交逃犯、承认和执行刑事判决、移交被判刑人等方面，导致跨内地与港澳的犯罪不能及时侦破，有关犯罪嫌疑人不能及时抓捕归案。二是民商事领域的法律合作安排不充分、不全面。内地与香港先后签署了相互委托送达民商事司法文书、相互执行仲裁裁决、相互认可和执行当事人协议管辖的民商事案件判决、民商事案件相互委托提取证据、相互认可和执行婚姻家庭民事案件判决、相互认可和执行民商事案件判决的安排6项协议，但仍存在以下问题：未涉及如何划分民商事案件管辖权；民商事案件判决的认可和执行并非指所有的民商事案件，如排除了有关发明专利、实用新型专利侵权的案件，而是仅限于协议管辖案件和婚姻家事案件；委托提取证据仅限于诉讼案件，不包括仲裁案件；等等。内地与澳门先后签署了相互委托送达司法文书和调取证据、相互认可和执行民商事判决、相互认可和执行仲裁裁决3项协议，这些协议同样未涵盖如何划分民商事案件管辖权、仲裁案件的调查取证等内容，但内地与澳门之间认可和执行民商事案件判决的范围明显广于内地与香港之间的安排。三是内地、香港、澳门相互之间的法律合作不均衡。在民商事领域，虽然内地与香港、内地与澳门之间尚未建立起全面的司法合作安排，但内地与香港、内地与澳门的既有司法合作安排要强于香港与澳门之间的相应安排。目前，香港与澳门在民商事领域仅签订了相互认可和执行仲裁裁决、相互委托送达民商事司法文书两项司法合作协议，明显滞后于内地与香港、内地与澳门之间的民商事司法合作安排。但在刑事领域，内地与香港、内地与澳门的司法合作要落后于香港与澳门之间的相应安排，香港与澳门在2005年已经就移交被判刑人签订了合作协议。

（二）内地法律服务市场资格准入门槛较高，对港澳居民设置的限制较多

根据内地目前的法律规定，港澳居民尚不能以港澳律师身份在内地从事法律服务。根据《中华人民共和国律师法》第十三条"没有取得律师执业证书的人员，不得以律师名义从事法律服务业务"，港澳居民只有在取得内地律师执业证书后，才能以律师名义在内地从事法律服务。而且，港澳居民取得内地律师执业证书后的执业范围也有限制。司法部《取得内地法律职业资格的香港特别行政区和澳门特别行政区居民在内地从事律师职业管理办法》第四条规定"取得内地律师执业证的香港、澳门居民在内地律师事务所执业，可以从事内地非诉讼法律事务，可以代理涉港澳民事案件"，第十三条规定"获准在内地执业的香港、澳门居民，只能在一个内地律师事务所执业，不得同时受聘于外国律师事务所驻华代表机构或者香港、澳门律师事务所驻内地代表机构"，因此香港居民取得内地律师执业资格后，只有受聘于内地律师事务所，才能以律师身份在内地提供法律服务。该办法第十五条还规定"获准在内地执业的香港、澳门居民，可以采取担任法律顾问、代理、咨询、代书等方式从事内地非诉讼法律事务，也可以采取担任诉讼代理人的方式代理涉港澳民事案件，享有相应的律师权利，履行相应的律师义务"，即不能从事刑事、行政诉讼业务。司法部《关于取得内地法律职业资格并获得内地律师执业证书的港澳居民可在内地人民法院代理的涉港澳民事案件范围的公告》将涉港澳民事案件的范围进一步细化为婚姻家庭、继承、合同、知识产权、公司、证券、保险、票据等有关的民事纠纷。

简言之，根据现有规定，港澳居民不能以港澳律师身份在内地提供法

律服务。港澳居民要以律师身份为港澳居民或企业提供法律服务的条件是：①取得内地律师执业证书；②在内地律师所执业；③限于民事案件，排除刑事、行政诉讼案件。但据统计，自国家司法考试惠港政策2004年实施以来，香港居民的考试通过率不足8%，低于全国平均通过率，香港居民的报考人数从2004年440多人减至年均约300人，有的年份低至100多人。

港澳律师事务所在内地设立的代表机构或合伙联营律师事务所也受到限制。根据《香港、澳门特别行政区律师事务所驻内地代表机构管理办法》的规定，港澳律师事务所在内地设立的代表机构不得聘用内地执业律师提供内地法律服务，只能通过个案协议委托等形式参与。该办法第三十条规定："港澳律师事务所、律师或者其他组织、个人擅自在内地从事法律服务活动，或者已被撤销执业许可的代表处或者代表继续在内地从事法律服务活动的，由省、自治区、直辖市司法厅（局）予以取缔，没收违法所得，并处5万元以上30万元以下的罚款。"这些限制性规定，使得港澳律师事务所在内地设立的代表机构的业务大量萎缩，截至2018年年底，香港律师事务所驻内地代表机构仅剩62家①，2017年年底时有64家②，较最高峰时下降65%。

根据《广东省司法厅关于香港特别行政区和澳门特别行政区律师事务所与内地律师事务所在广东省实行合伙联营的试行办法（2019年修订）》，目前各方出资总额不得少于500万元，并限定港澳联营方的出资额不得高于49%；联营律师事务所可以受理、承办民商事领域的诉讼、非诉讼法律事务以及行政诉讼法律事务，但不得受理、承办涉及内地法律适用的刑事诉讼法律事务；属于香港、澳门或者外国法律事务的，由香港、澳门派驻的律师办理，香港、澳门一方派驻律师不得承办内地法律事务。港澳律师事务所与内地律师事务所合伙联营政策实施4年多来，联营所经营状况并不理想，2018年至今无一起新增申请。

在仲裁服务开放方面，《中华人民共和国仲裁法》对境外仲裁机构在内

---

① 司法部官网，http://www.moj.gov.cn/government_public/content/2019-03/07/634_229827.html，2019年7月28日访问。

② 司法部官网，http://www.moj.gov.cn/government_public/content/2018-03/14/634_17049.html，2019年7月28日访问。

地设立分支机构未做规定。深圳前海自2012年提出引进香港仲裁机构至今仍未落地,目前境外仲裁机构在内地设立的代表处只能开展一些服务推广、宣传联络工作。

(三)香港法律服务界分享内地法律服务市场开放的红利不平衡

目前,香港向内地输出的法律服务价值约占香港法律服务业输出总值的30%,七成以上的香港律师事务所均有从事涉及内地法律业务。但从实践情况看,IPO上市、融资、并购等高端附加值法律服务产值占比超过九成,而在这些业务领域,基本上被香港本地大型律师事务所垄断,在香港法律业界占比高达89%的800多家本地中小型律师事务所,难以直接从中受益。在中国委托公证人业务领域,目前全港实际开展委托公证业务的公证人324人,在事务律师中占比仅3%,提供中国委托公证业务的律师事务所255家,在全港律师事务所中占比不足三成,覆盖率整体偏低。

(四)粤港澳大湾区法律服务协同发展的现有机制不够健全

一是两地法律服务交流合作的平台机制建设不够健全。从整体情况看,大多数两地法律服务合作协议均以原则性、意向性的内容为主,对合作项目缺乏针对性、实质性安排,也缺乏相应机制性工作平台予以推进,导致协议大多流于形式,落实情况不尽理想。二是纠纷解决机制不够健全。目前,粤港澳三地在仲裁、调解领域虽有合作,但总体上各自为战,甚至存在竞争关系,尚未有效形成共商、共建、共享的纠纷解决机制,缺乏一套共同认可的纠纷解决规则。从广东情况看,内地仲裁法律制度较为滞后,内地仲裁法律体系不完整,仲裁员素质良莠不齐。仲裁庭在裁决纠纷过程中权力行使"自由化"现象突出,导致仲裁机构公信力不足。特别是近年来出现的"先予仲裁""异地仲裁""网络仲裁"等问题在社会上引起了较大争议,虚假仲裁、仲裁裁决实体不公等问题也较为突出,仲裁实质化解纠纷的功能未有效发挥。珠三角9市仲裁机构存在同质化发展问题,未能形成优势互补、互利共赢的合作格局。调解机构建设缺乏统一有效的指导,有关商事调解协议的执行效力有待进一步明确。调解协议的司法确认范围较窄。根据内地民事诉讼法的规定,只有内地调解组织做出的调解协议才纳入司法确认范围,不利于港澳调解组织做出的调解协议在内地法院的确认。三是相关协作机制有待建立健全。粤港澳三地法律服务中国企业"走出去"业务推介和对接平台不多,导致涉外法律服务供需信息不对称,律师等法律服务提供者无法深入了解企业"走出去"服务需求,不能及时为企业提供贴切其需求的专业服务。

### (五) 香港建设亚太区国际法律及争议解决服务中心面临比较强劲的外部竞争

《规划纲要》提出建设国际仲裁中心,要将香港打造成亚太区国际法律及争议解决服务中心,这是粤港澳大湾区法律服务业协同发展的重要目标,但实现这一目标也要重视来自外部的竞争。

国际仲裁在国际投资和贸易交往过程中颇受欢迎,目前国际上已经发展形成若干著名的仲裁机构。伦敦和巴黎位于最常选择的仲裁地排名的前两位,是因为伦敦国际仲裁院(LCIA)和国际商会仲裁院(ICC)分别位于两地。调查显示,伦敦国际仲裁院(LCIA)、国际商会仲裁院(ICC)、香港国际仲裁中心(HKIAC)、新加坡国际仲裁中心(SIAC)和斯德哥尔摩商会仲裁院(SCC)是全球最受欢迎的五大仲裁机构[①]。香港在亚太区国际法律及争议解决服务中心的过程中,将要面对这些仲裁机构的竞争。《2015年国际仲裁调查:国际仲裁的改进与革新》调查报告显示,伦敦和巴黎牢牢占据最常选择的仲裁地的前两位,受访者中倾向于选择伦敦作为仲裁地的占47%,选择巴黎的占38%;接下来依次是中国香港和新加坡。

但据《2018年国际仲裁调查:国际仲裁的演进》,中国香港在全球仲裁机构中的排名和受欢迎度均有所下降。

由图15-4和图15-5可知,中国香港在国际仲裁机构中的排名从第三名下降至第四名。另一个应引起重视的数据是受访者选择仲裁地的倾向度:一是在前七大仲裁地中,除香港有所下降外,其余六大仲裁地均有所上升;

---

[①] School of International Arbitration, Mary Queen, University of London, *2015 International Arbitration Survey: Improvements and Innovations of International Arbitration*, p. 2.

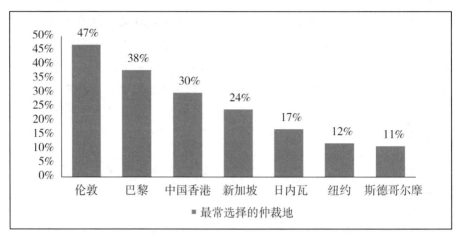

**图 15-4　2015 年国际仲裁机构排名**

（资料来源：School of International Arbitration, Mary Queen, University of London, *2015 International Arbitration Survey: Improvements and Innovations of International Arbitration*, p. 12）

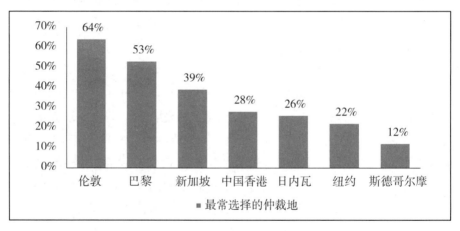

**图 15-5　2018 年国际仲裁机构排名**

（资料来源：School of International Arbitration, Mary Queen, University of London, *2018 International Arbitration Survey: The Evolution of International Arbitration*, p. 9）

二是新加坡的受欢迎度上升较快，从 2015 年落后香港 6 个百分点，到 2018 年反超香港 11 个百分点。

因此，中国香港建设亚太区国际法律及争议解决中心应高度重视新加坡的竞争：

第一,新加坡国际仲裁中心(SIAC)发展迅速。新加坡国际仲裁中心成立于1990年,据《2015年国际仲裁调查:国际仲裁的改进与革新》调查报告,受访者认为,香港国际仲裁中心和新加坡国际仲裁中心是过去五年进步最大的两个仲裁机构[1],香港国际仲裁中心和新加坡国际仲裁中心在最受欢迎的仲裁机构中排名第三(28%)和第四(21%)[2]。但2018年,新加坡国际仲裁中心(36%)已反超香港国际仲裁中心(27%)[3],二者交换了位次。近些年,新加坡国际仲裁中心的仲裁案件也几乎与香港国际仲裁中心持平,如图15-6所示。

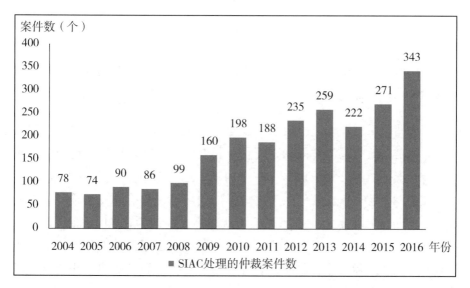

图15-6 新加坡国际仲裁中心2004—2016年处理的仲裁案件

(数据来源:新加坡国际仲裁中心官网,http://www.siac.org.sg/2014-11-03-13-33-43/facts-figures/statistics)

第二,新加坡政府重视和支持仲裁业发展。近年来,新加坡将国际仲

---

[1] School of International Arbitration, Mary Queen, University of London, *2015 International Arbitration Survey: Improvements and Innovations of International Arbitration*, p. 2.

[2] School of International Arbitration, Mary Queen, University of London, *2015 International Arbitration Survey: Improvements and Innovations of International Arbitration*, p. 17.

[3] School of International Arbitration, Mary Queen, University of London, *2018 International Arbitration Survey: The Evolution of International Arbitration*, p. 13.

裁服务视为高增长行业，推出一连串措施。如邀请所有知名国际仲裁机构进驻新加坡并免费提供办公室，积极发展成亚洲区的国际仲裁中心[1]。

第三，新加坡地处海上丝绸之路中心位置，在观感上具有较强的中立性。中国香港与新加坡具有不同的法律地位，前者是中国的特别行政区，后者是一个独立主权国家。这在一定程度上会造成当事人在观感上认为新加坡较具独立性，从而影响当事人选择仲裁地。

此外，2016年1月，新加坡国际仲裁中心在上海自贸区设立代表处[2]。同年5月，新加坡国际仲裁中心发布了第六版仲裁规则，并于6月1日起实行；9月，该中心出台专门的《投资仲裁规则》[3]。这些举措使新加坡国际仲裁中心在国际仲裁市场具有更大的竞争力。

### （六）内地与港澳缺乏互信基础对粤港澳大湾区法律服务合作产生了一定的负面影响

港澳回归祖国以来，内地与港澳迄今未建立起全面的法律合作安排，重要原因是内地与港澳之间缺乏互信。长期以来，在对内地与港澳的区际法律合作安排的观念和认识上存在"内地中心主义"和"香港优越主义"的误区。"内地中心主义"认为内地提出的区际法律合作安排途径、方案等，港澳理应予以接受和配合；"香港优越主义"认为香港的法治优越于内地，盲目推崇普通法，对内地法治和司法制度缺乏了解甚至带有偏见。澳门对加速推动区际法律合作缺乏足够的动力，担心深度法律合作会对澳门的政治、法律生态造成影响。

## 三、促进粤港澳大湾区法律服务业发展的建议

内地、香港、澳门三地法律体系的巨大差异形成了三地之间严重的法

---

[1] 新加坡文献馆：《香港与新加坡争夺国际仲裁服务》，http://www.sginsight.com/xjp/index.php? id=1875，2019年7月29日访问。

[2] 新加坡国际仲裁中心官网，http://www.siac.org.sg/images/stories/press_release/Opening%20of%20SIAC%20Office%20in%20Shanghai_25%20January%202016.pdf，2019年7月29日访问。

[3] 新加坡国际仲裁中心官网，http://www.siac.org.sg/，2019年7月29日访问。

制壁垒，妨碍了大湾区人流、物流、资金流、信息流等要素的高效便捷流动，成为建设粤港澳大湾区的最大障碍。粤港澳大湾区建设要运用法治思维和法治方式，促进大湾区法律服务业健康、快速发展，充分发挥法律服务对大湾区建设的推动和保障作用。

（一）逐步推动完善粤港澳大湾区法律服务协同发展的上层建筑

《规划纲要》提出要"加强粤港澳司法交流与协作，推动建立共商、共建、共享的多元化纠纷解决机制"。在内地与港澳既有法律合作安排的基础上，广东可争取在中央授权下，与港澳签订有关法律合作协议，逐步建立起粤港澳大湾区全面的法律合作安排，完善粤港澳大湾区法律服务协同发展的上层建筑。基本法为广东先行先试与港澳达成法律合作安排提供了法律依据。《香港基本法》第九十五条、《澳门基本法》第九十三条规定"特别行政区可与全国其他地区的司法机关通过协商依法进行司法方面的联系和相互提供协助"，广东可以此为依据争取中央授权，与港澳签订法律合作安排，率先在大湾区试点：一是在民商事领域，就民商事案件管辖权、与香港之间的全面的民商事判决的认可与执行、仲裁案件的调查取证等事项达成协议。二是在刑事领域，遵循"先易后难、先急后缓"原则，先就一些容易解决的问题达成协议，如送达刑事司法文书，传唤证人和鉴定人出庭作证，移送物证、书证及其他有关物品等。对于一些较难解决的问题如移交逃犯、承认刑事判决等，也可争取在大湾区先行先试，大胆创新，达成相应的司法合作安排，如对于移交逃犯问题，对三地法律均规定为犯罪的行为，可以确定一个不适用移交的犯罪类型的"负面清单"；对一地法律认为是犯罪而另一地法律不认为是犯罪的行为，则可以确定一个适用移交的"正面清单"。与此同时，在尊重"两制"的同时，应坚持"一国"原则。在与港澳的刑事司法合作中，不能完全照搬照用国际间的刑事司法协助原则，如不能适用政治犯不移交原则，对于双重犯罪原则、死刑犯不移交原则等均应做变通处理。但刑事领域的法律合作具有高度敏感性，容易引发香港社会纷争，不应操之过急，更不可强推。

## （二）利用粤港澳大湾区先行先试政策，对港澳居民充分开放法律服务市场

第一，推动粤港澳大湾区专业资格互认。《规划纲要》提出"扩大内地与港澳专业资格互认范围，拓展'一试三证'范围，推动内地与港澳人员跨境便利执业"。粤港澳大湾区应尽快研究制定落实政策，推动与法律服务业相关的专业资格如律师、会计师等的资格互认。

第二，对取得内地律师执业证书的港澳居民取消执业范围的限制，实行与内地居民同等待遇。当前取得内地律师执业证书的港澳居民只能从事内地非诉讼法律事务和涉港澳民事案件，不能从事刑事、行政诉讼业务，执业范围受到较大限制。粤港澳大湾区可适时取消这些限制，在执业范围上与内地居民实行同等待遇。

第三，优化律师事务所合作联营政策，进一步放宽港澳与内地律师事务所合伙联营的资质要求、投资门槛、业务限制等，推动解决合作联营律师事务所税收等问题。推介珠三角9市的优秀律师事务所到港澳设立分所或者与港澳律师事务所联营。

## （三）建立健全粤港澳大湾区法律服务协同发展体制机制

第一，探索建立粤港澳大湾区律师联盟。三地律师协会所有符合资格的会员均自动成为大湾区律师联盟的会员，增进三地法律服务界的交流合作，增强大湾区律师界的凝聚力和向心力。

第二，促进大湾区仲裁服务健康有序发展。①发展特色仲裁服务，提升综合服务水平。配合粤港澳大湾区和广州国际航运中心建设，在南沙设立航运仲裁中心，为海事海商、国际贸易、现代物流等国际商事纠纷提供高水平仲裁服务。②大力推进仲裁创新。推进云平台、网络仲裁和智能仲裁建设，构建仲裁大数据中心。同时进一步探索临时仲裁，完善程序管理、证据固化、开庭、机构对接等服务。③加强仲裁队伍建设，打造专业化、国际化仲裁员队伍。规范仲裁机构的管理和仲裁员资格的评级，建立高标准、统一的仲裁员选聘机制，实施仲裁员分级制度，提供仲裁员队伍的国际化、专业化水平。④完善仲裁员监督机制，切实提高仲裁公信力。加强

内地涉外仲裁机构的管理,在仲裁规则、仲裁人员、配套服务等方面与港澳有关方面加强合作,构建与国际标准接轨的仲裁体系,共同打造国际仲裁中心,形成国际仲裁高地。试点将港澳仲裁机构做出的仲裁裁决视为内地仲裁裁决予以处理,促进提升湾区内粤港澳仲裁裁决流通性。⑤完善仲裁合作机制。加快仲裁法修订进度,组建中国仲裁协会和地方仲裁协会,依托仲裁协会统筹协调粤港澳仲裁交流与合作,整合交流合作平台,完善相关机制。

第三,推动促进调解作为解决法律纠纷新机制的发展。①建立健全调解机制。推动广东在港澳人士和企业集中的地区和行业建立专门调解涉港澳纠纷的调解组织。②探索建立粤港澳调解人才库,加强调解员培训等方面合作。③研究推动调解协议效力的司法确认,以及在粤港澳三地的互认和执行。授权大湾区内地法院可对在港澳形成的商事调解协议进行司法确认。④健全完善港澳籍人士担任人民陪审员、仲裁员、调解员制度。⑤推动在涉港澳知识产权纠纷相对集中、需求量大的区域或者行业设立知识产权纠纷调解组织,加强与知识产权法院的衔接联动,完善诉讼与调解对接机制,推动建立知识产权纠纷调解协议司法确认制度。

第四,完善机制,规范大湾区公证服务。①不断充实壮大公证工作队伍,吸引高素质人才加入公证队伍。②积极搭建平台为公证人员到港澳交流学习创造条件和提供便利,探索通过与著名高校联合举办高端论坛、共同建设公证教育培训基地、互派人员交流学习等形式,培养一批具有代表性的高水平的专家型公证员。利用全国公证指导性案例和业务视频案件,不断提高公证员办理新型公证业务的水平。③不断拓展公证业务领域。指导公证机构努力拓展金融、知识产权、涉外公证法律服务,为中国企业和公民"走出去"提供更加优质高效的公证法律服务。④加强公证质量监管力度。制定公证工作评价指标,制定出台业务规范或办证指引,推进执业活动标准化。加强对公证执业活动的监督管理,强化问责制度,建立投诉处理台账和定期通报制度,对不良执业信息实行常态化通报。加大行政处罚和行业惩戒力度,做到有诉必理、有案必查、违法必究。⑤编选公证典型案例,在网上建立公证法律服务案例库,助推公证工作理念和方式转型升级,促进公证业务水平提升。

### （四）高度正视，积极应对新加坡的竞争

第一，学习新加坡国际仲裁中心的新做法和新经验。目前在全球最常选择的仲裁地中，新加坡和中国香港分列第三和第四，新加坡国际仲裁中心和中国香港国际仲裁中心也是分列第三和第四，二者差距并不大。中国香港的仲裁立法和香港国际仲裁中心的仲裁规则已经居于世界先进水平，但也要看到新加坡近年来进步很快，特别是2016年新发布了第六版《仲裁规则》，并推出专门的《投资仲裁规则》。因此，中国香港国际仲裁中心应密切跟踪新加坡国际仲裁中心的新举措，深入研究其新版《仲裁规则》和《投资仲裁规则》，比较异同，发现差异，及时修订和改进香港国际仲裁中心的仲裁规则。

第二，进一步提高仲裁服务质量。《2015年国际仲裁调查：国际仲裁的改进与革新》和《2018年国际仲裁调查：国际仲裁的演进》调查报告显示，国际仲裁最不受当事人喜欢的特征包括费用高昂、仲裁程序缺乏有效约束等（图15-7、图15-8）。香港可针对上述国际仲裁最受诟病的特征对症下药，改进和完善仲裁服务。如在仲裁费用上，香港国际仲裁中心虽然允

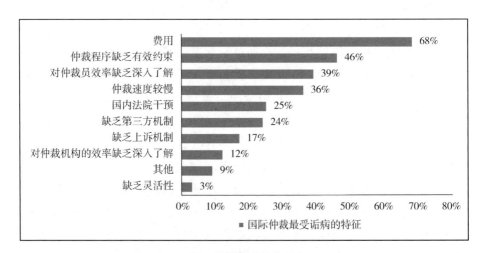

图15-7　国际仲裁最差的方面（2015年）

（资料来源：School of International Arbitration, Mary Queen, University of London, *2015 International Arbitration Survey: Improvements and Innovations of International Arbitration*, p. 7）

许当事人选择按小时或按标的额大小向仲裁员交费,但仍可研拟是否有下调空间。此外,当事人还须支付仲裁的行政费用和聘请的律师费用,尤其

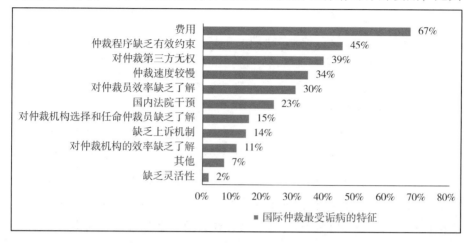

**图 15-8 国际仲裁最差的方面(2018 年)**

(资料来源:School of International Arbitration, Mary Queen, University of London, *2018 International Arbitration Survey: The Evolution of International Arbitration*, p.8)

是香港的律师收费高昂且不封顶,可能影响当事人选择以香港为仲裁地。香港国际仲裁中心可与特区政府律政司、香港大律师公会、香港律师会等机构协调,对参与仲裁的律师收费进行新的制度设计,减轻当事人负担。仲裁效率也是国际仲裁受到诟病的特征之一。香港国际仲裁中心可进一步改进机制,对仲裁程序的时限做出合理安排,并可增加仲裁员、仲裁中心仲裁效率的透明度,让当事人充分了解。

第三,抓住国家"一带一路"建设的契机,进一步提高香港作为仲裁地和香港国际仲裁中心的国际知名度。①尽快出台"一带一路"仲裁示范条款。香港国际仲裁中心应牵头拟订"一带一路"仲裁示范条款,供投资、贸易当事方选择,以将香港确定为"一带一路"商事仲裁的仲裁地。②整合法律服务资源,实现优势互补。"一带一路"沿线 60 多个国家和地区具有不同的法律环境和文化背景,既有大陆法系国家和地区,也有普通法国家和地区,还有实行伊斯兰法的国家和地区。香港是实行普通法的地区,显然仅依靠香港一地的法律从业人员无法为"一带一路"建设提供充足的法律服务。为此,香港律师界应加强与内地律师界和其他国家、地区律师

界的合作,香港国际仲裁中心也应加强与内地和其他国家、地区的仲裁机构的合作,进一步扩大仲裁员的来源地,提高国际化水平。③加大推介力度。特区政府律政司应牵头组织香港国际仲裁中心等前往内地和"一带一路"沿线国家和地区进行推介活动,尤其应加大向内地企业的推介力度,扩大香港仲裁服务的影响力,吸引更多的当事人选择以香港作为仲裁地。《2015年国际仲裁调查:国际仲裁的改进与革新》调查报告显示,仲裁地法律体系的中立性和公正性是选择仲裁地点的最关键因素之一。根据《全球竞争力报告2015—2016》,中国香港的司法独立全球排名要领先于新加坡,新加坡的排名为第二十三位①。这是中国香港相对于新加坡的比较优势。另外,香港法院对仲裁裁决的执行率高,这也是香港发展仲裁服务的一大优势。因此,香港在推介本港的仲裁服务时,可突出强调香港司法独立和裁决执行率高的优势。④特区政府予以必要扶植。新加坡国际仲裁中心得到新加坡政府的大力支持。但香港国际仲裁中心属于独立运作,获得政府支持较少。长此以往,将不利于香港国际仲裁中心与新加坡国际仲裁中心的竞争。未来特区政府应设法加大对香港国际仲裁中心的支持,在政策、资金、人力资源等方面予以一定的倾斜。特区政府还应加大与其他国际仲裁机构的联系,邀请其入驻香港,并给予一定的优惠政策。⑤争取国家支持。亚投行和丝路基金在制订"一带一路"建设工程格式合同时,纳入以香港为仲裁地的仲裁条款。国家在与"一带一路"沿线国家和地区新签或升级投资、贸易等方面的协议或条约时,在争端解决条款中尽可能地选择香港为仲裁地。

(五)深化粤港澳大湾区法治文化建设与法治研究交流,建立法治互信

第一,加强对港澳法律制度和法治文化的研究,尊重港澳法律差异和法律传统。

第二,在港澳地区积极开展内地法治宣传,以港澳方面能够接受的话

---

① The Global Competitiveness Report 2015-2016, p.321, available at: http://www3.weforum.org/docs/gcr/2015-2016/Global_Competitiveness_Report_2015-2016.pdf.

语体系,增进法治交流与互信。加强与粤港澳大湾区经济社会发展密切相关的法律法规宣传,推动港澳同胞更好地融入大湾区建设。

第三,建立粤港澳常态化法律信息交流机制,建立大湾区法律资讯平台,及时通报粤港澳有关法律制度、政策文件、立法动态等信息,使有关制度规则在大湾区得到更好的遵守。

第四,加强三地法学理论、法律教育、法治文化及法治实践的交流合作,建立粤港澳法律界业务团组定期互访、研讨机制,支持三地高校和科研机构开展大湾区法治研究。

第五,加强粤港澳大湾区法律人才建设,建立粤港澳大湾区法治保障智库。从内地及港澳地区的高等学校、科研院所、律师事务所、会计师事务所、企业等,聘请熟悉国际商贸、国际航运、金融、知识产权、涉外法律的专家学者、律师、会计师、公司高管,组成一个服务保障粤港澳大湾区建设的法律专家库,加强对粤港澳大湾区建设法律政策的分析、调查研究,为三地政府部门做好相关服务保障工作建言献策,提供咨询服务,帮助三地政府部门提高服务保障的质量和水平。

(六) 支持"互联网+法律服务"发展

第一,利用现代互联网技术打造粤港澳大湾区综合性公共法律服务网络平台。目前,广东法律服务网(www.12348.gov.cn)已经开始运行,为公众提供16类172项公共法律服务事项,不仅涵盖了法律咨询、公证、司法鉴定等公共法律服务,也涵盖了行政许可、行政处罚、行政检查等政务服务。未来应将这一公共法律服务网络平台扩展至包括香港、澳门法律服务在内,面向包括港澳居民和企业在内的大湾区公共法律服务网络平台,不断丰富平台内容,提高服务质量,并加大推广力量,解决法律服务需求者信息不对称的难题,使其成为大湾区居民和企业获取法律信息,享受高质量法律服务的重要来源。

第二,鼓励、扶植大湾区内将人工智能技术应用于法律服务的企业发展壮大。近年来,国家持续推动司法改革和法律信息化,人工智能在语音、文字的处理上取得重要进展,使得人工智能在法律领域得到了较多应用,出现了一批法律人工智能产品。将人工智能技术应用于大湾区法律服务,

可以减少乃至消除3个法域之间的信息不对称,解决3个法域之间的法律查明难题,降低法律服务者和需求者解决法律争端的经济和时间成本。目前,内地已经涌现出一批将人工智能应用于法律领域的企业,既有腾讯、百度、科大讯飞等大型科技公司,也有法狗狗、法里等专业型"人工智能+法律服务"初创公司。人工智能是粤港澳大湾区众多城市的产业发展重点,大湾区应出台专门政策,利用建设国际科技创新中心的重大机遇,扶植"人工智能+法律服务"的企业发展,吸引粤港澳三地青年参与"人工智能+法律服务"创新创业,抢占新兴法律服务业的制高点。

# 第十六章 探索粤港澳三地"最大公约数"与形成更加紧密的经贸合作研究

史欣向[①]

粤港澳大湾区建设是习近平总书记亲自决策、亲自部署、亲自推动的重大国家战略。基于粤港澳三地的现实,要探索"最大公约数"一定是"求大同,存小异"。所谓求大同,一定是对接和服务重大国家战略。按照该思路,粤港澳大湾区的"最大公约数",事实上就是在尊重"一国两制"、遵守宪法与基本法的条件下,粤港澳三地作为一个整体服务国家战略,实现三地制度与规则协调、衔接,促进港澳融入国家发展大局,成就三地互利共赢。实现粤港澳大湾区建设"最大公约数"的必由之路是不断地深化改革与创新。改革开放、港澳回归祖国至今,粤港澳的经济增长模式与"一国两制"治理模式的优势已经在长期实践中得到多方位的呈现。粤港澳大湾区未来的发展,必须迎难而上,针对体制机制的积弊,做出关键性的改革举措,全面提升大湾区协同发展与治理水平。

## 一、探索粤港澳3个关税区"最大公约数"的重大意义

粤港澳三地社会制度不同,法律制度不同,并且属于不同的关税区域,制度背景的特殊性一定程度上限制了三地的互联互通水平。《粤港澳大湾区发展规划纲要》(以下简称《规划纲要》)的颁布,标志着粤港澳大湾区已

---

[①] 史欣向,中山大学自贸区综合研究院副院长、副研究员。

上升为国家战略,也将是3个关税区寻找最大公约数和制度连接通道的最佳历史机遇。在此背景下,探索粤港澳三地关税区"最大公约数"具有重大的战略作用和现实意义。

### 1. 贯彻《规划纲要》的重要举措

《规划纲要》指出:建设粤港澳大湾区,既是新时代推动形成全面开放新格局的新尝试,也是推动"一国两制"事业发展的新实践。粤港澳三地间的合作使粤港澳三地在经济发展、产业分工、生产要素流动方面已经紧紧联系在一起。为了将粤港澳大湾区建设成为世界上最具活力和竞争力的区域,三地海关作为进出境监督管理机关,必须加强联系配合,支持粤港澳深化合作,建立三地关税区连接通道是落实"一国两制"政策并贯彻《规划纲要》的具体体现。

### 2. 促进粤港澳区域提高竞争力的现实需要

今后的国际竞争格局,必将体现在拥有若干个综合实力强大的区域,粤港澳经济区以1%的土地,创造了全国将近12%的GDP。打通三地关税区连接通道,将有利于继续提高粤港澳地区的国际化和市场化程度,提升区域经济活力,发挥三地经济互补性,是服务湾区经济社会发展全局的重要体现。通过把握三地区域经济发展的特点,推进区域通关改革,促进区域内货畅其流,将充分发挥粤港澳大湾区的独特优势,并积极推动其协调发展,是配合粤港澳大湾区经济发展战略的重要体现。

### 3. 提高海关服务经济、促进经济发展的有效途径

粤港澳三地海关肩负着把关服务的神圣职责,为进一步提升粤港澳大湾区在国家经济发展和对外开放中的支撑引领作用,三地海关应有效发挥在支持粤港澳深化合作中的职能作用,全面提升海关的把关服务能力,追求质量与效率的双目标,提高监管效能,以降低企业通关成本、促进生产要素快速流动为原则,实现贸易安全与便利相统一、有效监管与高效运作相平衡。

## 二、粤港澳3个关税区经贸合作基本情况

粤港澳地缘相连、人文相近、语言相通、利益相连,有着悠久的经贸

交流历史。改革开放以来,粤港澳地区凭借制度创新优势、区位优势及资源条件比较优势,把握时代发展的脉搏,先行一步,成功实现了港澳制造业向珠三角地区转移,在国际竞争与合作共赢中取得了巨大的成绩。形成以港澳为龙头、以珠三角地区为腹地的"前店后厂"的紧密经贸合作发展模式,在全国经济格局中占据重要地位。历史证明,粤港澳经贸合作有力地促进了我国改革开放事业,促进了三地经济发展,带动辐射了全国,为保持香港、澳门的繁荣稳定做出了重要贡献。

广东以港澳为桥梁不断拓展海外市场,大胆引进外资,以对港澳贸易带动自身迅速发展,成为我国对外开放"窗口"。2018 年,广东外贸进出口总值 7.16 万亿元人民币,外贸规模首破 7 万亿元,创历史新高,比 2017 年同期(下同)增长 5.1%,占全国外贸总值的 23.5%,已连续 33 年保持全国各省市第一。其中,出口 4.27 万亿元,增长 1.2%;进口 2.89 万亿元,增长 11.3%;实现贸易顺差 1.38 万亿元,收窄 14.8%。目前,已形成以中国香港、美国、欧盟、日本、东盟五大贸易伙伴为主的外贸市场。2018 年,广东实际利用外资 1450.88 亿元人民币,同比增长 4.87%,比全国平均增速高出近 4 个百分点;香港始终保持世界四大国际金融中心、国际航运物流中心和中介服务中心的地位,拥有高度国际化、法治化的营商环境以及遍布全球的商业网络,是全球最自由的经济体之一;澳门成为世界性旅游休闲中心和中国与葡语国家商贸合作服务平台。通过经贸合作,粤港澳民生都得到了很好的保障。粤港澳在国际区域经济发展中的地位得到了发展和巩固,粤港澳合作已经融入国际区域经济合作的大潮。

三地海关在减免关税审核、促进通关便利化及物流一体化建设等方面发挥了重要作用。其中,广东海关基于地缘相近的优势,不断探索与香港、澳门海关合作方式,拓展合作领域,不断加强自身建设与交流合作,尤其在通关便利、打击走私、保护知识产权等方面取得了不小成效;香港凭借国际金融中心的地位优势,承担了"超级联系人"的角色,提供了全球最便利的自由贸易和营商环境;澳门则凭借"超级第三人"的角色,实行充分开放的经济体制和自由港优惠政策。除汽车、烟草和含酒精饮料等外,其他商品不征收关税。作为一个独立的关税区,澳门已经与包括北美、欧盟、葡语国家、东南亚以及中国台湾地区等超过 100 个国家和地区有着密切的联系。

## （一）区域通关便利化方面

广州海关加强与香港海关、澳门海关之间的关际合作，推进通关制度高效、顺畅衔接。落实了内地与香港、澳门 CEPA 项下进口商品税收优惠政策。创新建立"CEPA 食品"检验监管新模式，将港澳地区认可的原产地、卫生证书以及风险监控结果作为监管依据，口岸检验检疫时间缩短到 3 小时内，相比传统检查验流程减少 11 天以上；加强与香港、澳门 AEO 互认合作交流，更多企业享受到了各类通关便利措施，更好地服务企业利用粤港澳大湾区的环境优势"走出去"；叠加白云机场综合保税区作为广东省唯一依托国际机场建设的海关特殊监管区域的区位优势和广东自贸试验区南沙片区的政策优势，广东海关部门建立两区保税货物区间流转模式；针对香港、澳门邮政自身承揽"E 特快"产品轻小、高值、时效要求高的特点，广州海关创新建立"一点清关"模式，实现"数据提前预申报、邮件自港澳口岸进境运抵国际邮件互换局、无须转关验放直接办结海关手续"；广州海关还积极发挥区位优势，支持南沙国际航运中心和白云机场国际航空中心口岸纽枢建设，促进粤港澳大湾区客流、物流等要素便捷流动。拓展"粤港跨境货栈"，创设"卡车航班"空陆联运模式，全面开展"通程航班"业务，将香港机场的行李托运服务直接延伸到客运码头，积极推进"自助预申报""行邮税智能缴纳""一点清关"等旅客和行李物品智能化通关改革。探索降低游艇入境担保门槛，进一步简化游艇通关手续。

深圳海关协调地方政府加快文锦渡、皇岗、深圳湾、沙头角等重点口岸升级改造，同步推动加大港口信息化建设投入，提高码头作业效率。加快推广对接企业 WMS、ERP 系统监管方式，建设海关旅客通关安全监管平台系统，开发旅检多功能自助终端。在深港陆路口岸打造生鲜和农副产品"绿色通道"，实现"即到即办、快速验放"。

拱北海关高效完成港珠澳大桥建设开通 204 项海关任务。2019 年 1 月 17 日，该关"跨境快速通关"模式与香港海关"多模式联运转运货物便利计划（ITFS）"在港珠澳大桥成功对接，实现了车辆从入场到离场时间一般不超过 3 分钟，对无须查验的车辆卡口验放时间平均在 10 秒以内。

横琴在实行"一次申报、分批出境"后，单批次货物通关时间从 20 分钟缩短至3～5分钟，珠澳陆路口岸小客车通关时间节约40%。通过全国首创的"智检口岸"工作新模式，企业任何地点、任何时间均可在互联网免费、无纸化申报，使得港澳商品进入自贸区的出口商品通检时间由2～3天缩短为16分钟，跨境电商平均通检时间仅105秒。

以港珠澳大桥建设通车为契机，2018年11月13日，海关总署、香港海关、澳门海关在珠海签署港珠澳大桥口岸合作互助项目备忘录，三方共同建设安全便利、优质高效的港珠澳大桥口岸通关环境。主要措施包括：①建立海关口岸联络机制，将内地与香港的"跨境一锁"快速通关监管模式应用于大桥香港口岸与珠海口岸；②实施查验结果参考互认合作，对经大桥香港口岸和珠海口岸通行的货运车辆，粤港海关参考互认对方查验结果；③香港口岸与珠海口岸、澳门口岸与珠海口岸之间，实施粤港海关、粤澳海关间的小客车检查结果参考互认。

(二) CEPA框架下的贸易合作方面

香港特别行政区与国家商务部于2018年12月14日在香港签订了新CEPA货物贸易协议，全面落实香港原产货物进口内地零关税，并着手研究大湾区内贸易便利化。根据新签订的CEPA货物贸易协议，内地将不再对任何以香港为原产地的进口货物征收关税（有关内地与国际法规禁止进口货物除外）。在旧CEPA框架下，香港与内地已经实行零关税政策，香港一直对所有内地原产货物实行进口零关税，部分列入CEPA零关税清单的香港原产货物，在进口内地时也可豁免关税。根据中华人民共和国海关总署提供的资料，从2004年至2018年，约971亿港元适用特定原则的香港货物，以零关税进口内地，节省关税金额约68.1亿元人民币。2017年，约44%的香港本地出口内地的货物，在CEPA安排下享受零关税优惠政策。

自2003年10月，中央政府和澳门特别行政区政府在澳门签署《内地与澳门关于建立更紧密经贸关系的安排》以来，内地对所有原产于澳门的进口货物实行零关税。两地对符合原产地标准的货物范围经磋商也不断扩大。2018年上半年出口总额达62亿澳门元，同比上升10.2%。货物进口方面，随着经济增长步伐加快，旅客消费和内部需求稳步增长，进口总额达4335亿澳门元，同比上升24.5%。2018年上半年，CEPA货物出口总额为

4.6329万澳门元，同比上升8.9%；免征关税262.2万澳门元，同比上升17.8%。

2018年，广州海关关区享受《内地与香港关于建立更紧密经贸关系的安排》《内地与澳门关于建立更紧密经贸关系的安排》，优惠税率进口的货值达1.38亿元，同比增长84%。

除关税政策外，在粤港澳大湾区贸易便利化措施方面，自CEPA实施以来，广东海关、香港海关、澳门海关为促进内地与港澳深入合作采取了多项具体措施，如：建立相应的原产地管理组织机构和规章制度，统一"内地海关及香港海关陆路进/出境载货清单"；参考互认对方部分查验结果，全面推行"海关报关、报验车辆通道自动核放系统"，实现监管资源共享，简化手续，提高通关效率；与澳门海关合作建立过境货物快速通关模式，使内地和澳门之间的过境货物可以在对方境内快速通过；实施"小型船舶快速通关模式"改革，加强信息宣传工作，营造良好的通关环境。

近年来，在全球经济低迷的大背景下，我国内地与香港经贸合作增长乏力，亟须培育服务业等新的合作领域。在服务贸易方面，新版的CEPA无论在形式上还是内容上都有突破。以往CEPA和不同的补充协议都是以正面清单的形式，列出开放范畴和措施，而此协议对香港服务提供者在广东不同的商业领域以负面清单的形式列出不包括在开放范畴内的项目。也就是说，除了清单上列出的例外措施，香港服务提供者得以享受国民待遇。此外，新版CEPA容许香港服务提供者在广东的投资项目跟内地投资项目按同等权限和程序办理，而投资设立公司和相关合同章程的核准改为备案管理，并制定了相应的备案管理办法，以上措施大大提高了投资便利化的水平。具体内容安排上，内地向香港、澳门进一步开放管理咨询、会议展览、广告、会计、法律、医疗及牙医、物流、货代、仓储、分销、运输、旅游、建筑、视听、电信、银行、保险、证券18个服务行业，分别对部分行业采取以下开放措施：提前实施中国对世贸组织成员的开放承诺，取消投资的股权限制，允许独资经营；降低最低注册资本、资质条件的要求；放宽地域和经营范围限制。

以上安排自签署与实施以来，服务贸易发展突飞猛进，内地已经成为香港最大的服务贸易伙伴，但香港与内地的服务贸易仍主要集中在传统领域，以旅游、运输等传统服务类别为主，金融、保险等现代服务业虽然份额有所提升，但比重仍然偏低。

### (三) 粤港澳三地税收合作方面

粤港澳大湾区横跨3个不同的关税区，三地税收制度的设计同样殊异。以香港和内地的企业缴税申报差异为例，内地每月申报一次，香港每年申报一次；针对企业，香港没有增值税等税种，只有企业所得税；内地企业所得税税率是25%，香港是16%。目前，粤港澳大湾区仍处于税收制度整合性阶段，需要政府间的合作与协调，通过分阶段分层次稳步地推进税收合作，来促进粤港澳之间商品和生产要素的自由流动。

在处理粤港澳税收合作方面，税务部门作为重要的经济职能部门，也发挥了重要作用。广东省地方税务局先后出台多项具体措施意见，完善了粤港澳三地税务合作工作机制，明确责任，分解任务；陆续借鉴学习港澳税收的先进经验和做法。过去几十年，香港一直致力于与主要贸易伙伴建立全面性避免双重征税协定。香港与内地、比利时、泰国和卢森堡签订安排或协定，避免双重征税，为双方的投资者节省税款，并有助于确定税负。在这数十年中，香港税制致力于平衡各方利益，公平承担税负，并顾及社会各阶层的需要。利得税方面，制定多项税务宽减优惠措施，创造良好的营商环境，加强香港竞争力。薪俸税方面，为舒缓纳税人的负担，除提高个人基本免税额外，亦因应社会变迁，扩大免税的种类和引入新的开支扣除；澳门自回归祖国以来，在税务优惠、对所得避免双重征税协议和安排方面不断努力，促进税务的发展。港澳面对激烈的国际竞争，充分发挥东西交汇的地理位置，吸收国内国外税制改革好的经验，不断完善与国际接轨的税收体系，并创新很多税收征管做法。广东凭借毗邻港澳的优势，在国内率先全方位推动税收改革，目前已经取得显著成效。

### (四) 海关缉私合作，净化外贸进出口秩序方面

始终保持打击走私的态势，是粤港澳区域经济持续稳定健康发展的保证。内地海关与港澳海关一直保持着情报交换和缉私合作，近年来，粤港、粤澳海关建立了稳定的缉私联络机制、情报固定交换机制、海上"艇对艇"

配合机制、陆路"口岸热线"机制、缉毒合作模式、缉私业务培训制度等有效合作机制,探索区域性打击走私合作模式。保持打击走私的高压态势,打团伙、破大案、摧网络,精、准、狠打击走私违法行为;坚持严格、公正、文明、理性执法,打击违法和预防教育并重;推进反走私综合治理工作,净化市场环境,为守法企业营造良好的发展环境。粤港、粤澳海关通过开展多种形式的联合行动,形成了相近陆路和海陆的双重缉私防线,有力地打击了成品油、电子产品等走私违法活动,摧毁了多个活跃在粤港澳的走私犯罪团伙,有力地整顿了市场经济秩序,为粤港澳三地公平合法贸易提供了良好环境。

(五)知识产权贸易壁垒与海关保护合作方面

知识产权海关保护的根本目的是利用海关的执法作用来保护知识产权,对进出口贸易中侵犯知识产权的行为进行打击,禁止侵权货物的进出口,从而维护正常的国际贸易秩序。在实践当中,粤港澳三地由于存在3种不同的关税制度,在知识产权的海关保护方面具有两面性:一方面,海关保护充当国际贸易保护的工具;另一方面,仍然有可能被用来构筑贸易壁垒。特别是在知识产权海关保护的执法中,海关都有较大的自由裁量权,各地海关也可能因为标准的不统一造成行政执法标准程序的缺失。就近几年的海关保护合作情况来看,粤港澳三地海关在知识产权海关保护合作机制方面,通过专职联络官制度、热线电话联络制度、业务通报制度、案件协查制度和联合执法行动制度,有力地保护了三地知识产权权利人的合法权益。《规划纲要》的颁布,要求进一步加大对粤港澳大湾区企业知识产权海关保护力度,助推企业提升创新能力和核心竞争力,支持湾区内国内外知识产权资源集聚,有效打击侵权违法行为。

## 三、粤港澳3个单独关税区在合作互通方面面临的主要问题

区域经济一体化、粤港澳湾区经济协同发展为三地关税制度的整合提出了新的要求。随着港澳与内地合作的深化,三地不同关税制度下的合作

难点和矛盾也不断凸显，3种关税制度在支持粤港澳经贸合作方面也面临着不少挑战。

### （一）粤港澳三地海关合作规划欠缺协调机制

海关支持粤港澳合作是粤港澳经济区合作的重要组成部分，是一项牵涉经济、社会、体制等方方面面的复杂工程，须有效协调三地经济、社会和体制差异，以及长期利益和短期利益、全局利益和局部利益，才能顺利推进。因此，加强经常性协调和沟通机制建设，对充分整合各方资源，达到优势互补、合作双赢具有重要作用。

近年来，粤港澳海关开展的包括统一单证、参考互认查验结果、知识产权保护、缉私情报互换、跨境快速通关等项目性合作取得显著成果，成为粤港澳合作快速发展的重要力量。

但与粤港澳合作发展的整体需求相比，仍缺乏统筹性。目前的项目合作均为某一方面"单打独斗"，面对粤港澳日益频繁的经贸互动，通关便利、横向联动、数据互换等方面还需要顶层设计和统筹规划。已经存在的单块业务的合作机制亟待整合完善，否则无法适应粤港澳经济全面的融合和协同发展的进程。

### （二）粤港澳三地经贸合作存在贸易壁垒和关税壁垒

粤港澳大湾区经济协同发展已经成为不可逆转的趋势，但三地关税制度和通关流程之间的制度差异还是导致三地合作方面存在一些冲突。虽然三地受历史、经济、文化影响，在关税制度和各种政策方面存在巨大差异，且在短期内难以磨灭，但仍须在广东省内海关建立与港澳海关有效沟通的模式，加强协作协调，提高行政效率，便利物流在区域内自由、快速流动。尤其是广东省内就存在着海关机构较多、密度较大，海关管理资源相对分散和独立、业务管理和工作信息尚未充分共享的问题，在执法标准和执法程序上也存在着不少差异。政策和措施缺乏连贯性和整体性，也未与港澳海关加强对接，使工作的整体合力比较分散；在执法问题上也没有统一的规范；资源的整合、协调机制须进一步完善。粤港澳大湾区关税制度联结通道的建立对广东海关与港澳海关之间加强合作、统一通关流程、统一执法规范提出了迫切要求。

### （三）CEPA 背景下粤港澳服务贸易自由化仍须进一步加强

服务业按知识密集度可划分为传统服务业和现代服务业，发达国家在金融、保险、专利、咨询等现代服务业上具有优势，而发展中国家在旅游、运输、劳务输出、工程承包等传统服务上具有比较优势。香港服务业优势地位突出，开放程度高，国际竞争力强，与内地具有较强的互补优势。香港经济高度开放，作为世界知名的自由港，服务业基础实力雄厚，服务质量高，是典型的以服务业为主导的开放型经济体，服务业占 GDP 比重超过 90%，服务业就业人口占总就业人口比重约 84.7%，在金融、旅游、航运及专业服务等领域具有全球优势。

从香港与内地实施 CEPA 以来，香港在旅游、商贸和运输 3 个传统服务领域所占比例较高，而在金融、保险现代服务领域输出偏低。现代服务业是伴随信息技术和知识经济的发展而产生的，是以专业化分工和国民收入提高引发的需求为导向的。服务业开放的广度提高了，深度也应加强。随着现代服务业的转型升级，要抓住现代服务业巨大的发展潜力，推进内地与香港的经贸合作升级。

### （四）产业结构调整导致各方利益关系需要平衡

经过 40 多年的改革开放，广东不仅实现了传统制造业的转型升级，而且现代服务业也有了长足的发展。广东与香港在技术设备、仓储物流、空港及海港设施以及相关配套方面的差距越来越小，香港制造业存在"空心化"问题，澳门经济结构相对单一化。在这样的大环境下，粤港澳之间产业结构趋同特别是现代服务业功能定位趋同更加明显。产业结构同构与产业链断裂是目前粤港澳三地融合中一个不可回避的现实问题。近年来，由于香港转口岗地位不断削弱、港资企业在内地的经营压力加大及香港产品自身结构等原因，香港地区在内地贸易中的地位也呈下降趋势。当然，这种趋同现象一定程度上也是市场经济平等竞争关系存在的基础。但是，粤港澳区域毕竟属于同一个经济圈，三方合作都是为了寻求自身利益的最优化，真正实现互利共赢的利益诉求。如果没有规范的关税制度和完善的利益分配机制,就很难实现各自合理的利益诉求,这样合作的根基就有可能动摇,合作的吸引力难免会打折扣,甚至可能陷入各自为政、恶性竞争的乱局。这种局面的产生,表面上看好像是受传统体制下形成的产业格局影响的结果,其实最根本、最关键的原因还在于区域内各城市之间缺乏合理的分工协作,是区际分工弱化和无序竞争的结果。这一结果导致粤港澳区域合作没有得到深入而有效地展开。而产业结构趋同、经济梯度不合理普遍存在于粤港澳区域的各个城市之间,自然不利于粤港澳经济发展与资源合理配置,给三地企业加强合作,建立现代化的产业格局造成了很大障碍。

### (五) 国际贸易冲突凸显加快合作的重要性和紧迫性

从 2018 年起,美国针对中国产品的关税措施在规模及力度上不断升级。美方此前实施的关税影响已经逐步反映在 2019 年的宏观数据上。在美国已实施的 3 份关税清单中,除了第一份关税清单,企业出现了提前出货的迹象,反映美国企业加快从中国进口,以避免缴付额外关税。受企业提前出货所致,中国整体出口及输往美国出口总值在 2018 年前 11 个月保持平稳增长,直至 12 月出现了下跌。提前出货使部分出口需求提早在 2018 年透支,继而对中国 2019 年外贸需求带来下行压力。2019 年前 4 个月,中国整体出口总值增长 0.2%,其中,输往美国的出口率下降至 9.7%。在此情况下,只有加强粤港澳三地关税区横向联系才能达到互补、共享、分担风险和共同创造价值的效果,共同抵御国际贸易冲突所带来的不利影响。粤港澳大湾区是国家改革开放和对外贸易的排头兵,粤港澳经贸合作在国家对外贸易大局中占有重要地位。妥善应对当前中美贸易摩擦为提高粤港澳合作水平进而提升区域经济国际竞争力提供了机遇。

改革开放以来的实践经验表明:在粤港澳大湾区协同发展的过程中,关税制度连接通道的建立面向着国家区域经济发展的战略要求,面临着国际贸易冲突与国内经济增速放缓的双重压力,面对着充满机遇与挑战的合作现状。

## 四、支持和促进三地关税制度连接通道建设新举措

### (一) 加强海关之间的关际合作，推动粤港澳通关一体化建设

深化三地海关区域通关一体化改革，强化海关间协作，实现跨地区海关互联互通、互认共享，简化通关手续，压缩进口、出口通关时间，提高通关效率；提高口岸物流信息化水平，减少进出口环节验核的监管证件，全部实现联网核查，积极指导企业申报无纸化，梳理简化减免税业务单证；推进关税保证保险改革，实施"先放行后缴税"；推动降低进出口环节合规成本，全面实现收费明码标价；积极推进国际贸易"单一窗口"建设，实现信息的共享共用，以"单一窗口"为抓手，实现信息互换，扩大监管互认和执法互助范围；深化关检合作"三个一"改革，全面推进"一站式作业"改革；扩展和完善口岸功能，协调口岸共管部门，依法推动在粤港澳口岸实施更便利的通关模式，完善粤港、粤澳两地牌机动车管理政策措施，允许两地牌机动车通过多个口岸出入境。

### (二) 在CEPA背景下，加快推进粤港澳三地服务贸易自由化进程

实施CEPA以来，其内容不断扩充和丰富，服务贸易自由化是现阶段粤港澳经贸合作最重要的组成部分。服务贸易自由化不仅有利于香港巩固国际金融、贸易、航运等中心地位和发展新兴现代服务业，也将为内地服务业发展带来新的活力，有利于内地与香港经济的全面深入融合，实现两地经济共同发展。但双方实施CEPA以来，香港在旅游、商贸和运输3个传统服务领域所占比例较高，而在金融、保险现代服务领域输出偏低。现代服务业应伴随信息技术和知识经济的发展，不应仅仅停留在传统服务业领域。

深圳前海、广州南沙、珠海横琴3个地区应发挥带头作用，研究促进三地区域服务贸易协同发展新举措。

首先，广州南沙作为粤港澳合作的国家级自由贸易试验区，梳理与香港合作的重点领域，包括城市规划建设、金融、高端商贸、中医药和生物

技术、数据服务、航运物流等。南沙新区还要向先进制造业转型拓展，以及发展港口物流和现代物流产业，高新科技业、高新服务业是今后的重点。结合南沙的地理位置优势，在 CEPA 合作框架下，南沙可重点发展现代物流业、信息业、游艇业、旅游业，借助港澳优势，提升服务贸易层级。在货物通关方面，以提高通关效率为原则，为企业通关、进出口提供便利，利用黄金岸线，发展游艇项目，致力于旅游与高新技术行业的生产与教育服务，并发展完善宜居环境与配套设施，吸引与留住港澳甚至国际人才。

其次，珠海横琴将发挥与澳门距离上的优势建立商务服务区、科教研发区、休闲旅游区，建成宜居宜商的现代化城市新区。科教研发区即天沐河两岸地区，依托港澳科技教育资源和内地人才资源，吸引国内外高科技公司和高端人才，建设高水平研发中心，推进高新技术成果转化和产业化，重点发展研发设计和教育培训等产业，将横琴建设成为服务港澳、服务全国的区域创新平台。促进澳门传统产业的转型升级，提升珠江口西岸地区的自主创新能力，鼓励开展金融创新服务，深化与香港、澳门的紧密合作，把横琴新区建设为金融机构、交易平台、各类基金和中介服务性机构聚集的区域，打造集中医医疗、养生保健、科技转化、健康精品研发、会展物流于一体的国际中医药产业基地，以及绿色道地药材和名优健康精品的国际交易平台。重点发展 CEPA 协议中原产于港澳，享受免税政策的电子信息、生物医药、新能源、环保、航空制造等产业。

最后，深圳前海在 CEPA 框架下，应着力发展金融业，深入推进人民币、资本市场、保险等方面的创新：推动以跨境人民币业务为重点的金融领域创新合作。扩大跨境人民币业务试点，探索资本项目对外开放和人民币国际化路径，制定深港银行跨境贷款业务试点方案；推进深港资本市场合作。支持符合条件的香港金融机构在前海设立合资证券公司、合资证券投资咨询公司和合资基金管理公司。加强深港两地金融业高端专业人才的培训、业务交流和创新合作；推进保险创新发展试验区。探索在前海开展自保公司、相互制保险公司等新型保险公司试点，发展再保险市场，发展现代物流业。按照深港共建全球性物流中心的目标，促进深港两地现代物流业的深度合作，形成高端物流业的集聚区，打造亚太区有重要影响的供应链管理中心和航运衍生服务基地。

### (三）弥合粤港澳三地税制差异，简化跨境缴税流程

**1. 完善粤港澳三地税收合作协调机制**

搭建税收交流和合作平台。从领导机构、协作机构和理论先导机构方面考虑，可以建立联席会议制度、税收合作办公室和税收合作论坛，以推进粤港澳税收合作的发展；发挥税务部门推进区域税收合作的积极性。粤港澳三地虽然同属一国家主权，但三地税收制度差异性较大，广东地区并不具有独立的税收立法权；香港和澳门地区虽然具有独立的税收立法权，但其相关法律的制定需要一系列立法程序。虽然同一主权避免税收主权冲突，但是对于粤港澳地区来说，建立统一的税收合作框架难度较大，因此更要发挥税务部门推进税收合作的积极性。

**2. 设立粤港澳税收合作示范区**

深圳前海合作区、珠海横琴新区、广州南沙新区，一个紧邻香港，一个与澳门隔水相望，一个地处珠三角几何中心，三地正好构成珠三角地区的"金三角"。三地应积极探讨与港澳税收合作交流经验，探索借鉴港澳在社会事务管理、商业运行规则等方面的管理理念和先进经验。三地合作能够避免无谓的内耗和恶性竞争，三地在吸引资源、产业发展方向、政策法规制定上也可以互相借鉴和对照。因此，三地应当探索机制体制创新，争取在三地设立粤港澳税收合作示范区。

**3. 推进海关税收征管方式改革**

试行企业自主报税、自助通关、自助审放、重点稽核的通关征管模式。创新担保方式，以企业为管理单元，探索建立与企业责、权、利和风险（或信用）等级相一致的征纳方式；依托关银信息互通，实现涉税担保信息化管理，逐步建立涵盖所有涉税担保业务、所有通关现场的税收总担保制度。

**4. 落实粤港澳个人所得税优惠政策**

2019年3月14日，财政部、税务总局联合印发《财政部税务总局关于粤港澳大湾区个人所得税优惠政策的通知》（财税〔2019〕31号，以下简称《通知》），以税收优惠政策吸引境外（含港澳台）高端人才和紧缺人才来大湾区工作。对高端人才和紧缺人才，按内地与香港个人所得税税负差额给予补贴,并对补贴免征个人所得税。这一政策的出台,使得在大湾区工作的境外人才实际的税负水平明显降低,对大湾区广聚英才将起到积极的引导和推动作用。

**5. 简化跨境缴税流程**

推进税收数据化模式改革。加快实施涉税事项网上办理和跨境缴税,以通过微信或手机银行完成涉税事项网上办理。香港、澳门居民和企业可以通过网上银行完成一系列操作,实现跨境缴税。

**(四)创新海关监管制度,培育法治化营商环境,全面协调粤港澳三地海关执法**

三地海关应进一步加强执法协作,优化监管执法流程,逐步由"串联执法"转为"并联执法"。完善查验办法,增强查验针对性和有效性。

**1. 实行企业"主动披露"制度**

三地海关可建立数据库,对企业主动报告海关未发现的违规情况予以登记并实行三地共享,可依法视情况从轻、减轻处理,或不予行政处罚,引导企业守法诚信、规范经营,营造守法便利、违法惩戒的良好环境。

**2. 完善针对粤港澳三地统一规范执法的法律监督和救济制度**

三地海关职能部门建立联系紧密的事前、事中和事后监督、救济体系,将互助执法行为的程序规范统一明确纳入执法监督、救济范围。畅通救济渠道,使行政相对人敢于和便于行使行政救济权。

**3. 依法实施知识产权保护,维护企业创新成果**

加大粤港澳三地企业知识产权海关保护力度,助推企业提升创新能力和核心竞争力,支持湾区知识产权资源集聚,有效打击侵权违法行为。

**4. 依法打击走私,维护3个关税区的健康发展环境**

根据粤港澳三地海关打击走私的各自特点,加强执法统一性和规范性,营造法治化营商环境。认真研究可能出现的风险隐患,确保安全高效管住,精、准、狠地打击走私等违法犯罪活动,促进3个关税区贸易合作健康发展。

## (五)拓展海关特殊监管区域功能,充分发挥粤港澳区域产业优势

### 1. 在粤港澳三地设立海关特殊监管区

海关特殊监管区域内企业生产、加工并内销的货物,实施选择性征收关税政策,鼓励加工贸易企业向海关特殊监管区域集中,促进区域内企业更好地开拓国内市场,扩大内销;支持海关特殊监管区域根据发展需要扩大面积,完善海关特殊监管区域政策措施,推进功能拓展和改革创新。

### 2. 发挥粤港澳三地高端要素集聚优势,发展现代服务业和航运物流业

在广东现有3个自贸试验区内,鼓励承接服务外包,促进软件研发、工业设计、信息管理等业务发展;鼓励跨国公司在自贸试验区内设立研发中心、销售中心、物流中心、结算中心和营运中心;允许符合条件的船舶开展外贸集装箱在国内沿海港口和自贸试验区内港口之间的沿海捎带业务试点;探索建立港澳游艇出入境监管新模式,为粤港、粤澳游艇出入境提供通关便利。

### 3. 支持新兴贸易业态发展,促进粤港澳三地改革创新

支持发展跨境电子商务,建立海关监管系统与跨境电子商务平台互联互通机制,加强信息共享。探索建立跨境电子商务平台运营主体、外贸综合服务企业、物流服务企业集中代理报关、纳税的机制。进一步完善跨境电子商务管理模式,优化通关流程,促进跨境电子商务健康快速发展;支持融资租赁业务发展,对注册在海关特殊监管区域内的融资租赁企业进出口飞机、船舶和海洋工程结构物等大型设备,在执行现行相关税收政策前提下,根据物流实际需要,实行海关异地委托监管。

# 第十七章 中美贸易摩擦对粤港澳大湾区的影响及应对

王珏 符正平 汪洋 肖曦 马咏琪[①]

## 一、中美贸易摩擦回顾

中美两国在长期的经贸关系中,因诸多问题的立场不同而纷争不断,如众所周知的贸易不平衡、市场经济地位的确立、知识产权保护、技术转移等;进入21世纪后,随着美国贸易保护主义抬头,贸易救济措施形式层出不穷,若干新领域已成为两国经贸争执的热点。2017年8月,美国依据1974年《贸易法》第301条对中国"可能损害美国知识产权、高新科技的不公正立法与实践"开展调查,并且根据"301调查"的结果宣布要通过加征关税、限制中企并购美企等方式对中国进行单边制裁,由此中美贸易摩擦拉开序幕。

### (一)第一次实施加征关税

2018年3月22日,特朗普基于"301调查"的结果签署《经济侵略白皮书》,宣布为回应中国对美国知识产权的侵犯,美国贸易代表办公室(United States Trade Representative,USTR)宣布将计划对中国进口的价值600亿美元的商品征收关税。第二天,中国商务部立即回应,预计将对从美

---

① 王珏,中山大学自贸区综合研究院博士后;符正平,中山大学粤港澳发展研究院副院长、中山大学自贸区综合研究院院长;汪洋,中山大学管理学院硕士研究生;肖曦,中山大学管理学院硕士研究生;马咏琪,中山大学管理学院硕士研究生。

国进口价值30亿美元的商品征收关税，征收关税商品包括葡萄酒、工业酒精、猪肉等共7类128项。

4月3日，美国贸易代表办公室在其网站上发布了根据"301调查"建议加征关税的自中国进口产品清单，该清单包含大约1300个独立关税项目，价值约500亿美元，涉及航空航天、信息和通信技术、机器人和机械等行业。美国贸易代表办公室建议对清单上中国产品征收额外25%的关税。次日，中国国务院关税税则委员会决定对原产于美国的大豆等农产品、汽车、化工品、飞机等进口商品对等采取加征关税措施，税率为25%，涉及2017年中国自美国进口金额约500亿美元。

4月5日，中国在世界贸易组织争端解决机制下向美国提出磋商请求；5月3—4日，中美双方在北京就经贸问题举行磋商，双方就扩大美对华出口、双边服务贸易、双向投资、保护知识产权、解决关税和非关税措施等问题充分交换了意见，在有些领域达成了共识。5月15—17日，美国贸易代表办公室举行了针对中国301关税清单公众听证会；5月17—18日，中国国务院总理刘鹤赴华盛顿讨论关税事宜；5月19日，中美在华盛顿就双边经贸磋商发表联合声明，称将在高科技产品等领域加强贸易合作。

原本以为中美贸易摩擦将在此次磋商后告一段落，但5月29日，美国重提要对中国500亿美元商品征收25%的关税，并在6月15日，宣布将对从中国进口的约500亿美元商品加征25%的关税，其中，对约340亿美元商品自2018年7月6日起实施加征关税措施，同时对约160亿美元商品加征关税开始征求公众意见。6月16日，中国国务院关税税则委员会决定对原产于美国的659项约500亿美元进口商品加征25%的关税，其中，545项约340亿美元商品自2018年7月6日起实施加征关税。

（二）第二次实施加征关税

8月1日，特朗普命令美国贸易代表办公室将对2000亿美元中国进口商品的关税从原先提议的10%提高到25%，以进一步施压中国改变其贸易行为；8月7日，美国公布计划征收25%关税的160亿美元的中国商品清单。对此，8月8日，中国国务院关税税则委员会宣布决定对原产于美国约160亿美元进口商品加征关税，并于2018年8月23日12时01分起正式生效。

### (三) 第三次实施加征关税

9月7日，特朗普表示已经准备好对另外2670亿美元的中国商品加征关税。9月18日，美国贸易代表办公室宣布，自2018年9月24日起，美国将对2000亿美元的中国商品加征10%的关税；自2019年1月1日起，附加关税税率将提高至25%。为捍卫自身合法权益，中国国务院关税税则委员会决定对原产于美国的5207个税目、约600亿美元商品加征10%或5%的关税，自2018年9月24日12时01分起实施。

12月1日，中美双方一致同意停止相互加征新的关税，并"休战"90天。在双方会谈中，特朗普同意把原定于2019年1月1日对2000亿美元中国商品关税上调至25%的决定推迟到3月1日；作为回应，中国同意"大量进口"美国产品。

2019年5月9日，美国政府宣布：自2019年5月10日起，对从中国进口的2000亿美元清单商品加征的关税税率由10%提高到25%。作为回应，中国国务院关税税则委员会决定，自2019年6月1日0时起，对已实施加征关税的600亿美元清单美国商品中的部分，提高加征关税税率，分别实施25%、20%或10%加征关税；对之前加征5%关税的税目商品，仍继续加征5%关税。

### (四) 第四次实施加征关税

8月15日，美国政府宣布对自中国进口的约3000亿美元商品加征10%关税，分两批自2019年9月1日12时01分、12月15日12时01分起实施。美方措施导致中美经贸摩擦持续升级，作为回应，中国被迫采取反制措施。8月23日，中国国务院关税税则委员会决定对原产于美国的5078个税目、约750亿美元商品，加征10%、5%不等关税，分两批自2019年9月1日12时01分、12月15日12时01分起实施。

2019年11月7日，中美同意随协议进展分阶段取消加征关税。11月26日，中美经贸高级别磋商双方牵头人通话，同意就第一阶段协议磋商的剩余事项保持沟通。2020年1月15日，经过中美两国经贸团队的共同努力，在平等和相互尊重的基础上，中美双方在美国首都华盛顿正式签署第一阶段经贸协议。

自2018年7月6日起至2019年年底,美国先后对中国实施了4次加征关税;为了平衡因美国对中国进口商品加征关税而造成的损失,中国商务部也针对美国每一次的加征关税采取了相应的应对措施(表17-1);原定于2019年12月中旬的互征关税因中美达成的《中美第一阶段经贸协议》而暂不实施。《中美第一阶段经贸协议》标志着世界两大经济体之间的贸易争端暂时"休战",双方就相对简单、直接的问题先达成协议,是突破僵局、减少经贸摩擦影响的务实做法,缓解了中美之间的紧张,也为日后的谈判奠定了基础。

表17-1 中美两国关税加征实施时间

| 美国→中国 | | | | |
|---|---|---|---|---|
| | 时间 | 规模(亿美元) | 数目(项) | 追加关税(%) |
| 第一次 | 2018年7月6日 | 340 | 818 | 25 |
| 第二次 | 2018年8月23日 | 160 | 279 | 25 |
| 第三次 | 2018年9月24日 | 2000 | 5745 | 10 |
| | 2019年5月10日 | | | 10→25 |
| 第四次 | 2019年9月1日 | 1120 | 3229 | 10 |
| 中国→美国 | | | | |
| | 时间 | 规模(亿美元) | 数目(项) | 追加关税(%) |
| 第一次 | 2018年7月6日 | 340 | 545 | 25 |
| 第二次 | 2018年8月23日 | 160 | 333 | 25 |
| 第三次 | 2018年9月24日 | 600 | 5207 | 5~10 |
| | 2019年6月1日 | 600 | 5140 | 5~10→5~25 |
| 第四次 | 2019年9月1日 | 300 | 1717 | 5~10 |

资料来源:作者依据两国政府发表的文件报告整理。

## 二、中美贸易摩擦的影响

### (一) 中美贸易摩擦对中美贸易的影响

**1. 对中美双边贸易量的影响**

自 2018 年 7 月 6 日中美两国正式实施加征关税之后,2019 年中美贸易数据全面下滑(图 17-1)。据中国海关总署统计,2019 年中美进出口总额为 5402.17 亿美元,较 2018 年下降 14.7%。其中,中国对美国出口 4179.36 亿美元,较 2018 年下降 12.6%;中国从美国进口 1223.39 亿美元,较 2018 年下降 21.1%。然而,2018 年较 2017 年相比,进出口贸易量均有所上升,2018 年中美进出口总额为 6335.19 亿美元,较 2017 年增长 8.5%。其中,中国对美国出口 4783.96 亿美元,较 2018 年增长 11.3%;中国从美国进口 1551.23 亿美元,较 2017 年增长 0.8%。其原因可能是:美国进口企业预测美国会扩大对中国加征关税的范围及程度,因此以非加征关税商品为中心增加了对中国的进口。

图 17-1 中美两国近五年的贸易往来情况

(数据来源:Wind)

如表 17-2 所示,中国对美国出口商品中,所占比重较高的前五类分别是:第 16 类机电、音像设备及其零件、附件(所占比重最高),第 20 类杂项制品,第 11 类纺织原料及纺织制品,第 15 类贱金属及其制品,第 17 类车辆、航空器、船舶及运输设备,第 7 类塑料及其制品、橡胶及其制品。受到中美贸易摩擦的影响,2019 年除了第 21 类和第 22 类商品对美国的出口额没有减少,其余各类商品对美国的出口额均有不同程度的下降。其中,第 16 类机电、音像设备及其零件、附件类商品的对美国出口额下降幅度最大,受中美贸易摩擦的影响最大;究其原因是美国对中国出口美国加税的所有商品类别中,第 16 类商品占比 13.0%,位于第 2 位,仅次于第 11 类商品(表 17-3)。表 17-3 所整理的内容也揭示了美国对中国商品加征关税的范围越来越广,在第一次和第二次加征关税时,所涉及商品种类不超过十大类;然而在第 3 次和第 4 次加征关税时,所涉及商品几乎涵盖了所有类别。

表 17-2 2018 年和 2019 年中国对美国出口各类商品情况

单位:亿美元

| HS 编码 | 2018 年(a) | 2019 年(b) | 变化(b)→(a) |
| --- | --- | --- | --- |
| 第 1 类 活动物、动物产品 | 20.61 | 16.19 | -4.42 |
| 第 2 类 植物产品 | 15.35 | 13.28 | -2.07 |
| 第 3 类 动、植物油、脂,蜡,精制食用油脂 | 0.88 | 0.87 | -0.01 |
| 第 4 类 食品;饮料、酒及醋,烟草及制品 | 43.89 | 32.43 | -11.46 |
| 第 5 类 矿产品 | 17.08 | 12.52 | -4.55 |
| 第 6 类 化学工业及其相关工业的产品 | 167.59 | 139.12 | -28.47 |
| 第 7 类 塑料及其制品、橡胶及其制品 | 220.80 | 194.51 | -26.29 |
| 第 8 类 革、毛皮及制品,箱包,肠线制品 | 71.66 | 53.88 | -17.78 |
| 第 9 类 木及制品、木炭、软木,编织品 | 42.87 | 33.04 | -9.83 |
| 第 10 类 木浆等,废纸,纸、纸板及其制品 | 48.22 | 45.87 | -2.34 |
| 第 11 类 纺织原料及纺织制品 | 458.47 | 426.67 | -31.80 |
| 第 12 类 鞋、帽、伞等,已加工的羽毛及其制品,人造花,人发制品 | 167.67 | 161.92 | -5.75 |

续上表

| HS 编码 | 2018 年 (a) | 2019 年 (b) | 变化 (b)→(a) |
|---|---|---|---|
| 第13类 矿物材料制品、陶瓷品、玻璃及制品 | 88.84 | 71.11 | -17.73 |
| 第14类 珠宝、贵金属及制品，仿首饰，硬币 | 31.54 | 22.99 | -8.55 |
| 第15类 贱金属及其制品 | 248.86 | 211.80 | -37.06 |
| 第16类 机电、音像设备及其零件、附件 | 2226.40 | 1926.39 | -300.00 |
| 第17类 车辆、航空器、船舶及运输设备 | 230.05 | 174.18 | -55.88 |
| 第18类 光学、医疗等仪器，钟表，乐器 | 115.79 | 107.97 | -7.81 |
| 第19类 武器、弹药及其零件、附件 | 0.97 | 0.83 | -0.14 |
| 第20类 杂项制品 | 566.16 | 507.00 | -59.15 |
| 第21类 艺术品、收藏品及古物 | 0.74 | 0.76 | 0.03 |
| 第22类 特殊交易品及未分类商品 | 13.20 | 26.01 | 12.82 |

数据来源：作者依据 Wind 数据库整理。

表17-3 美国加征关税的中国商品的种类

单位：项（%）

| HS 编码 | 第1次 | 第2次 | 第3次 | 第4次 | 合计 |
|---|---|---|---|---|---|
| 第1类 | — | — | 303（5.3） | 385（11.9） | 688（6.8） |
| 第2类 | — | — | 349（6.1） | 213（6.6） | 562（5.6） |
| 第3类 | — | — | 8（0.1） | 61（1.9） | 69（0.7） |
| 第4类 | — | — | 331（5.8） | 455（14.1） | 786（7.8） |
| 第5类 | — | 3（1.1） | 157（2.7） | 13（0.4） | 173（1.7） |
| 第6类 | 1（0.1） | 5（1.8） | 1297（22.6） | 103（3.2） | 1406（14.0） |
| 第7类 | 2（0.2） | 146（52.3） | 177（3.1） | 31（1.0） | 356（3.5） |
| 第8类 | — | — | 186（3.2） | 39（1.2） | 255（2.2） |
| 第9类 | — | — | 273（4.8） | 9（0.3） | 282（2.8） |
| 第10类 | — | — | 243（4.2） | 26（0.8） | 269（2.7） |
| 第11类 | — | — | 917（16.0） | 652（20.2） | 1569（15.6） |
| 第12类 | — | — | 28（0.5） | 103（3.2） | 131（1.3） |

续上表

| HS 编码 | 第1次 | 第2次 | 第3次 | 第4次 | 合计 |
|---|---|---|---|---|---|
| 第13类 | — | 1（0.4） | 225（3.9） | 67（2.1） | 293（2.9） |
| 第14类 | — | — | 48（0.8） | 51（1.6） | 99（1.0） |
| 第15类 | — | 8（2.9） | 493（8.6） | 395（12.2） | 896（8.9） |
| 第16类 | 603（73.7） | 67（24.0） | 408（7.1） | 235（7.3） | 1313（13.0） |
| 第17类 | 83（10.1） | 33（11.8） | 135（2.3） | 15（0.5） | 266（2.6） |
| 第18类 | 129（15.8） | 16（5.7） | 88（1.5） | 212（6.6） | 445（4.4） |
| 第19类 | — | — | 79（1.4） | 32（1.0） | 111（1.1） |
| 第20类 | — | — | — | 125（3.9） | 125（1.2） |
| 第21类 | — | — | — | 7（0.2） | 7（0.1） |
| 第22类 | — | — | — | — | — |
| 合计 | 818（100） | 279（100） | 5745（100） | 3229（100） | 10071（100） |

数据来源：作者依据美国海关数据整理。

注：括号内为所占比重，指每一次加征关税的商品中各类商品所占比重。

**2. 中美贸易摩擦产生的转移效应**

根据上述分析，由于美国对中国出口美国的商品进行加征关税，2019年中美进出口总额较2018年下降14.6%；但2019年中国货物贸易对全球的进出口总额为31.54万亿元，比2018年增长3.4%，其中，出口17.23万亿元，增长5%。中美贸易摩擦虽然造成了中美两国间贸易数据的全面下滑，但中国对全球的进出口贸易仍然保持增长，这说明中美贸易摩擦也给中国经贸市场带来了转移效应。

据海关统计，美国、日本、韩国、中国香港地区、中国台湾地区、德国、澳大利亚、越南、巴西、马来西亚均以千亿美元规模占领中国2018年进出口贸易总额前十的国家和地区的席位。受中美贸易摩擦的影响，2019年中国对美国的进出口量均有不同程度的下降，但2019年中国对韩国、中国台湾地区、越南等国家或地区的出口额较2018年相比均有不同程度的上升。其中，中国对越南的出口增长最多，从2018年的838.77亿美元增长到2019年的980.04亿美元，增长16.8%；其次是马来西亚，从 2018 年的 453.76 亿美元增长到 2019 年的 524.82 亿美元,增长 15.7%;第 3 名是中国台湾地区,从 2018 年的 486.43 亿美元增长到 2019 年的 550.80 亿美元,增长 13.2%（表 17 - 4）。

中美贸易摩擦升级直接导致中美双边贸易额下降,被加征关税的商品相对于其他国家同类型商品相对价格较低,因此两国不得以相对较高的价格进口其他商品以满足本国需要,这导致贸易成本上升,形成贸易转移效应[①]。总的看来,中美贸易摩擦使得中国将出口主要转移到东盟、中国台湾地区、韩国等国家或地区。

表 17 - 4  2018 年和 2019 年中国主要贸易国贸易情况

单位:亿美元

| 排名 | 国家 | 2018 年 | | 2019 年 | |
|---|---|---|---|---|---|
| | | 进出口总额 | 出口 | 进出口总额 | 出口 |
| 1 | 美国 | 6335.19 | 4783.96 | 5402.75 | 4179.36 |
| 2 | 日本 | 3277.09 | 1470.49 | 3147.47 | 1432.24 |
| 3 | 韩国 | 3134.00 | 1087.56 | 2845.38 | 1109.85 ↑ |
| 4 | 中国香港 | 3105.24 | 3020.22 | 2886.73 | 2796.17 |
| 5 | 中国台湾 | 2262.43 | 486.43 | 2278.81 | 550.80 ↑ |
| 6 | 德国 | 1838.14 | 774.89 | 1847.43 | 797.06 ↑ |
| 7 | 澳大利亚 | 1531.41 | 473.30 | 1677.12 | 481.04 ↑ |
| 8 | 越南 | 1478.33 | 838.77 | 1620.83 | 980.04 ↑ |
| 9 | 巴西 | 1112.34 | 336.65 | 1146.81 | 354.77 ↑ |
| 10 | 马来西亚 | 1085.81 | 453.76 | 1241.12 | 524.82 ↑ |

数据来源:作者依据 Wind 数据库整理。

从上述分析中,我们不难看出,中美贸易摩擦给中国的经贸市场带来了转移效应,特别是对越南、马来西亚等东盟国家。因此,本部分在遵循数据的代表性、数据可靠性和数据可得性的前提下,依托 Wind 数据库整理了 2017

---

① 吕越、马嘉林、田琳:《中美贸易摩擦对全球价值链重构的影响及中国方案》,载《国际贸易》2019 年第 8 期,第 28 - 35 页。

年和2018年中国对东盟和澳大利亚国家的对外投资情况（表17-5）。

从总量上看，2018年中国对澳大利亚和东盟的对外投资量较2017年相比变动不大，但是在一些细分行业有较大变动。与2017年相比，2018年中国对澳大利亚在制造业、金融业、租赁和商务服务业方面的投资有所增加。与2017年相比，2018年中国对东盟在电力、煤气及水的生产和供应业、批发和零售业、制造业以及交通运输、仓储和邮政业方面的投资有所增加。东盟对中国非常重要，不仅因为它是一个大市场，而且与中国在能源、自然资源、食品和农产品等方面非常接近，中美贸易摩擦更是凸显了东盟对中国经贸市场的重要性。

表17-5 中国对澳大利亚和东盟的对外直接投资情况

单位：亿美元

| 国家 | 行业 | 2017年 | 2018年 |
| --- | --- | --- | --- |
| 澳大利亚 | 采矿业 | 14.30 | -7.52 |
| | 制造业 | 4.70 | 8.07 ↑ |
| | 金融业 | 5.03 | 5.66 ↑ |
| | 租赁和商务服务业 | 5.45 | 6.35 ↑ |
| | 房地产业 | 4.93 | 4.29 |
| | 批发和零售业 | 1.11 | -4.93 |
| | 建筑业 | 1.54 | -0.72 |
| | 交通运输、仓储和邮政业 | 0.75 | 0.02 |
| | 科学研究、技术服务和地质勘查业 | 0.14 | 0.00 |
| | 农林牧渔业 | 2.17 | 1.44 |
| | 合计 | 2057.12 | 2030.66 |
| 东盟 | 电力、煤气及水的生产和供应业 | 6.33 | 8.61 ↑ |
| | 批发和零售业 | 24.49 | 34.73 ↑ |
| | 制造业 | 31.74 | 44.97 ↑ |
| | 租赁和商务服务业 | 21.42 | 15.02 |
| | 采矿业 | 3.70 | 0.03 |
| | 建筑业 | 18.96 | 3.20 |

续上表

| 国家 | 行业 | 2017年 | 2018年 |
|---|---|---|---|
| 东盟 | 交通运输、仓储和邮政业 | 7.58 | 8.26↑ |
| | 金融业 | 7.39 | 7.34 |
| | 农林牧渔业 | 6.23 | 5.87 |
| | 科学研究、技术服务和地质勘查业 | 2.00 | 1.83 |
| | 房地产业 | 7.11 | 2.40 |
| | 信息传输、计算机服务和软件业 | 1.16 | 0.79 |
| | 居民服务和其他服务业 | 0.61 | 1.03 |
| | 住宿和餐饮业 | 0.07 | 0.00 |
| | 合计 | 2155.80 | 2152.08 |

数据来源：作者依据Wind数据库整理。

注：表内数据表示流量。

### 3. 越南等东南亚国家在中美贸易摩擦背景下被凸显

依据CEIC和OCBC的统计，2018年，越南对中国出口所占越南整体出口比重的16.5%，进口所占比重为27.5%；相比之下，越南对美国出口所占比重为19.3%，进口所占比重为4.4%，总体看来，中国在越南市场所占的份额是美国的两倍多。中美贸易摩擦对越南的服装、鞋类、电子零部件、木材钢铁等部门有一定的影响。中美发生贸易摩擦以来，撤离中国市场的不少玩具、家具、电子、家电等产业选择了越南，三星、富士康等公司在越南投资持续加码。2019年，越南进出口总额达5170亿美元，比上年增长7.6%，其中，2019年第一季度以来，越南对美国出口增长40%，成为在亚洲各国中对美国商品出口增长最快的国家。另外，2019年6月，欧盟和越南签署了两份经贸合作协定，其中有一条规定是，欧盟和越南之间将在未来10年内逐步取消99%的商品贸易关税；同时越南将向欧盟企业开放邮政、银行和海运部门的服务和公共采购市场，欧盟也将提供部分技术转让，充分体现了越南经济结构中国际贸易的增长和可持续发展。

在吸引外资方面，越南计划与投资部外国投资局报告显示，截至2019年12月20日，外国投资者新注册资本、追加资本和合资购买股权总额达

380.2亿美元,同比增长7.2%,创10年来新高。FDI(国际直接投资)到位资金约达203.8亿美元,创下有史以来新高。截至目前,共有125个国家和地区对越南进行投资,其中,韩国以协议资金达79.2亿美元居首位,占协议总额的20.8%。中国香港以协议资金达78.7亿美元位居第二,新加坡以协议资金达45亿美元排名第三,占协议总额的11.8%。其中,在中美贸易战的背景下,从中国投资资金大量流入越南,是2018年同期的1.65倍。

总体看来,虽然短期内越南等东南亚国家在技术水平、管理模式、产业部门、政策环境等方面与中国仍有较大差距;但从长远来看,跨国公司为避免对一个生产供应核心的过度依赖,可能会将制造业(特别是低端制造业)整体或部分外迁,逐渐形成多节点供应链体系。产业转移必将改变全球资本流向,导致投资转移效应,为了规避贸易制裁,维护资本收益,跨国公司可能考虑向本土回流或将企业转到已签订双边或区域协定的伙伴国,而国内出口型企业迫于关税压力,也可能将企业转移到协定伙伴国。如中美贸易摩擦持续或再次升级,将进一步形成"催化剂"效应,加快贸易、投资和产业转移进程,使原本正常运转的全球价值链断裂并"被动重构",对全球经济一体化造成极为深刻的负面影响①。

### (二)中美贸易摩擦对中国市场经济体制改革的影响

从前面的分析结果看,当前美国公布在列的制裁商品中不仅不是中国对美国主要顺差来源项,甚至部分如航天航空类商品是中国对美国的主要逆差来源项。这表明遏制中国的技术进步与高技能人才培养才是特朗普实施贸易制裁的主要动机;美国发动本次贸易摩擦的根本目的在于遏制中国的技术进步,而非缩减贸易逆差。

**1. 强制性技术转移问题**

美国对中国知识产权保护的指责主要体现在以下文件:美国贸易代表办公室的《中国与技术转移、知识产权和创新相关的行为、实践和政策的301调查报告》(简称《301调查报告》)、白宫贸易与制造政策办公室发布

---

① 吕越、马嘉林、田琳:《中美贸易摩擦对全球价值链重构的影响及中国方案》,载《国际易》2019年第8期,第28—35页。

的题为《中国的经济侵略如何威胁美国和世界的技术和知识产权》的报告（简称《白宫报告》）、美国向 WTO 争端解决机构就中国的知识产权保护问题提起的申诉书（简称《WTO 申诉书》）。其中，《301 调查报告》和《白宫报告》都是纯粹的单方指责。《301 调查报告》的指责分为五部分：①中国对美国公司实施不公平的强制性技术转移制度；②中国关于技术进口中的歧视性许可措施；③中国鼓励前沿科技的对外投资政策；④对美国商业网络系统的攻击行为和窃取知识产权以及敏感商业信息的行为；⑤反垄断法、标准化法、网络安全法等相关的其他行为、措施和实践。《白宫报告》的内容基本上是《301 调查报告》的翻版。这两份报告存在着大量无凭无据的猜测，并且有很多夸大其词的成分，比如，认为中国存在所谓的"国家资助的知识产权偷窃行为"（state-sponsored IP theft），并使用"中国的间谍运动"（China's espionage campaigns）如此具有渲染性的用语。又比如，美国对中国政府实施的以"中国制造 2025"为首的一系列产业政策提出批评，其中包括对投资中国某些行业的美国企业实施出资限制、对收购海外先进技术企业的中国企业提供各种支持政策，这些都是对中国知识产权保护现状的误解，也是在丑化中国的形象。报告中还有些更为具体的无理指责，比如，美国贸易代表认为，中国基于产业政策，通过鼓励企业对外投资获得前沿技术的行为在美国法律下是不合理的，因为这些对外投资行为受到政府支持，不公平地指向美国的尖端技术，旨在获得战略性技术领域的领先地位。在中美知识产权纠纷背后，美国担心的其实是中国在高科技领域的技术崛起。美国指责中国知识产权和技术转移政策存在的问题，也并非全部是无理取闹，其中可能勉强成立的内容体现在 2018 年 3 月 23 日美国通过多边体制寻求与中国进行磋商的"WTO 申诉书"中。这份申诉书的直接目的在于通过国际组织多边程序给中国施压。申诉书归纳了美国的主要诉求，在一定程度上也反映了我国知识产权保护制度存在的不足。

针对技术转让的问题，2019 年 3 月 15 日，全国人大常委会二次会议审议通过《中华人民共和国外商投资法》（以下简称《外商投资法》），并于 2020 年 1 月 1 日开始实施。在《外商投资法》中，关于技术转移部分提到，外国投资者在中国境内的出资、利润、资本收益、资产处置所得、知识产权许可使用费、依法获得的补偿或者赔偿、清算所得等，可以依法以人民币或者外汇自由汇入、汇出。(第二十一条)国家保护外国投资者和外商投资企业的知识产权,保护知识产权权利人和相关权利人的合法权益;对知识产权侵权行为,严格依法追究法律责任。(第二十二条第一款)国家鼓励在外商投资过程中基于自愿原则和商业规则开展技术合作。技术合作的条件由投资各方遵循公平原则平等协商确定。行政机关及其工作人员不得利用行政手段强制转让技术。(第二十二条第二款)行政机关及其工作人员对履行职责过程中知悉的外国投资者、外商投资企业的商业秘密,应当依法予以保密,不得泄露或者非法向他人提供。(第二十三条)这些法案无不体现出中国对强制性技术转移问题的重视与快速解决,重视知识产权和技术转让,更加注重保障外商投资的知识产权等合法权益。

**2. 竞争中立问题**

近年来,美国也开始重视竞争中立政策。美国的国有企业不多,不存在类似澳大利亚、欧盟及OECD那样解决内部竞争公平的诉求,其在国际上推行这一政策更多是为了打击新兴经济的国际竞争优势,变相实施"贸易保护主义",同时维持自己在国际经贸秩序中的主导地位。在中美博弈的背景下,其遏制中国发展的意图尤为明显。

2011年,美国副国务卿霍马茨认为,自金融危机以来,有越来越多的国有企业在本国政府的支持之下进入国际市场,并且逐渐在美国市场和第三国市场获得了竞争优势,使得没有政府支持的美国企业在市场竞争当中处于不利地位。这种依靠政府支持以取得竞争优势的发展模式被称为"国家资本主义",而中国正是当前最为成功的"国家资本主义"实行者。美国首席副助理国务卿黛博拉·麦卡锡于2012年在美国—亚洲商业峰会的演讲中阐述道:"一些新型经济体一方面享受国际贸易和投资自由化带来的益处,另一方面则通过控制和补贴本国企业特别是国有企业,使其在国际市场上不断扩张,从而损害了欧美自由经济体私营企业的利益。因此,国际社会有必要在多边和双边领域推行竞争中立规则,维护公平的国际贸易与投资环境。"

2015年5月,《跨太平洋伙伴关系协定》(Trans-Pacific Partthership Agreement, TPP)公布,第十七章国有企业中的非商业援助条款是第一次在区域贸易协定层面针对国有企业补贴问题的系统性规定,要求"互相分享国有企业名单,并在对方提出要求的情况下,提供信息以说明政府对有关国有企业的所有权、控制权和所提供的非商业性帮助的范围和程度"。不仅如此，TPP 还把国家对其具有影响力的非国有企业纳入"国有企业"范畴。美国为了打击中国优秀企业无所不用其极，曾经广泛散布谣言污蔑华为是中国军方的企业，并动用巨大的资源寻找华为与中国政府及军方有联系的证据，虽一无所获，却仍然不断升级对华为的破坏。

2018 年 2 月 6 日，特朗普谈及中美贸易谈判时强调：与中国的协议，必须包括"结构性变化"。在美方看来，这个所谓的"结构性问题"，就是中国没有遵循国际通行的竞争中性政策，制定了歧视性规则和各项产业政策，指责中国的国际竞争力是通过关税壁垒、非关税壁垒获得的，并由此评估中国为非市场经济国家。8 月 13 日，美国《2018 年外国投资风险评估现代化法案》（Foreign Investment Risk Review Modernization Act of 2018，FIRRMA）经总统特朗普签署正式生效。该法案扩大了美国外国投资审查委员会的审批权限，对外国国企建立更为严格的审查机制。FIRRMA 还要求商务部部长每年提交一份报告，其中特别包括中国企业在美国的外国直接投资信息。商务部部长还必须分析中国的投资模式，以及这些模式与"中国制造 2025"计划的一致程度。据此，美国针对中国、遏制中国发展的意图昭然若揭。9 月的欧美日联合声明、10 月 1 日签订的《美墨加三国协议》（The United States-Mexico-Canada Agreement，TUSMCA）等，都对国有企业改革问题做了明确的要求。美欧日联合声明认为，"有必要就加强有关产业补贴和国有企业的规则深化共识，包括如何制定有效规则来解决国有企业扭曲市场行为以及对抗尤有伤害力的补贴方式"。UCMCA 规定："任意一方在和非市场经济国家签订自贸协定时都必须通知另外两个成员方。另外两个成员方如果认为贸易伙伴新签订的自贸协定影响本国利益，可以在 6 个月内以退出 USMCA 作为反制措施。"这些都是对中国国有企业的"竞争非中性"和"非市场经济地位"的直接回应。

针对竞争中立问题，2018 年 10 月开始，中国在不同场合进行了表态回应，竞争中性政策议题为国内所熟知。10 月 5 日，在阿根廷举行的 2018 年二十国集团工商峰会（B20）上，我国代表发表声明，反对 B20 政策建议文件中片面突出国有企业扭曲市场竞争的议题。B20 峰会中有关贸易和投资的文件，将未来多边贸易体系的第一项议程指向与国家相关的竞争扭曲问题，要求二十国集团（G20）确保其国有企业不获取非商业支持，从而确保投资和贸易领域的公平竞争。在政策建议中，第一项即为按照竞争中性原则，纠正国有企业的扭曲行为。10月14日，中国人民银行行长易纲在G30国际银行业研讨会上表态，称考虑以竞争中性原则对待国有企业。这是中国对"竞争中性"首次正面回应。第二天，国资委发言人彭华岗说："改革开放以后国有企业的政策与'竞争中性'相一致，并指出我们也提倡'所有制中立'。"11月6日，国家市场监管总局局长张茅也表示："今后将采取竞争中立政策，对内资外资、国有企业和民营企业、大企业和中小企业一视同仁，营造公平竞争的市场环境。"到了12月，竞争中性原则已上升到中央政策层面。12月19—21日召开的中央经济工作会议提出，要强化竞争政策的基础性地位。12月24日，国务院常务会议则明确指出，按照竞争中性原则，在招投标、用地等方面，对各类所有制企业和大中小企业一视同仁。至此，竞争中性原则已正式作为国家重大政策。紧接着，这一原则又写入国务院和各省政府工作报告中。竞争中性原则，短时间内被中国接受，并进入中央决策范畴付诸实施，体现了相当紧迫性和极端重要性。

综合上述情况来看，一方面，我国反对以美国为首的西方国家将其认定正确的规则强加于我方，强烈抵制对发展中国家迅速壮大的国有企业的歧视性批评，因为这些做法本身违背了构建全球的公平和开放竞争的市场经济体系的要求；另一方面，从本国国情出发，我们愿意积极主动地运用竞争中性原则来帮助国有企业深化改革，包括促进形成公平竞争的市场体系和加快推进国有企业改革。

**3. 政府补贴问题**

2018年以来，美欧日发布5份联合声明，表明了共同推进国际补贴规则改革的意图。在2019年1月的联合声明中，三方表态将于接下来的春季完成补贴新规则的制订工作，并吸纳其他WTO主要成员方加入。2019年1月，美国还向WTO提出了针对中国补贴问题的70项质疑。国际产业补贴规则的调整，矛头直指中国。中美经贸谈判的美方牵头人罗伯特·莱特希泽表示，他的终极目标是：使用国际经贸规则对中国的"非市场导向"政策形成合围，并进一步孤立中国。

美欧日的5份联合声明，三方对国际补贴规则的共同诉求，相当一部分内容直指国有企业问题，并且扩大了补贴的界定范围。这些新动向不但在多边层面，也在双边谈判层面对中国形成一定压力。这些新动向包括：①补贴规则修订诉求，剑指国有企业。此次美欧日联合声明最主要的诉求就是在现行 WTO 多边补贴规则中纳入国有企业问题。在美国向 WTO 提出针对中国补贴的 70 项质疑中，约 1/3 与国有企业相关。美欧日希望调整现行国际补贴规则的主要原因，还是非市场导向政策和国有企业的不满。②修订公共机构认定标准，补贴行为将不可避免地卷入国有企业。从以往案例来看，在 WTO 争端解决实践中，基本确立了对中国较为有利的认定标准；而美欧日推动补贴规则改革的重要目标，就是重新商定 WTO 规则下的公共机构认定标准。如果将国有企业、国有商业银行认定为公共机构，则其向下游企业提供货物或服务、向其他企业提供贷款或参股的行为，都将构成补贴。③补贴范围的界定从财政行为扩大至金融领域。以往 WTO 规则认定的补贴，主要是财政补贴，例如，财政贴息、税收补贴、进出口补贴等；2018 年 9 月的美欧日联合声明，则将补贴范围扩大到金融领域，包括国有银行提供的借贷与公司资信不符，以及可能存在的政府隐性担保问题、政府主导的基金进行非商业考虑的股权投资、非商业考虑的债转股。④新能源补贴定价问题。近年来，涉及新能源补贴的贸易争端越来越多。中国就属于涉案较多的国家，风能、太阳能光伏产品都遭受过反补贴调查。

针对补贴问题，2018 年 9 月 28 日，中国颁布《关于中美经贸摩擦的事实与中方立场》白皮书，旨在澄清中美经贸关系事实，阐明中国对中美经贸摩擦的政策立场，推动问题合理解决。在报告第二篇《政府补贴孰是孰非、企业外迁需理性看待》中关于政府补贴问题，中国做出了正面回应，国际贸易间为了应对市场失灵和解决经济发展不平衡问题，补贴政策被包括美国在内的许多国家和地区普遍使用。然而美国却有一种声音，指责中国的补贴政策造成了不公平竞争。殊不知，美国联邦和地方政府对部分产业和企业提供大量补贴、救助和优惠贷款，这些行为才在很大程度上阻碍了市场的公平竞争。白皮书展示的数据显示：在航空领域，美国波音公司 2000 年以来获得联邦和州（地方）政府的定向补贴金额 145 亿美元；2011 年以来获得来自各级政府的贷款、债券融资、风险投资、贷款担保、救助等 737 亿美元。

此外，白皮书还强调，近年来，中国政府一直致力于推进产业政策的转型。从 2016 年 6 月至今，陆续发布了《关于在市场体系建设中建立公平竞争审查制度的意见》等多个文件，强调公平竞争的重要意义。下一步，中国还将继续改革和完善现行补贴政策，总体方向是我们的补贴政策要以"不可诉补贴"为主，尽可能少地采用"可诉补贴"。为了回应国际社会的期待，李克强总理在 2019 年的政府工作报告中明确指出，按照竞争中性原则，在要素获取、准入许可、经营运行、政府采购和招投标等方面，对各类所有制企业平等对待；自然垄断行业要根据不同行业特点实行网运分开，将竞争性业务全面推向市场。在十八届三中全会提出使市场在资源配置中起决定性作用和更好发挥政府作用的改革阶段性目标之后，2019 年年底的中央经济工作会议强调，要大幅度减少政府对资源的直接配置，凡是市场能自主调节的就让市场来调节，凡是企业能干的就让企业干。

## 三、中美贸易摩擦对粤港澳大湾区的影响及应对

2018 年以来，美国采取单边主义措施，发起了一场针对我国对美国贸易中获得巨额贸易顺差的贸易战，导致中美之间贸易摩擦和争端不断升级。从表象上看，这场贸易摩擦是美国针对贸易顺差平衡而采取的干预行为，但本质上，是美国试图以贸易摩擦为突破口来打击、阻击、延缓我国构建全球产业链和价值链布局体系的一次战略行动，其目的在于打断或迟滞中国工业化、市场化和国际化进程，阻止中国产业升级、贸易升级和技术升级步伐，使我国难以向发达收入国家和现代化国家跨越。中美贸易摩擦其实只是这种阻击行动的一部分，但对我国的贸易、产业、市场等都产生了较为明显的影响。加征关税已经逐渐覆盖到我国对美国输出的所有商品，广东是中国第一经济大省和第一贸易大省，香港、澳门是沟通国际经济的桥梁，粤港澳大湾区是与国际市场交流合作的重要平台，因此，中美贸易摩擦必然会对粤港澳大湾区的外贸企业、产业结构和经济增长等多方面产生一定的冲击和影响。

### （一）中美贸易摩擦对广东的影响

**1. 总体影响**

除了香港地区，美国是广东最重要的出口目的地。从图 17-2 可以看

出,2000年以来,广东对美国出口量总体上来看呈现出上升的趋势,从2000年的236.3亿美元增加到2018年的1121.3亿美元,增长了3倍以上,2018年广东对美国出口量较2017年增长了3.76%。2000年以来,广东对美国出口总量占出口总量的比重始终保持在15%以上,2017年和2018年广东对美国出口总量占出口总量的比重分别为17.4%和17.3%,这说明广东对美国出口的依赖度较高。

另外,广东对美国进出口贸易一直处于贸易顺差地位,贸易顺差金额除了在2009年、2013年和2016年略微下降,总体呈明显的增长趋势。2018年广东对美国贸易顺差达919.7亿美元,较2017年增长了3.6%。虽然广东对美国贸易顺差额所占的比重有下降趋势,但比重仍然超过30%,2017年和2018年广东对美国贸易顺差分别占全国对美国贸易顺差的32.2%和31.1%。这充分说明广东对美国出口的依存度较大,中美贸易摩擦一定会对广州对美国出口产生一定影响。

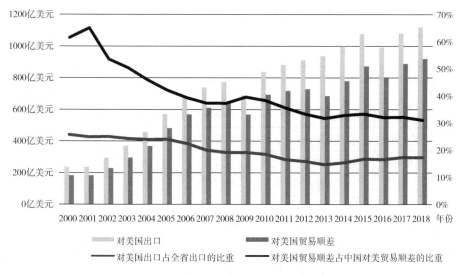

图 17-2 广东省对美国贸易情况

(数据来源:《广东统计年鉴》)

统计数据显示,自中美贸易摩擦发生以来,虽然2018年广东对外进出口继续实现较高增长,全年货物进出口总额71618.35亿元,比上年增长了

5.1%，但相比2017年还是回落了2.9个百分点，其中，出口仅增长1.2%，比2017年落后了5.5个百分点，而进口则增长11.3%，比2017年还增长了1.2个百分点。2018年广东出口额的增长主要依靠对俄罗斯、欧洲等国家出口量的增加；2018年广东进口额的增长主要依靠从俄罗斯、东盟、韩国等国家进口额的增加（表17-6）；2019年广东对东盟、中国台湾地区的出口额持续增加，对东盟的进口额也保持增长态势（表17-7）。

表17-6 2018年广东对主要国家和地区货物进出口情况

| 国家和地区 | 出口额（亿元） | 同比增长（%） | 进口额（亿元） | 同比增长（%） |
| --- | --- | --- | --- | --- |
| 中国香港 | 11451.10 | 0.9 | 224.39 | -21.0 |
| 美国 | 7404.05 | 1.1 | 1327.13 | 1.7 |
| 欧盟联盟（28国） | 6158.24 | 3.9 | 1840.77 | 3.9 |
| 东盟 | 4307.78 | 0.3 | 5226.26 | 19.2 |
| 日本 | 1715.45 | 2.0 | 2750.89 | 6.7 |
| 韩国 | 1383.92 | -8.0 | 3546.18 | 17.5 |
| 中国台湾 | 526.31 | 2.6 | 4446.32 | 14.0 |
| 俄罗斯 | 569.97 | 21.7 | 39.60 | 34.5 |

数据来源：《广东统计年鉴》。

表17-7 2019年广东对主要国家和地区货物进出口情况

| 国家和地区 | 出口额（亿元） | 比上年增长（%） | 进口额（亿元） | 比上年增长（%） |
| --- | --- | --- | --- | --- |
| 中国香港 | 10787.1 | -5.8 | 206.3 | -8.1 |
| 美国 | 6964.5 | -5.9 | 1130.5 | -14.9 |
| 欧洲联盟（28国） | 6773.4 | 10.0 | 2110.3 | 14.6 |
| 东盟 | 4904.0 | 13.9 | 5289.7 | 1.2 |
| 日本 | 1685.9 | -1.7 | 2837.9 | 3.2 |
| 韩国 | 1156.0 | -16.5 | 3142.8 | -11.4 |
| 中国台湾 | 593.9 | 12.9 | 4378.9 | -1.5 |
| 俄罗斯 | 633.5 | 11.2 | 52.3 | 31.8 |

数据来源：《广东统计年鉴》。

根据 2018 年以来美国对中国多次加征关税及颁布禁令所涉及的外贸产业，以及近年来广东主要货物贸易进出口特点、广东省对美国进出口的主要产业及其企业等情况，可以发现中美贸易摩擦对广东及其外贸企业的影响主要在机电产品（如自动数据处理设备及其部件、手持或车载无线电话等）、纺织纱线、织物及制品，服装及衣着附件，鞋类，家具及其零件，集装箱和汽车（包括整套散件）为主的出口商品和机电产品、谷物及谷物粉、大豆、纸浆为主的进口商品，以及部分不便公开地对美国进出口商品。已公布的 11 种主要出口产品只占广东出口的 30%，13 种主要进口产品更是只占广东进口的 0.9%，如再考虑对美国进出口，则将占比更小。因此，中美贸易战虽然对广东外贸会产生一定影响，但总体而言影响程度并不会特别严重。此外，根据专家学者的评估，为了减少对美国消费者的影响，关税清单中针对的对象基本上都是对中国进口依赖度较小的商品，从而方便美国消费者从他国找到进口替代品。同时根据估算，在这些关税项目中，除了少部分商品，在绝大部分商品交易中，中国对美国的出口依赖度要低于美国对中国的进口依赖度，双方比对的结果就是对美国出口的产品压力会比直观上感觉小很多。对于加征关税之外的对美国外贸企业一般不受影响，即使有，也多是因为自身变化及行业变化等。

总体而言，广东地区主要从事对美国出口业务企业可能会承受一定的负向影响，但是对不同类型的企业（国有企业、民营企业和外资企业等）和行业，影响会有所差异。通常情况下，面对外贸风险，外资企业会调整在全球的生产和销售布局以进行相应对冲，国有企业能够获得地方政府和国有金融机构的支持，并加大对其他国家的出口和国内销售以逐步化解。而民营企业虽然也具备一定程度抵抗风险的能力，但绝大多数中低端民营企业会因为资金有限、出口单一和技术程度较低等原因，不可避免地受到冲击，陷入成本增加、订单减少、库存增加、资金紧张甚至倒闭的困境。

**2. 对珠三角 9 市的影响**

下面分析中美贸易摩擦对珠三角 9 市的影响。广州、深圳、东莞和佛山 4 个城市的经济水平、产业发展和对外贸易程度都位居广东省各市前列，也是粤港澳大湾区的重点城市，因此在中美贸易摩擦的背景下，相比其他城市，这 4 个主要城市的外贸情况可能会受到更多的影响。

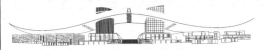

(1) 广州

2017年,广州对外出口依存度为27%,与青岛并列全国城市出口依存第16名。根据广州商务局资料,近年来广州促进外贸稳中提质,贸易结构进一步优化,外贸新业态蓬勃发展,并依靠自贸试验区新型贸易领跑全国。总体而言,尽管面对复杂多变的国际国内经济形势,外贸下行压力巨大,但广州市的积极应对也很大程度上扭转了中美贸易战导致的外贸下滑趋势,全市的外贸进出口总额仍实现增长。2018年广州市进出口总额为9810亿元,同比增长1%;2019年广州市进出口总值10006.6亿元,同比增长2%,其中,出口5265.8亿元,下降6.1%,进口4740.8亿元,增长12.8%。

从广州对美国的进出口情况来看,从2018年3月到2019年12月,仅有7个月实现了进出口总额增长,无论是对美国进口还是对美国出口,超过1/2的月份出现了进口和出口规模下降的情况。广州市商务局也表示:为了妥善应对中美经贸摩擦,建立市、区两级共125家重点企业工作帮扶专班,积极扩大内需市场和开拓多元国际市场,对欧盟、日本、韩国进出口均保持两位数增长。可见,广州与美国之间的外贸关系的确受到了中美贸易战的影响,可能会给那些在美国市场开展经济活动的企业带来比较严重的负面影响。

(2) 深圳

深圳是国内对外贸易的第一重镇,深圳经济一直以来外贸依存度十分之高。根据早些年的数据,深圳外贸依存度一度高达300%,其中,外贸出口依存度达182%,2017年深圳的出口依存度为74%,位列全国第二。据深圳海关发布的数据,2017年深圳市累计进出口2.8万亿元,比2016年(下同)增长6.5%,占同期全国进出口总值的10.1%,其中,出口值1.65万亿元,增长5.5%,占同期全国出口总值的10.8%。2018年中美贸易战发生,作为内地大中城市出口"冠军"的深圳受到的影响最大。据海关统计,2018年前11个月,深圳市进出口2.73万亿元,增长10.1%,占同期全国进出口总值的9.8%。其中,出口1.46万亿元,下降0.1%,占同期全国出口总值的9.8%;进口1.27万亿元,增长24.8%,占同期全国进口总值的9.8%。

从国际市场主体来看,2017年深圳对美国、欧盟、韩国、澳大利亚等市场增长均超过 10%，其中，深圳对美国的外贸出口总额为 2531.53 亿元，仅次于香港的 6489.68 亿元，位列深圳出口主要国家（地区）中的第二名；对美国的外贸进口总额为 390.42 亿元。然而，2018 年中美两国开展的贸易对垒使得深圳对美国的外贸总额出现下滑，2018 年前 11 个月，深圳对美国进出口 2515.1 亿元，下降了 5.5%；2019 年深圳对美国进出口贸易总量也有所下滑。

深圳出口的主要商品是机电产品，深圳高端技术企业中机电产品、无人机、新材料、生物医药等产品，也在不同程度销往美国。此次贸易战对我国的高科技领域进行了重点打击，美国对中国征税领域包含中国制造 2025 的重点行业，深圳作为拥有众多高端制造业的城市，几乎囊括了上述所有行业。深圳大学经济学院当代金融研究所所长国世平也表示：贸易战在出口方面会对深圳高科技产品产生很大影响，小商品则暂时不会受到太大波及。

（3）东莞

2017 年东莞出口依存度为 93%，在全国各大城市中位列第一，并且对美国出口占总出口额的比重超过 20%。2018 年东莞进出口总额 113420 亿元，同比增长 9.47%。其中，出口 7.956 亿元，同比增长 13.27%；进口 5464 亿元，同比增长 4.37%。2019 年全市进出口总额 13801.65 亿元，比上年增长 2.8%。其中，出口 8628.78 亿元，增长 8.5%；进口 5172.87 亿元，下降 5.3%。对"一带一路"沿线国家和地区出口 2258.26 亿元，比上年增长 31.2%；对亚洲出口 4348.97 亿元，增长 9.8%；对北美洲出口 1816.36 亿元，下降 0.3%；对欧洲出口 1800.56 亿元，增长 10.1%；对拉丁美洲出口 393.33 亿元，增长 20.7%；对大洋洲出口 143.45 亿元，增长 28.8%。可以看出，自 2018 年中美贸易战开始以来，总体上东莞并没有受到明显的冲击，外贸活动仍然有序开展，进出口规模稳定上升，经济运行稳中有进。但是，与美国之间的外贸交流的确受到了一定影响，导致对美国出口规模略有缩减。

（4）佛山

统计资料显示，中美贸易摩擦发生后，2018 年上半年，佛山外贸进出口总值 2041.7 亿元，比上年同期（下同）下降 7.4%，占广东省外贸总值的6.3%。其中,出口1559.9亿元,下降4%,占广东省出口总值的8.2%;进口481.8亿元,下降16.9%,占广东省进口总值的3.6%。佛山市前三大主要贸易市场中,对东盟进出口331.5亿元,下降12.4%,占同期佛山市外贸进出口总值的16.2%;对美国进出口278.8亿元,增长4.2%,占比13.7%;而非洲超过欧盟成为佛山第三大贸易伙伴,进出口257.4亿元,下降4.3%。

相比之下,佛山出口对美国的依存度比较高。2017年,佛山市对美国进出口559.7亿元人民币,占佛山市全年进出口总值的12.8%,同比增长(下同)12.4%,增长幅度高出同期佛山市整体进出口增幅6.1个百分点。中美贸易摩擦开始之后,2018年上半年,佛山对美国进出口278.8亿元,相比上年增长了4.2%。由此可见,尽管2018年上半年佛山对美国的进出口仍然有所增长,但同比增长率回落超过8个百分点。总体来说,美国加征税收对佛山相关外贸企业的生产经营造成了一定的影响,导致其生产成本增加、出口利润减少,预期不佳。

(5)珠海

统计资料显示,2018年全市完成外贸进出口总额3246.28亿元,同比增长8.5%。其中,出口总额1887.13亿元,同比增长0.2%;进口总额1359.15亿元,同比增长22.5%。主要表现为:①一般贸易、加工贸易进出口占比小幅提升,其他贸易占比小幅下降。从贸易方式看,一般贸易进出口总额1800.25亿元,增长8.6%,占进出口总额的55.5%,占比较上年提高0.1个百分点;加工贸易进出口总额1122.84亿元,增长10.6%,占进出口总额的34.6%,占比较上年提高0.7个百分点;其他贸易进出口总额323.20亿元,增长1.2%,占进出口总额的10.0%,占比较上年下降0.7个百分点。②机电产品仍为出口主力,高新技术产品平稳增长。2018年,全市机电产品出口额1440.45亿元,同比增长4.2%,占全市出口总额的比重为76.3%;高新技术产品出口额662.34亿元,同比增长9.0%,占全市出口总额的比重为35.1%,占比较上年提高2.8个百分点。③对印度尼西亚出口高速增长,对美国出口负增长。2018年,珠海对印度尼西亚出口总额66.92亿元,同比增长115.6%;对美国出口总额274.49亿元,同比下降5.3%;对"一带一路"沿线国家和地区出口总额702.06亿元,同比增长 11.6%。

2019 年，珠海市完成外贸进出口总额 2908.89 亿元，同比下降 10.4%，降幅较前三季度收窄 3.3 个百分点。其中，出口总额 1654.55 亿元，下降 12.3%；进口总额 1254.33 亿元，下降 7.8%。从贸易方式看，一般贸易、加工贸易进出口额分别下降 9.7%、20.5%，其他贸易增长 20.6%。从商品结构看，机电产品、高新技术产品进出口额分别下降 12.3%、21.4%。主要表现为：①加工贸易进出口降幅较大，其他贸易进出口保持较快增长。从贸易方式看，一般贸易进出口总额 1626.42 亿元，下降 9.7%；加工贸易进出口总额 892.83 亿元，下降 20.5%；其他贸易进出口总额 389.64 亿元，增长 20.6%。②机电产品和高新技术产品出口负增长。2019 年，全市机电产品出口额 1299.26 亿元，下降 9.9%，占全市出口总额的比重为 78.5%，比重较上年提升 2.0 个百分点；高新技术产品出口额 522.58 亿元，同比下降 21.1%，占全市出口总额的比重为 31.6%，比重较上年下降 3.5 个百分点。③出口目的地前十地区出口额降幅明显。2019 年，前十出口目的地地区完成出口总额 1023.96 亿元，下降 15.9%。其中，对中国香港地区、荷兰出口额分别增长 9.2%、4.8%，对美国、印度、日本、德国、中国澳门地区、印度尼西亚、墨西哥和越南出口总额分别下降 26.1%、39.4%、5.1%、8.4%、18.8%、31.9%、12.8% 和 1.3%。

自中美贸易战发生以来，珠海的进出口贸易受到了一定程度的冲击，主要是加工贸易进出口降幅较大，对美国的出口贸易下降。由于高新技术产品在珠海市的出口产品中占有一定比例，所以中美贸易战发生之后，高新技术产品的出口在一定程度上下降，受到影响。出口目的地发生了转变，对美国及印度的进出口贸易下降，而对香港以及"一带一路"沿线国家和地区的进出口比例在一定程度上有所上升。

（6）中山

中山 2018 年全年进出口总值 2341.88 亿元，比上年下降 9.3%。其中，出口 1801.97 亿元，下降 12.3%；进口 539.91 亿元，增长 2.6%。进出口差额（出口减进口）1262.06 亿元，比上年减少 267.6 亿元。全年新签外商直接投资项目 584 个，增长 115.5%；合同利用外资 6.99 亿美元，下降 15.3%；实际利用外资金额 5.27 亿美元，增长 3.5%。制造业实际利用外资额2.43亿美元,占全市的46.1%。

2019年进出口增速放缓。全市进出口总额2387.2亿元,增长2.0%,增速比1—11月回落1.2个百分点。其中,出口总额1929.2亿元,增长7.1%;进口总额458.0亿元,下降15.2%。实际利用外资平稳增长。2019年全市实现外商直接投资项目310个,下降46.9%;合同利用外商直接投资56.55亿元,增长27.6%;实际利用外商直接投资36.98亿元,增长4.8%。总体而言,2018年中美贸易战发生以后,中山市的进出口贸易受到影响,在一定程度上下降,2019年增速放缓。其中,受到影响较大的为来料加工型贸易,出口贸易在一定程度上下降。

(7)惠州

惠州2018年全年外贸进出口总额3334.71亿元,下降2.4%。其中,出口2208.89亿元,下降1.1%;进口1125.82亿元,下降4.8%。进出口差额(出口减进口)1083.07亿元。惠州2019年全年外贸进出口总额2709.74亿元,下降18.7%。其中,出口1821.74亿元,下降17.5%;进口888.01亿元,下降21.1%。进出口差额(出口减进口)933.73亿元。从出口市场看,2019年主要出口市场的占比分别为:中国香港27.9%、韩国10.6%、美国20.5%、欧盟11.8%、东盟8.8%、日本3.4%。这六大市场占比合计83.1%。全年共签订外商直接投资项目合同390宗,下降80.6%;外商直接投资合同金额165.76亿元,下降8.5%;实际利用外商直接投资64.25亿元,增长1.2%。年末全市工商登记外商企业实有8989家(不含分支机构等),其中,中国香港地区5457家,中国台湾地区、英属维尔京群岛、萨摩亚合计670家,韩国139家,美国62家,日本57家,欧洲42家。

惠州的进出口贸易对美国的依存度较高,美国的进出口市场比例占全市的20.5%。自中美贸易战发生之后,惠州市的对外经济不可避免地受到了影响,2018—2019年,全市的进出口比例都在一定程度上下降。

(8)江门

江门2018年全年外贸进出口总额1473.3亿元,比上年增长6.4%。其中,进口总额350.2亿元,增长13.1%;出口总额1123.1亿元,增长4.4%。从出口贸易方式看,一般贸易出口730.9亿元,增长1.8%;加工贸易出口369.3亿元,增长5.8%。出口前三大商品为家电、纺织服装、印刷电路，出口值分别为 141.1 亿元、130 亿元和 56.4 亿元，分别增长 9.9%、8.6% 和 14.6%。江门 2019 年全年外贸进出口总额 1425.4 亿元，比上年下降 3.2%。其中，进口总额 289.3 亿元，下降 17.2%；出口总额 1136.1 元，增长 1.2%。对"一带一路"沿线国家和地区进出口 322.4 亿元，下降 0.8%。从出口贸易方式看，一般贸易出口 782.0 亿元，增长 7.0%；加工贸易出口 342.3 亿元，下降 7.3%。出口前三大商品为家电、纺织服装、印刷电路，出口值分别为 151.4 亿元、119.6 亿元和 57.4 亿元，其中，家电和印刷电路增长 7.3%、1.9%，纺织服装下降 5.0%。出口高新技术产品 138.5 亿元，增长 2.4%，占全市出口总值的 12.2%。

江门全年合同利用外资 13.92 亿美元，比上年下降 34.1%。实际利用外资 8.23 亿美元，增长 12.1%。在实际利用外资中，从产业类型看，电力、热力、燃气及水生产和供应业增长 350.3%，制造业下降 69.0%，计算机、通信和其他电子设备制造业下降 49.9%，批发和零售业增长 672.8%，房地产业增长 674.6%。从来源地区看，来自香港 5.32 亿美元，下降 1.0%；来自澳门 0.18 亿美元，增长 54.5%；来自欧洲 1.89 亿美元，增长 59.5%；来自北美洲 0.02 亿美元，下降 85.7%；来自南美洲的英属维尔京群岛 0.61 亿美元，增长 175.5%。江门市受到中美贸易战的影响较小，2018—2019 年的进出口贸易额变化不大，2019 年略有下降。

（9）肇庆

肇庆 2018 年全年货物进出口总额 389.9 亿元，比上年增长 8.9%。其中，出口 237.7 亿元，增长 6.9%；进口 152.2 亿元，增长 12.2%。进出口差额（出口减进口）85.5 亿元，比上年减少 1.2 亿元。其中，"一带一路"沿线国家和地区进出口额 79.5 亿元，增长 1.8%。全市纳入统计的跨境电子商务进出口 3.2 亿元，增长 141.1%。全年新签外商直接投资项目 1165 个，比上年增长 782.6%。实际使用外商直接投资金额 9.44 亿元，增长 62.6%。其中，"一带一路"沿线国家和地区对肇庆直接投资金额 1957 万美元，增长 366.8%。

2019 年全年货物进出口总额 404.43 亿元，比上年增长 3.7%。其中，出口 271.72 亿元，增长 14.4%；进口 132.71 亿元，下降 12.8%。进出口差额（出口减进口）139.01 亿元，比上年增加 53.5 亿元。其中，"一带一路"沿线国家和地区进出口额121.88亿元,增长53.3%。全市纳入统计的跨境电子商务进出口2.57亿元,下降20.7%。与江门市进出口贸易情况相似,肇庆市的进出口贸易受到中美贸易摩擦的影响较小,全市的进出口贸易总额呈现稳步上升的趋势。

### (二) 中美贸易摩擦对港澳的影响

#### 1. 中美贸易摩擦对香港的影响

美国和中国是全球最大的商品贸易国,也互为对方最大的商品进出口贸易伙伴,中美互征关税会影响双边贸易,从而对香港的转口贸易以及港资企业也产生一定影响。

从经济贸易规模来看,2017年香港经济总额达2.66万亿港元,排在全球第37位,同时香港也是全球第七大商品贸易地区,2017年商品进出口分别为4.36亿港元和3.88亿港元,相当于香港GDP的310%,可见香港的外贸依存度非常大,有着高度外向型的经济结构,商品贸易对其极为重要。此外,香港的商品贸易一向进口多于出口,而进口商品中约1/4为留用进口,其余则全部转口到其他地区。由于香港本地制造业较少,因此转口占整体出口的比重高达98%,香港商品贸易有着大进大出的特点。

在进口方面,内地和美国分别是香港地区第一大和第六大进口来源地,2017年香港地区分别从内地和美国进口商品20301亿港元和2137亿港元,分别占总进口的47%和5%。在出口方面,内地和美国分别是香港地区第一大和第二大出口目的地,2017年香港地区分别向内地和美国出口商品21058亿港元和3302亿港元,占总出口额的54%和7%。由于香港对内地和美国这两个市场的依存度非常高,因此当中美贸易战中两国互征关税减少贸易往来时,香港的转口贸易不可避免会连带受到影响。

香港特别行政区政府根据贸易统计数据评估了中美限制产品清单对香港地区转口贸易的影响,2017年中美货物贸易中,美国出台的第一批限制清单中的商品经香港地区转口的货值为474.8亿港元,占转口货物总价值的1.3%,但占内地经香港地区输往美国货物的比重达17.1%。加上第二批限制清单之后,经香港地区转口的货物值增至613.1亿港元,占内地经香港地区输往美国货物的比重超过1/5。而内地出台的第一批限制清单中的商品经香港地区转口的价值占美经香港地区输往中国货物的比重达9%，加上第二批清单后，比重上升到16%。

虽然除了较少数经营相关商品并以中美为主要市场的港商，大多数从事消费品生产贸易的香港企业暂时所受的影响并不显著，但是香港中国制造商协会认为中美贸易冲突可能会打击出口企业中的中小企业。首先，如果中美贸易争端长时间持续，银行便可能出于规避风险考虑而收紧对港资企业的信贷及融资，仍然会对企业运作造成不利影响。其次，如果加征商品清单范围扩大，那么中美贸易摩擦对港商的冲击将更加直接和广泛。此外，"中国制造2025"代表着中国制造业创新发展的方向，内地港资制造企业也正沿着这个方向加紧转型升级，其中，医疗仪器、机器人等均是香港目前主攻的科创发展项目，因此美国对中国内地相关高科技行业的进出口加以限制，会对从事相关制造业生产贸易的港资企业提升竞争力造成较为严重的负面影响。

**2. 中美贸易摩擦对澳门的影响**

中美贸易战直接影响的是两国的贸易，出口的下降会引起相关产业的萎缩，也会影响与这些行业相关的企业、产业和就业。澳门作为微型经济体，与香港一样属于外向型经济，经济环境的变换必然会对澳门经济产生影响；并且澳门资源贫乏，博彩业是澳门最主要的产业，属于外贸依存度极高的出口服务业，博彩业的蓬勃发展使其在澳门经济中一家独大，单一的产业结构使澳门经济风险抵抗能力低下。中美贸易战一旦长期持续，经济陷入低迷，市场便会受到影响，因此也很有可能间接地在不同方面影响澳门博彩业的稳健发展。

首先，中美贸易战造成的经济形势变动会影响澳门博彩业收入。澳门博彩业通常会与旅游业联系在一起，被合称为博彩旅游业。澳门统计局数据显示，2018年入境澳门的旅客为3580万人次，其中，来自内地的旅客为2526万人次，占总人次的70%。内地是澳门博彩旅游业最大的客源，澳门博彩经济也一直高度依赖内地市场。中美贸易战一旦持续下去，内地不少企业收入受创，经济低迷，国人出游消费的意愿便会降低，或是选择成本较低的目的地。澳门博彩旅游业走的是国际高端旅游路线，经济不景气时，博彩旅游业首当其冲，尽管中美贸易目前并没有直接使澳门高档奢侈品及博彩娱乐项目等销售大幅下滑,但是奢侈品的销售及旅游业增长可能存在滞后性,澳门产业的发展仍然存在不良预期。

其次,投资者信心会受到打击,从而影响博彩业股价变动。澳门六大博彩企业均在香港挂牌上市。2018年9月,中美贸易战开始半年后,投资者因为担心日益升级的贸易摩擦会打击中国消费者的支持而连带使澳门博彩业收入减少,所以开始抛售澳门的赌业股票。券商里昂证券亚洲博彩研究主管 Jonathan Galligan 曾指出,投资者之所以抛售股票,并不是因为澳门博彩业的运作出现什么问题,而是受到中国经济各种不稳定性的影响。他认为:"在很多方面,澳门已经成为投资者对中国经济信心的风向标,眼下投资者情绪已经变得相当悲观了。"因此,如果中美贸易摩擦不断升级,中国内地经济下滑,便极有可能破坏澳门博彩业的成长环境,这种预期很实际地反映在赌业股的股价上,给澳门博彩业的发展造成压力。

此外,澳门六大博企中,有3家是美资公司背景(表17-8),澳门博彩业有近一半的份额是美资的现状早已惹来很多非议,在澳门经营博彩业的美资财团也一直被诟病干预澳门内部事务,如今中美贸易关系日益紧张,美资博企是否会因此受到牵连,是否还能顺利续牌仍然是未知数。

表17-8 澳门博彩企业的资本背景情况

| 企业 | 牌照 | 最大股权 | 主要资本背景 |
| --- | --- | --- | --- |
| 澳博 | 主牌 | 澳门旅游娱乐股份有限公司 | 中国澳门 |
| 美高梅 | 副牌 | 金殿超濠有限公司<br>美高梅金殿澳门有限公司<br>MGM Las Vegas | 中国澳门、美国 |
| 银河 | 主牌 | Canton Treasure Group Ltd | 中国香港 |
| 威尼斯人 | 副牌 | Venetian Venture Development Intermediate Limited | 美国 |
| 永利 | 主牌 | 美国永利度假村 | 美国 |
| 新濠博亚 | 副牌 | Melco PBL International Ltd | 中国澳门、澳洲 |

澳门经济对内地的依赖性很强,贸易战对澳门博彩业以及澳门经济的影响会有多深,很大程度上取决于内地对中美贸易战如何应对,只要内地

经济不出现较大波动，澳门的博彩业和经济也会相对稳定。另外，美资企业和博彩业股价或许还会面临一定的起伏波动。澳门在中国的对外关系上一直起着十分重要的作用，此次贸易战也为澳门敲响了警钟，以博彩业为主的单一产业结构不利于澳门的可持续发展。作为一个微型经济体，澳门要发展制造业等第二产业没有太多的比较优势，因此要充分利用好其外向型经济的特点，利用建设粤港澳大湾区的契机寻求另一个经济增长的突破口，实现经济的多元发展。

## 四、粤港澳大湾区应对中美贸易战的建议

改革开放以来，广东省与港澳地区经贸交往密切，探索出经济治理的区域合作模式。自粤港澳大湾区建设以来，三地更是不断完善政策协调沟通机制，促进产业协同发展，形成优势互动；但此次贸易战也暴露出粤港澳大湾区当前仍然存在的一些不足。例如，对美国的外贸依存度过高，中小企业应对风险能力较弱，核心技术受制于人等。美国挑起的贸易摩擦虽然会对粤港澳大湾区带来不小的冲击，但同时也是湾区获得重大突破的机遇。粤港澳大湾区应该借助这次贸易战跃升一个全新的发展台阶。针对以上分析结果，提出的政策建议如下：

### （一）深化"一带一路"国际合作，提高湾区经济韧性

美国想要借助贸易摩擦问题对中国实施严厉制裁和打击，以遏制中国发展，进而促使中国在双边贸易谈判中让步妥协，以重新构建由美国主导的完全符合美国利益的全国规则新体制，达到排斥、孤立中国的目的。因此，加快推动"一带一路"国际合作，促进世界规则的共同制定，共享发展和利益有助于突破美国编制的对华包围圈，有效缓解贸易摩擦带来的冲击。一是构建多元对外贸易平台。大湾区应该积极拓展中亚、非洲、拉美及欧洲市场，拓展对外贸易中贸易关系更为平稳的市场，构建多元对外贸易平台。二是要着眼于长远的项目合作。要积极开展与"一带一路"沿线国家和地区的跨境合作，推动海关、物流、交通等多方面的双向合作项目，并着眼于长远合作。例如，可以依靠华为技术在"一带一路"沿线国家和

地区的广泛应用,构建围绕 5G 技术的产业链布局。三是要建立起信息共享平台。通过会展、经验分享等形式,积极引导企业在这些地区进行对外贸易,发展经贸关系。

(二)拓展创新型发展格局,进入全球产业链高端位置

从本质上来说,美国的目的在于遏制我国高科技的发展,阻止我国产业升级。粤港澳大湾区拥有许多高新技术开发区和科技园区,聚集着众多高新科技企业,是培养技术人才、开展科技创新的新高地,因此粤港澳大湾区更有必要也更有能力以互联网和新技术为抓手,大力开展技术创新,全面提升贸易体系的等级和水平,以应对美国对中国高科技行业的遏制与打击,使更多科技企业和产业进入全球产业链高端位置,形成大湾区独特的国际竞争优势,提升粤港澳大湾区的话语权和国际影响力。一是要重点应对美国对我国的技术封锁。湾区政府要针对目前的技术壁垒,做好战略指引、理论研究和政策配套,积极为相关企业提供政策支持,加强知识产权保护,吸收培养技术人才,为高科技企业提供良好的创新发展环境,帮助相关企业摆脱封锁困境,解决企业自主研发创新的后顾之忧。二是要构建具有全球竞争力的高水平贸易体系。要充分利用粤港澳大湾区的先进技术与平台,将大数据、互联网、人工智能、移动终端等新技术广泛应用于商贸流通领域,促进电子商务、智慧物流和移动支付的蓬勃发展,构建具有全球竞争力的高水平贸易体系。

(三)促进产业升级,建立现代产业体系

一是要加快发展先进制造业,优化制造业布局。继续做强做大电子信息为代表的高新技术行业,打造先进制造业集群;同时利用新兴产业带动传统制造业的转型升级,推动传统制造业朝着智能化、高端化的方向发展;此外,大湾区各政府要积极支持香港探索"再工业化"的发展模式,依托深圳、广州和香港的科技资源优势,加强湾区内部产业分工协作,加快培育战略性新兴产业,最终推动大湾区贸易新业态、新模式的建立完善。二是要重点构建现代服务业。金融市场是中美贸易摩擦中的重要交锋领域,粤港澳三地应当不断深化落实 CEPA 协议中的具体措施,打造大湾区绿色金

融中心，加快推进深港金融市场互联互通和特色金融合作，健全和完善金融风险防控体系。不断加强对中小企业的金融扶持力度，例如，培育一批中小融资机构，构建银企合作平台，完善中小企业担保体系建设，提供多渠道金融支持，支持符合条件的中小企业以各种合法形式直接融资。此外，要加快发展相关的服务配套行业，使大湾区成为全球的服务贸易中心区域。

# 第七编

## 粤港澳大湾区社会协同指数研究

# 第十八章 粤港澳大湾区社会协同指数的建构方法

黎熙元[①]等

课题组成员：郑婉卿　龙海涵　蓝宇东　刘明伟　方木欢　冯庆想
　　　　　　周　微　温国砗　武粮林　赵亚钊　张睿华

本研究参考欧盟及亚太经合组织衡量区域合作及社会协同的系列指标，分别从经济合作、政策协同和社会协同3个维度进行测量，对港澳居民的湾区融入心态和粤港澳大湾区区域整合现状进行了全面的描述。研究有如下发现：

第一，从融入心态来看，港澳居民存在显著的群体分化。不同的社群，对粤港澳大湾区的融入心态迥然相异。一是香港居民与澳门居民的融入心态存在显著差异。澳门居民表现出远高于香港居民的融入意愿和参与热忱。澳门居民欢迎内地居民前来旅游、投资，但不欢迎定居。二是香港居民本身存在显著的群体分化。一部分香港居民跨境流动频繁，自己或亲友在大湾区有置业、投资或工作、生活的经历，也拥有在内地的社会关系网络。另一部分香港居民较少来内地，社会关系网络中也没有内地人。他们与内地居民的接触渠道和频率都十分有限，难以形成对内地社会生活情况较为完整的认知，更容易对内地人形成不良的刻板印象。香港居民融入内地的心态差异，既有群体竞争资源，也有接触有限带来的影响。这些群体分化说明，跨境的社会不平等治理是粤港澳大湾区发展需要重视的领域。持续的"拆墙建桥"，消除不同阶层和利益群体之间无形的边界，才可能缓解群

---

① 黎熙元，课题组组长，中山大学粤港澳发展研究院首席专家。

体矛盾,促进区域的社会协同和长期繁荣。

第二,大湾区内地城市居民对社会协同意愿强烈,其中,西部城市比东部城市更强。社会协同是衡量区域整合最为重要的维度,它是一个双向适应的过程,不仅要探究港澳居民融入大湾区的心态,也要考察内地居民包容港澳居民的程度。课题组通过中国劳动力调查实施和数据收集,分析了珠三角各城市居民对港澳居民和社会的包容程度。研究发现,大湾区西部城市对港澳居民及社会的包容程度更高。具体表现在两点:一是在跨境流动实践及对它的感知上,大湾区西部城市(如江门、肇庆、珠海、中山)及惠州等市居民对港澳信息更为关注,接触评价更为正面。二是除了深圳、广州等与港澳经贸往来密切的城市,大湾区西部城市的居民,其社会网络有港澳居民的比例也高于其他城市。香港在过去30多年来是带动大湾区东部城市发展的重要引擎。惠州及大湾区西部城市也希望效仿东部诸市,与香港建立更密切的合作联系,推动城市经济发展。大湾区西部城市与港澳的紧密合作,可能成为未来区域经济增长和整合的增长点和着力处。

第三,社会政策的区域协同方面各城市水平有所差异。其中,广州、深圳表现良好。在各种政策协同的推动上,教育领域政策推进尤为积极。政策是粤港澳大湾区建设的社会治理工具,决定着整个大湾区公共资源的配置,对大湾区整合具有重要意义。本研究通过对各市政策条文中包含有香港和澳门的条文数目进行测量,发现广州和深圳出台的与港澳相关的政策最多,两市的政策协同水平较高。从不同领域的政策来看,教育领域出台的政策条文数最多,其他领域的政策条文数较少,还需要进一步加强。在教育政策方面,大部分城市在教育政策的出台和执行上都有积极动作,重视教育合作发展,高等教育一体化趋势增强,基础教育各有特点。在医疗政策、港澳青年创业政策上,广州推进最为积极;养老政策方面,深圳推进更多;而对于住房政策,广深两市都着力不少。

第四,在经济合作方面,区域金融合作走强,实体产业合作趋弱。经济指数反映,近十年间在大湾区各市中,香港的投资、贸易、金融和基础设施建设等方面表现优异,在大湾区经济发展和国际化水平中处于中心地位。广州和深圳紧跟其后,其他城市则位于第三队列。而从香港与内地历年经济合作的数据中可以发现，两地经贸合作呈现出"冰火两重天"的状态。一则金融产业的经济合作如火如荼。中国内地驻港办事处和地区总部明显增加，两地合作股市交易额迅猛增长。中国内地企业及资本正在以香港组织资本和人才团队的方式走向全球。二则实体产业的经济合作正在萎缩。两地投资在各自外商投资的总体金额和占比、内地通过香港进行进出口和转口贸易的金额都在下降，说明香港在内地制造业方面的投资和合作正在减少。

香港居民在融入心态方面的群体分化，可能与近十年来区域经济合作产业的变化有关。经济合作产业"脱实入虚"的倾向，可能强化香港居民对内地居民参与资源竞争的认知。一则金融产业集聚度高，民众受惠面窄，行业壁垒高，不利于带动中下阶层跨境流动，分享经济合作的红利。二则经济合作行业的转换，原本从受益于经济合作的群体随着合作产业的调整可能难以继续从中获益。受益者在区域经济合作调整中变成受损者，可能产生巨大的心理落差。这些都在经济合作过程中给香港居民带来有限资源受到威胁的感觉，直接影响他们融入粤港澳大湾区的心态。

上述分析和推论基本上集中在港澳居民与大湾区内地城市居民的关系上。但粤港澳大湾区共同市场和区域整合不仅仅包含港澳与大湾区内地城市的关系，也包含大湾区内地各城市相互间的关系。社会协调指数研究也发现，描述大湾区各城市之间消除边界和内部整合的数据极少，同时描述珠三角单个城市和港澳合作与交流的数据也不连贯，难以形成完整的指数体系。因此，本社会协同指数只反映香港、澳门与内地城市之间的跨境融合关系，不能反映城市之间的融合程度。数据的局限也反映出当前粤港澳大湾区发展存在的重要问题是重视港澳与内地的合作，而忽视11个城市之间的互相合作。消除珠三角各市之间行政壁垒，形成真正互联互通的协同区域，也是粤港澳大湾区建设不可忽略的层面。在粤港澳大湾区区域整合中，既需要关注宽泛的广东与港澳的合作层面，也需要聚焦到大湾区各城市的合作层面。在城市之间建立平等交流和互助合作的平台，更可能达成减弱或消除行政壁垒，构建大湾区共同市场，推动粤港澳大湾区区域整合目标的实现。

## 一、引言

粤港澳大湾区建设是习近平总书记亲自谋划、亲自部署、亲自推动的重大国家战略，其目标是支持香港、澳门融入国家发展大局，全面推进内地同港澳的互利合作。其中，港澳居民融入大湾区是港澳融入国家大局的最重要基础，也是推动港澳居民人心回归工程的基础性工作。随着粤港澳大湾区建设的不断推进，港澳居民的社会融入程度开始有所提升。然而，由于港澳地区与内地在政治经济制度、文化教育、风俗习惯等方面呈现的差异以及经济发展水平的差距，推动港澳居民融入粤港澳大湾区的进展还相对缓慢，仍然面临着现实存在的结构性障碍。因此，亟须了解和掌握当前粤港澳大湾区社会协同的整体发展状况，需要编制设计一套科学有效的社会协同指数进行系统测量，从实践中发现问题并寻找有效路径增进港澳居民的社会融入程度，促进港澳地区与内地的社会结构性整合，从而进一步密切内地与港澳的互利合作，推动港澳经济社会发展以及为港澳居民到内地发展提供更多机会，以保持港澳长期繁荣稳定。

本研究主要运用社会学的研究理论与方法，系统分析港澳居民的粤港澳大湾区社会协同的状况、变化趋势、问题、原因及对策。其研究意义，一是全面认识和掌握港澳居民对粤港澳大湾区社会协同的整体状况与变化状况，有利于为"一国两制"下区域社会融合研究积累丰富的实证资料和动态数据，深化理论讨论；二是通过经济整合、社会整合、文化融合等不同维度分析港澳居民的粤港澳大湾区社会融入过程的复杂性，有助于更好地探寻问题的深层原因，找出当前粤港澳大湾区推动港澳居民社会融入所面临的结构性困难；三是利用社会协同指数对港澳居民的粤港澳大湾区社会融入心态的整体状况进行综合系统评估，反映其变化趋向，为制定完善便利港澳居民在内地发展的政策措施提供具有针对性、实效性的对策建议。

本研究的目标是在新时代粤港澳大湾区建设的宏观背景下，站在建设粤港澳大湾区是推动"一国两制"事业发展新实践的历史高度，结合对港澳居民的粤港澳大湾区社会协同的深入调查，全面分析港澳居民社会融入的现状、问题及原因，直面港澳居民社会融入面临的结构性障碍，构建一套科学的、客观的、具体的港澳居民社会协同指数，为进一步推动港澳居民融入大湾区发展进程提供有效的现实路径和具体对策。具体来说，体现在如下三个方面：一是在理论创新上，本课题在全面分析粤港澳大湾区社会协同的经验基础之上，运用社会学的社会融合理论形成对粤港澳大湾区社会协同的全景式描述和理论解释，力图为粤港澳大湾区推动港澳居民的社会融合实践提供充足的理论资源。二是在实践应用上，本课题的关键任务是设计编制适合于研究分析粤港澳大湾区社会协同指数，并通过动态调查和数据比较来反映融合的变化趋势。通过问卷调查与访谈等方法进行科学有效的测量与评估，发现港澳居民融入粤港澳大湾区面临的问题与挑战，寻找有效解决问题的现实路径与具体对策。三是在服务决策上，本课题是对港澳居民的粤港澳大湾区社会融入进行研究，具有一定的前瞻性和科学性，可以为有关党政部门推动港澳居民社会融合的决策提供相对准确可靠的信息、数据和知识资源。

## 二、文献回顾：从经济合作、政策协同到社会融合

区域合作和整合是指一般地理区域内国家或地区通过相互合作和对话来寻求和加强共同利益并促进其国家或地区利益的体制和机制（Chandra Das，2016）。自20世纪90年代以来，区域合作和经济一体化已成为世界经济的主导趋势。欧盟、东盟、亚太经合组织、北美自由贸易协定等区域集团的崛起，正在追求和促进更深入的区域合作和协同发展。区域合作和整合的目标可以从经济到政治到环境，其中，商业利益是实现各个国家和地区所确定的更广泛的社会政治和安全目标的重点。

20世纪以来，世界经济一直朝着一体化的方向发展。世界经济一体化的表现有两个方面：一是经济全球化，即生产要素在全球范围内实现更加自由的流动，进而实现更加优化的配置，同时，市场经济的运行规则被越来越多的国家认可和采纳；二是区域经济集团化，也就是区域经济整合或一体化。经济全球化的核心是资源配置的全球化和市场的一体化，它有力地推动着全球经济合作和贸易的深化。区域经济整合（regional economic integration，或译为一体化）则是在经济全球化基础上形成的，是全球化在区

域发展中的必然表现和组成部分,与全球化同时并存、相互促进,指的是特定区域内的国家或地区,通过建立制度性或非制度性的经济合作组织,实行经济联合,谋求区域内商品和生产要素获得自由流动与优化配置,最终实现区域内各国经济乃至社会政策高度协调统一的过程。

区域整合从经济开始,但其效果和影响远超经济领域。区域经济整合理论肇始于1950年维纳(Jacob Viner)发表的《关税同盟问题》(*The Customs Union Issue*)。20世纪五六十年代,世界经济正处在第一次区域经济整合的高潮之中。一方面,出于吸取战前高企的贸易壁垒导致的世界经济大萧条的教训;另一方面,作为战后经济发展的切实需要,各主要发达国家纷纷建立区域性贸易集团,积极推动域内的贸易自由化。随后的二三十年里,其书中提出的"关税同盟理论"在不断的质疑中一步步完善,逐渐成为区域经济一体化理论的核心,派生出自由贸易区理论、共同市场理论、大市场理论等理论分支,理论关注的重点从产品市场整合向要素市场整合和政策协同乃至社会融合等方面不断迈进。

因此,对于区域合作与融合,经济维度仅是其中一个比较基础的维度。区域经济整合也带来政策协同的需要,而政策协同可能推动区域经济的进一步整合;两者可能同时促进社会融合。各维度的研究通常以3种不同的研究路径进行(Houtum,2000):一是对区域中的边界和除劳动力外各种要素流动("流",flow)的研究;二是针对跨境合作区域的研究;三是聚焦于跨境流动人口的研究。以下分别从这3种视角对既有文献进行梳理。

### (一)跨境合作研究的3种视角

#### 1. 边界和要素流动的视角

从边界和要素流动的视角来看,边界等同于妨碍流动的障碍物或是交换过程中的额外距离,"流"则表示要素通过边界的规模和速度。边界还包括资产或资源,但利用这些资产或资源需要具体的知识和方法(Sohn,2013;van Geenhuizen et al.,2001)。边界具有矛盾的角色,它既助推又在一定程度上压抑了要素跨越边界的流动(Decoville et al.,2018)。

荷兰经济学家谭·丁伯根(Tan Tinbergen,1954)率先提出,所谓经济整合(或翻译为一体化)就是消除各类阻碍经济有效运行的人为因素,通过相互协调创造最适宜的区域经济结构。他认为经济一体化可分为消极一体化和积极一体化，前者指通过消除歧视和管制制度推动经济贸易自由化的过程，后者指借助行政力量强力改变现状，建立新的自由化政策和制度。巴拉萨（Balassa，1961）则提出，一体化既是一个过程也是一种状态。从过程的角度看，一体化就是动态地消除国家或地区之间的经济歧视和差别待遇；从状态的角度看，一体化就是国家或地区之间各种形式的经济歧视和差别待遇的消失。其内涵在于，过程的经济一体化是指消除一体化进程中各成员间差别待遇采取的种种举措，而状态的一体化则为各成员国差别待遇消失的现象，区域经济一体化就是指产品和要素的移动不受政府的任何歧视和限制。维多利亚·柯森（Victoria Curson，1974）对巴拉萨所说的一体化是一个"过程"解释为"导向全面一体化的成员间生产要素再配置"，对一体化是一种"状态"解释为"业已一体化的成员间生产要素最佳配置"。

与此相类，国内文献对区域经济整合的定义也都强调要素的自由流动和边界跨越成本的降低。朱金海（1995）提出区域经济一体化的定义是"冲破行政管理体制的界限，以市场为纽带，以企业为主体，并由宏观调控组织引导，建立功能合理分工、资源合理配置、产业相互协调、资金互为融通、技术相互渗透、人才互为流动的现代经济一体化区域"。张凯麟等人（2013）认为，通过加强政府间在制定和实施税收、健康和安全、环境法规等国内政策的合作，有利于降低交易费用和新企业准入门槛，从而增加国内市场的竞争活力。同时，政策协调与合作还有助于克服市场失灵，能够确保不会通过不正当途径再次增加贸易限制与成本。区域经济整合是状态与过程、手段与目的统一。不同的空间经济主体为了生产、消费、贸易等利益的获取，产生的市场一体化的过程，包括从产品市场、生产要素（劳动力、资本、技术、信息等）市场到经济政策统一逐步演化。不同的区域背景（经济、社会、文化等）、区域经济一体化模式与演化进程具有不同的规律。然而，促成区域经济一体化的动力机制，即区域经济一体化过程最一般的经济规律是统一的。区域经济一体化给参与的经济主体带来利益的原因是区域经济一体化有其内在的动力机制：区域经济一体化的互补性与竞争性、区域经济一体化的规模经济、区域经济一体化交易成本机制（孟庆民，2001）。因此，区域经济一体化就是通过成员之间的产品贸易、要素流动障碍的消除以及对生产活动外部性的共同治理，使得每个经济主体能获得比单一经济体更大的利益（王珺，2009）。

　　针对全球大都市圈的研究也表现出对降低边界障碍，促进要素跨界流动的重视。东京、旧金山和纽约这三大国际湾区在发展过程中，都以城市轨道交通网络布局和信息通信网络基础设施建设的不断完善为基础。湾区都市群基本实现了基础设施互联互通以及公共服务的一体化。东京都市圈的发展很大程度上依靠交通基础设施的完善和网络化。旧金山湾区和东京湾区也是突破了现有的行政区域限制，在城际轨道交通、高速公路等综合交通基础设施方面呈现出无缝对接的网络化布局，为湾区内城市间公共服务一体化发展提供了交通出行的基础保障（张胜磊，2018）。

　　改革开放以来，港澳与珠三角地区的"前店后厂"协作模式极大地推动了珠三角地区的工业化和现代化，珠三角地区发展成为"全球制造工厂"和全国主要的经济增长极之一。由于珠三角地区和港澳地区存在显著的要素价格差异，自然形成了以港澳为"前店"、内地为"后厂"的一体化产业格局，对区域内的资源进行功能性整合，是所谓的消极一体化阶段。港澳相继回归祖国后，在港澳与珠三角地区各自产业升级的战略需求导向下，中央政府通过制定实施一系列区域贸易投资协定强力推进生产要素的跨境流动。同时，粤港澳三地政府也加强了政策协调和市场规则对接，从而逐渐破解"3个关税区"的关境障碍，实现生产要素的自由流通。从这一角度来看，建设粤港澳大湾区，既需要在国家层面深化基于经贸规则的协议开放，也需要粤港澳三地政府采取具体的措施协调彼此之间的营商规则与竞争政策，以促进大湾区经济一体化发展（毛艳华等，2019）。

　　考虑到"一国两制"的现实，粤港澳大湾区经济整合的内涵可概括为广东省与香港、澳门两个特别行政区之间，通过消除相互间经济活动的边界障碍（包括关税、海关制度差异等）和内部障碍（包括交通、行政制度差异等），形成具有国际竞争力的、相互依赖的区域产业分工和合作体系，而且其在发展中表现出次区域合作和国内特定区域内部经济一体化两种特点的融合（王小彬，2018）。高铁的网络化规划和发展也为粤港澳大湾区内居民跨城活动提供便捷的快速公交式服务，是粤港澳大湾区形塑"一小时生活圈"的重要支撑。城市群的发展离不开区域交通基础设施的互联互通与基于交通基础设施的内部和外部交流联系（Vickerman，1997；Loo et al.，2011；王姣娥等，2014；徐银凤等，2018）。

总的来说，区域合作与整合的基本思路，主要是围绕降低跨越边界成本，促进要素流动展开的。区域经济整合理论的核心内容强调，相关参与主体为了共同利益，将不同程度地让渡或转移自身权利，以部分或整体间的利益为交换手段，通过一系列条约和协议协调彼此的经济政策，从而实现整体效益的最大化。从空间过程来看，区域经济一体化表现为各种生产要素的空间流动，表现为生产要素流动所形成的经济集聚核心和经济扩散点。

区域经济整合包含许多发展形态或发展模式，在不同时期、不同范围和不同进程，其发展模式是不同的。就国际区域经济整合来说，巴拉萨（1961）将其总结划分为5种模式，即自由贸易区、关税同盟、共同市场、经济同盟、完全经济同盟。区域经济一体化是一个渐进的发展过程，其发展形态或发展模式在不断向广度和深度演化。第一步，自由贸易区。主要特征是取消区域内的关税，推进区域内的经济合作与贸易发展，这是区域经济一体化的初始阶段。第二步，关税同盟。主要特征是实行对区域外征收共同关税，体现出区域的整体性，是从初级阶段向中级阶段的演进。第三步，在前两个阶段的基础上，区域内的资本和劳动力等社会经济资源的基本要素实现自由流动，形成共同市场。第四步，区域内各成员方或成员主体采取共同税收措施、管制方式以及经济政策，形成经济同盟。第五步，经济同盟演化到统一预算、统一货币制度的完全经济同盟阶段，即区域经济一体化最高阶段。区域经济整合在很大程度上依赖于具有内在经济联系的主权国家有意识的制度推动。

**2. 跨境合作区域视角**

从全球范围来看，区域整合包括多个层次，除了国家之间的区域合作与整合，还有一国以内的区域整合问题。几乎每一个洲或每一个重要的国际区域，都存在着国际区域整合，尤其是区域经济整合的有益探索和成功经验。不同主体间的区域经济整合是为了获得因分工而带来的经济利益，提高参与主体的经济实力及整个地区的国际竞争力。从跨境合作区域研究的视角来看，这一脉络的文献更加侧重于跨境贸易合作及其制度化。如针对跨境环境中的特定治理形式的研究（布拉特，2004；Dorry et al.，2016）；针对新的制度空间，如欧洲区域的研究（Evrard，2016；Svensson et al.，2015）；针对跨境合作的方案及其影响和评价的研究（Knippschild et al.，2016）。

区域整合的实践案例很多，在国家之间的区域合作层次上，以欧盟及北美贸易区的区域合作最具代表性；在一国以内的区域合作层次上，全球各大湾区都市圈，国内京津冀、长三角等都市圈的发展，也是一国以内区域整合的典型案例。

(1) 跨国合作区域研究："区域主义"与"新区域主义"理论

欧盟是一个由 28 个主要位于欧洲的成员方组成的政治和经济联盟。欧洲地区具有文化、地理和历史的复杂性，在这一背景下建立起来的欧盟组织发展了区域整合能力。欧洲的区域整合在"二战"后被认为是解决极端民族主义的有效手段。自 1949 年欧洲委员会建立开始，欧洲国家不仅推动该地区在经济和贸易上的合作，也在想象一个主权国家间进行平等合作的平台。1967 年，在对欧洲经济共同体、欧洲煤钢共同体以及欧洲原子能共同体的基础上，欧洲共同体正式成立，并在冷战后得到扩张。1993 年，欧盟正式成立并持续发展。欧盟通过标准化的法律体系，建立内部单一市场。欧盟政策旨在确保内部市场的人员、商品、服务和资本的自由流动，并在贸易、农业、渔业和区域发展方面保持共同政策。在申根区内旅行，护照管制已经取消。欧元于 2002 年推出，取代了 12 种国家货币，目前有 19 个欧盟成员方使用欧元。

与欧洲各国情况不同，美国由于其在北美地区与邻国实力的巨大差距，是北美大陆的绝对领导者。相较欧洲地区的一体化进程，美国在北美地区推动的一体化进程目标不在于建立一个相似的地区集团，而主要意在给欧共体以及日本施加压力。对于美国来说，通过全球性的国际自由贸易制度体系始终是最重要、最有利的选择，因为这可以用最低的成本为美国企业开辟全球市场，而不局限于某一地区（Brown et al.，1995）。可以说，北美自由贸易协议进程是同外部地区和大国进行经济竞争，美国、加拿大和墨西哥并不期望实现全面政治社会一体化，这也就决定了北美自由贸易区最终采取的制度形式。

　　区域整合的过程实质上是区域内各国之间博弈的结果，区域领导者则起着协调各方利益的作用。区域共同市场的形成是动态均衡的过程。区域化市场可以看成公共物品，参与各方即地理位置接近的经济主体，类似公共选择中的左右各派，作为区域化市场的领导者成为中间投票人。这样各经济主体只得通过向中间投票人靠拢来增加各自的利益，并接受领导者的议案。在北美自由贸易区，相互依赖的不对称性，加强了美国在北美自由贸易协定中的主导地位和作用，使得其他各方的政策制定必须配合美国的政策，从而推进区域整合的深入发展（方壮志，2002）。以地理位置相邻的国家或地区之间的经济协定为载体的区域经济一体化是一种宏观层次上的制度安排，单靠市场需求的推动远远不够。作为一国政府应对经济全球化的政策选择，区域经济一体化表现为政府主导下的有序构建运动。而事实上，由于美国的优势地位突出，北美自由贸易区的构建更多地反映了美国的战略意图（张天桂，2007）。

　　在各种区域合作和发展的案例中，欧盟的区域合作和整合历史最为悠久，所遇到的情况也复杂多样。在欧洲区域一体化的实践中，逐步提炼出来的对欧洲一体化具有推动力量的"区域主义"和"新区域主义"理论。"区域主义"理论是在20世纪70—80年代之间，在欧洲及美国大城市群政府间合作实践总结起来的区域合作理论。其内涵是：为了提升管理效率，不同的行政主体（国家或城市）之间通过合作来共同提供区域内部的公共产品和公共服务，试图从组织机构上合并不同的政府机构，建立"巨人政府"管理公共事务的过程。但区域主义并未能提出真正解决欧洲各国间的贸易分隔问题的答案，也未能有效促进各国经济、贸易、文化交流和有效抑制个别超级大国的国际政治力量上的"单极化"（袁政，2011）。20世纪90年代以后，"新区域主义"在对"区域主义"的批评中兴起，强调组织动员区域内部力量和培育竞争优势，把重点放在区域协作与政治机构的建设上（Ethier，1998）。与"区域主义"相比，"新区域主义"具有以下特点：一是在区域管理结构上，强调由各区域成员为了共同利益自发组成的某种区域联盟。二是在区域成员责任上，强调自愿协作是区域内成员利益一致的前提是基于相互信任和依赖的分工，从而有利于促进区域内成员间的信息迅速交流和实现既定目标。管理形式相对松散,但存在着较强的共同利益约束。三是在对外开放程度上,"新区域主义"对范围和边界不做过多的界定,而是根据具体的议题来界定相应的范围,在强调区域组织内部合作的同时,更提倡对外开放,鼓励区域内成员与其他区域的经贸及其他方面的联系与交往(贾彦利,2006;袁政,2011)。"新区域主义"引入了治理理论,放弃了对不同区域行政机关并不成功的合并,而强调建立在共同利益上的自愿、平等合作。

(2) 都市圈或城市群合作研究:"广域连携"区域治理理论

在都市圈或城市群合作研究的案例中,国内以长三角和京津冀地区最为典型,国际以全球三大湾区——纽约湾区、旧金山湾区及东京湾区的区域合作最具代表性。

长三角地区的区域合作由来已久。改革开放之初,江苏、浙江两省与上海之间的民间合作不断深入,小范围区域合作亦开始出现,如苏南、浙北地区为解决自身发展中的技术瓶颈,采用"星期日工程师"等方式,从上海聘请相关专家,进行技术指导(张学良等,2018)。1990年,中央做出上海浦东开发和开放的重大决策,先行政策带来的制度收益与外资准入掀起了外商对长三角地区投资的热潮。进入21世纪,全球化趋势的加速以及中国的入世,给长三角带来新的机遇。在这波浪潮中,国际制造业向中国内地,尤其是沿海地区转移的趋势趋于明朗,而以上海为标志的长三角已成为国际产业转移的首选地区。外商投资大量进入以上海为中心的长三角地区,并且在整个长三角地区构筑起外商投资企业内部的地域分工网络,对长三角之间的经济一体化起了重要的推动作用(陈建军,2005)。长三角一体化的进程中,既有外力作用,也有内部因素。改革开放初期,中央决策曾倡导的"横向经济联合"与"经济协作"推进了长三角趋于内部的产业转移和产业水平分工的推进,同时降低了制度成本;20世纪90年代初期,关于上海浦东开发开放的一系列政策通过给予政策倾斜,产生区域经济的外部性,以此来提高长三角区域一体化的向心力;进入21世纪,改革开放的加速,降低了要素跨区域流动的制度成本,加快了国际产业和区域内部的产业转移,长三角区域经济一体化进程进一步加速。

京津冀城市群研究,与长三角区域一体化主题研究十分相似,通常更为关注经济的维度。这些文献呈现出以下特点：一是较为关注该区域的产业分布和集聚。宋立楠（2017）以系统论、耗散结构论和协同论等为基础，分析京津冀产业结构和产业空间布局的现状与不足，提出了供给侧结构性改革、合理配置要素、加强产业协作等可行性建议。王德利（2018）立足于"工业强群"，研究京津冀城市群经济一体化过程中新型工业化发展的方向和重点，并提出"改造、提升、引进"的传统产业升级路径，勾画了在战略性新兴产业加持下，京津冀城市群高质量发展的工业布局。纪良纲、晓国（2004）提出对京津冀现有资源进行整合，促使地区形成基础设施衔接、产业协调互补的环境，形成自下而上的开发模式和分工。二是从经济联系的角度来评估区域发展协调的程度。如关晓光、刘柳（2014）对京津冀城市群内各城市之间的联系强度进行测评分析，发现城市群内部联系不足，各城市发展严重不均衡。李楠（2015）以东京都市圈经济一体化发展为蓝本，利用经济联系强度、城市集聚与辐射效应量化指标，分析京津冀三地的城市联系强度，提出优化城市规模等级、产业结构、创新城市协作机制，提升京津冀城市协同发展水平。此外，还有研究定量分析京津冀城市群经济一体化发展的限制性因素，并结合城市群客观现状创新性地提出协调发展策略（李琪琛，2012）。

国内的都市圈研究并没有提出国内都市圈合作与整合的理论或独特视角，而更多是相关理论的应用。国际湾区研究文献也大多以经济层面的合作与整合为主，但在多年的实践中亦提出了处理都市圈共同事务的区域合作理论，如美国大都市圈的发展和实践也是"新区域主义"理论的资料来源之一。而在日本东京湾区都市圈发展的实践基础上，学界总结出"广域连携"（wide-area cooperation）区域治理理论。

"广域连携"（在2008年之前称为"广域行政"），即跨区域行政管理与协调，在日本指地方行政单位以多种模式应对超越行政区划的广域事务（跨域事务）（杨达，2017）。从狭义上来说，"广域行政"是指复数的地方公共团体（包括日本的都道府县以及市町村）间，根据地方自治法有关广域行政制度的规定，进行区域公共事务的共同处理；从广义上来说，指地方公共团体间出于现实之需要，采用多种方式进行沟通和合作来应对共同行政议题的一种治理思维和治理方式（白智立，2017）。广域行政所处理的事务,通常是仅凭单个地方自治体难以顺利实现行政目的的特定事务,或是由复数的地方自治体共同进行更容易达成目标共通事务(佐藤俊一,2006;白智立,2017)。最早呈现"广域行政"治理理念的"组合"模式诞生于1988年,当时是在町村层面建立作为"复合地方团体"的合作组织,处理"跨域教育问题"等少量广域事务(杨达,2017)。后来又探索了"协议会""广域联合"等多种模式。其中,"协议会"模式由不同的地方自治体组建,内部设立行政机关架构。但其区别于"组合"模式的特征在于:无须新设议会及常驻公务员,无须议会审议出待处理的广域事务,而是在各成员针对某事务有意协作时,再抽调人员补充到"协议会"(杨达,2017)。"广域联合"则是将"协议会"与"组合"的相关功能合并后,再建构的更加全面的区域治理模式。从运作逻辑来看,"广域联合"将单个地方自治体的跨域事务,以及多个地方自治体的共同事务视为适合广域联合处理的事务统筹处理。倘若所涉事务触及中央事务,也可提出申请,承接移交而来的国家层面事务的处理权限,之后中央若不通过合法程序则不能加以干预(日本总务省,2009;杨达,2017)。2008年之后,"广域行政"更名为"广域连携",日本开始了新时期有关"定住自立圈""连携中枢都市圈"以及从"邻接型连携"到"远隔型连携"的模式探索。其中,连携中枢都市为指定都市或者人口达20万且昼夜人口比超过1的核心城市,这些城市与周边市町村缔结"连携协约"以形成"连携中枢都市圈",连携中枢都市则须更多承担引领圈域整体经济增长的责任(杨达,2017)。

通过不同时期建立的具体运作模式,日本的"广域连携"是解决跨越既有行政区划的地方事务,以适应不断扩大了的社会活动和经济活动的一种区域合作制度尝试。这一模式有别于"区域主义"的"巨型政府",又有别于"新区域主义"的完全在共同利益上的自愿、平等合作;而是在"温和"威权政治制度进程中的一种区域合作模式(杨达,2017)。

(3)粤港澳大湾区的研究:发展"一国两制"下的区域治理理论

与欧盟、北美都市群和东京湾区等跨境合作区域相比,"一个国家、两种制度、三个关税区"是粤港澳大湾区的最大特征(封小云,2009;刘云刚,2019)。这一特征使得粤港澳大湾区的区域合作既有别于国家间的区域合作层次,也不完全等同于寻常都市圈或城市群的合作和整合。

改革开放以来，粤港澳大湾区多元互补的体制优势直接推动了珠三角地区经济社会的快速发展，也由此衍生出系列区域协调的课题，如跨境人流、物流和信息流的管理，跨境产业合作、跨境基础设施建设、跨境环境保护、跨境公共安全等。这些课题涉及粤港澳三地多个区域和部门，涉及经济、行政、法律、社会等多个层面，亟须创新区域合作体制，提出系统的解决方法和策略。在这种条件下，有必要发展"一国两制"下的区域合作理论，这既是对粤港澳大湾区发展的经验总结，也将有助于大湾区深入发展。

由于粤港澳三地的地理位置、文化传统、产业结构等多方面因素影响，尽管粤港澳大湾区迄今为止不存在组织架构完备的区域经济一体化组织，但三地的经济结合程度比很多存在一体化组织的地区高出很多，并且这种经济一体化的过程要早于"一国两制"的实践。在香港和澳门回归祖国之后，粤港澳区域经济合作已变为"一国两制"下的区域经济合作，即中国境内两个独立的实行资本主义制度的关税区，与实行社会主义制度的一个省的经济关系。既是一个国家中不同地区的经济联合，也是一个国家中不同制度的经济联合，并且这种联合将采取国际经贸的形式去实现（封小云，1997）。粤港澳三地的制度差异是粤港澳大湾区区域发展的制度优势，但三地政府治理模式的差异和与港澳协调制度安排的复杂性，也可能成为大湾区区域经济合作的劣势。此外，大湾区产业集群的内部治理欠缺规范，同质化竞争比较突出，区域经济一体化发展模式尚未形成，区域发展有"诸侯经济"的特点（姚华松等，2009）。因此，避免无序竞争，扩大区域市场范围，提升有效的制度供给，是促进粤港澳区域经济合作进程的重要举措（程永林，2009）。

按照区域经济一体化理论，粤港澳大湾区的发展进程将遵循"贸易—要素—政策"一体化的客观规律，实现由民间自发到政府规划、低层次的贸易联系到高层次的规则对接的根本转变。在多年的区域经济合作基础上，粤港澳大湾区已走到规则对接的层次。粤港澳大湾区的跨境协调机制包括多个方面，其中，粤港（澳）联席会议制度、经贸协定和联合规划是最主要的三个方面。

联席会议包括粤港合作联席会议和粤澳合作联席会议，都已开展多年，发展为区域合作协调的主要形式。粤港合作联席会议制度于1998年建立，2003年升格为由双方行政首长共同主持，已经成功举办了19届。粤澳合作联席会议制度2003年建立。联席会议机制使粤港（澳）合作上升至政府层面，使区域合作由单纯的民间合作向政府推动的全方位合作转变（刘云刚，2009）。

经贸协定包括一系列旨在加强粤港澳三地经贸合作的协定。自2003年开始，中央与港澳三地多次签署CEPA框架性协议《内地与香港（澳门）关于建立更紧密经贸关系的安排》及其补充协议，有效地促进了粤港澳三地的共同繁荣与发展。

区域发展规划和计划是促进区域合作的重要制度供给之一。纽约湾区、洛杉矶湾区及东京湾区在不同的历史发展阶段都曾提出过本区域发展的规划。这三大湾区在修复环境、保障区域可持续发展的过程中，都十分重视规划的引导作用和后续政策的保障作用，并定期对规划进行动态跟踪与修订，为基础设施建设、经济一体化融合等领域的快速发展奠定了坚实基础（范丹等，2019）。纽约湾区政府以公共利益为导向，充分鼓励公众参与，以超前理念及可持续发展方针对大都市圈进行合理的规划，实现城市间协调发展。旧金山湾区5年做一次城市规划，既高密度开发城市用地，又保留农田、林地，以优质的自然、文化环境吸引高端人才及一流企业。日本东京湾区从1959年起，先后5次制定基本规划，明确城市功能定位，缓解住房紧张、交通拥挤和环境污染等诸多问题。2006年开展的《大珠江三角洲城镇群协调发展规划研究》是粤港澳三地首次开展的策略性区域规划研究，是我国第一个跨不同制度边界的空间协调研究（刘云刚，2019）。2009年，国家发展和改革委员会公布《珠江三角洲地区改革发展规划纲要（2008—2020年）》，将珠三角地区的发展提升至国家发展战略层面，并把粤港合作明确为国家政策。2017年粤港澳大湾区的提出，以及2019年《粤港澳大湾区发展规划纲要》的颁布和实施是在政策层面对本区域深度整合做出的重要推进。

尽管粤港澳大湾区区域合作历史悠久，但在"两制三区、多重边界、差序格局、尺度政治作用下的大湾区空间除了传统的地域空间的阻隔之外，在经济制度、行政管理、法律体系等方面也存在着短期内难以弥合的差异"

（刘云刚，2019），亟须提出系统的解决方案，处理正在持续增长的跨界合作事务。有学者认为，设立"一地、双层、三级"协调机构，推行广域行政，将有效处理跨境合作事务，创新粤港澳大湾区治理制度，助推粤港澳跨境生活圈的形成（刘云刚，2019）。这里的"一地"指在南沙自贸区成立"粤港澳区域协调中心"，为各地政府就区域协调问题进行协调协商提供平台；"双层"指形成中央—省区、省区—地方的协调机构，下放部分中央行政权限给粤港澳协调中心，只要不涉及国家安全、军事、外交等许可权，中央可逐渐将一些行政审批权下放给大湾区协调部门，既在行政上体现中央对粤港澳区域的领导，也促进了粤港澳区域合作的开展；"三级"指中央、省区、地市三级管理组织，三级组织通过双层协调机构的建立，进一步加强地方政府之间、相同利益部门之间的横向联系，省去不必要的时空成本（刘云刚，2019）。大湾区层级的增加也有助于缓解地方与中央的张力，避免发生正面冲突。刘云刚（2019）认为，在协调机构设立并完善、共建共管机制成熟、管理标准有效对接的基础上，粤港澳大湾区广域行政模式已基本成型。并且，广域行政承担起粤港澳大湾区区域规划的制定与施行，以各地区现有规划为基础，以区域共同发展为目标，构建多层次的大湾区生活圈体系，解决持续发展过程中多主体、跨边界、分利益等主要矛盾。

**3. 跨境流动人口视角**

衡量一个地区的区域整合程度，除了考察经贸关系和政策对接，人们的跨境流动行为和本地居民对跨境实践的感知和评价也是重要的衡量维度。持续观察跨境实践和人们关于跨境实践的态度，在民粹主义兴起的当今社会，显得尤为重要。反移民态度和地方保护主义是民粹主义思潮的重要特征，这些意识形态为区域整合和社会融合提出了诸多挑战。

在国际上，社会融入（social inclusion）或社会整合（social integration）被认为是跨境流动者与流入地社会双向适应的过程，包含流动者和流入地居民双方权利与义务的考虑，以及对能将双方联系在一起的核心价值的尊重和认同的考虑（IOM，2011）。社会学现有的研究多从三个方面理解社会融合：一是"整合论"，即宽泛地认为整合是个体和个体之间、不同群体之间或不同文化之间互相配合、互相适应的过程（任远等，2006）。二是"同化论",强调文化同化,少数群体(如移民)对主流社会的认同、对原有社会文化传统的抛弃(张文宏等,2008)。"同化论"一定程度解释了国际移民社会融合问题,但在面对美国社会文化和种族多元化等问题上"捉襟见肘"。基于此,"多元论"应运而生。居于二者之间的"多元论",认为不同社会群体可在保持一定差异的条件下和平相处、相互适应(李明欢,2000),或者通过自己人的社区扶持也可能融入主流社会的多向分层同化理论(周敏等,2004)等。学界试图对"同化论"和"多元论"进行整合,将移民和市民均纳入移民社会融合研究框架。移民社会学的一些理论认为,直接的同化或归化是社会融合最主要的方式。但实际上,无论在实践中还是在理论脉络中,不同国家和地区的迁徙和流动群体有着非常丰富的融入类型和模式。

从跨境流动者的角度,他们进入一个新的文化社会环境,个人和群体需要处理的最基本的两个问题是:保持原有的身份认同和特性是否重要?与流入地社会的交往是否重要?对两个问题不同回答的组合,构成了4种类型的社会融合和适应策略:①社会整合,认为保持自身族群特性与主流社会交往同等重要;②社会同化,即放弃族群认同和特性,融入主流社会;③隔离,认为保持自身族群特性比与主流社会的沟通更为重要;④边缘化,认为两者都不重要而自我边缘化。放弃群体认同,融入迁入地社会只是社会融入和适应的一种模式(Berry,1997)。社会整合是更为常见的模式,学界据此提出的理论有多元文化共存、多向分层同化(周敏等,2004)等。

社会融入和适应的理论框架通常假设迁徙者抵达迁入地之后,在迁入地长期居住生活。这是国内移民研究常用理论框架,它们通常将农村流动人口进城打工的过程视作城市新移民的社会适应和融入过程,认为外来人口对迁入地高度的心理认同标志着真正意义的社会融入(崔岩,2012)。当农民工既不认同城市,也不认同农村社区,则被视为无法融入城市社会又难以回归农村的"边缘"群体(王春光,2001)。梁波等(2010)将西方社会融入和适应的理论综合为三类:以戈登为代表的"二维"模型(结构性和文化性)、以杨格—塔斯等人为代表的"三维"模型(结构性融入、社会—文化性融入以及基于法律面前人人平等原则的政治—合法性融入)、以恩泽格尔等人为代表的"四维度"模型(社会经济融入、政治融入、文化融入、主体社会对移民的接纳或拒斥)。在粤港澳大湾区的跨境流动中，跨境流动者常常往返于移出地与迁入地之间，利用两地差异积累生活资源。这与常规的移民行为存在很大的差异，社会融入和适应理论框架难以完全解释粤港澳跨境流动与大湾区区域融合的关系。

国际移民研究的文献将那些频繁往返于两国的行为称为"跨国主义"行为。与社会融合和适应理论相比，跨国主义理论更加关注迁徙者在流入地及流出地两地间建立的联系。关于跨国主义的文献普遍强调这样一个事实：很多人在社交世界或现实世界生活在两个或两个以上国家中，拥有两种或以上的身份认同（Vertovec，2001）。在流动的群体中，跨国主义者会"编织"多个群体的身份认同。他们的身份认同超越了传统上的国家和地区的边界，不受居住地的限制。这里的身份认同既包含客观身份的含义，也包含主观认同的含义。前者意味着在流入地和流出地的公民权利和福利，后者则意味着归属感和忠诚度。萨森（Sassen，1998）以"便携式的身份认同"（portability of national identity）来形容这种超过一地的国民身份和认同。一些研究显示，跨国联系减弱了迁徙者在流入国/地的社会整合；另一些研究则认为，民主制度通过公众认可和代表性，事实上增强了移民的社会整合（Vertovec，2001）。跨国主义实践，与粤港澳大湾区的跨境流动实践，在逗留时间短、往返频率高等方面颇有相似之处。但粤港澳大湾区边界特性与国家之间的边界特性有所区别，也不应完全套用。须在社会适应与融合的理论框架下，充分考虑粤港澳跨境流动的特征，发展出衡量跨境流动对区域社会融合影响的指标框架。

具体在衡量社会融合的维度方面，指标相当多样，但大体可分为客观和主观两个层面，经济整合、社会适应、文化交融和心理认同四个方面（杨菊华，2015）。戈尔德斯特等（1974）发展的指标的客观层面包括经济、文化、社会、政治四类，主观层面指社会心理层面，涉及认同、主观内化和满意度。戈登（1964）也曾就美国的迁徙或流动者的文化适应与社会融合问题，提出了7个更为细化的测量指标：①文化或行为的同化，文化同化并不仅仅是语言的问题，还包括情绪表达与个人的价值观；②社会结构的相互渗入或融合（指与本地小圈子之间的交往）；③族群间通婚；④族群意识或身份认同的融合；⑤意识中族群偏见的消除；⑥族群间经济、就业、教育等领域歧视行为的消除；⑦公共事务的融合。

（二）经济合作、政策协同对社会融合的影响：功能与挑战

自成立以来，欧盟似乎一直秉承着这样一种理念，即跨境流动的增加有助于增强欧洲的团结。因此，区域合作和整合的重点在于降低关税，拆除所有妨碍要素流动的藩篱，鼓励货物和人员的自由流动。这些观点体现在诸多的区域合作与区域经济一体化的文献中。学者们认为，经济流动往往被视为稳定、繁荣和领土统一的驱动力（Decoville et al.，2016）；消除障碍是其关注的中心问题之一（Hajer，2000）；欧共体居民日益密切的联系应表现在成员方全体国民跨越国内边界的自由与货物和服务的自由流动上；人们渴望通过消除比荷卢经济合作区、德国和法国之间的共同边界自由流动的障碍来加强各国人民之间的团结（Official Journal of the European Union，1990）；等等。

这一观点面临着越来越多的批评和挑战。如，有观点认为区域化是全球经济一体化在地区的体现，而全球经济一体化是一种霸权话语（hegemonic discourse）（Mejuto，2016），避免不了某些强国主导区域化进展的情形。近些年来，英国脱欧，欧洲民粹主义兴起，说明这一观点在普罗大众中颇具影响力。另一种批评的观点则质疑边境交流的强度和人际关系的质量之间是否存在因果关系。如调查数据证明，边界区域之间大量而强烈的相互作用并不一定导致更多的趋同或相似性（De Boe et al.，1999；Espon，2010；Topaloglou et al.，2005）。

历史上，欧洲联盟的成立，旨在消除欧洲各国之间的历史矛盾，维护该地区长期的和平发展。其他各地区的区域合作和融合策略大多以长期的繁荣稳定为目标。那么如何解释这样一个事实，旨在克服国家边界以愈合历史的伤疤，支持更大范围跨境一体化的合作政策，如欧盟今天面临着更多的不情愿，甚至来自很大一部分人口的反对（Wassenberg et al.，2015）？这些反对的声音代表了怎样一种社会结构的变化？而社会结构的变化又将为该地区的区域合作和社会融合带来怎样的挑战？

类似地，粤港澳大湾区的区域合作与融合，是否也可能遇到这些挑战？这些挑战使得跨境合作不一定能带来区域内各地居民的相互融入，区域合

作不一定带来社会融合的效果。这些挑战可能来自何方？粤港澳大湾区应当如何应对？

针对跨境合作区域的研究发现，在合作倡议已经蓬勃发展的地方，可能会出现"合作疲劳"的情形。在欧洲边境地区，欧盟方案开始以来，这些地区一直受益于跨国资金，合作倡议发展旺盛，但有时会产生一些复杂的结果，产生"合作疲劳"问题（Knippschild，2011）。"合作疲劳"指的是，跨境合作行为已经成为区域整合的一个目标，而不是解决地区行政主体之间问题的方法。合作制定的跨境文本被发现几乎没有具体的影响，原因或许是它们没有约束力（Bufon，2011）；或许是它们过于宏观和战略性，没有为具体的环境带来足够的信息，提供足够的支持（Jacobs，2016）。这导致欧洲的一些跨境合作结构成为"仪式信封"或仅仅是项目管理工具（Perkmann，2007）；另一些跨境贸易合作甚至被称为"获取公共补贴的机会主义策略"（Scott，1999）

针对跨境流动人口的研究则发现，跨境的联系可能同时带来团结和鸿沟（Decoville et al.，2018）。针对欧盟身份认同的一些研究表明，边境地区的居民比中部地区的居民更少怀疑欧洲（Diez Medrano，2003；Schmidberger，1997），但是这些研究发现也被认为存在争议，或只是部分呈现了事实。Kuhn（2011）认为，关于欧洲一体化论述，存在两种争论的观点：功利主义观点和身份认同观点。功利主义观点认为，个人从边境开放中获益，为他们的生活质量提供了机会；身份认同观点认为，地理上的邻近，社会交往的增加，可以减少边界居民之间的偏见，促进相互尊重、理解与宽容（Allport，1954），同时又促进更国际化的视野，甚至鼓励集体身份的出现。

对前一种观点的批评，主要来自"群体竞争说"或"群体威胁论"；后一种观点属于身份认同的"接触假说"，向来存在诸多批评。两者过于简单地估计了跨境合作对区域整合和社会融合的影响。

"群体竞争说"认为，人们往往会明智地利用各种组合提供的机会。边界两端有不同的机会，利用机会者可能成为赢家，而不具备动员机会的知识或手段的人可能无法从跨境一体化进程中受益，甚至可能承受其后果。这些"受害者"包括：那些难以跨境流动的家庭，因为跨境劳动力和他们更高的购买力迫使房地产价格上涨，使得他们在原居住区难以找到经济合适的住房（Diop，2011）；当地的店主也会受到影响，它们可能在从边界环境更优惠的税收中获益的商铺的竞争中处于劣势。跨境贸易的"赢家"和"输家"使得一体化进程远未结束，边界"差别利益"的既得利益者倾向于让它持续更久（Sohn，2013），但利益受损者则刚好相反。这就形成了一种"边界悖论"，即人们跨越边界是因为他们想从跨越边界的差异中获得经济、社会或文化上的利益，并非想要消除边界。边界创造了自己独特的区域，使得区分边界的元素，也成为边界区域定义的载体（Knotter，2002—2003）。

这一脉的研究还发现，反移民态度与欧洲怀疑论密切相关（Stockemer et al.，2018）。反移民态度者认为自己是土生土长的多数派，应该拥有对经济、社会或文化资源的主导权（Semyonov et al.，2006）。如果这些资源是稀缺的，他们往往会感觉受到了外来群体的威胁，因此可能会寻求保护自己的特权地位，抵御外来移民，即外来入侵者和外来群体的成员。移民带来的感知或实际威胁，既可能是经济方面的（例如，当地人可能担心他们的工作、他们的社会保障福利）；也可能与身份认同有关，是对他国或他地生活方式和文化的排斥（De Vreese et al.，2008）。

"群体竞争说"认为，大规模的跨境流动可能引发群体之间的竞争，导致两极分化，使得居民保持对跨境流动议题的关注（Az et al.，2013b）。这反过来又增加了对外部群体威胁的感知，甚至激化社会对立（Lubbers et al.，2007；Schlueter et al.，2008）。更细致的研究则发现，跨境流动的规模和水平，与反对跨境流动倾向之间的关系取决于几个因素，如移民或流动者的特征，外群体和内群体各自的特点，以及接触的性质（Toshkov et al.，2015）。

群体间的竞争关系，仅能部分解释跨境联系可能带来的鸿沟。接触理论也能提供一定的解释。接触理论最简单的形式是：不同族群之间的接触增加会破坏相互的刻板印象，从而减少文化紧张（Allport，1954）。有些文献认为接触假设的成立不需要特定的条件，但另一些研究则认为共同的目标、平等的地位、制度支持等是接触假说成立的重要条件。如"在追求共同目标的过程中，多数群体和少数群体之间的平等地位接触可能会减少偏见……如果这种联系得到机构的支持，其效果将大大增强"。然而，某些形式的接触可能会将人们的态度转向负面，例如，当某种特定资源（如住房）

稀缺时（Allport，1954）。

在有利的条件下，移民人数的增加可以增进本地居民与来自不同种族背景的人接触的机会，从而减少偏见，增进对移民的了解（van Klingeren et al.，2013）。但关注欧洲一体化的部分研究认为，接触理论这些先决条件在欧洲基本上不适用（Az et al.，2013b）。在不利条件下接触，可能增加偏见，使得群体间的关系更为紧张。根据鲍里尼等人（2010）的研究，消极接触使个体更了解他们各自的群体成员身份，深化对群体间差异的认知，对移民的消极态度使他们对移民更加敌视。

资源竞争是接触态度转向负面的一个重要原因。特定资源稀缺时，频繁的接触可能带来负面的结果。而偏见往往是群体间竞争的结果。在阐明他的群体间竞争假说时，认为群体间接触的增加可能会导致对资源竞争的感知增强，从而产生更多负面的群体印象（Blalock，1966）。

针对北美地区的研究也显示，尽管国家可以在高度相互依存的经济空间共存，但贸易自由化实践，并不一定会使得共享的身份认同增加，也不一定会产生共同的管理机构，如共同货币联盟或处理共同事务的议会。其中最重要的原因在于，美国对墨西哥和加拿大的态度大相径庭，国与国之间的关系严重不对等。这已成为北美社会融合深化越来越大的障碍（Graves et al.，2007）。而"9·11"恐怖袭击事件则刺激了美国由来已久的大陆孤立主义。对国内及周边安全的紧迫需求，使美国公众会更加渴望形成一个更加隔离和独立的美国，建立一个坚固的"北美要塞"或"避风港"（Graves et al.，2007）。

针对粤港跨境流动与香港居民身份认同的一项研究也发现，跨境的流动和接触，并不必然增进香港居民的"中国人"认同，反而可能造成群体的分化。部分香港居民的"中国人"认同增加，另一部分则降低。这些差异可能与人们对关于自身职业安全、社区安全、地区文化独特性，以及对制度变迁的存在性焦虑有关（郑婉卿，2019）。

上述研究说明，跨境合作既可能带来参与区域整合各主体间的团结，也可能产生鸿沟。之前那种合作必然带来区域整合和社会融合观点，是一个过于简单的论断。可能的挑战来自群体间对紧缺资源的竞争，以及在实际的接触情景中，是否建立了良好的互动和社会关系。这为我们对港澳居民在大湾区的融入和粤港澳大湾区整体的社会融合程度,以及造成当前事态的原因,提供更符合现实的解释。

## (三) 衡量区域协同程度的主要指标

如前所述,推动和促进区域合作和整合,不仅涉及区域经济合作、政策协同发展,不同地区居民的彼此适应和融入是十分重要的过程。从多个维度测量区域协同发展指数衡量区域整合程度,有助于保持对合作过程和发展前景的观察和把握。欧盟致力于推动欧洲的区域一体化,以共同协议克服国家边界线的障碍和共同管理共同资源与资产的进程,为商品、人员、资本和服务创建一个共同市场。这一过程也是国家和地区实现贸易自由化的过程,是实现繁荣、和平与安全的有效手段①。欧盟社会融合指标是影响最大的区域整合与社会融合指标体系,自2001年提出后,经多年的修改,凝练成社会包容、福利、健康和长期护理三大维度的指标。其中,社会包容指标衡量了以下三点:①确保人人都有机会获得参与社会所需的资源、权利和服务,从而防止解决排斥问题,反对导致排斥的一切形式的歧视;②通过促进劳动力市场的参与和通过与贫困和排斥做斗争的指标;③政策协调良好,涉及各级政府和相关部门行动者对居民的需求有效回应的指标,纳入所有相关的公共政策等(EU,2015)。

居民的迁徙和流动是区域合作和整合的一个重要维度。欧盟针对区域内移民的社会融入发展了欧洲移民融入指数(indicators of immigrant integration)。指标体系包括移民及其家庭的基本特征、移民在劳动力市场的产出、工作质量和就业机会、成人的认知能力和培训、家庭收入、住房、健康、公民参与、社会凝聚力以及歧视等方面(OECD,EU,2015)。国际移民组织制定有移民融入和整合的指标,包含社会凝聚力、职业聘用、公民参与、社会包容、教育和技能等方面。为促进移民在欧洲地区的融合,欧盟专门制定了移民融合政策指数(migrant integration policy index,MIPEX),以衡量所有欧盟成员方、澳大利亚、加拿大、冰岛、日本、韩国、新西兰、挪威、瑞士、土耳其和美国的移民融合政策。该指数制定了167项政策指标,

---

① 根据欧盟主页。

以衡量移徙者参与社会机会的情况。它是一个有用的工具，用来评价和比较各国政府为促进所分析的所有国家的移徙者融入社会而采取的行动，并可以确定和衡量促进欧洲一体化效果的评价。具体而言，该指数包括8个领域的指标：劳动力市场的流动性、家庭团聚、反歧视、政治参与、长期居住、国籍的获取、教育以及健康（MIPEX，2015）。由于其指标的相关性和严谨性，MIPEX已被公认为全欧洲通用的快速参考指南。政策制定者、非政府组织、研究人员以及欧洲和国际机构在利用其数据了解和比较各国的一体化政策。

区域合作与一体化是各国经济在区域内相互联系更加紧密的过程。区域合作在加速经济增长、减少贫困和经济差距、提高生产率和就业、加强制度建设方面发挥着关键作用。它通过建立更紧密的贸易一体化、区域内供应链和更紧密的金融联系，缩小区域内各地区发展差距，使发展缓慢的经济体能够加快自身的扩张。在亚洲，亚太经合组织成员方已同意全面推进区域经济一体化议程。他们采取了"四柱式"战略，包括建立一体化的地区市场，实现货物、能源和人员的无缝连接，开展金融合作以缩小基础设施差距，合作应对共同的脆弱性和风险。为衡量区域合作实际的发展和一体化进展，亚洲开发银行推出亚太经济合作与融合指数（Park et al., 2018）。该指数包括6个维度：区域间投资和贸易，跨境金融，价值（供应）链，基础设施连接度，区域间流动人口占比、汇款和免签，制度融合（自贸协议、免税协议、文化亲近性）。

亚洲开发银行的区域合作与整合指数较为重视国家或区域间跨界的、合作的变量，但总的来说以经济变量为主，制度和文化的变量相对较少。国内的区域合作指数也不仅仅以经济领域的指标为主。如京津冀区域发展指数，围绕创新、协调、绿色、开放、共享五大发展理念构建，包含创新的投入、产出和效率，区域、城乡、物质与精神的协调，空气质量、绿色投资、生态建设等环境发展，以及贸易开放、人员往来、基本公共服务共享等18个二级指标（京津冀协同发展统计监测协调领导小组办公室，2018）。

经济领域的协同和发展是粤港澳大湾区区域整合和发展十分重要的维度，但不是唯一的维度。粤港澳大湾区涉及"一个国家、两种制度、三个独立关税区",制度对区域整合的推动发挥重要而深远的影响,有必要参考欧盟制定的政策融合指数,考察各地对大湾区整合政策的推动工作,评估政策的行动能力和客观效果。大湾区内地居民与港澳居民地缘相近、人缘相亲,两地居民的联系和相互融入,是粤港澳大湾区发展的现实目标。参考国际社会融入指标,既衡量港澳居民融入大湾区的程度,也衡量大湾区居民的包容程度,将有助于促进对彼此的理解,实现粤港澳大湾区的社会整合。因此,本指数将从经济合作、政策协同、社会融合三个维度,综合考察粤港澳大湾区战略实施效果,特别关注港澳居民对粤港澳大湾区的融入心态和社会协同。

## 三、研究方法和指标框架

### (一) 研究方法

对于系统评价指标体系构建,需要科学、客观、合理地选取评价指标,遵循科学性原则、系统性原则、代表性原则和可行性原则(孙立成,2009;邓玲玲,2012)。在构建评价指标体系后,对指标权重的计算方面,主要有两种方法,分别为主观赋权法和客观赋权法。

主观赋权法是根据决策者(专家)主观上对各属性的重视程度来确定属性权重的方法,其原始数据由专家根据经验主观判断得到,其优点在于可以根据实际的决策问题和专家自身的知识经验合理地确定各属性权重的排序,不至于出现属性权重与属性实际重要程度相悖的情况。这种方法以京津冀协同发展统计监测协调领导小组办公室计算的京津冀区域发展指数为代表。该方法采用专家打分的形式赋予权重。课题组邀请区域发展、对外贸易、环境经济、公共服务等相关领域专家,每位专家分别对指标单独进行权重打分,再由课题组综合分析评估,最后设定指标的权重。

客观赋权法主要有主成分分析法(principal component analysis,PCA)与熵值法。在研究中,为了全面分析问题,往往提出许多与决策有关的变量,因为这些变量都在不同程度上反映某些信息,主成分分析法的基本思想在于通过正交变换将一组可能存在相关性的变量转换为一组线性不相关的变量，转换后的这组变量称为主成分。2017 年，亚洲开发银行《亚洲经济一体化报告》使用主成分分析法构建了一个新的综合指数——亚太区域合作与一体化指数，以衡量亚太地区的区域合作与一体化程度。ARCII 旨在评估每个经济体融入该地区的程度，确定多个区域整合驱动因素的优缺点，并以全面而系统的方式跟踪其进展。亚太区域合作与一体化指数反映了区域一体化的多面性，将 26 个指标归类为 6 个区域合作与一体化维度：贸易与投资、货币与金融、区域价值链、基础设施与连通性、人员流动以及机构与社会一体化。熵值法与信息论有关。在信息论中，熵是对离散程度或者说不确定性的一种度量。信息量越大，不确定性越小，反之则越大。根据这一特性，可以通过计算熵值来判断一个时间的随机性及无序程度，也可以用熵值来判断某个指标的离散程度，指标的离散程度越大，该指标对综合评价的影响越大。熵值法即通过计算指标的信息熵，度量数据的信息量，即依照指标相对变化程度对整体影响的大小来决定指标的权重（朱喜安等，2015）。熵值法在确定权重的过程中避免了人为因素的干扰，能较为客观地反映各评价指标在综合评价指标体系中的重要性。因此，本报告选用熵值法来计算权重。此外，在综合评价中，由于各评价指标之间存在类型不一、量纲不一致的差异，为了排除这些差异所带来的影响，需要对评价指标体系进行无量纲处理。本报告采用功效系数法进行无量纲化处理。

综上所述，本报告采用功效系数熵值法进行指标权重与指数的计算，具体计算公式如下：

**1. 原始数据处理**

若评价指标 $X_j$ 为正指标，则其变换公式为：

$$X_{ij}^* = \frac{X_{ij} - \min_i\{X_{ij}\}}{\max_i\{X_{ij}\} - \min_i\{X_{ij}\}} \times \alpha + (1 - \alpha)$$

若评价指标 $X_j$ 为逆指标，则其变换公式为：

$$X_{ij}^* = \frac{\max_i\{X_{ij}\} - X_{ij}}{\max_i\{X_{ij}\} - \min_i\{X_{ij}\}} \times \alpha + (1 - \alpha)$$

其中，$X_{ij}$ 为第 $i$ 个被评价地区的第 $j$ 个指标，为避免无量纲化处理后的数据出现 0，$\alpha$ 的取值应在（0，1）区间内，本报告取 $\alpha = 0.9$。

## 2. 指标权重计算

$x_{ij}^*$（$i = 1, 2, \cdots, n$；$j = 1, 2, \cdots, m$）为第 $i$ 个被评价地区的第 $j$ 个指标的观测数据经过功效系数法处理后的无量纲值。

(1) 计算第 $i$ 个被评价地区在第 $j$ 个指标上的指标值比重

$$P_{ij} = \frac{x_{ij}^*}{\sum_{i=1}^{n} x_{ij}^*}$$

(2) 计算第 $j$ 个评价指标的熵值

$$e_j = -\frac{1}{\ln n} \sum_{i=1}^{n} P_{ij} \ln P_{ij}$$

其中，$0 \leq e_j \leq 1$。

(3) 计算评价指标 $X_j$ 的差异性系数

对于给定的 $j$，$x_{ij}^*$ 之间的差异越小，则对应的熵值 $e_j$ 越大。若 $x_{ij}^*$ 全部相等，则有 $e_j = e\max = 1$，此时评价指标 $X_j$ 对被评价地区之间的比较没有影响；若 $x_{ij}^*$ 的差异越大，则对应的熵值 $e_j$ 越小，评价指标 $X_j$ 对被评价地区的比较作用就越大。因而基于此定义差异性系数为 $g_j = 1 - e_j$，$g_j$ 的数值越大，则越重视该评价指标在综合评价体系中的作用。

(4) 指标权重系数的确定

$$w_j = \frac{g_j}{\sum_{j=1}^{m} g_j}, \quad (j = 1, 2, \cdots, m)$$

$w_j$ 即为评价指标体系各指标的最终权重系数。

## 3. 评价指数计算

利用上述经过功效系数法处理后的无量纲值和评价指标体系的权重，可以构建子系统评价指数模型：$u_1, u_2, \cdots, u_n$。其中，

$$u_1 = \sum_{i=1}^{n} \alpha_i v_i$$

$$u_2 = \sum_{i=1}^{n} \beta_i x_i$$

$$\cdots$$

$$u_n = \sum_{i=1}^{n} \chi_i y_i$$

其中，$\alpha_i$，$\beta_i$，$\chi_i$ 分别为各评价指标的权重，$v_i$，$x_i$，$y_i$ 分别为各评价指标经过功效系数法处理后的无量纲值。

对于整个系统来说，各子系统的地位同等重要，因此赋予各子系统相同的权重；若有 $n$ 个子系统，则每个子系统的权重为 $1/n$。整个系统的综合指数可以表示为：

$$u = \frac{1}{n}u_1 + \frac{1}{n}u_2 + \cdots + \frac{1}{n}u_n$$

（二）社会协同指标体系

参考亚洲开发银行的亚太经济合作与融合指数、欧盟的移民政策融合指数，以及联合国国际移民组织及欧盟制定的移民融入和社会融合指标，结合粤港澳大湾区的实际情况，本报告拟定了粤港澳大湾区社会协同指标体系，以衡量粤港澳大湾区的区域整合和社会协同发展程度。如表 18-1 所示，该指标体系有 3 个一级指标，分别为社会融合、政策融合和经济协同。一级指标是目标层，一级指标下又分为不同的二级指标，二级指标为不同的准则层。各二级指标下又具体细分为三级指标，三级指标为具体的操作层，一共有 24 个。

表 18-1 粤港澳大湾区社会协同指标体系

| 一级指标 | 二级指标 | 三级指标 | 单位 |
| --- | --- | --- | --- |
| 社会融合 | 跨境流动及其感知和评价 | X1：对港澳信息的关注 | — |
| | | X2：大湾区内地城市居民的跨境流动 | — |
| | | X3：接触港澳人士 | — |
| | | X4：对港澳人士的评价 | — |
| | | X5：对港澳人士融入的接受程度 | — |
| | 社会网络整合 | X6：亲属关系 | — |
| | | X7：朋友关系 | — |
| | | X8：同事关系 | — |
| | | X9：邻居关系 | — |

续上表

| 一级指标 | 二级指标 | 三级指标 | 单位 |
|---|---|---|---|
| 政策融合 | 教育领域 | X10：教育领域原始条文数 | 条 |
| | 医疗领域 | X11：医疗领域原始条文数 | 条 |
| | 养老领域 | X12：养老领域原始条文数 | 条 |
| | 港澳青创领域 | X13：港澳青创领域原始条文数 | 条 |
| | 住房领域 | X14：住房领域原始条文数 | 条 |
| 经济协同 | 贸易投资与金融 | X15：出口总额 | 亿美元 |
| | | X16：进口总额 | 亿美元 |
| | | X17：货物出口额占大湾区出口总额比重 | % |
| | | X18：货物进口额占大湾区进口总额比重 | % |
| | | X19：外商直接投资（FDI）金额数 | 万元 |
| | 基建与人员流动 | X20：金融机构本外币存贷比 | % |
| | | X21：港口货物吞吐量 | 万吨 |
| | | X22：总游客人数 | 万人 |
| | | X23：入境游客人数占总游客人数比重 | % |
| | | X24：旅游总收入 | 亿元 |

# 第十九章 粤港澳大湾区社会融合指数研究

黎熙元[①]等

课题组成员：郑婉卿 龙海涵 蓝宇东 刘明伟 方木欢 冯庆想
周 微 温国砡 武粮林 赵亚钊 张睿华

粤港澳大湾区建设是中国共产党在十九大提出的国家发展战略，其目标是实现支持香港、澳门融入国家发展大局，全面推进内地同港澳的互利合作。港澳居民融入大湾区是港澳融入国家大局最重要的基础，也是推动港澳居民人心回归工程的基础性工作。随着粤港澳大湾区建设的不断推进，港澳居民融入粤港澳大湾区的程度有所提升，但进展十分缓慢，仍然面临着现实存在的结构性障碍。

## 一、粤港澳大湾区社会融合研究

在理论和实践中，社会融合是一个双向的过程。粤港澳大湾区建设，不仅应当关注港澳居民融入大湾区，也应留意大湾区内地城市居民对港澳居民的包容程度。发展"一国两制"条件下生活在不同制度下的居民对彼此的包容性，将有助于对彼此行为和价值观的理解，降低群体冲突的可能，有助于该地区的长期繁荣和稳定。因此，本研究在社会融入理论的指导下，从港澳居民和内地居民双视角出发，来构建双向的大湾区社会融合指标，更好地把握粤港澳大湾区战略实施效果。

---

① 黎熙元，课题组组长，中山大学粤港澳发展研究院首席专家。

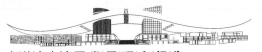

从群体关联由浅至深的视角，群体从分隔于边界两端，到文化和情感上的相互交融、不分彼此，是一个渐进的过程。而现实中的社会融合可能处于这一连续谱的不同阶段。本研究将从跨境流动实践、对跨境流动实践的感知和评价、跨境社会关系三个维度，来分析和衡量粤港澳大湾区的社会融合程度。

第一，跨境流动实践。区域整合是地区与地区之间货物、资产、人员及信息的自由流动。改革开放以来，港澳与内地经济合作日益密切，大湾区的经济合作持续展开，成果卓著。继续深化港澳与内地的合作，支持香港、澳门融入国家发展大局，将有助于增进香港、澳门同胞福祉，提升粤港澳大湾区的国际竞争力。区域整合在本研究中主要包括以下两个方面：一方面是港澳居民跨境流动的实践。地区之间人员在地理空间上的流动是区域整合最为直接的体现。另一方面是对大湾区不同地区信息的关注。"两种制度"是粤港澳大湾区的特色。由于两地制度不同，所以大湾区居民只有接触和熟悉大湾区内不同的制度并加以适应才能更好地发展。因此，人们对市场和制度的了解和适应情况与大湾区社会融合程度密切相关。

第二，对跨境流动实践的感知和评价。生活方式和生活风格（如消费行为、言行举止、闲暇生活、失范行为等）是将流动人口与本地人口区分开来的直接标志。跨境流动群体在工作、社区生活、社交、家庭生活等方面的差异也反映出其与本地居民之间的社会距离。本地居民是否接受外来人口加入所在社区的日常生活、社交活动、工作群体乃至建立亲缘关系，既体现了该地区的居民对外来流动群体的接纳程度，也可以反映地区间的社会融合程度。这一维度主要包括大湾区居民对跨境流动人员的接纳程度。首先是与大湾区内不同地区人士的接触程度。社会交往是社会整合的基础，对大湾区居民的融入意愿和心态有直接的影响。其次是对跨境流动人员的态度与评价。本地居民对跨境流动人员的态度是衡量社会隔离的重要维度，本地居民对外来人员的接纳会降低外来人员融入当地的心理和物质障碍。最后是对外来人员融入自身社区的接纳程度。只有跨境流动真正融入当地居民的社区生活中，才算真正实现了社会融合。

第三，跨境社会关系。与谁交往、交往频度、交往模式、交往范围等构成了流动者社会网络的基本成分与内涵。人口流动过程中的每一个环节都受到流动者社会资本或社会网络的影响。在流入之初，流动者主要依赖老乡、亲戚等以地缘、血缘为依托的初级社会网络和社会资本获得工作机会，应对生存压力。随着在流入地居留时间的延长，流动者的生存空间得以拓展，人际关系和网络得到扩张，社会互动和交往的内容日渐丰富，与本地居民的交往不断增强，从而有助于流动人口更深层次的社会融入。

这一层面包括港澳居民跨境社会交往与网络。社会交往有助于降低偏见，促进群际关系。测量大湾区居民的社会网络中与不同地区联系的程度，如家人和亲友是否在不同地区工作、读书、投资、生活，他们与当地人交往频率、交往类型、交往体验等，可以通过大湾区居民社会网络中与不同地区人员的联系反映粤港澳大湾区的社会融合程度。

## 二、粤港澳大湾区社会融合指标与数据

根据上述研究回顾与建构原则，基于数据的可获得性考量，本报告尝试建构粤港澳大湾区社会融合指数的指标框架。该指标框架主要包括2个二级指标，即区域与社区整合指数（包括对异地信息的关注、跨境旅游比例、接触跨境流动人员、对跨境流动人员的评价、对跨境流动人员融入的接受程度5个三级指标）和社会关系整合指数（包括亲属、朋友、同事、邻居4个三级指标）。由于目前所得的关于香港和澳门的数据无法与内地9市的数据进行匹配，同时港澳之间的数据在测量维度和指标上也不尽相同，因此本指数主要讨论大湾区内地9市的数据，即本指数可以理解为是大湾区内地居民包容港澳社会融合指数。具体如表19-1所示。

关于港澳居民融入大湾区的部分，由于缺乏根据大湾区内地城市划分的数据，难以纳入指数计算中。但仍按类似的框架，从跨境信息关注、跨境流动和生活、跨境社会网络、跨境交往体验和社会距离等方面，来衡量港澳居民的融入心态。具体指标如表19-2所示。

表 19-1　大湾区内地居民包容港澳程度指标体系及权重

| 一级指标 | 二级指标 | 三级指标 | 单位 | 权重 |
|---|---|---|---|---|
| 社会融合（大湾区内地居民包容港澳） | 跨境流动及其感知和评价 | X16：对港澳信息的关注 | — | 0.2036 |
| | | X17：大湾区内地城市居民的跨境流动 | — | 0.1944 |
| | | X18：接触港澳人士 | — | 0.2002 |
| | | X19：对港澳人士的评价 | — | 0.1999 |
| | | X20：对港澳人士融入的接受程度 | — | 0.2019 |
| | 跨境社会关系网络 | X21：亲属关系 | — | 0.2547 |
| | | X22：朋友关系 | — | 0.2533 |
| | | X23：同事关系 | — | 0.2468 |
| | | X24：邻居关系 | — | 0.2452 |

表 19-2　港澳居民融入心态与湾区融合程度指标

| 一级指标 | 二级指标 | 三级指标 |
|---|---|---|
| 社会融合（港澳居民融入大湾区） | 跨境信息 | 香港：对大湾区资讯的关注程度<br>澳门：是否熟悉大湾区政策；是否认为大湾区建设对澳门有利；是否支持澳门融入大湾区；是否愿意投入大湾区建设 |
| | 跨境流动 | 香港/澳门：跨境流动的频率、目的以及起讫点 |
| | 跨境生活和居住 | 香港：自己、家人或朋友是否在大湾区内地城市工作/生活/购置房产；未来是否计划到大湾区内地城市购房居住/工作或创业；教育、医疗、养老等福利对前往大湾区内地城市的影响<br>澳门：愿意前往大湾区内地城市读书、工作、生活和养老的比例 |
| | 跨境社会关系网络 | 香港：在有联络的亲戚/朋友/同事/有联系的邻居/最要好的朋友中有没有、有多少位内地人 |
| | 跨境交往体验和社会距离 | 香港：与内地人之间交往的体验评分；对内地人作为自己上司/同事/邻居/朋友/姻亲的接受程度<br>澳门：是否接受大湾区内地居民到澳门旅游/投资/就业/定居或成为邻居 |

本部分与香港相关的数据主要来自 2017 年香港社会动态追踪调查、2018 年香港居民对大湾区地区意见调查，以及 2019 年香港居民湾区置业调查；与澳门相关的数据主要来自 2018 年澳门公众社会态度调查、澳门大学 2018 年粤港澳大湾区澳门居民参与意愿调查及网络意见调查等。此外，还有广东省统计局、各地市统计局、香港特别行政区政府统计处、香港旅游发展局、香港运输署、澳门特别行政区政府统计暨普查局等部门的统计数据。

## 三、港澳居民湾区社会融入心态

党的十九大报告指出"要支持香港、澳门融入国家发展大局，推进内地同香港、澳门互利合作"。在这一融合的过程中，港澳民众的社会融入心态对粤港澳大湾区的社会融合发展产生了重要作用。港澳居民的社会融入心态可以作为其行动的事前意向，也可以说，港澳民众的行动体现着他们的社会融入心态。对港澳居民融入心态的分析主要围绕以下方面展开：跨境信息关注度、跨境流动实践、跨境生活和居住、跨境社会关系网络、跨境交往体验与社会距离等。

**1. 跨境信息关注度**

2018 年，香港居民对大湾区地区意见调查测量了受访者对大湾区资讯的关注程度（0～10 分），48%的受访者的评分为 0～4 分，22.3%的评分为 5 分，26.5%的评分高于 5 分。样本总体评分均值为 3.81 分，众数为 0 分，可见香港居民对粤港澳大湾区的资讯关注程度并不高。电视（52.3%）和互联网（20.4%）是香港居民了解大湾区资讯的主要渠道。如图 19-1 所示。

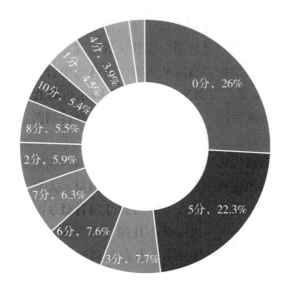

**图 19-1 香港居民关注大湾区资讯程度的比例**

(资料来源:香港岭南大学 2018 年香港居民对大湾区意见调查)

澳门居民对大湾区发展的关注程度显著高于香港居民。根据 2018 年澳门公众社会态度调查的数据,约六成的受访者表示熟悉大湾区政策,由此看出澳门居民对粤港澳大湾区发展政策的了解要远高于香港居民。在受访的澳门居民中,85% 的澳门居民认为粤港澳大湾区建设对澳门本地有利,80% 的澳门居民支持澳门融入粤港澳大湾区建设,72.6% 的澳门居民愿意投身大湾区建设。

这反映了港澳居民参与大湾区发展积极程度的差异。有必要采取措施,让更多的香港居民了解大湾区,才可能融入国家发展大局中,促进大湾区的经济发展和社会融合。

**2. 跨境流动实践**

粤港澳三地的跨境流动向来有规模大、频率高、流动距离和逗留时间都很短的特征。根据香港运输署 2017 年的数据,日均来往于粤港边界的人流已达 66.7 万人次。而根据广东省统计局的最新统计数据,2019 年 9 月接待香港过夜游客的数量接近两百万(1935111)人次。虽受香港突发事件的影响,但也仅比 2018 年同期下降 0.7 个百分点。

但是,跨境流动的群体差异非常大。香港居民对大湾区意见调查的数据显示，54.93%的受访者过去一年没有到过大湾区内地城市，28.8%的受访者表示到大湾区内地城市的频率每季度不足 1 次，11.93%的受访者表示到大湾区内地城市的频率每季度 1～3 次，2.76%的受访者表示到大湾区内地城市的频率为每月 1～4 次，只有 1.58%的受访者表示每周至少到大湾区内地城市 1 次。有工作的受访者前往大湾区内地城市的次数较多，而没有工作的则前往的次数较少。此外，男性的流动频率高于女性。

香港民众跨境流动的频率因为目的不同而不同，他们跨境流动的目的一般包括观光（59.2%）、探亲访友（24.5%）、美食（20.5%）、工作（16.7%）、购物（9.3%）等。过去一年来过大湾区的香港受访者，有 47%表示到过深圳，有 41%表示到过广州，往后的城市分别为东莞（17.3%）、中山（15.2%）、珠海（14.6%）和佛山（9.6%）。他们的流动目的地主要集中于广州和深圳两个城市，是一种往返频率高、逗留时间短的跨境流动。

在澳门居民跨境流动方面，根据广东省统计局的最新统计数据，2019年 9 月，接待来自澳门的过夜游客 283687 人次，比 2018 年同期上升7.24%。按照这个数据估算，澳门居民每年到广东省过夜游客的比例大约为507 人次/百人，这个数值大约是香港到广东省过夜游客的 1.64 倍。

总的来说，仍需要继续为港澳民众跨境流动到大湾区内地城市创造更好的条件，使得他们可以在大湾区内自由流动，增强他们的社会融入心态。拥有了这种意愿或心态，港澳居民在行为上更有可能融入大湾区。

**3. 跨境生活和居住**

前来大湾区内地城市工作、生活、休闲的港澳民众越来越多。他们跨境居住、养老等反映了他们对内地的医疗、养老、教育等福利制度的了解，这在一定程度上反映了他们想要融入大湾区的一种心态。

2019 年，香港民众到大湾区购房和跨境工作调查数据显示，11%的受访者表示自己有家人在大湾区内地城市工作或生活，有 11%的受访者表示曾经在大湾区内地城市购置过房产，13%的受访者计划未来到大湾区内地城市购房居住，另有 12%的受访者表示打算到大湾区内地城市工作或创业。此外，受访者对到大湾区内地城市之后教育、医疗、养老等福利较为关注。

澳门的数据也显示，愿意前往大湾区内地城市读书、工作、生活和养老的居民占比正在增加。根据澳门大学 2018 年粤港澳大湾区澳门居民参与意愿调查及网络意见调查的数据,37.9%的受访者愿意到内地生活和工作,46.2%的受访者表示愿意到大湾区内地城市养老。

跨境生活和居住的需求正在增长,对跨境公共服务的需求也正在增加。大湾区各地政府需要创造良好的制度政策环境,创设更优质宜居的大湾区跨境生活圈。

**4. 跨境社会关系网络**

社会交往有助于降低偏见,促进群际关系。测量港澳居民的社会网络中与内地联系的程度,如他们与内地人的交往频率、交往类型、交往体验等,可以衡量他们通过在内地的社会网络加深对内地社会的了解,也能体现他们的社会融入心态和大湾区的社会协同现状。如图19-2所示。

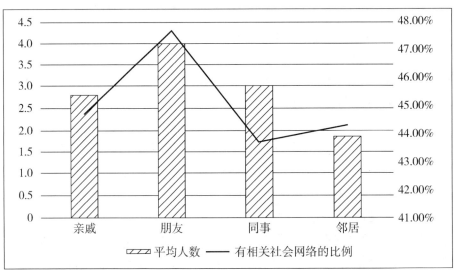

图19-2 香港居民社会关系网络中内地人的数量和比例

(资料来源:香港岭南大学2018年香港居民对大湾区地区意见调查)

根据2019年香港的一份电话随机调查,36.4%的受访者表示与他们有联络的亲戚中有内地人,38%的受访者表示他们朋友中有内地人,22.5%的受访者表示他们的同事中有内地人,20%的受访者表示他们认识的邻居中有内地人,25.46%的受访者表示他们最要好的朋友中有内地人。另一项2018年的调查数据也反映了类似的比例,在受访的香港居民中,有联络的亲戚中平均有2.83位内地人。大约有35.8%的香港居民表示他们的亲戚中有内地人。其中，21.7%的香港居民表示他们的亲戚中有1～5位内地人，9.3%的香港居民表示他们的亲戚中有6～10位内地人，4.8%的香港居民表示他们的亲戚中有11位或以上内地人。香港居民的朋友中平均有4位内地人。37.3%的香港居民表示他们的朋友中有内地人，21.7%的香港居民表示有1～5位朋友是内地人，9.1%的香港居民表示有6～10位朋友是内地人，6.5%的香港居民表示有11位或以上朋友是内地人。31.1%的香港居民的同事中有内地人。平均而言，香港居民的同事中有3.04位内地人。20.1%的香港居民表示同事中有1～5位内地人，5.5%的香港居民表示同事中有6～10位内地人，5.5%的香港居民表示同事中有11位或以上内地人。仅29.3%的香港居民认识的邻居中有内地人。其中，13.4%的香港居民表示认识的邻居中有1～5位内地人，3.9%的香港居民表示认识的邻居中有6～10位内地人，2.0%的香港居民表示认识的邻居中有1位或以上内地人。

总的来看，香港居民的亲戚、朋友、同事、邻居有内地人的比例在三成至四成之间。比例最高的是亲戚和朋友，但也不足四成。而超过五成的香港居民表示他们有联络的亲戚、朋友、同事或认识的邻居中没有内地人，比例分别为55.3%、52.3%、56.3%和55.7%，说明香港超过半数的居民与内地居民几乎没有太多的交往和接触。

**5. 跨境交往体验与社会距离**

在有限的跨境社会交往和接触中，香港居民的体验差异也非常大。当要求受访者对与内地人之间交往的经验做总体评估时（0分表示"非常不好"，10分表示"非常好"），有17.2%的受访者的评分是0～4分，28.2%的评分是5分，46.3%的评分是6～10分，平均评分是5.79分，中位数评分是6分，众数评分是5分。香港出生的受访者的平均评分较低，而内地出生的平均评分则较高。社会交往和接触本身是"潜在友好"的，整体分数较高不足为奇。值得注意的是，5分以下的评价占比达45.4%，4分者也接近两成，说明相当比例的香港居民在交往的过程中感觉不是十分愉快，评价不是十分正面。这值得内地人反省，在跨境交往中应当注意一些问题。

社会距离可以体现出港澳民众融入大湾区的心理隔阂情况，了解他们的社会融入心态。社会距离通过询问是否介意与内地人建立不同类型的关系来操作化，对介意的程度做出评分（0分表示"非常不介意"，10分表示

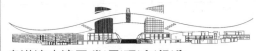

"非常介意")。结果显示,对内地人做上司的介意程度平均评分是 3.98 分,对与内地人做同事的平均评分是 2.97 分,对与内地人做邻居的介意程度平均评分是 3.49 分,对与内地人做朋友的介意程度平均评分是 2.77 分,对因为结婚而与内地人做姻亲的介意程度平均评分是 3.45 分。在 10 分制下,这些评分都不高,说明整体上两地居民的社会距离不大,香港居民对内地居民并不排斥。若以低于 5 分作为接受的标准,有 42.8%、55.5%、53.1%、60.9%、51.2% 的香港居民接受内地人作为他们的上司、同事、邻居、朋友和姻亲。接受与不接受内地人者大致上各占半数,说明两地居民关系仍有进一步密切的空间。

澳门方面数据也表现出类似的特征。56% 的受访者接受大湾区内地城市居民到澳门旅游,53.3% 的受访者接受大湾区内地城市居民到澳门投资,但只有 29.5% 和 21% 的受访者接受大湾区内地城市居民到澳门就业和到澳门定居或成为邻居。这说明澳门居民对内地居民前往澳门旅游及投资整体上是欢迎的,但对他们迁移至澳门融入当地社区则持保守态度。

综上所述,尽管粤港澳大湾区区域的经济合作由来已久,但三地民众的社会融合处于起步阶段,仍有非常大的提升融合空间。

## 四、大湾区内地居民包容港澳程度与大湾区社会融合指数

### 1. 大湾区内地居民对港澳包容程度的指数得分与排名

如表 19-3 至表 19-5 所示。

表 19-3 大湾区内地 9 市居民包容港澳程度指数得分与排名

| 城市 | 包容港澳社会融合指数 | 排名 | 区域与社区整合指数 | 排名 | 社会网络整合指数 | 排名 |
|---|---|---|---|---|---|---|
| 肇庆 | 0.631 | 1 | 0.485 | 2 | 0.778 | 1 |
| 江门 | 0.532 | 2 | 0.480 | 3 | 0.584 | 3 |
| 深圳 | 0.436 | 3 | 0.174 | 9 | 0.698 | 2 |
| 佛山 | 0.368 | 4 | 0.185 | 8 | 0.551 | 4 |

续上表

| 城市 | 包容港澳社会融合指数 | 排名 | 区域与社区整合指数 | 排名 | 社会网络整合指数 | 排名 |
|---|---|---|---|---|---|---|
| 惠州 | 0.362 | 5 | 0.419 | 4 | 0.305 | 6 |
| 珠海 | 0.352 | 6 | 0.499 | 1 | 0.206 | 8 |
| 广州 | 0.341 | 7 | 0.308 | 6 | 0.374 | 5 |
| 中山 | 0.306 | 8 | 0.369 | 5 | 0.243 | 7 |
| 东莞 | 0.162 | 9 | 0.219 | 7 | 0.104 | 9 |

表19-4 大湾区内地9市与港澳的跨境流动实践与认知指数得分与排名

| 城市 | 区域与社区整合指数 | 排名 | 港澳信息关注的比例 | 排名 | 到澳门旅游人次占人口总比例 | 排名 | 每月有港澳人士接触的比例 | 排名 | 对港澳人士的评价 | 排名 | 接受港澳人士指数 | 排名 |
|---|---|---|---|---|---|---|---|---|---|---|---|---|
| 珠海 | 0.499 | 1 | 0.083 | 6 | 0.194 | 1 | 0.200 | 1 | 0.022 | 8 | 0.183 | 2 |
| 肇庆 | 0.485 | 2 | 0.180 | 2 | 0.038 | 5 | 0.110 | 3 | 0.157 | 3 | 0.033 | 8 |
| 江门 | 0.480 | 3 | 0.204 | 1 | 0.019 | 9 | 0.092 | 4 | 0.164 | 2 | 0.163 | 4 |
| 惠州 | 0.419 | 4 | 0.080 | 7 | 0.048 | 3 | 0.092 | 4 | 0.200 | 1 | 0.202 | 1 |
| 中山 | 0.369 | 5 | 0.088 | 5 | 0.020 | 8 | 0.163 | 2 | 0.098 | 5 | 0.142 | 5 |
| 广州 | 0.308 | 6 | 0.130 | 3 | 0.033 | 6 | 0.032 | 7 | 0.113 | 4 | 0.073 | 7 |
| 东莞 | 0.219 | 7 | 0.020 | 9 | 0.063 | 2 | 0.085 | 5 | 0.051 | 7 | 0.086 | 6 |
| 佛山 | 0.185 | 8 | 0.064 | 8 | 0.038 | 4 | 0.027 | 8 | 0.057 | 6 | 0.181 | 3 |
| 深圳 | 0.174 | 9 | 0.111 | 4 | 0.023 | 7 | 0.020 | 9 | 0.020 | 9 | 0.020 | 9 |

表19-5 大湾区内地9市社会网络整合指数得分与排名

| 城市 | 社会网络整合指数 | 排名 | 亲属中的港澳人士数量 | 排名 | 朋友中港澳人士数量 | 排名 | 同事中港澳人士数量 | 排名 | 邻居中的港澳人士数量 | 排名 |
|---|---|---|---|---|---|---|---|---|---|---|
| 肇庆 | 0.778 | 1 | 0.255 | 1 | 0.253 | 1 | 0.025 | 9 | 0.245 | 1 |
| 深圳 | 0.698 | 2 | 0.100 | 4 | 0.225 | 2 | 0.163 | 2 | 0.209 | 3 |
| 江门 | 0.584 | 3 | 0.138 | 2 | 0.175 | 4 | 0.247 | 1 | 0.025 | 9 |
| 佛山 | 0.551 | 4 | 0.053 | 8 | 0.190 | 3 | 0.094 | 3 | 0.214 | 2 |

续上表

| 城市 | 社会网络整合指数 | 排名 | 亲属中的港澳人士数量 | 排名 | 朋友中港澳人士数量 | 排名 | 同事中港澳人士数量 | 排名 | 邻居中的港澳人士数量 | 排名 |
|---|---|---|---|---|---|---|---|---|---|---|
| 广州 | 0.374 | 5 | 0.064 | 7 | 0.130 | 5 | 0.074 | 5 | 0.105 | 4 |
| 惠州 | 0.305 | 6 | 0.115 | 3 | 0.070 | 6 | 0.078 | 4 | 0.041 | 6 |
| 中山 | 0.243 | 7 | 0.099 | 5 | 0.064 | 7 | 0.028 | 7 | 0.052 | 5 |
| 珠海 | 0.206 | 8 | 0.084 | 6 | 0.053 | 8 | 0.036 | 6 | 0.032 | 7 |
| 东莞 | 0.104 | 9 | 0.025 | 9 | 0.025 | 9 | 0.025 | 8 | 0.028 | 8 |

### 2. 大湾区内地居民对港澳居民包容程度与特征

（1）大湾区内地居民对港澳居民的包容指数

如图19-3所示为粤港澳大湾区内地9市居民包容港澳社会融合指数得分情况，9个城市居民包容港澳社会融合指数平均得分为0.388，标准差为0.127，城市之间差异较大。其中，均值以上城市3个，分别为东莞、深圳和江门；均值以下城市6个，得分从高到低排名分别为惠州、佛山、珠海、肇庆、广州和中山。

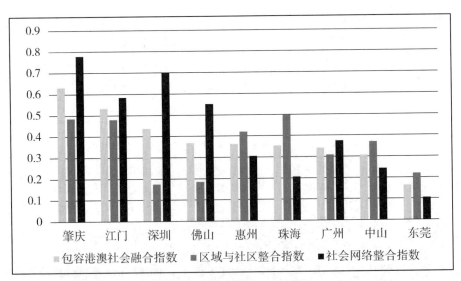

图19-3　粤港澳大湾区内地9市居民包容港澳社会融合指数得分

(2) 大湾区内地居民的跨境流动实践及其感知和评价

如图 19-4 所示为粤港澳大湾区内地 9 市跨境流动实践与认知情况得分，9 个城市与港澳的区域与社区整合指数平均得分为 0.349，标准差为 0.124。其中，均值以上城市 5 个，分别为珠海、肇庆、江门、惠州和中山；均值以下城市 4 个，得分从高到低排名分别为广州、东莞、佛山和深圳。

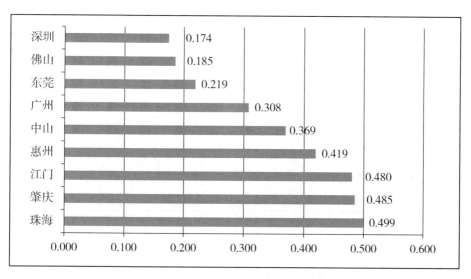

图 19-4  粤港澳大湾区内地 9 市跨境流动实践与认知情况得分

粤港澳大湾区内地 9 市居民跨境流动实践及其认知各二级指标得分如图 19-5 所示。5 个二级指标的极差分别为 0.184、0.175、0.18、0.18 和 0.182，标准差分别为 0.054、0.052、0.058、0.062 和 0.068，表明 5 个二级指标之间的离散程度相约。

(3) 大湾区内地居民对港澳居民的社会关系网络

如图 19-6 所示为粤港澳大湾区内地 9 市与港澳的社会网络整合得分情况，9 个城市与港澳的社会网络整合指数平均得分为 0.427，标准差为 0.221。其中，均值以上城市 4 个，分别为肇庆、深圳、江门和佛山；均值以下城市 5 个，得分从高到低排名分别为广州、惠州、中山、珠海和东莞。

如图 19-7 所示为粤港澳大湾区内地 9 市与港澳的社会网络整合各二级指标得分。4 个二级指标的极差分别为 0.229、0.228、0.222 和 0.212，4 个

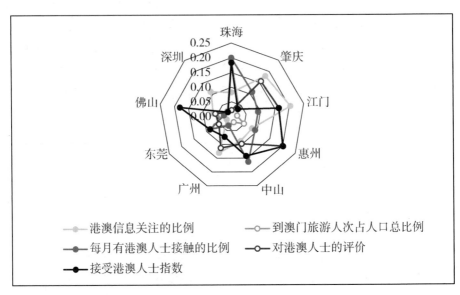

图19-5 粤港澳大湾区内地9市居民跨境流动实践及其认知各二级指标得分

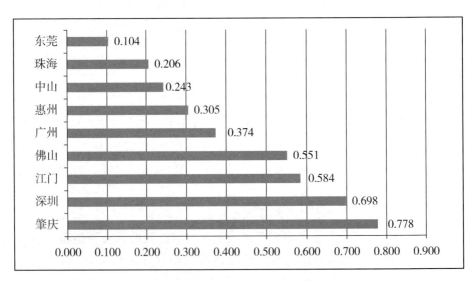

图19-6 粤港澳大湾区内地9市与港澳的社会网络整合得分

指标之间差异不大;而标准差分别为0.062、0.078、0.071和0.086,即4个二级指标中亲属中港澳人士数量差异最小,而邻居中港澳人士数量差异最大。

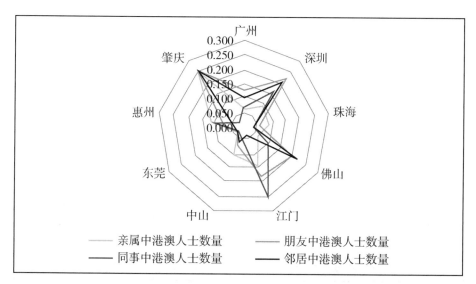

**图 19-7　粤港澳大湾区内地 9 市与港澳的社会网络整合各二级指标得分**

（4）小结：大湾区内地居民包容港澳居民的程度与特征

粤港澳大湾区内地城市居民包容港澳社会融合的特征可以从两个维度进行比较，一个是城市之间的比较，另一个是城市内部不同二级指标之间的比较。如图 19-8 至图 19-16 所示。

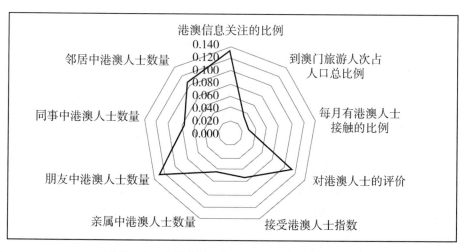

**图 19-8　广州市居民与港澳融合的二级指标得分**

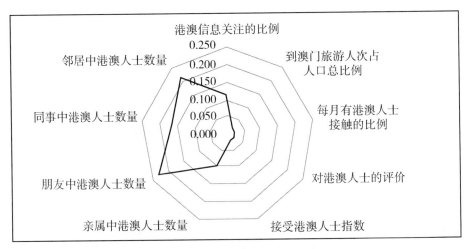

图 19-9 深圳市居民与港澳融合的二级指标得分

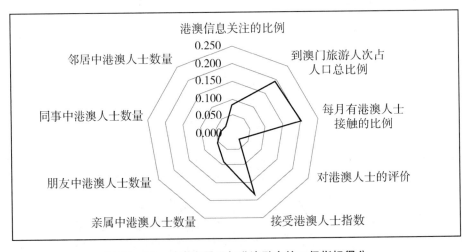

图 19-10 珠海市居民与港澳融合的二级指标得分

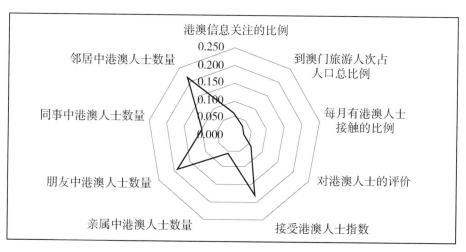

图 19-11 佛山市居民与港澳融合的二级指标得分

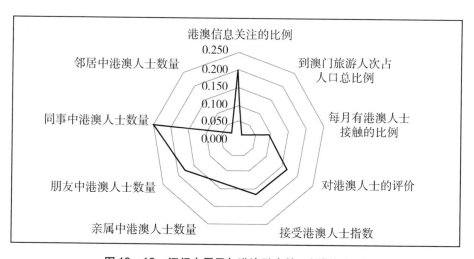

图 19-12 江门市居民与港澳融合的二级指标得分

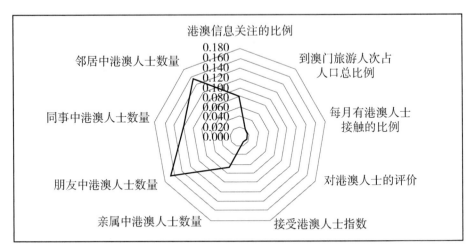

图 19-13 中山市居民与港澳融合的二级指标得分

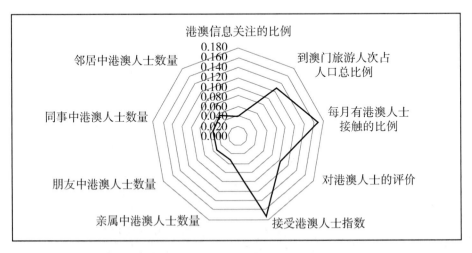

图 19-14 东莞市居民与港澳融合的二级指标得分

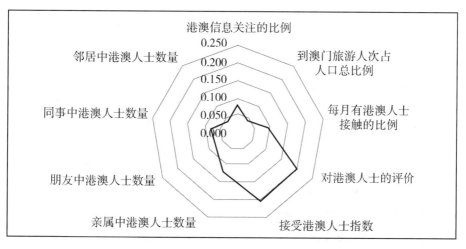

图19-15 惠州市居民与港澳融合的二级指标得分

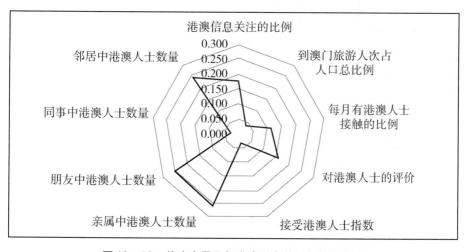

图19-16 肇庆市居民与港澳融合的二级指标得分

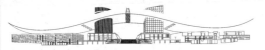

从城市间的比较视角来看，大湾区城市内地居民包容港澳社会融合有以下特征：

第一，从地理位置上看，西部城市的居民对港澳社会的包容程度整体上高于东部城市，这种东西差异的格局同样体现在跨境流动实践和感知指标上。相对而言，在社会关系整合这一维度上，这种东西差异格局则没有那么明显。

第二，从城市的结构特征上看，经济较发达以及外来人口占比较大的城市，其对港澳社会的包容程度整体上较低。其原因可能是经济结构与经济发展程度以及城市开放程度，这些城市中来自岭南文化圈之外的人口较多，这部分居民在文化情感上对港澳地区的认同都较弱。同时，地区经济的发展也会降低港澳地区与这些城市之间的比较优势，这也可能降低经济发达地区居民对港澳地区的认同和包容。

第三，从和港澳地区的绝对空间距离上看，空间距离对城市间居民包容港澳的影响并不显著。这表明粤港澳大湾区内交通的相对便利化促进了大湾区内地城市居民包容港澳的社会融合。

第二个维度是城市内部不同二级指标之间的比较，通过这种比较，可以考察粤港澳大湾区不同城市居民与港澳融合的方式。本研究关于社会融合的二级指标分为跨境流动实践及其感知以及社会关系融合两个大类，据此可以将内地城市分为两种类型：一类是以跨境流动实践及其感知为主的城市，以珠海、中山、东莞和惠州为代表。这一类城市虽然在社会关系网络方面与港澳地区联系并不密切，但在与港澳人士接触、对港澳人士的评价以及接纳港澳人士方面表现较好。另一类城市则是以社会网络融合为主，以深圳和佛山为代表。虽然这些城市的居民在社会网络方面与港澳地区有较为密切的联系，但其跨境流动实践及其感知程度并不高。

# 第二十章　粤港澳大湾区政策协同指数研究

黎熙元[①]等

课题组成员：郑婉卿　龙海涵　蓝宇东　刘明伟　方木欢　冯庆想
　　　　　　周　微　温国硅　武粮林　赵亚钊　张睿华

制度连通和政策协同是区域合作最重要的推动力。港澳居民前来大湾区内地城市工作、生活、休闲等跨境活动越多，对内地的医疗、养老、教育等福利服务的需求越大。因此，大湾区社会政策协同是区域社会融合的重要部分，也是社会协同指数中的制度协同指数构成。本部分研究粤港澳大湾区的社会政策主要涵盖教育、医疗、养老、港澳青创、住房五大领域，不少研究涉及这些政策领域的内容分析。

## 一、粤港澳大湾区政策协同研究回顾

### 1. 教育政策

教育在粤港澳大湾区的建设中担负和发挥着十分重要而特殊的使命和作用，推动教育合作发展是新时代粤港澳三地教育高质量发展的思路和方向。国家对粤港澳大湾区的教育建设十分重视，颁布并出台了一系列纲领性文件和配套政策助力教育合作发展：《加快推进教育现代化实施方案（2018—2022年）》提出促进教育资源特别是高等教育相关的人才、科技、信息等要素在粤港澳大湾区高效流动；《2019年面向香港、澳门、台湾地区招收研究生工作管理办法》规整了港澳生在内地继续深造的相关途径；《粤

---

① 黎熙元，课题组组长，中山大学粤港澳发展研究院首席专家。

港澳大湾区发展规划纲要》专门有一节"打造教育和人才高地"对教育建设做了系统的说明。

学界对大湾区教育合作的研究主要有：谢宝剑（2019）提出为港澳子弟学校的老师提供教师培训、港澳与大湾区内地学校配对为姊妹学校、探索推进三地联合办学和独立办学等具体措施以构建粤港澳社会融合的交流平台；朱建成、王鲜萍（2012）从粤港澳高等教育一体化与经济一体化的关系入手，认为粤港澳的高等教育只有走一体化之路才能充分发挥高等教育对粤港澳经济一体化的巨大推动作用；林贡钦等（2017）借鉴国外著名湾区发展经验建议发掘与融合湾区城市群的人文价值，努力实现湾区规则、法律、人文交流一体化的保障体系，发挥粤港澳科技优势。这些研究从大湾区教育合作发展的主要特征、实施效果和实现途径等方面进行了梳理和归纳，对进一步推动粤港澳教育合作发展具有很强的理论和实践意义。

山水相连、人缘相亲、文化经济联系密切的粤港澳大湾区具备实现教育合作发展的良好基础。改革开放以来，广大港澳同胞通过投资、贸易和多种形式的合作与内地建立联系；港澳回归祖国以来，与内地的合作领域从经贸合作扩展到经济、社会和文化等多个领域。新时代要求充分发挥粤港澳综合优势，深化内地与港澳合作，形成多层次、全方位的合作格局。积极拓展粤港澳大湾区在教育领域的合作，既涵盖高等教育和基础教育的发展需求，又着眼人才互联互通的便利环境。

**2. 医疗政策**

大湾区医疗合作是推动粤港澳大湾区居民健康水平的重要战略支撑。粤港澳三地在2018年1月、2019年2月分别召开了第一届和第二届"粤港澳大湾区卫生与健康合作大会"，并签署了《粤港澳大湾区卫生与健康合作框架协议》《粤港澳大湾区卫生健康合作共识》等文件。这些政策文件不仅为推动大湾区医疗合作指明了方向，而且大湾区各城市将逐步落实这些政策文件，最终将实实在在地惠及大湾区7000多万人民群众。

随着粤港澳大湾区三地医疗合作的逐渐发展，近年来学界亦出现了一些较有现实意义的粤港澳大湾区医疗合作方面的研究。刘凯（2019）认为，粤港澳大湾区的建立为三地医疗卫生事业的协同发展提供了新的契机，三地"互联网+"远程医疗形式非常有助于优化医疗资源、方便群众就医、获取保健信息。同时，他指出互联网医疗与跨界医疗需要规避医师职业合法性与执业资格等法律问题，提出借鉴经验保障患者权益、制定统一规则保障互联网平台及医师群体的合法权益等意见，为构建健康大湾区贡献力量。李国栋、李琳（2019）在分析了中国广东等地的国民健康情况之后，提出建设粤港澳大湾区医疗"新高地"的战略举措，并从优化激励政策、引入"港式培训"、成立大湾区医学专科学院与医务委员会等方面具体实施。蔡秋茂（2019）提到，广东、香港、澳门三地要互派考察团学习借鉴医改的有益经验，促进优势互补，联手推动粤港澳大湾区卫生健康合作。例如，推动粤港澳大湾区卫生合作论坛举措的落实，致力推动中医药标准化、国际化，加强医疗团队交流合作。在体制机制上，建立粤港澳大湾区跨境转运、转诊合作制度，推进医教"产学研"联动，形成全方位、多维度、深层次的大湾区卫生健康合作开放新格局。

除去学术文章之外，国内有些官方网站、新闻评论、报道等亦对粤港澳大湾区医疗卫生合作提出观点。于有银（2019）认为，粤港澳大湾区是我国生物医药产业聚集的重要区域，产业基础完备，产业实力领先，产业成就突出，拥有广州、深圳等生物医药发展重点城市，未来大湾区还需要通过搭建新路径、建设创新平台等措施，在提升医药创新服务能力等方面发力，促进生物医药产业向高端化、数字化、智能化发展。蔡敏婕提到成立粤港澳大湾区医疗健康协作平台，以大数据、人工智能等信息技术为驱动，串联起粤港澳大湾区全科、专科和"线上""线下"的医疗健康服务能力，推进粤港澳大湾区医疗健康服务融合。全国政协常委、香港医院管理局前主席胡定旭指出，"大湾区建设是国家战略，医疗健康服务是大湾区建设的核心内容之一，湾区迫切需要一个高效的资源整合和创新服务平台，要充分发挥医疗平台在科技领域具备领先的创新和实践能力，造福湾区近7000万民众"。

综上所述，融入湾区、造福湾区是学者们对大湾区医疗协同发展的主旋律。由于粤港澳大湾区是在"一国两制"下的跨地区合作，所以学者们主要针对跨越湾区时医疗合作实践过程中产生的法律、政策等不协调进行了诸多论证，并提出了一些相应的解决措施。但是，鲜有学者将大湾区的医疗政策、机制的协同程度进行分析，更未将大湾区的医疗政策用功效系数熵值法做成协同指数来反映大湾区的医疗协同程度。因此，本研究通过搜集大湾区 11 个城市的医疗文件政策，并通过赋值利用功效系数熵值法去估算大湾区各城市医疗协同指数，这对把握粤港澳大湾区医疗协同程度、促进大湾区医疗整合协作具有重要意义。

### 3. 养老政策

养老一直是社会政策关注的焦点之一。粤港澳大湾区是我国经济社会发展程度最高的地区之一，也是人口老龄化较为严重的区域之一。据粤港澳三地政府统计部门发布的人口统计数据，广东 65 周岁以上的人口为 920.28 万，占常住人口总量的 8.48%（2018 年）；香港 65 周岁以上的人口为 116 万，占常住人口总量的 16%（2016 年）；澳门老年人口抚养比率为 19.2%（2018 年）。这些客观事实引起了学界对粤港澳大湾区养老政策的广泛关注。一则从产业特色与市场需求考察。刘志永（2019）认为，政府与市场的角色在养老产业发展中发挥重要的作用，粤港澳大湾区应不断加强与城市区域之间的协作，打造一个"承接南北、连接东西"的健康养生和养老基地。侯东栋（2019）更加聚焦于乡村产业与生态文明的结合，认为需要结合实际，整合粤港澳城乡资源，发掘特色，加强区域协同，实现可持续的生态养老目标。丁立（2019）认为，传统养老模式难以满足粤港澳大湾区老年人对养老品质和健康的需求，回归自然的乡村休闲养老方式逐渐成为老年人所乐于接受的新模式。二则从制度衔接与合作机制考察。田新朝（2017）对粤港澳养老服务所存在的现实需求、红利效应与合作风险进行了分析，并提出粤港澳养老服务合作治理的路径，即构建合作的机制、结构与模式。吴伟东、帅昌哲（2018）关注了粤港澳大湾区劳动力跨境流动中的退休保障衔接问题，通过对比粤港澳三地退休保障制度的异同，发现其中的制度壁垒，提出促进劳动力要素自由流动的衔接方案。三则通过质性访谈、实证建模分析养老问题及提出相应推进路径。潘冰心、胡乔文、陈功（2019）通过质性访谈发现香港老年人在大湾区养老中存在的医疗、交通、无障碍设施、福利津贴、信息获取能力弱等问题。他们认为，应增强跨境医疗体系的融通性，建设跨境口岸老龄与急救专用通道，推进无障碍设施的建设工作，推进对养老服务业人才的培养。曹建云（2020）通过建模考察研究发现，目前福利跨境可携程度低是跨境养老率下降、返港率上升的根本原因；在粤港澳大湾区建设背景下，福利跨境可携程度的提高及香港长者对内地的认同感增强都能提高跨境养老率；推进跨境养老，应以探索公共医疗服务跨境可携的制度安排为突破口，提高福利跨境可携程度。

养老政策也是世界各大湾区社会发展关注的焦点。例如，莱宁（Lehning，2014）从旧金山湾区不同城市间的住房、交通、医疗等方面以及不同层级的政府公共服务部门，考察了不同区域之间的养老服务的协调程度。安东尼（Anthony，2008）研究了在湾区发展过程中，社会服务联合会等中介组织在培训学习、政策推动等方面对区域间的社会公共服务的协调作用。王海英、梁波（2015）通过对比研究，认为日本形成了以国家为主导的福利型养老政策体系，香港则形成了更加凸显市场化与社会化特征的去福利型养老服务政策模式。通过国家养老政策与法规的历史变化以及国内外学界对大湾区养老政策的研究可发现，关于社会养老政策的相关研究已经较为成熟，其中一些理论（例如，系统协同理论、城市群空间相互作用理论）与经验（例如，如何落实健康老龄化与积极老龄化理念）值得借鉴学习。

**4. 港澳青创政策**

港澳青年创业是推动港澳居民融入大湾区的战略性举措，近来学界陆续出现了一些较有现实意义的港澳青年创业研究。涂敏霞（2013）通过采用问卷调查方法综合比较穗、港、澳、台四地青年的创业意愿、创业动机和创业机制等方面的差异。林至颖（2018）探讨了香港青年赴粤港澳大湾区创业面临政策法律、知识产权保护、社会文化等领域产生的问题及其应对思路。谢宝剑（2019）重点分析了港澳青年在粤港澳大湾区创业所面临的挑战，包括：三地语言、生活、文化、价值观的差异；三地薪酬、税收、福利、保障制度的差异；信息不对称；港澳青年自身的能力与内地创业的需求存在一定的差异；营商环境与公共治理环境的差异。张光南（2019）则从企业发展案例、创业者故事以及创业政策支持等方面呈现港澳青年在内地创业的成功经验，并归纳内地和港澳特区政府的创业支持措施。这些论文对港澳青年创业现状、问题表现及其影响因素进行了针对性研究，为港澳青年创业扶持政策的进一步研究提供了经验基础。

### 5. 住房政策

住房政策是推动港澳居民融入大湾区的重要保障。2019年11月6日，中央政府推出便利香港居民在大湾区内地城市购买房屋的措施，提出"香港居民在粤港澳大湾区内地城市购房，获豁免所需的在本地居住、学习或工作年限证明，以及缴纳个人所得税及社保条件，使香港居民享有与当地居民同等的待遇。这项措施可便利香港居民在内地学习、就业，以及退休后在内地生活"。学界相关主题的前期研究主要关注香港居民内地置业现状和未来置业意愿的前景，内容侧重对香港居民在内地购置第二房产（Hui et al.，2009）、香港居民定居内地（Hui et al.，2011）、比较香港与内地城市定居行为的异同（Feng et al.，2017）等。他们的研究发现，中年和中产阶级香港居民是在内地置业并且移居的主要群体。对内地的熟悉程度、既存的联系（通过生命历程或者跨境婚姻）、在内地拥有可支配的社会网络和资源是香港居民在内地置业和移居的主要影响因素。就政策含义而言，提及了香港特别行政区政府《综援长者广东及福建省养老计划》的普及会促进老年香港居民在内地购置第二房产的意向和助推老年香港居民向内地移民潮；2005年后内地人民币升值，物价通胀和楼市价格高涨，导致香港居民跨境移居的生活成本比较优势正在减小等。

国内一些研究者，如陈广汉等人（2013）着重考察影响长者定居内地决策的各类因素，分析澳门长者定居内地的方式与地区选择。研究结果显示，就目前状况而言，澳门生活各方面综合条件相对内地更为优越，仅1/4的长者愿意回内地定居。随着内地生活环境、社会公共服务设施等方面逐步改善，从绝对数来看，未来几十年将会有庞大的长者群体选择回内地定居，选择的地区集中在毗邻澳门的珠江三角洲西岸城市。也有研究对内地与香港房地产市场有效性及互动关系进行研究，发现内地和香港地区房地产市场之间存在着长期的协整关系和互动作用，这不仅体现在相邻的城市中，还反映在距离较远的城市之间，写字楼市场尤为显著（张红等，2012）。这些研究对分析港澳居民住房政策具有一定的理论启示，为后面继续开展粤港澳大湾区住房政策与促进港澳居民融入奠定了经验基础。

## 二、粤港澳大湾区政策协同指标体系与数据

按照粤港澳大湾区的城市分布，根据社会政策的制定与实施数量，获取粤港澳大湾区 11 个城市的社会政策条数，通过功效系数熵值法，最终计算出粤港澳大湾区社会政策协同指数。本报告政策指数分类是：教育政策、医疗政策、养老政策、港澳青创政策、住房政策。

本部分政策指数的数据来源是政府官方网站、各大新闻媒体报道、政府信息公开平台以及从政府部门获取的纸质文件。

政策指数的计算依据是：对有关粤港澳大湾区教育、医疗、养老、港澳青创、住房五大政策领域的相关文件、协议、公报等进行赋值，每个赋值1 分，港澳视同广东省层面政策赋值 2 分，从而形成对比。最后用功效系数熵值法计算出粤港澳大湾区 11 个城市社会政策协同指数，用于描述大湾区社会政策协同程度。粤港澳大湾区政策协同指标体系及权重如表 20-1 所示。

表 20-1　粤港澳大湾区政策协同指标体系及权重

| 一级指标 | 二级指标 | 三级指标 | 单位 | 权重 |
| --- | --- | --- | --- | --- |
| 政策融合 | 教育领域 | X11：教育领域原始条文数 | 条 | 0.2033 |
| | 医疗领域 | X12：医疗领域原始条文数 | 条 | 0.2029 |
| | 养老领域 | X13：养老领域原始条文数 | 条 | 0.2018 |
| | 港澳青创领域 | X14：港澳青创领域原始条文数 | 条 | 0.1917 |
| | 住房领域 | X15：住房领域原始条文数 | 条 | 0.2003 |

## 三、粤港澳大湾区政策协同指数

### 1. 社会政策总指数

如表 20-2 和图 20-1、图 20-2 所示，从整体来看，根据粤港澳大湾区 11 个城市的社会政策的综合指数得分，广州、深圳的社会政策指数得分

相对较高，分别为0.948、0.792，远超于珠海、佛山、惠州、东莞、中山、江门、肇庆、香港、澳门等城市。从这些数据来看，经济发展水平走在全省前列的广州、深圳推动粤港澳大湾区社会政策融合的水平较高，与其所处经济实力、政策利好及环境优势密不可分。佛山、珠海、东莞、惠州、中山、江门、肇庆等城市粤港澳大湾区社会政策指数略低于广州、深圳，但随着这些城市的社会政策逐渐出台，推动粤港澳大湾区社会融合程度与水平不断提高。相对大湾区内地城市，香港、澳门出台有关粤港澳大湾区的社会政策滞后缓慢，这与港澳地区和内地城市的制度性差异、规则衔接难度等密切相关。这表明香港、澳门两个特别行政区必须在教育、医疗、养老、港澳青创、住房方面加强出台相关政策办法，加速提升与大湾区内地城市的社会政策融合程度。

表20-2 粤港澳大湾区各城市社会政策综合指数

| 城市 | 原始条文数值 | 社会政策综合指数 | 排名 |
| --- | --- | --- | --- |
| 广州 | 56 | 0.948 | 1 |
| 深圳 | 50 | 0.792 | 2 |
| 珠海 | 38 | 0.585 | 4 |
| 佛山 | 39 | 0.592 | 3 |
| 惠州 | 34 | 0.523 | 6 |
| 东莞 | 37 | 0.549 | 5 |
| 中山 | 35 | 0.520 | 7 |
| 江门 | 32 | 0.490 | 9 |
| 肇庆 | 33 | 0.503 | 8 |
| 香港 | 22 | 0.303 | 10 |
| 澳门 | 14 | 0.143 | 11 |

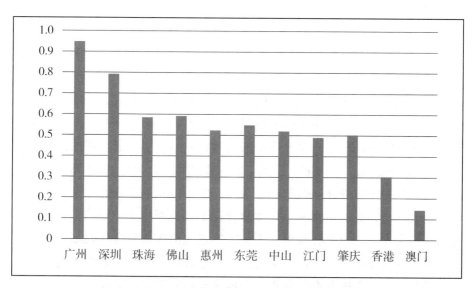

图 20-1 粤港澳大湾区各城市社会政策综合指数

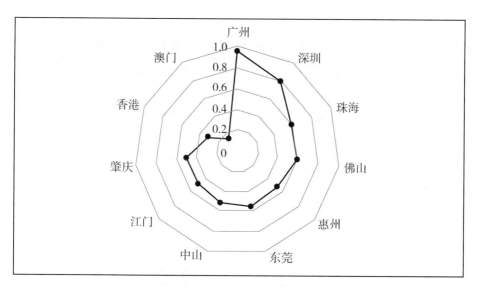

图 20-2 粤港澳大湾区各城市社会政策综合指数得分

### 2. 各领域政策指数

（1）教育政策指数

如表20-3和图20-3、图20-4所示，从原始条文数来看，大湾区内地9市均出台了不少相应的教育政策，这与广东省重视教育建设特别是重视粤港澳三地教育合作发展的战略部署紧密相关。其中，广州、深圳出台的关于教育政策的条文数高达17条，东莞以16条紧跟其后，珠海、中山以15条排名并列第三，其余城市的教育政策条文数均有10条以上。与内地相比，港澳地区能从官方文件中搜罗到的教育政策较少。根据相关系数计算出来的教育政策分指数来看，广州、深圳排名第一，为0.203；东莞在整个大湾区以0.189的得分排名第二；珠海、中山以0.175的得分排名并列第三。从分数可看出这几座城市在教育建设上都有所作为，说明广州、深圳作为粤港澳大湾区的中心城市，正积极推进大湾区教育合作发展。东莞在支持高等教育方面较为积极。排名并列第三的珠海和中山分别在高等教育领域和基础教育领域有不同侧重。总体上看，大部分城市在教育政策的出台和执行上都有积极动作，重视教育合作发展，而江门和港澳的条文数和教育政策指数均较低，有待进一步加强，各地市差异明显。

表20-3 粤港澳大湾区各城市教育政策条文数及相关指数

| 城市 | 原始条文数值 | 教育政策分指数 | 排名 |
| --- | --- | --- | --- |
| 广州 | 17 | 0.203 | 1 |
| 深圳 | 17 | 0.203 | 1 |
| 珠海 | 15 | 0.175 | 3 |
| 佛山 | 14 | 0.161 | 4 |
| 惠州 | 12 | 0.132 | 6 |
| 东莞 | 16 | 0.189 | 2 |
| 中山 | 15 | 0.175 | 3 |
| 江门 | 11 | 0.118 | 7 |
| 肇庆 | 13 | 0.147 | 5 |
| 香港 | 8 | 0.076 | 8 |
| 澳门 | 4 | 0.020 | 9 |

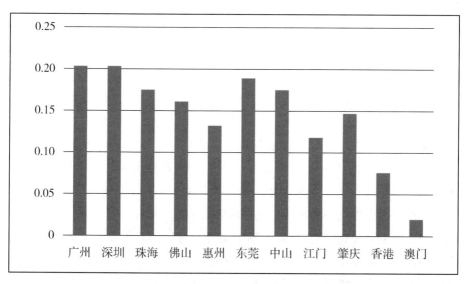

图 20-3　粤港澳大湾区各城市教育政策指数

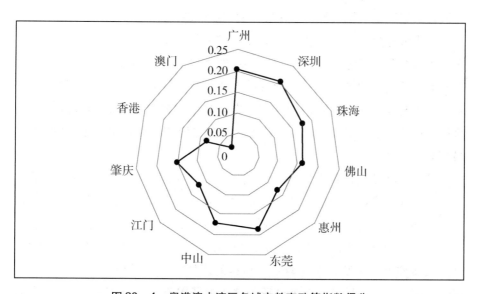

图 20-4　粤港澳大湾区各城市教育政策指数得分

通过进一步对粤港澳大湾区范围内相关教育政策内容的梳理，教育合作发展主要集中在以下两方面。

第一，高等教育一体化趋势增强。高等教育的合作发展不仅是粤港澳大湾区建设中社会、经济发展的要求，也是三地高等教育现代化、国际化的要求。该领域的合作发展具备良好的历史基础：2005年，北京师范大学—香港浸会大学联合国际学院作为首家粤港澳地区合作办学机构在珠海市成立；2012年，第二家合作办学机构香港中文大学（深圳）设立；2013年，澳门大学在珠海横琴建设的新校区正式启用。随着粤港澳大湾区建设的推进，广东省陆续出台了相关文件支持香港科技大学、香港城市大学、香港大学（医学院）、香港中文大学（医学院）、澳门科技大学落户广东，东莞市也出台文件支持争取粤港澳大湾区大学落户东莞。

随着国家于2005年开始对港澳生实行与内地生同等收费，选择来内地升学的港澳生逐年增多，广东省由于地缘相近、语言相通等成为最受港澳生欢迎的目的地。截至2017年年底，广东省在读港澳台学生11818人，其中，新生2820人，总规模占全国高校在读港澳台学生的近一半。根据2019年教育部官网的最新数据，广东省备案可招收港澳生的高校有54所。

高等教育的一体化态势主要通过合作办学和港澳生赴内地就读得以体现。从指数得分情况来看：广州、深圳的高等院校数量众多，合作办学力量强大，因此指数得分高；东莞在筹备大湾区大学的过程中表现积极，政策支持力度大，在高等教育领域的突出表现使得其能在教育指数排名上位列第二；珠海的合作办学历史久远，合作院校多，由此教育指数得分也较高。

第二，基础教育各有特点。基础教育是关系到民生的重要问题，不断提高保障和改善民生水平，事关粤港澳大湾区的持续繁荣和稳定。随着大湾区经济的增长与融合，越来越多的港澳人士选择到大湾区的内地城市工作、生活，积极融入国家发展大局，由此产生了子女教育等社会民生问题。在《粤港澳大湾区发展规划纲要》精神的指导下，广州市教育局在广东华侨中学试点设立市属首个公办性质的"港澳子弟班"，华南师范大学外校也设有民办性质的子弟班。广州、深圳、佛山、东莞、珠海、中山、肇庆均出台了接受港澳居民及其子女入学的政策。

粤港澳大湾区的建设为三地带来了更加活跃的文化交流活动，三地青少年儿童有了更多机会和更多方式进行沟通和联系。在鼓励粤港澳三地中小学校结为"姊妹学校"、研究探索三地幼儿园缔结"姊妹园"的政策影响下，至2019年上半年，粤港缔结姊妹学校721对、粤澳姊妹学校69对，在内地占比超六成。粤港澳大湾区姊妹学校中华经典美文诵读比赛的举办，不仅让中华文化影响更加广泛，还让三地青少年儿童增进了感情，是新时代坚定文化自信、提高国家文化软实力的有效方式。

在基础教育领域，受限于三地在教育观念、体系、制度、质量管理等方面的差异，开放空间和合作水平还有待进一步扩大和提升。从得分来看，除了广州和深圳，中山在解决基础教育困难上的政策表现较为显眼，因而整体排名较为靠前，和在高等教育领域表现出色的珠海并列第三。

(2) 医疗政策指数

通过对粤港澳大湾区11个城市的医疗政策赋分，以及功效系数熵值法的计算，得出如表20-4和图20-5、图20-6所示的数据。从原始条文数来看，每个城市均出台了相应的养老政策。其中，在关于养老政策的条文数原始数值中，广州出台的关于医疗政策的条文数最多为5条，其次是惠州、香港，均为2条，其余城市为1条。从医疗政策指数来看，目前粤港澳大湾区各城市的医疗政策分为四档：第一档为广州，第二档为惠州，其余城市除澳门外为第三档，澳门为第四档。广州排名第一，为0.202，说明广州关于粤港澳大湾区融合发展的医疗政策做得最好；其次为惠州，排名第二，为0.111；其余城市除澳门外指数均为0.081；澳门指数最低，为0.020。

通过有关大湾区医疗政策的文本梳理，可以得出以下基本结论：

第一，粤港澳大湾区医疗协同指数普遍不高。粤港澳大湾区11个城市的医疗协作除广州、澳门外总体均衡，且处于相对较低水平，这充分说明大湾区医疗协作具有较大的提升空间。粤港澳大湾区医疗协作处于初步协同发展水平，根据相关文献梳理，可发现未来粤港澳大湾区医疗协作领域非常广泛，如疾病防控、"产学研"合作平台、疾病防治研究中心、医师资格互认、各医疗专科协作对接等方面，这些均将会是未来粤港澳三地医疗卫生协作的重点。

表20-4 粤港澳大湾区各城市医疗政策条文数及相关指数

| 城市 | 原始条文数值 | 医疗政策分指数 | 排名 |
|---|---|---|---|
| 广州 | 5 | 0.202 | 1 |
| 深圳 | 1 | 0.081 | 3 |
| 珠海 | 1 | 0.081 | 3 |
| 佛山 | 1 | 0.081 | 3 |
| 惠州 | 2 | 0.111 | 2 |
| 东莞 | 1 | 0.081 | 3 |
| 中山 | 1 | 0.081 | 3 |
| 江门 | 1 | 0.081 | 3 |
| 肇庆 | 1 | 0.081 | 3 |
| 香港 | 2 | 0.081 | 3 |
| 澳门 | 1 | 0.020 | 4 |

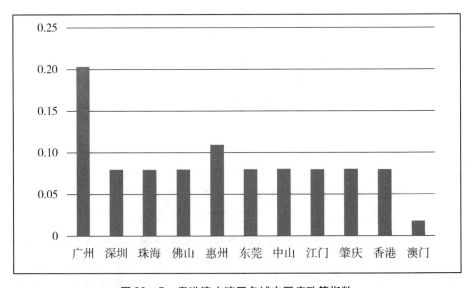

图20-5 粤港澳大湾区各城市医疗政策指数

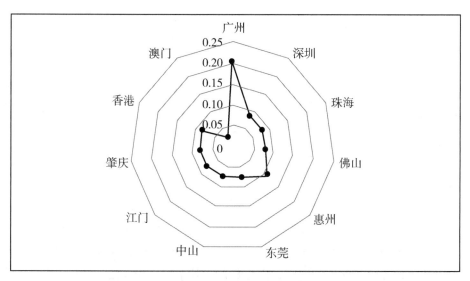

图 20-6 粤港澳大湾区各城市医疗政策指数得分

第二，粤港澳大湾区医疗协同发展水平呈现出不均衡趋势。从粤港澳大湾区 11 个城市的医疗协同指数中可以看出，广州是粤港澳大湾区医疗协同最好的城市，不仅因为广州是广东的省会，各种医疗资源丰富，还因为政策倾斜于广州。从 2017 年开始，广州的南沙区就拟被提升为"粤港澳大湾区医疗新高地"，大量的医疗资源涌入南沙，诸多粤港澳医疗机构纷纷入驻南沙。而惠州之所以比其他七地市医疗协同指数高，除去该市医疗政策相对多以外，还因为粤港澳卫生健康合作共识曾在该地举办，因而该地从医疗方面融入大湾区的意愿较为强烈。而其余城市的医疗政策条文数和医疗政策指数均较低，有待加强。

第三，部分发达城市医疗协同与其经济地位不相适应。比如，深圳虽在经济方面走在大湾区内地城市前列，但就其融入大湾区的医疗政策方面则相对较弱，甚至比不上惠州。这表明，融入大湾区医疗合作不仅需要民间、港澳与内地融合，还需要大湾区内地城市的领导高度重视，出台相应的政策。

第四，粤港澳大湾区医疗协同发展存在着诸如机制体制不同等问题。由于粤港澳大湾区跨越了"一国两制""三种医疗"体系，大湾区内地城市与香港、澳门的医疗体系均不相同，三地对医生的执业资格认定、医药标准、老百姓就医转诊等方面均需要破解机制体制难题。此外，各地医疗法规亦不相同,故而还需要破解行医、就医方面的法律规范问题。例如,大湾区内地患者赴港澳就医、港澳医疗机构到大湾区内地城市开办医疗机构仍存在一些相对繁杂的程序等。

综上,粤港澳大湾区各地的医疗协同发展已初具规模,大湾区各城市或多或少均已出台医疗融合发展的相应政策。虽然存在许多问题,但破解大湾区医疗协作发展中存在的体制机制问题,推进大湾区医疗水平迈向更高水平,势在必行。

(3) 养老政策指数

如表20-5和图20-7、图20-8所示,从原始条文数来看,粤港澳大湾区每个城市均出台了相应的养老政策。其中,在粤港澳大湾区各城市关于养老政策的条文数原始数值中,深圳出台的关于养老政策的条文数为9条,其次是佛山、江门和肇庆,均为8条,其余城市为7条。从养老政策分指数来看,深圳排名第一,为0.201,说明深圳关于粤港澳大湾区融合发展的养老政策做得最好;其次为佛山、江门和肇庆,排名并列第二,为0.175;其余城市指数最低,为0.149。也就是说,目前粤港澳大湾区各城市的养老政策分为三档:第一档为深圳,第二档为佛山、江门和肇庆,其余城市为第三档。在这些城市中,广州和港澳的条文数和养老政策指数均较低,有待加强。从总体来看,与医疗、教育、青创、住房等其他领域相比,粤港澳大湾区各城市在养老政策融合发展方面需要继续加强。

表20-5 粤港澳大湾区各城市养老政策条文数及相关指数

| 城市 | 原始条文数值 | 养老政策分指数 | 排名 |
| --- | --- | --- | --- |
| 广州 | 7 | 0.149 | 3 |
| 深圳 | 9 | 0.201 | 1 |
| 珠海 | 7 | 0.149 | 3 |
| 佛山 | 8 | 0.175 | 2 |
| 惠州 | 7 | 0.149 | 3 |
| 东莞 | 7 | 0.149 | 3 |
| 中山 | 7 | 0.149 | 3 |
| 江门 | 8 | 0.175 | 2 |
| 肇庆 | 8 | 0.175 | 2 |

续上表

| 城市 | 原始条文数值 | 养老政策分指数 | 排名 |
|------|------|------|------|
| 香港 | 2 | 0.020 | 3 |
| 澳门 | 2 | 0.020 | 3 |

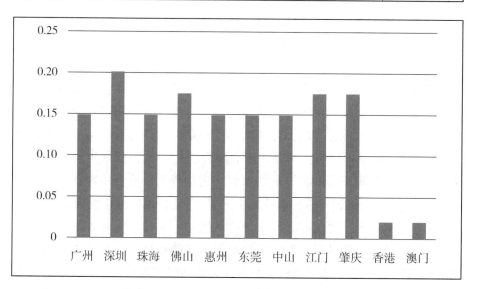

图20-7 粤港澳大湾区各城市养老政策指数

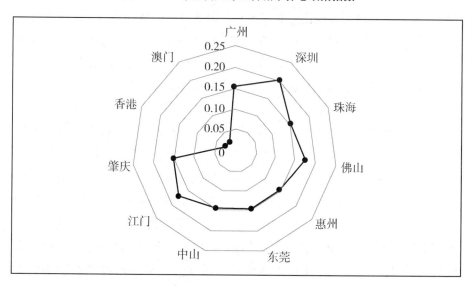

图20-8 粤港澳大湾区各城市养老政策指数得分

综上所述,粤港澳大湾区养老政策融合方面目前仍存在一定的问题。

第一,粤港澳大湾区城市间权力主体层级不对等,养老政策协商存在障碍。粤港澳大湾区的养老政策是在遵循"一国两制"方针的基础上推进的,港澳两个特别行政区拥有高度自治权,非大湾区内地城市地方政府所能比拟,因而大湾区城市间官方层面的养老政策沟通协商存在行政地位的不平等,在养老法规的立法权能方面更是存在司法、立法的自主性差距。

第二,粤港澳大湾区城市间社会发展程度不平衡,养老政策服务均等化难以实现。粤港澳大湾区各个城市间的社会发展在体量、规模、成熟度等方面都存在较大差异。广深港澳为第一梯队,佛莞惠珠为第二梯队,其他城市为第三梯队。经济实力与城市化程度决定了大湾区城市间的养老政策、配套设施与服务提供在短期内难以实现均等化,这也使得各城市间养老政策存在"强—强""强—弱""弱—弱"等不协调的分化现象。

第三,粤港澳大湾区城市间社会政策理念不一样,养老政策共识凝聚的壁垒难以突破。粤港澳大湾区内地城市对接的社会结构是"大政府、小社会",其养老政策强调适当借鉴西方社会公共服务理念,重点在于突显中国化;而港澳城市对接的社会结构是"小政府、大社会",其养老政策完全把西方公共服务理念本地化。珠三角9市养老政策所依托的文化土壤与社会环境,与港澳地区存在显著差异性,要凝聚粤港澳大湾区整体的养老政策共识,单靠政府规划与行政力量推动显然势单力薄,而在教育与宣传方面调动大湾区市民的主体参与意识,还需要做很多动员工作。

(4)港澳青创政策指数

通过对粤港澳大湾区11个城市的港澳青创政策赋分,以及功效系数熵值法的计算,从粤港澳大湾区"9+2"城市有关港澳青创协同指数看(表20-6、图20-9、图20-10),较为活跃的城市是广州、深圳、珠海、香港以及澳门,他们指数分别是0.197、0.108、0.086、0.086、0.064,佛山、惠州、东莞、中山、江门、肇庆对港澳青创政策的落实相对缓慢。这表明,粤港澳大湾区推动港澳青创政策仍然集中在珠三角较发达城市,佛山、惠州、东莞、中山、江门、肇庆等城市推动港澳青年创业的政策创新还有更大提升空间。

表20-6 粤港澳大湾区各城市港澳青创政策数目及相关指数

| 城市 | 原始条文数值 | 港澳青创政策分指数 | 排名 |
|---|---|---|---|
| 广州 | 12 | 0.191 | 1 |
| 深圳 | 8 | 0.105 | 2 |
| 珠海 | 7 | 0.083 | 3 |
| 佛山 | 4 | 0.019 | 6 |
| 惠州 | 4 | 0.019 | 6 |
| 东莞 | 4 | 0.019 | 6 |
| 中山 | 4 | 0.019 | 6 |
| 江门 | 4 | 0.019 | 6 |
| 肇庆 | 4 | 0.019 | 6 |
| 香港 | 8 | 0.105 | 4 |
| 澳门 | 6 | 0.062 | 5 |

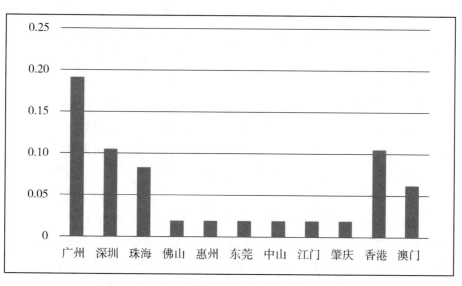

图20-9 粤港澳大湾区各城市港澳青创政策指数

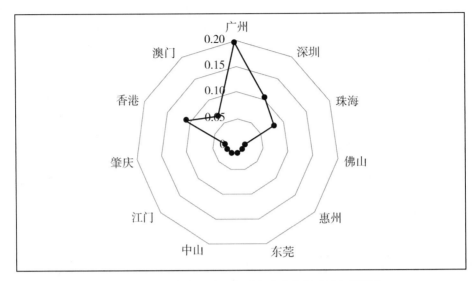

**图 20-10　粤港澳大湾区各城市港澳青创政策指数得分**

从整个大湾区推动港澳青年创业扶持政策来看，一些城市港澳青创政策相对滞后，主要是仍面临一些体制机制性问题难以化解：其一，港澳青年在大湾区创业发展存在制度壁垒。粤、港、澳三地实行不同的政治经济制度，如司法制度、税收制度等方面的差异给港澳青年创业带来阻力。其二，港澳青年创业的机制保障不健全。大湾区一些地市对港澳青年创业的机制保障停留在文本上，细节上有不少技术性难题需要克服。其三，在促进港澳青年创业上，政府与市场的角色分工不够明确。政府在推动港澳青年创业方面应发挥指导作用，而非大操大办。但由于市场基础性配置作用不够，地方政府兴起港澳青年创业基地建设高潮，甚至出现抢项目、抢团队现象，基地平台可能出现供给过剩现象。其四，政府间协调合作不够充分。负责港澳青年创业业务的部门较为分散，有商务、外事等政府部门及共青团委等，它们对港澳青年创业的协调合作能力各不相同，在实际操作中可能发生功能重叠冲突。其五，港澳青年创业政策宣讲与传播力度不强。2018年《香港青年港澳大湾区发展指数》显示，仍有45.13%的香港青年受访者尚未听过大湾区发展计划，表明港澳相当部分青年对大湾区的了解和认知程度不够。其六，港澳青年享有内地居民待遇落实不一。国家已颁发《港澳台居民居住证申领发放办法》，但是一些大湾区内地地市对港澳台居民内地居住证实施及其代表的公共福利权解释各有不同，具体实施细则也不一，落实程度较为缓慢。

(5) 住房政策指数

通过对粤港澳大湾区 11 个城市的住房政策赋分以及功效系数熵值法的计算，从粤港澳大湾区"9+2"城市有关住房政策协同指数看（表20-7、图20-11、图20-12），较为活跃的城市是广州、深圳、佛山，指数值分别是 0.198、0.198、0.013；珠海、惠州、东莞、中山、江门、肇庆、香港、澳门有关促进港澳居民在粤港澳大湾区内地城市置业的住房政策相对滞后。香港、澳门有关促进居民到大湾区内地城市置业的住房政策实施与两地法律制度、生活环境、交通设施、购房限制条件密切相关，推动港澳居民到大湾区购房的政策支持还相对滞后。惠州、东莞、中山、江门、肇庆等城市相对广州、深圳，竞争力和吸引力较弱，相关住房政策的推进也较为缓慢，缺乏制度创新。这是因为：其一，这些城市一般以遵循住房城乡建设部制定有关港澳居民购房的政策规定为主，缺乏实质性的指引功能。大湾区内地 9 市一般以严格执行住房城乡建设部上述规定为主，相关政策条款并无多大差异，一般规定"境外机构和个人购房的，严格按照国家有关政策执行"，表现出地市制定有关购房政策的自主权力相对较弱，在实际操作过程中并不能对港澳居民购房形成明显的指引性作用。其二，大湾区内地城市鼓励港澳居民购房政策并不是体系化、专门化，导致政策缺乏较强的针对性。大湾区内地各城市有关港澳居民购房的政策不但没有条款细节上的指引，而且吸引港澳居民前往内地购房的政策优惠只作为各级政府引进港澳人才的配套措施之一，较为单一化，具体操作性不强。一些住房政策规定作为嵌入人才政策中的单一条款，只能对特定目标人群产生作用，对普通港澳居民来内地购房可能产生不了多大吸引力。其三，对港澳居民购房的政策集中在居住时长、手续证明、限购数量等方面做出一般性限制，可能致使在政策过程中执行弹性大。这些一般性限制的约束力与规制性还不够，而且在某些细节上具有模糊性，导致政策执行过程中存在弹性空间，可能给潜在的违规操作留下政策漏洞。

表 20-7 粤港澳大湾区各城市住房政策数目及相关指数

| 城市 | 原始条文数值 | 港澳住房政策分指数 | 排名 |
|---|---|---|---|
| 广州 | 12 | 0.200 | 1 |
| 深圳 | 12 | 0.200 | 1 |
| 珠海 | 5 | 0.095 | 4 |
| 佛山 | 9 | 0.155 | 2 |
| 惠州 | 6 | 0.110 | 3 |
| 东莞 | 6 | 0.110 | 3 |
| 中山 | 5 | 0.095 | 4 |
| 江门 | 5 | 0.095 | 4 |
| 肇庆 | 4 | 0.080 | 5 |
| 香港 | 0 | 0.020 | 6 |
| 澳门 | 0 | 0.020 | 6 |

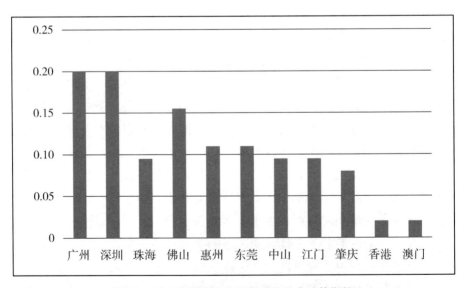

图 20-11 粤港澳大湾区各城市住房政策指数

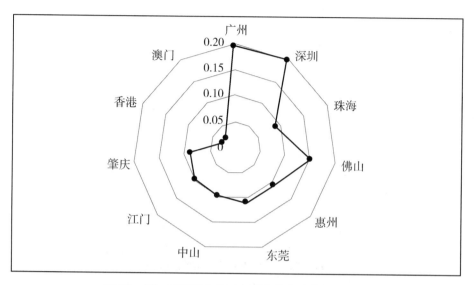

**图 20-12　粤港澳大湾区各城市住房政策指数得分**

不过，从相关政策看，针对部分港澳居民大湾区购房需求，一些大湾区内地城市正在努力推进便利港澳居民购房的政策措施。例如，采取提供"住房+租房公寓"的配套模式，尽可能满足港澳居民在内地的多元化住房需求；逐渐对港澳居民实行可享受与内地居民购房政策的若干同等权利及其他政策优惠；部分地区因应粤港澳大湾区建设逐渐对港澳居民购房政策的限制条件实施"松绑"；加紧建设方便港澳居民快速流动与跨境居住的交通运输网络。

**3. 各城市的政策指数**

（1）广州市

如图 20-13 所示，广州市各政策领域指数得分都较高，总体情况良好，广州市总的政策指数也是在大湾区城市中排名第一，说明广州的政策融合方面做得较好，而且广州着力通过制度政策这一工具来促进粤港澳大湾区的融合。具体到各政策领域，在广州，教育和医疗政策指数得分最高，说明广州在教育和医疗政策融合方面做得最好；其次是住房和港澳青年创业政策指数得分较高；但是养老政策指数得分最低，说明广州需要关注养老政策方面的融合工作，进而达到多领域协调共进的良好局面。

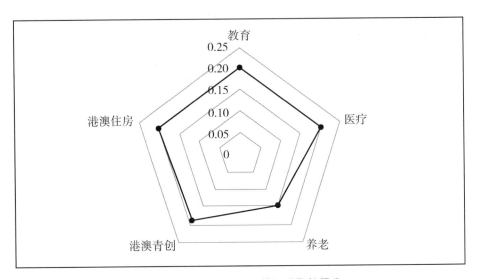

图20-13 广州市各政策领域指数得分

（2）深圳市

如图20-14所示，深圳市各政策领域指数得分总体情况良好，而且深圳市总的政策指数也是在大湾区城市中排名第二，说明深圳的政策融合方面也做得较好，但是在政策领域处于一种不平衡的状态。具体到各政策领域，在深圳，教育、住房和养老政策指数得分最高，说明深圳在教育、住

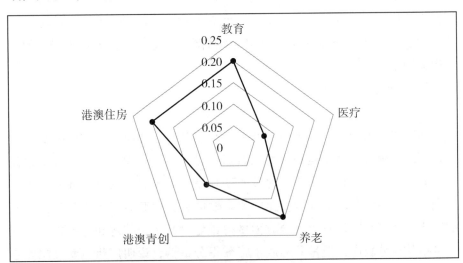

图20-14 深圳市各政策领域指数得分

房和养老政策融合方面做得最好,但是在医疗和港澳青年创业政策融合方面得分较低,说明深圳需要加大在医疗和港澳青年创业政策等领域的融合。深圳作为中国特色社会主义先行示范区,需要做到多领域协调共进发展。

(3) 佛山市

如图20-15所示,佛山市各政策领域指数得分参差不齐,侧重点不同,说明佛山市根据自身的优势和工作重点,着力促进具有自己特色的政策融合。具体到各政策领域,在佛山,养老政策指数得分最高,说明佛山在养老政策融合方面做得最好,根据自身优势打造自己的品牌;其次是住房和教育政策指数得分较高;但是医疗和港澳青创政策指数得分很低,说明佛山需要在加强自身特色优势领域政策融合的前提下,加强医疗和港澳青创政策融合。

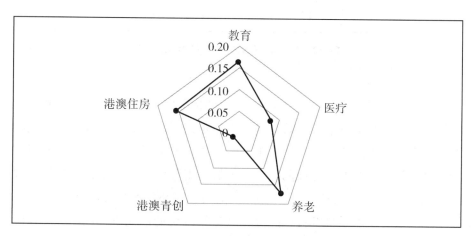

图20-15 佛山市各政策领域指数得分

(4) 惠州市

如图20-16所示,惠州市各政策领域指数得分参差不齐,侧重点不同,说明惠州市根据自身的优势和工作重点,着力促进具有自己特色的政策融合。具体到各政策领域,在惠州,教育和养老政策指数得分最高,说明惠州根据自身特点着重促进教育和养老政策方面的融合;其次是医疗和住房政策领域融合指数得分较高;港澳青创政策指数得分最低,说明惠州需要在港澳青创政策方面有待进一步加强。同样,惠州需要在加强自身特色优势领域政策融合的前提下,努力促进各领域政策的协同融合。

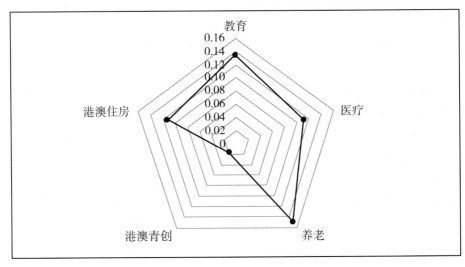

图 20-16　惠州市各政策领域指数得分

(5) 东莞市

如图 20-17 所示，东莞市各政策领域指数得分同样参差不齐，侧重点不同，说明东莞市根据自身的优势和工作重点，着力促进具有自己特色的政策融合。具体到各政策领域，在东莞，教育政策指数得分最高，说明东莞着力加强在教育政策方面的融合，根据自身优势打造自己的品牌；其次是养老政策指数得分较高，但是医疗、港澳青创和住房政策指数得分很低，说明东莞需要在加强自身特色优势领域政策融合的前提下，进一步加强医疗、港澳青创和住房政策融合。

(6) 珠海市

如图 20-18 所示，珠海市各政策领域指数总体得分情况一般，而且珠海市总的政策指数在大湾区内地城市排名中亦靠后，说明珠海市的政策融合方面做得不够理想。具体到各政策领域，在珠海，教育和养老政策指数得分最高，说明珠海在教育和养老政策融合方面做得最好；其次是住房和医疗政策指数，但是医疗、住房和港澳青创这 3 个领域的政策指数得分相差无几，非常接近；而医疗政策指数得分最低，说明珠海需要关注医疗政策方面的融合工作，进而达到多领域协调共进的良好局面。

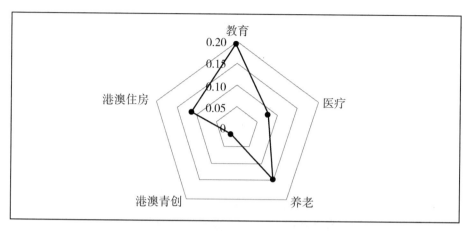

图 20-17　东莞市各政策领域指数得分

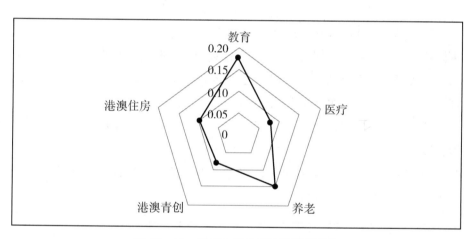

图 20-18　珠海市各政策领域指数得分

(7) 中山市

如图 20-19 所示，中山市总体上各政策指数得分参差不齐，侧重点不同，说明中山市根据自身的特点和工作重点，着力打造具有自己特色的融合政策。具体到各政策领域，中山市的教育政策指数得分最高，说明中山在教育政策融合方面做得最好，根据自身优势打造自己的品牌；其次是养老和住房政策指数得分较高，但是医疗和港澳青创政策指数得分相对较低，尤其是在港澳青创领域。说明中山市需要在加强自身特色优势领域政策融合的前提下，加强医疗和港澳青创政策融合。

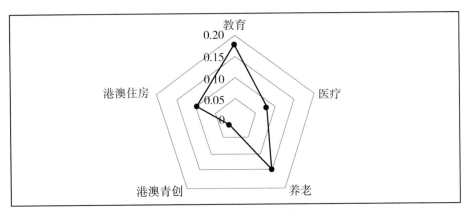

图20-19　中山市各政策领域指数得分

(8) 江门市

如图20-20所示,江门市总体上各项政策领域指数得分参差不齐,政策倾斜/侧重点不同,说明江门市根据自身的优势和工作重点,结合粤港澳大湾区政策,着力打造具有自己特色的融合政策。具体到各政策领域,在江门,养老和教育政策指数得分最高,说明江门根据自身特点,着重在养老和教育方面先与粤港澳大湾区其他城市融合;其次是医疗和住房政策指数;港澳青创政策指数得分最低,说明江门需要在港澳青创政策方面进一步加强。同样,江门需要在加强自身特色优势领域政策融合的前提下,努力促进各领域政策的协同融合。

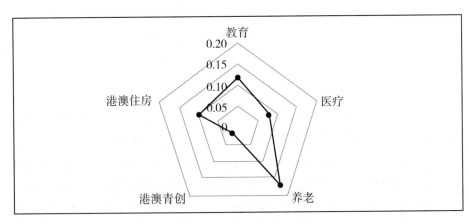

图20-20　江门市各政策领域指数得分

(9) 肇庆市

如图 20-21 所示，肇庆市各政策领域指数得分同样参差不齐，侧重点也不同，这同样说明肇庆市根据自身情况和工作重点出发，着力出台具有自己特色的融合政策。具体到各政策领域，在肇庆，养老政策指数得分最高，说明肇庆着力加强养老政策方面的统合，根据自身优势打造自己的品牌；其次是教育政策指数得分较高，但是医疗、港澳青创和住房政策指数得分很低，说明肇庆需要在加强自身特色优势领域的政策融合的前提下，进一步加强医疗、港澳青创和住房政策融合。

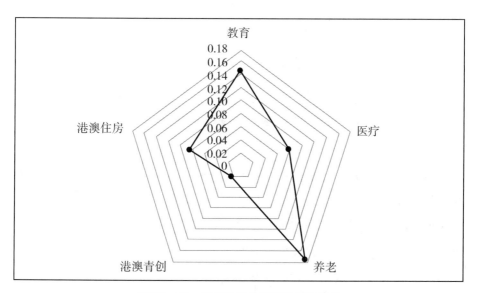

图 20-21　肇庆市各政策领域指数得分

(10) 香港

如图 20-22 所示，总体来看，香港在融入粤港澳大湾区各政策领域指数得分同样参差不齐，侧重点也不同。由于"一国两制"，香港有关融入大湾区的政策较难识别。尽管如此，香港仍有一些关于融入大湾区的政策。具体到各政策领域，在香港，港澳青创政策指数得分最高，说明香港在着力加强港澳青创政策方面的统合，千方百计给香港青年谋出路，体现了香港特别行政区政府的良苦用心；其次是教育和医疗政策指数得分较高；但是养老和住房领域的政策指数得分很低，说明香港需要在加强自身特色优势领域的政策融合的前提下，进一步加强养老和住房政策融合。

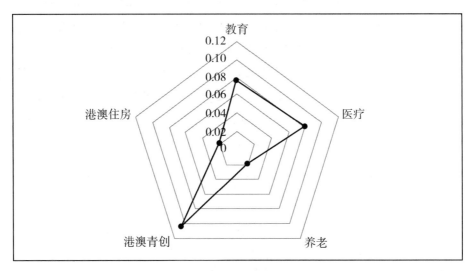

图 20-22　香港各政策领域指数得分

（11）澳门

如图 20-23 所示，澳门在融入粤港澳大湾区各政策领域指数得分亦参差不齐，侧重点也不同。与香港类似，由于"一国两制"，澳门有关融入大湾区的政策较难识别。具体到各政策领域，在澳门，港澳青创政策指数得

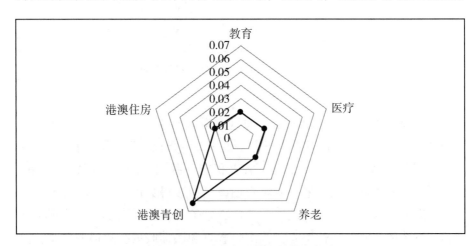

图 20-23　澳门各政策领域指数得分

分最高,说明澳门在着力加强港澳青年创业政策方面的统合,给澳门青年谋出路、求发展,体现了澳门特别行政区政府促进青年就业的决心;其他政策如教育、医疗、养老及住房政策指数得分均较低,说明澳门需要在加强自身特色优势领域政策融合的前提下,进一步加强教育、医疗、养老及住房政策融合。

# 第二十一章 粤港澳大湾区经济协同指数研究

黎熙元[①]等

课题组成员：郑婉卿 龙海涵 蓝宇东 刘明伟 方木欢 冯庆想
周　微 温国硅 武粮林 赵亚钊 张睿华

地区经济协同的一个重要体现就是区域的经济合作和一体化。区域合作与一体化在加速经济增长和发展、减少贫困和经济差距、提高生产率和就业率以及加强体制方面起着关键作用。区域一体化的深入发展扩大了市场，有助于最大限度地提高资源分配效率，并提高生产力和增加投资机会。除了经济方面的效益，区域一体化还可以产生客观的非经济效益，例如，增强安全性和政治稳定。区域一体化是一个动态的过程，一个集团或相邻地区或国家可以通过合作以实现共同的目标，互惠互利。区域合作与一体化可以体现在许多不同的方面，如促进相互的贸易和投资、发展基础设施、改善人民的流动性、加强区域公共产品的提供，以及为政策合作提供法律和体制基础。

## 一、粤港澳大湾区经济发展现状

促进区域协同发展，经济合作是必不可少的部分。经济方面的协同发展，内容上可以表现为区域内部的分工、交流、合作与竞争等多维度的强化，形式上可以表现为产业的集聚与扩散。区域经济合作推动着城市群经济发展。伴随着《粤港澳大湾区发展规划纲要》（以下简称《规划纲要》）

---

① 黎熙元，课题组组长，中山大学粤港澳发展研究院首席专家。

的战略部署，粤港澳大湾区的经济协同发展正变得越来越重要。

粤港澳大湾区融合发展是我国改革开放40年来的一个缩影。粤港澳大湾区特别是内地的9个大中型城市一直是我国战略发展的重点区域。这一地区作为我国改革开放的前沿阵地，是我国优化现代产业结构、提高国际市场竞争力等方面的前导地区。改革开放以前，该地区以香港为主导，随着全方位、多层次和宽领域的开放政策的深入推进，香港、澳门到珠江三角洲来投资建厂，实施国际化的垂直分工。从20世纪80年代开始，广东选择了以轻型、外向的产业为主的发展战略，利用改革开放的制度优势与毗邻港澳的区位优势，采取"三来一补"和"前店后厂"模式，发展了本地的劳动密集型产业，加快了广东的工业化进程。20世纪90年代，来自台湾地区的电子信息和家电制造等具有较高技术附加值的产业，以投资办厂和贴牌生产相结合的方式向珠江三角洲转移，进一步促进了广东省的产业升级。香港也借由区域内的产业升级，为其金融、贸易和航运带来机遇。20世纪末期，香港发展成为国际金融、贸易和航运中心。进入21世纪以来，随着经济进一步地融合发展，区域内部逐步突破单纯的产业合作局限，向多个领域纵深合作发展。

2010—2018年，港澳珠三角地区作为我国地区经济增长的龙头之一，经济取得快速发展。广东省GDP从4.6万亿元增长至9.7万亿元，年均增长率为9.8%。第一产业、第二产业与第三产业增加值增幅都很大（图21-1）。

经济增长伴随着产业升级同步发展，两者相互促进。如图21-2所示，2010年，广东省第一产业、第二产业及第三产业占GDP的比重分别为4.97%、50.02%与45.01%。以工业制造业为主的第二产业仍占据最多的份额。2018年，第一、第二与第三产业的当年增加值占GDP的比重分别为3.94%、41.83%与54.23%。第一产业的占比不断下降，就业不断趋向第三产业，表明广东省正逐步调整产业结构，实现产业升级。

粤港澳地区协同发展也体现在三地经济增长趋势的一致性上。如图21-3所示，2010年，广东省、香港及澳门分别取得16.54%、7.1%、31.3%的GDP增长率，并在此后的3年间呈现大体一致的变化趋势。除澳门在2014年、2015年服务业出口紧缩导致GDP增长大幅下降外，广东省及香港的经济增长仍大体保持相同的变化趋势。经历2015年的增长下滑，澳

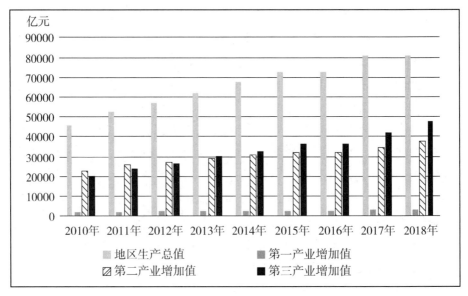

图21-1 广东省GDP

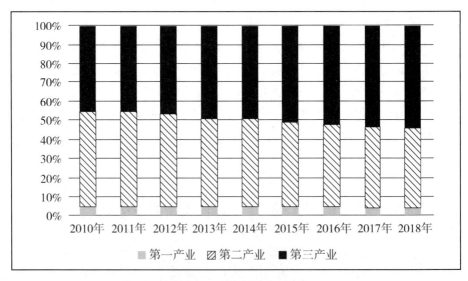

图21-2 广东省各产业占比

门2017年GDP增长率回升至12.2%。总体而言,2010—2018年,粤港澳三地保持了相似的GDP增长曲线。

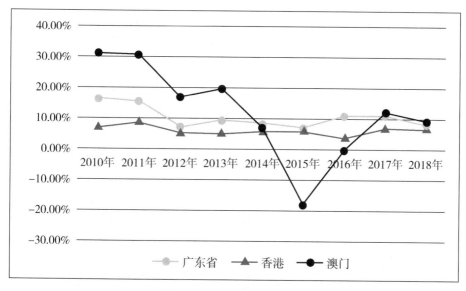

图 21-3　广东省、香港及澳门 GDP 增长率

### 1. 贸易、投资与金融

为促进内地与港澳全方位的经济融合，2003 年 6 月、10 月，中央分别与香港、澳门签署了《内地与香港关于建立更紧密经贸关系的安排》与《内地与澳门关于建立更紧密经贸关系的安排》（CEPA）。CEPA 旨在加强内地与港澳货物和服务贸易关系，减少内地与港澳经贸融合的体制障碍，加速相互间资本、人员、货物等要素的流动，提供经济协同发展水平。CEPA 采取"循序渐进"的方式，自 2003 年主体文件签订起，之后每一年，两地均签署了 1 个补充协定，至 2013 年 10 年间共签署了 10 个补充协定。CEPA 在货物贸易中做出承诺，以促进双方贸易发展，如，对原产地为协议方的进口货物实行零关税；双方承诺一方将不对原产于另一方的进口货物采取反倾销措施；承诺一方将不对原产于另一方的进口货物采取反补贴措施；等等。

2018 年，广东自香港的进口额为 11450 亿元人民币，占广东省总进口额的 26.8%；香港与内地的贸易总额达 4.473 万亿港元，占所有国家/地区的 50% 以上。如图 21-4 所示。"前店后厂"模式是粤港澳大湾区经济融合的特殊方式，借助内地的劳动力与资源等比较优势，香港将自身企业的生产部门转移到内地,将经营管理等服务性部门留在香港,充分发挥粤港澳大湾区经济融合的市场规模效应与资源配置效应,提高两地的经济效率。2018年,原产地为内地经香港输往其他地方的转口货品中,涉及外发加工贸易的估计货值逾9700亿港元。21世纪以来,在所有经香港转口的内地产品,设计外发加工贸易的估计比重始终在70%左右。内地,尤其是广东已成为香港最大的贸易伙伴。

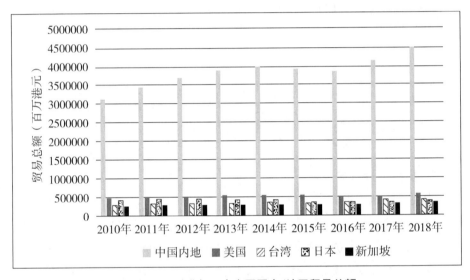

图21-4　香港与5个主要国家/地区贸易总额

除货物贸易外,区域经济一体化理论也涵盖了服务贸易的内容:共同市场理论要求包括资本和劳动力在内的生产要素可以自由流动,而要素流动是服务贸易的重要形式;政策一体化和完全一体化理论要求区域成员之间经济政策得到充分协调或实行统一的经济和社会政策,实现制度整合和趋同,虽然不仅限于服务贸易,但为服务贸易自由化创造了条件(刘云刚等,2018)。

提升粤港澳服务贸易自由化水平将带动大湾区转型发展。随着广东制造业转型升级以及港澳拓展发展空间的需求日益迫切,粤港澳服务贸易互补性明显增强。一方面,香港在以金融、研发、商务服务等为重点的现代服务业方面具有明显优势;另一方面,广东已经进入工业化后期,产业结构升级需要服务业的发展。

2014年,为了进一步提高双方服务贸易交流与合作的水平,内地与香港进一步签署了《关于内地在广东与香港基本实现服务贸易自由化的协议》(以下简称《广东协议》),这是内地首份参照国际标准,以准入前国民待遇加负面清单的方式制定的自由贸易协议,开放的深度和广度都超出以往的CEPA措施,广东对香港服务业开放153个服务贸易分部门,占全部服务贸易分部门的95.6%,其中有58个分部门对香港实行国民待遇。截至2017年,香港对内地的服务输出达3102亿港元,占其全部服务输出的39.9%;而来自内地的服务输入达2359亿港元,占全部服务输入比重达40.7%。

澳门方面,2014年和2015年分别签署《CEPA关于内地在广东与澳门基本实现服务贸易自由化的协议》和《CEPA服务贸易协议》,以扩大原有CEPA内容及深化其承诺,内地全境与澳门基本实现服务贸易自由化。内地同意对澳门的法律、会计、建筑及房地产、医疗及牙医、广告、管理咨询、会议展览等51个服务行业放宽市场准入条件,在符合世界贸易组织规则下,允许澳门服务提供者较内地对世贸承诺的时间表更早开放内地市场,内地对澳门开放的服务部门多达153个,涉及世界贸易组织服务贸易分类标准160个部门的95.6%,已达致两地服务贸易自由化。

CEPA亦对双方在贸易投资便利化的方面提出要求:双方通过提高透明度、标准一致化和加强信息交流等措施与合作,推动贸易投资便利化。内地与港澳之间的经济合作飞速发展。如2010年,广州与澳门劳务合作合同金额为1.15亿美元,与香港的劳务合作合同金额为2500万美元;而2018年,与澳门和香港的劳务合作合同金额分别达到4.6亿美元与1759万美元。

除货物贸易、服务贸易与劳务合作外,以企业为单位的经济主体之间的互动也是经济融合的重要组成部分。香港是高度繁荣的自由港和国际都市,与纽约、伦敦并称"纽伦港",是全球第三大国际金融中心,连续24年当选为世界上最自由的经济体。香港长期以来是沟通中西方的桥梁,既是中方企业进入西方世界的桥头堡,也是西方跨国公司进入内地的必经之道。香港自由的经济环境与其制度特色为中西方文化交流提供了良好的平台。从2010年到2018年,中国内地公司在香港的当地办事处从528个增至

1139个,占所有驻港当地办事处的23%;来自内地的驻港地区总部数目自99个增至197个,增幅近100%。港资企业、澳(澳门)资企业也积极进入内地,促进协同发展。

2. 人员流动与基建联结

2003年,港澳分别与内地签署了《关于建立更紧密经贸关系的安排》,与此同时,中央政府决定放宽内地居民"自由行"政策。这一政策的实施,极大地推动了内地居民前往港澳旅游和发展,访港旅客人数骤升,经济总量也连创新高。2003年访港内地旅客847万人次,比2002年增长24.1%,2004年为1225万人次,比上年增长44.6%。至2018年,访港内地旅客达5103万人次,占全部访港旅客的78.3%。2002年,前往澳门旅游的内地旅客424万人,占澳门总入境旅客的36.7%。而2018年前往澳门旅游的内地旅客上升到1226万多人,其中,来自广东的旅客达1051万人次。显然,广东成为澳门旅游业旅客来源最大的地区。

据香港的旅客消费统计,来自内地的过夜旅客消费1399亿港元,占所有过夜旅客消费的72.3%;在不过夜的旅客消费统计中,内地旅客的消费额更是占到了95%以上。澳门统计局的统计资料显示,所有地区的旅客中内地旅客的消费最高。内地旅客成为港澳旅客消费的主力军,促进了港澳的经济发展。

这些旅客不仅有力地刺激了港澳的消费市场,带动了酒店业、饮食业、零售业等服务业的发展,更推动了房地产、交通运输、通信等行业的发展,并有力地促进了香港居民就业,大大降低了香港的失业率(李晓晨,2012;张琳,2014)。

为进一步为粤港澳各地往来提供便利,促进人员流动,三地合作共建了三大典型基建项目:深港西部通道、广深高速铁路和港珠澳大桥。

深港西部通道北起深圳湾口岸,南至香港屯门蓝地,全长5.5千米,道路设计速度100千米/小时,是深港之间继罗湖、皇岗和沙头角之后第四条跨境通道,为我国公路干线网中唯一与香港连接的高速公路大桥,是广东沿江高速公路的咽喉要道。该工程已于2007年7月1日建成通车,现成为沟通香港与内地的交通大动脉,其日车辆通行能力5.86万辆,为全国乃至世界最大的陆路口岸。项目由深港政府各自出资,分别修建各自界内部分,口岸实行"一地两检"制度，港深两地人流、物流、车辆只需在位于深圳一方的联检大楼内检查证件及办理通关手续，便可顺利过关。这种通关模式突破了内地与香港行政、司法层面的樊篱，为粤港澳大湾区之后的合作开发提供了范例。

广深港高速铁路北起广州新客站，由西北向东南经过广州、东莞、深圳三市，从地下穿越深港边境，抵达香港西九龙站，全长142千米，分广深段和香港段两段，分别由广东省政府和香港特别行政区政府各自修建，最终对接。广深港高速铁路广深段由国家铁道部与广东省政府按各50%的股份出资组建广深港客运专线有限责任公司进行建设，投资成本约167亿元人民币。广深段于2005年12月18日动工建设，2011年12月26日通车运营；香港段于2010年1月27日动工建设，于2018年9月23日通车运营。广深港高速公路开通后，香港市民去广州缩减一半时间，仅需48分钟，去深圳福田只需14分钟，通过该铁路转车去北京和上海分别只需10小时和8小时。截至2019年3月，广深港高速铁路广深段累计发送旅客1.84亿人次。

港珠澳大桥跨越珠江口伶仃洋海域，是连接香港、珠海及澳门的大型跨海通道。大桥的起点是香港大屿山，经大澳跨越珠江口，最后分成"Y"字形，一端连接珠海，一端连接澳门。整座大桥按六车道高速公路标准建设，设计行车时速100千米，建成通车后，开车从香港到珠海的时间由3个多小时缩减为半个多小时。港珠澳大桥采取"三地三检"通关模式，其中，珠海、澳门之间采用"合作查验、一次放行"通关模式；司机在大桥中驾驶采用右行方式，到达港澳口岸地区后顺着道路方向自动调整为左行方式。"合作查验、一次放行"模式，即取消珠海、澳门两地口岸间的缓冲区，直接把两个口岸连在一起，旅客只需要排一次队即可完成出入境手续。在珠澳分界线上，设有"三道门全自助通道""单柜台半自助通道""台并台、肩并肩人工通道"三类通道，可满足不同人群需要，出入境通道共计68条。港珠澳大桥的通车对促进大湾区一体化建设具有重要的战略意义，同时对珠三角西岸地区的发展也具有重要意义。

## 二、粤港澳大湾区经济协同指标体系与数据

参考京津冀区域发展指数、亚太区域合作与一体化指数，结合粤港澳大湾区"两岸三地""9+2"的城市特色，从贸易投资金融、基建与人员流动两个维度构建指标体系来建构粤港澳大湾区经济协同指数。

贸易是粤港澳大湾区经济发展的巨大动力之一，如 2018 年香港外贸总额约为其 GDP 的 3.3 倍，是香港经济的重要支撑部分。区域经济一体化的本质即减少贸易壁垒和贸易成本。一般来说，一体化经济体之间贸易壁垒的减少使其开展贸易更加自由，同时，厂商可以获得更加便宜的供货来源，使生产能够根据比较优势进行，从而带来贸易量的增加。最早对经济一体化的贸易效应进行研究要追溯到 1950 年瓦伊纳（Viner）的研究，瓦伊纳开创的关税同盟理论认为，关税同盟的建立，会产生贸易创造和贸易转移效应。贸易创造是指关税同盟建立后，低效率成员方进口高效率成员方的低成本产品，减少低效的国内生产，从而节约生产资源而获利。贸易转移效应是指低效国在加入关税同盟后，不得不用伙伴国较高成本的进口替代其原来从世界市场上的低成本进口，从而给低效率成员方带来损失。关税同盟效应就是由贸易创造带来的效应减去贸易转移造成的损失而最终取得的实际利益。

2003 年，内地与香港、澳门特别行政区政府签署了 CEPA，2004 年、2005 年、2006 年又分别签署了《补充协议》《补充协议二》《补充协议三》。CEPA 是内地与港澳制度性合作的新路径，也是内地与港澳经贸交流与合作的重要里程碑，自此之后，大湾区的贸易发展有了全新的面貌。基于贸易在粤港澳大湾区经济的重要性，选取出口总额（X1）、进口总额（X2）、货物出口额占大湾区出口总额比重（X3）、货物进口额占大湾区进口总额比重（X4）4 个具体的衡量指标。

金融是一国或地区经济发展的核心，它支撑着产业结构的不断优化升级，影响着国民经济发展的方向。金融资源在空间地域分布上表现出非均质或不连续的特点，正是这种初始的地域禀赋差异性，催发了金融在不同国家、区域间的运动。发达的金融体系能够提高资源的配置效率，促进经

济增长，而某一区域的金融发展应更加注重区域金融一体化的发展。粤港澳大湾区经济虽较为发达，但经济发展不平衡且面临着产业转型升级的困境，中小企业众多，融资环境并不乐观，大力发展金融业、努力提升金融业整体服务水平是摆脱这一局面的关键。区域金融是指宏观金融体系在空间上的分布与运行，表现为具有不同形态、不同层次、不同阶段和金融活动相对集中的若干金融区域。区域金融一体化是指区域内各地区间的金融活动相互渗透、相互影响而形成一个联动整体的发展态势，蕴含着各地区金融资源差异所要求的资源流动和金融效率实现"帕累托改进"的资源优化配置，体现了金融资源与相关产业经济在空间和时间上的互动发展。实现区域金融一体化是经济一体化的前提条件和重要保障。在金融方面，选取外商直接投资（foreign direct investment，FDI）合同利用金额（X5）和金融机构本外币存贷比（X6）两个指标，度量大湾区投资与金融方面的协同发展情况。

交通基础设施作为影响运输的基础性要素，是区域空间格局形成和演化的本底，也是区域经济一体化的重要支撑。从理论上讲，加强各交通基础设施建设能够降低区域之间的贸易成本、提高区域之间的贸易效率。这对增加区域之间的贸易往来，扩大市场的规模效应、促进专业分工能够产生积极的作用。因此，交通基础设施的改善很可能是促进区域经济一体化的一项重要手段。国际之间的贸易量主要取决于交通成本的降低，那些拥有更好的交通基础设施的国家因为能够取得更高的国际贸易流量而更容易取得区域经济的均衡发展（Behrens，2004）。

进入 21 世纪后，粤港澳大湾区综合交通基础设施建设进入高速扩张阶段，为了适应城际间快速交流和满足城市内部便捷出行的发展需求，加快区域一体化发展，各类交通基础设施建设全面展开。到 2017 年，珠三角地区公路网密度达到了 1.2 千米/千米$^2$。广东省政府和各地市政府推出的一系列政策和跨界交通项目，广深港高铁和穗莞深城际铁路的开通、港珠澳大桥的建成通车以及仍在建设中的深中通道大大压缩了区域内城市之间的时间距离。同时，在对外交通中，广州白云国际机场 2004 年完成扩建和搬迁，佛山沙堤机场、惠州机场经改造后，分别于 2009 年和 2015 年重新恢复了民航服务，粤港澳大湾区的交通一体化呈现蓬勃的发展生机。

因此，以港口货物吞吐量（X7）来衡量粤港澳大湾区的交通基础设施建设情况。

从空间表征上看，区域一体化是区域空间结构建构与优化的过程，多种空间结构形态交织其中。都市圈作为推进区域一体化进程的有效载体，其形成多是基于大都市发展空间拓展形成的交通圈和通勤圈，旅游经济空间尽管存在着竞争关系，但总体上会伴随着建设进程的加快，城市间的合作不断深化得以调整和优化。因此，分析区域一体化进程中城市旅游经济联系，有助于促进都市圈各地旅游业协同发展，建构科学的地域分工体系，进而促进都市圈的结构调整与关系优化。粤港澳大湾区是全球知名的商务会展休闲型旅游目的地，不仅在国内旅游市场中占有重要份额，而且是中国出境旅游的重要客源输出地。独特的环境造就了世界上唯一的"一国、两制、三地、四种文化（岭南、西方、都市、历史文化）交融"的世界性黄金旅游合作区域。粤港澳大湾区旅游业具备建设一体化产业体系的有利条件。《规划纲要》出台后，粤港澳大湾区由广深港三核格局向多核格局拓展，城市旅游定位和功能分化、专业化，形成独特吸引力。《规划纲要》提出以建设美丽湾区为引领，着力提升生态环境质量，形成节约资源和保护环境的空间格局、产业结构、生产方式、生活方式，实现绿色低碳循环发展，使粤港澳大湾区天更蓝、山更绿、水更清、环境更优美。在城乡环境方面，全域旅游是重要抓手，在大湾区的9个内地城市中，全域旅游示范区创建单位目前只有深圳市、珠海市、中山市、惠州市（创建国家级）、肇庆市（创建省级）以及番禺、台山、开平等部分县（市、区）。《规划纲要》明确支持珠三角城市建设国家全域旅游示范区，将促进珠三角旅游大环境进一步提升；除了政策机遇方面的"天时"，交通建设带来的"地利"优势也为粤港澳大湾区旅游发展带来助力。港珠澳大桥开通后，粤港澳大湾区从一个城市到另一个城市的陆路交通时间都在3小时内，城市间的旅客流量有望呈上升的趋势。粤港澳大湾区的"天时地利"给旅游业带来很大机遇，旅游产业一体化将会更加深入。指标选取总游客人数（X8）、入境游客人数占总游客人数比重（X9）以及旅游总收入（X10）作为衡量人员流动的指标。

综上所述，粤港澳大湾区经济协同指标体系如表 21-1 所示。

表 21-1　粤港澳大湾区经济协同指标体系

| 一级指标 | 二级指标 | 三级指标 | 单位 |
| --- | --- | --- | --- |
| 经济协同 | 贸易投资与金融 | X1：出口总额 | 亿美元 |
| | | X2：进口总额 | 亿美元 |
| | | X3：货物出口额占大湾区出口总额比重 | % |
| | | X4：货物进口额占大湾区进口总额比重 | % |
| | | X5：外商直接投资（FDI）金额数 | 万元 |
| | | X6：金融机构本外币存贷比 | % |
| | 基建与人员流动 | X7：港口货物吞吐量 | 万吨 |
| | | X8：总游客人数 | 万人 |
| | | X9：入境游客人数占总游客人数比重 | % |
| | | X10：旅游总收入 | 亿元 |

经济协同指标体系选取的数据来源于《中国统计年鉴（2011—2019）》、《广东统计年鉴（2011—2019）》、香港特别行政区政府统计处及澳门特别行政区政府统计暨普查局。大部分数据可以从上述来源中直接获得或者通过计算得到，对于个别评价指标的缺失数据，则以前后年份的数据通过内推外插法计算得到。

由于评价涉及 2010—2018 年一共 9 年的大湾区经济协同指数，因而在使用功效系数熵值法计算得到每年的粤港澳大湾区经济协同指标体系三级指标的具体权重之后，再对各年的指标权重取平均值作为整个体系的权重，具体结果如表 21-2 所示。

表 21-2　粤港澳大湾区经济协同指标体系及权重

| 一级指标 | 二级指标 | 三级指标 | 单位 | 权重 |
| --- | --- | --- | --- | --- |
| 经济协同 | 贸易投资与金融 | X1：出口总额 | 亿美元 | 0.1669 |
| | | X2：进口总额 | 亿美元 | 0.1651 |
| | | X3：货物出口额占大湾区出口总额比重 | % | 0.1669 |
| | | X4：货物进口额占大湾区进口总额比重 | % | 0.1651 |
| | | X5：外商直接投资（FDI）金额数 | 万元 | 0.1611 |
| | | X6：金融机构本外币存贷比 | % | 0.1749 |
| 经济协同 | 基建与人员流动 | X7：港口货物吞吐量 | 万吨 | 0.2530 |
| | | X8：总游客人数 | 万人 | 0.2508 |
| | | X9：入境游客人数占总游客人数比重 | % | 0.2516 |
| | | X10：旅游总收入 | 亿元 | 0.2446 |

## 三、粤港澳大湾区经济协同指数

根据上述指数计算模型和数据，可以计算得到 2010—2018 年粤港澳大湾区 11 个城市的贸易投资与金融指数、基建与人员流动指数以及经济协同指数。

**1．贸易投资与金融指数**

表 21-3 和图 21-5 分别展示了粤港澳大湾区 11 个城市 2010—2018 年贸易投资与金融指数的具体数值与发展趋势。可以看到，香港作为国际金融、航运、贸易中心和国际航空枢纽，高度的国际化、法治化的营商环境以及遍布全球的商业网络，使其在国际金融与贸易方面具有非常突出的表现。其贸易投资与金融指数在考察期内稳居粤港澳大湾区首位，从 2010 年的 0.9333 升至 2018 年的 0.9518，且其指数值远远高于大湾区其他 10 个城市，呈现基本平稳的发展趋势。深圳作为内地改革开放的前沿阵地，全国性经济中心城市和国家创新型城市，其经济表现也较为强劲，贸易投资与金融指数居于第二位，年平均水平为 0.4999。广州基本处于第三名的位置，

表 21-3 2010—2018 年粤港澳大湾区各城市贸易投资与金融指数

| 城市 | 年份 | | | | | | | | |
|---|---|---|---|---|---|---|---|---|---|
| | 2010 | 2011 | 2012 | 2013 | 2014 | 2015 | 2016 | 2017 | 2018 |
| 广州 | 0.2941 | 0.2878 | 0.2962 | 0.2909 | 0.2962 | 0.2706 | 0.2608 | 0.2832 | 0.3115 |
| 深圳 | 0.5131 | 0.5342 | 0.5571 | 0.5901 | 0.5507 | 0.4023 | 0.4483 | 0.4464 | 0.4566 |
| 珠海 | 0.1849 | 0.1860 | 0.2002 | 0.1724 | 0.1570 | 0.1424 | 0.2552 | 0.2511 | 0.2123 |
| 佛山 | 0.2095 | 0.2251 | 0.2452 | 0.2430 | 0.2529 | 0.2554 | 0.2521 | 0.2376 | 0.2120 |
| 惠州 | 0.2011 | 0.2018 | 0.2442 | 0.2510 | 0.2734 | 0.2770 | 0.2845 | 0.2852 | 0.2835 |
| 东莞 | 0.2568 | 0.2532 | 0.2750 | 0.2658 | 0.2623 | 0.2586 | 0.2230 | 0.2089 | 0.2095 |
| 中山 | 0.1673 | 0.1720 | 0.1981 | 0.1994 | 0.2109 | 0.2283 | 0.2479 | 0.2416 | 0.1932 |
| 江门 | 0.1264 | 0.1263 | 0.1589 | 0.1573 | 0.1565 | 0.1564 | 0.1769 | 0.2003 | 0.1958 |
| 肇庆 | 0.1887 | 0.1958 | 0.2239 | 0.2253 | 0.2305 | 0.2605 | 0.1918 | 0.1999 | 0.2143 |
| 香港 | 0.9333 | 0.9534 | 0.9697 | 0.9877 | 0.9847 | 0.9854 | 0.9874 | 0.9990 | 0.9518 |
| 澳门 | 0.1072 | 0.1085 | 0.1094 | 0.1121 | 0.1130 | 0.1138 | 0.1142 | 0.1136 | 0.1158 |

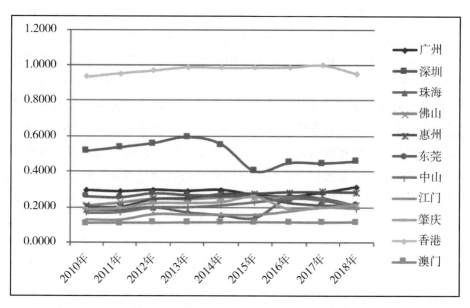

图 21-5 2010—2018 年粤港澳大湾区各城市贸易投资与金融指数发展趋势

其贸易投资与金融指数年平均值为 0.2879。其余 8 个城市的平均值相差不大，基本水平集中在 0.2000 附近。从粤港澳大湾区贸易投资与金融指数发展趋势可以看出，香港、深圳与广州在贸易投资与金融方面处于核心地位，粤港澳大湾区经济协同发展离不开这 3 个城市的带动作用。要使粤港澳大湾区经济金融协同发展得到进一步加强，区域内生发展动力进一步提升，还须继续破除经济金融以及创新要素集聚的障碍，使传统产业加快转型升级，不断提升现代金融与贸易等服务行业的发展速度。

**2. 基建与人员流动指数**

2010—2018 年粤港澳大湾区基建与人员流动指数结果和发展趋势如表 21-4 和图 21-6 所示。根据表 21-4 可以发现，香港的基建与人员流动指数虽然在 2010—2015 年位于粤港澳大湾区首位，但呈现出先上升后下降的趋势，从 2010 年的 0.8632 上升至 2012 年的最高值 0.9075，之后逐渐下降至 2018 年的 0.7656。2016 年，广州以 0.8056 超过香港的 0.7794，取代其第一名位置并一直保持到 2018 年。2018 年，广州的基建与人员流动指数值为 0.8031，在考察期内，广州的指数基本呈现平稳上升的趋势，平均水平也较高，为 0.7929。深圳在基建与人员流动指数方面排在第三位，相对于整个大湾区而言，其指数值也高于平均水平。澳门虽然在考察期内基建与人员流动指数水平呈现下滑的趋势，但仍旧保持在第四位，2018 年其指数值为 0.2900。其余 7 个城市的指数值相对不高，集中在 0.2000 左右的水平。从粤港澳大湾区基建与人员流动发展趋势来看，广州、香港、深圳仍旧处于较高水平，这也反映出珠三角核心城市之间的连接得益于粤港澳大湾区综合交通基础设施建设的发展，特别随着港珠澳大桥的建成通车，可预期今后粤港澳大湾区的人员与各种要素的流动将进一步增强，城市间产业与经济联系得以更进一步发展。

表 21-4　2010—2018 年粤港澳大湾区各城市基建与人员流动指数

| 城市 | 年份 | | | | | | | | |
|---|---|---|---|---|---|---|---|---|---|
| | 2010 | 2011 | 2012 | 2013 | 2014 | 2015 | 2016 | 2017 | 2018 |
| 广州 | 0.7834 | 0.7922 | 0.7996 | 0.7832 | 0.7718 | 0.7909 | 0.8056 | 0.8058 | 0.8031 |
| 深圳 | 0.5511 | 0.5500 | 0.5582 | 0.5437 | 0.5211 | 0.5344 | 0.5369 | 0.5353 | 0.5357 |
| 珠海 | 0.2574 | 0.2410 | 0.2287 | 0.2207 | 0.2281 | 0.2321 | 0.2365 | 0.2317 | 0.2358 |
| 佛山 | 0.1799 | 0.1798 | 0.1781 | 0.1819 | 0.1866 | 0.1841 | 0.1845 | 0.1838 | 0.1929 |
| 惠州 | 0.1849 | 0.1788 | 0.1798 | 0.1949 | 0.1929 | 0.2008 | 0.2041 | 0.2073 | 0.2179 |
| 东莞 | 0.2339 | 0.2369 | 0.2488 | 0.2514 | 0.2442 | 0.2387 | 0.2426 | 0.2356 | 0.2322 |
| 中山 | 0.1282 | 0.1279 | 0.1248 | 0.1318 | 0.1412 | 0.1356 | 0.1315 | 0.1339 | 0.1502 |
| 江门 | 0.1668 | 0.1662 | 0.1776 | 0.1796 | 0.1895 | 0.1959 | 0.2069 | 0.2065 | 0.2242 |
| 肇庆 | 0.1543 | 0.1587 | 0.1634 | 0.1412 | 0.1225 | 0.1190 | 0.1208 | 0.1155 | 0.1151 |
| 香港 | 0.8632 | 0.8897 | 0.9075 | 0.9034 | 0.8950 | 0.8279 | 0.7794 | 0.7603 | 0.7656 |
| 澳门 | 0.3384 | 0.3302 | 0.3131 | 0.3006 | 0.2964 | 0.2858 | 0.2841 | 0.2785 | 0.2900 |

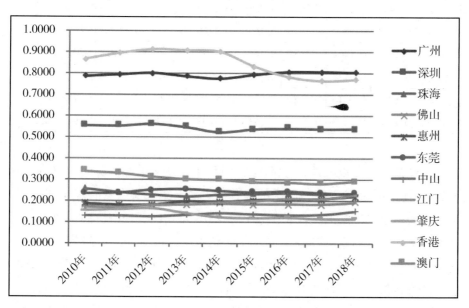

图 21-6　2010—2018 年粤港澳大湾区各城市基建与人员流动指数发展趋势

### 3. 经济协同指数

由于贸易投资与金融指数以及基建与人员流动指数对整个粤港澳大湾区经济协同指数有一样的重要作用，分别赋予 1/2 的权重，加总可以得到粤港澳大湾区经济协同指数。具体的指数值和发展趋势如表 21-5 和图 21-7 所示。

表 21-5　2010—2018 年粤港澳大湾区各城市经济协同指数

| 城市 | 年份 | | | | | | | | |
|---|---|---|---|---|---|---|---|---|---|
| | 2010 | 2011 | 2012 | 2013 | 2014 | 2015 | 2016 | 2017 | 2018 |
| 广州 | 0.5388 | 0.5400 | 0.5479 | 0.5371 | 0.5340 | 0.5307 | 0.5332 | 0.5445 | 0.5573 |
| 深圳 | 0.5321 | 0.5421 | 0.5577 | 0.5669 | 0.5359 | 0.4684 | 0.4926 | 0.4909 | 0.4961 |
| 珠海 | 0.2212 | 0.2135 | 0.2145 | 0.1966 | 0.1925 | 0.1872 | 0.2458 | 0.2414 | 0.2240 |
| 佛山 | 0.1947 | 0.2024 | 0.2117 | 0.2124 | 0.2197 | 0.2197 | 0.2183 | 0.2107 | 0.2025 |
| 惠州 | 0.1930 | 0.1903 | 0.2120 | 0.2229 | 0.2331 | 0.2389 | 0.2443 | 0.2462 | 0.2507 |
| 东莞 | 0.2454 | 0.2451 | 0.2619 | 0.2586 | 0.2532 | 0.2487 | 0.2328 | 0.2223 | 0.2209 |
| 中山 | 0.1478 | 0.1500 | 0.1614 | 0.1656 | 0.1760 | 0.1820 | 0.1897 | 0.1877 | 0.1717 |
| 江门 | 0.1466 | 0.1462 | 0.1682 | 0.1684 | 0.1730 | 0.1761 | 0.1919 | 0.2034 | 0.2100 |
| 肇庆 | 0.1715 | 0.1772 | 0.1937 | 0.1833 | 0.1765 | 0.1897 | 0.1563 | 0.1577 | 0.1647 |
| 香港 | 0.8982 | 0.9216 | 0.9386 | 0.9455 | 0.9398 | 0.9066 | 0.8834 | 0.8796 | 0.8587 |
| 澳门 | 0.2228 | 0.2193 | 0.2113 | 0.2063 | 0.2047 | 0.1998 | 0.1991 | 0.1961 | 0.2029 |

从图 21-7 可以发现，粤港澳大湾区 11 个城市的经济协同指数值分为 3 个不同的层次：属于第一层次的是香港；属于第二层次的有广州和深圳；其他城市属于第三层次。香港在 2010—2018 年期间，经济协同指数得益于较高的贸易投资与金融和基建与人员流动水平，虽然在发展趋势上呈现出先上升再下降的态势，但也一直维持在较高的水平，平均值达到 0.9080，远高于粤港澳大湾区其他 10 个城市。第二层次的广州和深圳经济协同指数值较为接近，2015 年后，广州的经济协同指数超过深圳；2018 年，两市的指数值分别为 0.5573 和 0.4961。第三层次的澳门、珠海、佛山、惠州、东莞、中山、江门和肇庆，经济协同指数值相对较低，且这 8 个城市的发展水

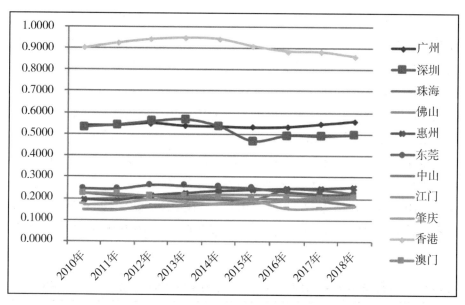

**图 21-7  2010—2018 年粤港澳大湾区各城市经济协同指数发展趋势**

平相差不大。通过考察粤港澳大湾区经济协同指数,可以明晰粤港澳大湾区经济协同将来发展的方向应该是继续保持香港在大湾区内经济金融发展方面的中心地位,进一步提升广州与深圳的经济协同发展水平,同时也要协调大湾区各城市的分工,促成功能互补、错位发展的城市格局。大湾区内地 9 市要与港澳进一步互通互联,使各类资源与要素的流动更加便捷和高效,提升澳门、珠海、佛山、惠州、东莞、中山、江门和肇庆的经济协同能力。

## 四、香港与内地经济协同数据

在经济协同指数中,贸易投资与金融指标包括货物出口额占大湾区 11 市出口总额比重、货物进口额占大湾区 11 市进口总额比重、外商直接投资(FDI)合同利用金额(万美元)、出口总额(亿元人民币)、进口总额(亿元人民币)以及金融机构本外币存贷比(%)等指标。人员流动与基建指标包括各市游客总人数、港口货物吞吐量、入境游客人数占总游客人数比重(%)、旅游外汇收入占旅游总收入比重(%)等。这些指标无法区分来自海外和来自港澳的数据,也无法区分来自内地不同城市的数据。对于粤

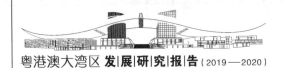

港澳大湾区而言，港澳与内地的经济合作是需要重点考虑和衡量的领域，尤其是香港与大湾区内地城市的合作。但苦于大湾区内地各市并没有详细地统计与香港经贸往来的年度数据，只好以香港与内地或是广东省的经贸往来数据，对近十年来两地经济合作发展趋势做出分析。这些指标因为缺乏城市尺度的指标，暂时无法放置于指数体系中，但仍能很好地说明香港与内地经济合作的发展状况。

首先，从外商投资方面的数据来看（表21-6、表21-7），2010—2017年，来自内地的外来直接投资规模在香港整体外资比例中，呈逐年下降趋势。2010年这一比例尚达37.68%，2017年则仅为25.49%；从对外投资规模来看，香港向内地投资的金额占比也同步下降，从2010年的41.08%下降至38.25%。

表21-6 按选定主要投资者国家/地区划分的香港外来直接投资头寸（以市值计算）

| 主要投资者国家/地区 | 各年度的外来直接投资头寸（亿港元） | | | | | | | |
|---|---|---|---|---|---|---|---|---|
| | 2010年 | 2011年 | 2012年 | 2013年 | 2014年 | 2015年 | 2016年 | 2017年 |
| 内地 | 3127.1 | 3042.8 | 3568.3 | 3341.6 | 3493.5 | 3270.3 | 3241.4 | 3872.4 |
| 所有国家/地区的总计 | 8299.4 | 8377.0 | 9646.6 | 10482.9 | 11602.9 | 12335.9 | 12608.1 | 15189.8 |
| 内地占比 | 37.68% | 36.32% | 36.99% | 31.88% | 30.11% | 26.51% | 25.71% | 25.49% |

表21-7 按选定主要投资者国家/地区划分的香港向外直接投资头寸（以市值计算）

| 主要投资者国家/地区 | 各年度的向外直接投资头寸（亿港元） | | | | | | | |
|---|---|---|---|---|---|---|---|---|
| | 2010年 | 2011年 | 2012年 | 2013年 | 2014年 | 2015年 | 2016年 | 2017年 |
| 内地 | 3014.7 | 3346.4 | 3671.1 | 3952.3 | 4560.0 | 4701.8 | 4822.7 | 5420.1 |
| 所有国家/地区的总计 | 7338.6 | 7946.4 | 9010.2 | 9619.7 | 11246.9 | 11869.4 | 11992.8 | 14169.1 |
| 内地占比 | 41.08% | 42.1% | 40.74% | 41.09% | 40.54% | 39.61% | 40.21% | 38.25% |

若从年度直接投资的流入和流出来看（表21-8、表21-9），从内地到香港的直接投资流入也呈下降趋势，从2010年的52.59%下降至2017年

的 20.77%。而从香港到内地的直接投资流出则表现出倒"U"形的发展趋势。2010 年,从香港前往内地的直接投资流出占整体的 43.20%,2014 年上升至 66.30%,2015 年、2016 年均调回至五成左右,2017 年降低至 36.01%

表 21-8 按选定主要投资者国家/地区划分的香港外来直接投资流量(以市值计算)

| 主要投资者国家/地区 | 各年度的直接投资流入(亿港元) | | | | | | | |
|---|---|---|---|---|---|---|---|---|
| | 2010年 | 2011年 | 2012年 | 2013年 | 2014年 | 2015年 | 2016年 | 2017年 |
| 内地 | 288.2 | 318.1 | 232.7 | 46.6 | 221.8 | 200.8 | 256.8 | 179.2 |
| 所有国家/地区的总计 | 548.0 | 751.8 | 544.3 | 576.2 | 876.5 | 1351.5 | 911.2 | 862.6 |
| 内地占比 | 52.59% | 42.31% | 42.75% | 8.09% | 25.31% | 14.86% | 28.18% | 20.77% |

表 21-9 按选定主要投资者国家/地区划分的香港向外直接投资流量(以市值计算)

| 主要投资者国家/地区 | 各年度的直接投资流出(亿港元) | | | | | | | |
|---|---|---|---|---|---|---|---|---|
| | 2010年 | 2011年 | 2012年 | 2013年 | 2014年 | 2015年 | 2016年 | 2017年 |
| 内地 | 289.5 | 393.1 | 296.6 | 396.9 | 637.9 | 306.6 | 234.9 | 243.3 |
| 所有国家/地区的总计 | 670.1 | 749.9 | 647.0 | 626.5 | 962.2 | 556.7 | 463.4 | 675.7 |
| 内地占比 | 43.20% | 52.42% | 45.84% | 63.35% | 66.30% | 55.07% | 50.69% | 36.01% |

在进出口与转口贸易方面(表 21-10),输往内地的整体出口货品占比、从内地进口的货品占比,以及原产地为内地经香港输往其他地方的转口货品占比都有不同程度的下降。2010 年,3 个数字分别为 32.5%、49.8% 及 72.9%,2018 年,这些比例分别下降至 26.6%、38.9% 和 69.5%。

在总部经济方面(表 21-11),自 2010 年至 2019 年,母公司在内地的驻港办事处从 528 家上升至 1280 家,占比从 18.06% 上涨至 25.55%;驻港地区总部则从 99 个增长至 216 个,占比从 7.70% 增长至 14.02%。

表21-10　与内地进出口和转口贸易金额及占比

| 年份 | 输往内地的整体出口货品 | | 从内地进口的货品 | | 原产地为内地经本港输往其他地方的转口货品 | |
|---|---|---|---|---|---|---|
| | 涉及外发加工贸易的估计货值（百万元） | 涉及外发加工贸易的估计比重（%） | 涉及外发加工贸易的估计货值（百万元） | 涉及外发加工贸易的估计比重（%） | 涉及外发加工贸易的估计货值（百万元） | 涉及外发加工贸易的估计比重（%） |
| 2010 | 519139 | 32.5 | 762410 | 49.8 | 811996 | 72.9 |
| 2011 | 556100 | 31.8 | 803975 | 47.4 | 884057 | 72.6 |
| 2012 | 586033 | 31.5 | 763560 | 41.5 | 895635 | 74.2 |
| 2013 | 595623 | 30.6 | 712138 | 36.6 | 866406 | 71.9 |
| 2014 | 580429 | 29.3 | 755070 | 38.0 | 898420 | 71.5 |
| 2015 | 552166 | 28.5 | 788657 | 39.7 | 907553 | 71.8 |
| 2016 | 536187 | 27.6 | 755217 | 39.4 | 870540 | 70.7 |
| 2017 | 579387 | 27.5 | 810280 | 39.9 | 920528 | 70.5 |
| 2018 | 609818 | 26.6 | 849048 | 38.9 | 972317 | 69.5 |

表21-11　内地驻港当地办事处及地区总部数目及占比

| 年份 | 驻港当地办事处数目（个） | 其中，母公司在内地的驻港办事处（个） | 母公司在内地的驻港办事处占比（%） | 驻港地区总部数目（个） | 其中，母公司在内地的驻港地区总部（个） | 母公司在内地的驻港总部占比（%） |
|---|---|---|---|---|---|---|
| 2010 | 2923 | 528 | 18.06 | 1285 | 99 | 7.70 |
| 2011 | 3196 | 557 | 17.43 | 1340 | 97 | 7.24 |
| 2012 | 3367 | 595 | 17.67 | 1367 | 106 | 7.75 |
| 2013 | 3614 | 639 | 17.68 | 1379 | 114 | 8.27 |
| 2014 | 3801 | 678 | 17.84 | 1389 | 119 | 8.57 |
| 2015 | 4106 | 772 | 18.80 | 1401 | 133 | 9.49 |
| 2016 | 4255 | 812 | 19.08 | 1379 | 137 | 9.93 |
| 2017 | 4473 | 914 | 20.43 | 1413 | 154 | 10.90 |

续上表

| 年份 | 驻港当地办事处数目（个） | 其中，母公司在内地的驻港办事处（个） | 母公司在内地的驻港办事处占比（%） | 驻港地区总部数目（个） | 其中，母公司在内地的驻港地区总部（个） | 母公司在内地的驻港总部占比（%） |
|---|---|---|---|---|---|---|
| 2018 | 4799 | 1139 | 23.73 | 1530 | 197 | 12.88 |
| 2019 | 5009 | 1280 | 25.55 | 1541 | 216 | 14.02 |

注：①当地办事处是指有香港境外母公司，而只负责香港（但不负责任何其他地方）业务的一家办事处。如当地办事处属联营机构，其母公司所在的国家/地区可多于一个。②地区总部是指有香港境外母公司，并对区内（香港及另一个或多个地方）各办事处及/或运作拥有管理权的一家办事处。如地区总部属联营机构，其母公司所在的国家/地区可多于一个。

在金融合作方面（表21-12），深股通和港股通的交易额在短短三年里飞快增长：深股通2016年交易金额为261.90亿元人民币，2018年增长至20111.35亿元人民币；港股通则从91.64亿港元增长至10115.56亿港元。

表21-12　2016—2018年深股通与港股通交易额

| 深股通交易年报 | 2016年 | 2017年 | 2018年 |
|---|---|---|---|
| 当年买入交易金额（亿元人民币） | 206.79 | 5437.35 | 10620.83 |
| 当年卖出交易金额（亿元人民币） | 55.11 | 4069.70 | 9490.52 |
| 当年交易金额（亿元人民币） | 261.90 | 9507.05 | 20111.35 |
| 当年日均买入交易金额（亿元人民币） | 12.16 | 23.04 | 46.38 |
| 当年日均卖出交易金额（亿元人民币） | 3.24 | 17.24 | 41.44 |
| 当年日均交易金额（亿元人民币） | 15.41 | 40.28 | 87.82 |
| 港股通交易年报 | 2016年 | 2017年 | 2018年 |
| 当年买入交易金额（亿元港元） | 79.43 | 3242.44 | 5405.37 |
| 当年卖出交易金额（亿元港元） | 12.21 | 2110.56 | 4710.19 |
| 当年交易金额（亿元港元） | 91.64 | 5353.00 | 10115.56 |
| 当年日均买入交易金额（亿元港元） | 4.41 | 14.04 | 24.24 |
| 当年日均卖出交易金额（亿元港元） | 0.68 | 9.14 | 21.12 |
| 当年日均交易金额（亿元港元） | 5.09 | 23.17 | 45.36 |

根据香港规划署的跨界旅运调查（表21-13），往来香港与内地日均人次从2009年的50.46万人次增长至2017年的66.67万人次。其中，居于香港的人士占比有所下降，从67.9%降至48%；居于内地的香港居民和来自内地的旅客占比迅猛增加，分别从10.5%增长至17.5%，从18.7%增长至32.5%。具体而言，根据广东省统计年鉴（表21-14），在香港的总旅客人数中，内地游客占比从2010年的62.96%，增长至2018年的78.34%。而在澳门的总旅客人数中，来自广东省的旅客占比一直稳定在三成以内。

表21-13 香港平均每日访问内地及澳门旅客的人次

| 旅客类型 | 2009年 | | 2011年 | | 2013/2014年 | | 2015年 | | 2017年 | |
|---|---|---|---|---|---|---|---|---|---|---|
| | 人次 | 比例(%) | 人次 | 比例(%) | 人次 | 比例(%) | 人次 | 比例(%) | 人次 | 比例(%) |
| 居于香港人士 | 342600 | 67.9 | 341800 | 60.8 | 314200 | 51.9 | 338900 | 52.2 | 319800 | 48 |
| 居于内地的香港居民 | 53000 | 10.5 | 70800 | 12.6 | 82400 | 13.6 | 100800 | 15.5 | 116600 | 17.5 |
| 来自内地的旅客 | 94400 | 18.7 | 136600 | 24.3 | 195800 | 32.4 | 196200 | 30.2 | 216600 | 32.5 |
| 居于其他地方人士 | 14600 | 2.9 | 13200 | 2.3 | 12400 | 2.1 | 12800 | 2.0 | 13600 | 2.0 |
| 总计 | 504600 | 100 | 562400 | 100 | 604900 | 100 | 648800 | 100 | 666700 | 100 |

表21-14 内地或广东访港/澳旅客规模及占比

| 年份 | 内地访港游客(人) | 访港游客总计(人) | 内地游客访港占比(%) | 广东访澳游客(人) | 访澳游客总计(人) | 广东游客访澳占比(%) |
|---|---|---|---|---|---|---|
| 2010 | 22684000 | 36030000 | 62.96 | — | 24965411 | — |
| 2011 | 28100129 | 41921310 | 67.03 | 8196139 | 28002279 | 29.27 |
| 2012 | 34911395 | 48615113 | 71.81 | 7929668 | 28082292 | 28.24 |
| 2013 | 40745277 | 54298804 | 75.04 | 8200118 | 29324822 | 27.96 |
| 2014 | 47247675 | 60838836 | 77.66 | 9008942 | 31525632 | 28.58 |
| 2015 | 45842360 | 59307596 | 77.30 | 9043931 | 30714628 | 29.45 |
| 2016 | 42778145 | 56654903 | 75.51 | 9021402 | 30950336 | 29.15 |
| 2017 | 44445259 | 58472157 | 76.01 | 9232591 | 32610506 | 28.31 |
| 2018 | 51038230 | 65147555 | 78.34 | 10516328 | 35803663 | 29.37 |

数据来源：《广东省统计年鉴》。

总的来说，自 2010 年至今，香港与内地的经贸合作仍在持续深化，集中表现在金融合作、总部经济发展、跨境流动人口规模方面。但需要注意的是，尽管两地合作股市交易额迅猛增长，中国内地驻港办事处和地区总部明显增加，但两地投资在各自外商投资的总体金额中占比均在下降。其中内地对香港的直接投资直线下降，而香港向内地直接投资的流量在过去十年间经历了先上升后下降的过程。这似乎意味着两地的产业合作并没有持续加强，反而有减弱的趋势。在进出口与转口贸易方面，也呈现出类似的特征，输往内地的整体出口货品占比、从内地进口的货品占比，以及原产地为内地经香港输往其他地方的转口货品占比都有不同程度的下降。其中，香港从内地进口的货品占比下降幅度最大，在 8 年时间里下降了 10 个百分点。在两地跨境流动人口方面，整体上来看总量增长迅猛，但跨境流动的方向发生了改变。跨境流动次数的增长主要来自内地前往香港的旅客人次，居于内地的香港居民跨境流动次数也有明显增长，但居于香港的人士前往内地的流动次数大致平稳甚至略有下降。

综合来看可以发现，香港在内地与全球之间扮演的角色可能发生了改变。过去，内地制造业产品往往通过香港销往全球，而今对这一角色的需求正在下降。内地的企业更多地在香港开设办事处和总部，利用香港这一平台，通过金融合作走向全球。

# 第二十二章　粤港澳大湾区综合社会协同指数

黎熙元[①]等

课题组成员：郑婉卿　龙海涵　蓝宇东　刘明伟　方木欢　冯庆想
　　　　　　周　微　温国硅　武粮林　赵亚钊　张睿华

区域整合从经济开始，但其效果和影响远超经济领域。从经济合作、政策协同到社会融合，区域整合的3个维度是一个循序渐进、步步深化的过程。建立区域性贸易集团，积极推动区域内的贸易自由化，是区域整合的开始。而区域政策的协同、不同地域群体间的社会融合，既是区域经济合作带来的可能结果，也与经济合作之间存在着复杂的相互作用。欧盟、东盟、亚太经合组织、北美自由贸易协定等区域集团，他们或者长期聚焦于经济合作中，或者在政策协同、社会融合上取得了一定进展，也经受着相应的挑战。

粤港澳大湾区的区域经济合作，历史悠久，基础扎实。因其特殊的历史地理位置和现实的政治制度背景，不仅仅需要关注区域经济合作的深化，也需要关注政府间政策的协同、群体间的社会融合程度，这是区域整合的关键。粤港澳大湾区的社会融入心态与社会融合指数是衡量该地区区域整合程度的重要工具。

## 一、群体分化与港澳居民融入大湾区心态

从融入心态来看，港澳居民存在显著的群体分化。不同的社群，对粤

---

[①] 黎熙元，课题组组长，中山大学粤港澳发展研究院首席专家。

港澳大湾区的融入心态迥然相异。

第一，香港居民与澳门居民的融入心态存在显著差异。从对大湾区政策的了解，对大湾区建设的优势判断、支持和投入意愿等多个维度上，澳门居民表现出远高于香港居民的融入意愿和参与热忱。群体竞争理论可以一定程度上解释这种差异。香港居民在与内地的经济合作中，受惠程度出现显著的群体差异，他们的湾区融入心态也发生了群体分化。而回归祖国以来，借助与珠三角的密切联系，澳门的博彩和旅游业蓬勃发展、经济繁荣。澳门居民多有受惠，对粤港澳大湾区的提出和未来发展十分期待，希望融入大湾区发展，分享国家发展的红利。也因如此，澳门居民欢迎内地居民前来旅游、投资，但并不十分欢迎内地居民定居。因为定居有可能挤占本地居民有限的公共空间，摊薄本地居民的社会福利。

第二，香港居民本身存在显著的群体分化。部分香港居民跨境流动频繁，自己或亲友在大湾区有置业、投资或工作、生活的经历，也拥有在内地的社会关系网络。但这部分香港居民占整体的比例不大。每月都前往内地、常规往来两地的香港居民占比不足3%，自己、家人或亲友在内地工作、生活或持有房产的约占一成；而拥有内地亲戚或朋友等社会关系的最高占比也不足四成。其余超过一半的香港居民过去一年没有来过内地，社会关系网络中也没有内地人。整体来说有三成左右从未来过内地；即使来过，次数也非常少，难以形成对内地社会生活情况较为完整的认知。这部分香港居民与内地居民的接触渠道和频率都十分有限，在媒体的操作下，更容易形成对内地人不良的刻板印象。香港居民湾区融入心态的差异，既有群体竞争资源，也有接触有限带来的影响。"边界悖论"告诉我们，跨境流动者从跨越边界中获取利益，也倾向于让它持续更久。而难以从边界差异中获得利益的群体，可能因物价上涨、生活和经营成本增加而利益受损。区域经济合作过程中"赢家"和"输家"的差异，使得两个群体对更深入的区域合作和融合的感受迥然相异。回归祖国以来，香港社会不平等程度增加，很多居民生活困苦度增加，阶层下游体验明显。这些都影响了香港居民对区域经济合作的理解。在这样的利益格局下，与内地居民有限的接触和交往，更可能强化原有的刻板印象。频繁的交流也无法增进这一群体更深入的社会融合。

港澳居民融入大湾区心态的群体差异说明，跨境的社会不平等治理是粤港澳大湾区发展需要重视的领域。持续的"拆墙建桥"才可能促进区域整合和社会融合。除了三地之间实体的边界，港澳与内地居民之间，香港不同阶层和利益团体之间，也有无形的边界。打破群体之间看不见的藩篱，在不同群体架设桥梁，才有可能改变港澳居民在区域经济合作中利益分享的格局，缓解群体冲突，促进区域的社会融合和稳定繁荣。

## 二、社会融合：大湾区西部基础良好，可进一步发挥优势

区域经济合作带来政策协同的需要，政策协同既推动了区域经济的进一步整合，也带来社群之间的接触，进而可能带来社会融合。社会融合成为衡量区域整合最为重要的维度。如前述，社会融入（social inclusion）或社会融合（social integration）是一个双向适应的过程。如仅考虑港澳居民与大湾区内地居民两者，既要探究港澳居民融入大湾区的意愿，也要考察大湾区内地居民包容港澳居民的程度。

粤港澳大湾区社会融合指数在指标设计之时包括上述两个方面。但港澳居民融入大湾区的系列指标（如信息关注度、流动实践、跨境生活和居住、社会关系网络及交往体验等）并没有分城市的指标，无法纳入统一的城市社会融合指数中，只好单列分析。但课题组额外设计了大湾区各城市居民对港澳居民包容程度的问卷，并通过中国劳动力调查实施和收集了数据。社会融合指数主要为大湾区内地居民包容港澳程度与特征的数据。

研究发现，粤港澳大湾区西部城市的居民，对港澳居民及社会的包容程度更高，具体表现在以下两点。

第一，在跨境流动实践及其感知上，大湾区西部城市的居民对港澳信息更为关注，接触评价更为正面。如江门、肇庆居民对港澳信息更为关注；珠海、中山、肇庆居民每月接触港澳居民的比例更高；佛山、珠海、中山、江门等城市居民接受港澳居民融入的程度更高；肇庆、江门的居民对港澳人士的评价也更高。除大湾区西部城市外，大湾区东部惠州的居民对港澳居民的融入程度和评价也都比较高。

这一特征可能与经济发展程度有关。大湾区东部城市，尤其是深圳、东莞等城市在过去30多年来一直与港澳，尤其是香港保持着密切的合作，香港是带动大湾区东部城市发展的重要引擎。惠州及大湾区西部城市发展因地理位置稍远而略逊一筹，但在高铁建成、港珠澳大桥等跨境交通基础设施通达后，自然也希望能与港澳，尤其是香港建立更密切的合作联系，推动城市经济发展。这样来看，推动惠州及大湾区西部城市与港澳的紧密合作，可能成为未来区域经济增长和整合的新的增长点和着力处。

第二，除了深圳、广州等与港澳经贸往来密切的城市，大湾区西部城市的居民，其社会网络有港澳居民的比例也高于其他城市，尤其以佛山、江门、肇庆等最为明显。深圳邻近香港，与香港往来密切，社会网络相互通达在情理之中。广州与佛山是民国以来广东省政治、经济和文化中心，一直有"省港澳"是一家的说法。江门是著名的侨乡，早期港澳移民来自这些城市的颇多。血缘和亲缘关系仍然是两地居民长期友好往来的重要维系。促进粤港澳大湾区的区域整合，需要发挥这些城市蕴含着的历史和文化及社会网络资源，深化大湾区内地居民与港澳居民的关系。

## 三、政策协同：穗深表现良好，教育政策推进积极

政策是粤港澳大湾区建设的社会治理工具，决定着整个大湾区公共资源的配置，因而对整个大湾区的融合发展来说具有重要影响和意义。为此，粤港澳大湾区各城市均出台了相关的政策，政策融合的作用较为明显，促进了整个大湾区的社会融合。但是各城市之间、各领域政策之间也存在着差异，呈现出一种不平衡。整体而言，粤港澳大湾区11城市的政策协同指数呈现较大差异。广州、深圳两个城市的粤港澳大湾区政策融合水平较高，佛山、珠海、东莞、惠州、中山、江门、肇庆等城市的政策融合指数略低于广州、深圳，港澳相对滞后缓慢。这说明大湾区各城市的政策融合呈现不平衡的发展态势。

从不同领域的政策来看，教育领域出台的政策条文数最多，其他领域的政策条文数较少，还需要进一步加强。大部分城市在教育政策的出台和执行上都有积极动作，重视教育合作发展，高等教育一体化趋势增强，基

础教育各有特点,但是各城市的差异较为明显,广深两城市表现最好。虽然大湾区各城市均出台了医疗、养老、港澳青创和住房等政策,但是各城市关于上述政策的协同水平普遍不高,具有较大的提升空间。在医疗政策中,广州的融合水平最高;在养老政策中,深圳的融合程度最高;在港澳青创政策中,广州的融合程度最高;在住房政策中,广深2个城市的融合水平最高。具体到各城市,每一领域政策的融合程度都存在不平衡,参差不齐,各有侧重点,广州的各政策领域较为平衡,各领域政策指数得分都较高,总体情况良好,深圳紧随其后。这说明广深的政策融合做得较好,并且着力通过制度政策这一工具来促进粤港澳大湾区的融合。

因此,虽然目前大湾区各城市均已开始通过政策来促进融合,但是处于一种不均衡的发展态势,需要进行协调以实现更高程度的融合,实现区域一体化发展。借助大湾区这一优势平台,善用大湾区这一重大国家战略,继续发挥"一国两制"优势,充分发挥粤港澳综合优势,深化内地与港澳合作,形成多层次、全方位的合作格局,促进粤港澳大湾区各领域政策的融合发展,实现大湾区一体化融合发展。

## 四、经济协同:金融合作走强,实体产业合作趋弱

经济方面的指数反映出2010—2018年粤港澳大湾区11个城市的发展分为3个不同层次。香港得益于其国际金融、航运、贸易的中心地位、国际航空枢纽,高度的国际化、法治化的营商环境,以及遍布全球的商业网络,其发展最为人瞩目。香港在贸易投资与金融和基建与人员流动两个指数方面都有优异的表现,虽然考察期的发展呈现先上升再下降的态势,但属于合理区间的波动。广州和深圳紧跟于香港之后,位于第二层次。2015年之后,广州的经济指数超过了深圳,但与香港仍有一定的差距。第三层次则是澳门、珠海、佛山、惠州、东莞、中山、江门和肇庆,这8个城市的发展水平相差不大。

经济指数中的各类指标,主要反映的是各城市经济发展水平和国际化程度的差异。而从香港与内地历年经济合作的数据中可以发现,两地经贸合作呈现出"冰火两重天"的状态。一则金融产业的经济合作如火如荼,

内地借助香港在全球获利趋势明显。从内地驻港办事处和地区总部数量明显增加、两地合作股市交易额迅猛增长来看，内地企业及资本正在以香港组织资本和人才团队的方式，通过香港走向全球。二则实体产业的经济合作正在萎缩。两地投资在各自外商投资的总体金额和占比、内地通过香港进行进出口和转口贸易的金额都在下降，说明香港在内地的制造业方面的投资和合作正在减弱。

总的来说，在粤港澳大湾区的经济发展中，香港处于中心地位，穗深紧随其后。在香港与内地的经济合作中，过去10年来，金融及离岸经济合作日渐加强，蓬勃发展；实体产业的经济合作却转而趋弱，产业投资和产品进出口及转口贸易都有所减少。这可能与广东地区的产业升级、CEPA加强推动金融合作和服务贸易合作有关。但实体产业经济合作的转弱，也带来跨境流动方向上的变化。香港前往内地跨境流动人次的下降，与实体产业的经济合作的趋弱几乎同步。而由香港跨境前往内地人次下降的同时，内地居民前往香港的人次则迅猛增长。

如前所述，香港居民对粤港澳大湾区的融入心态存在显著的群体分化。一部分群体跨境流动频繁，有更多机会接触内地居民，与内地居民交往体验良好，并建立了社会网络；另一部分群体则较少接触内地居民，对内地社会生活缺乏完整切实的认知，在感知到有限资源受到威胁的情况下，容易形成对内地人的不良印象。

结合近十年来区域经济合作产业的变化，可以推测香港居民的群体分化，很大程度上与资源竞争有关。经济合作产业"脱实入虚"的倾向，可能强化香港居民对资源竞争的感知。一则金融产业集聚度高。经济合作集中在金融产业，民众受惠面窄，行业壁垒高，不利于带动中下阶层跨境流动，分享经济合作的红利。根据香港规划署数据，2009—2017年，居于香港经常跨界公干人士数目从事金融、保险及资讯通信行业的并无明显变化，但制造业人数却下降了四成。二则经济合作行业的转换，原本从受益于经济合作的群体随着合作产业的调整可能难以继续从中获益，受益者变成受损者，带来巨大的心理落差。这些都给香港居民带来在经济合作过程中有限资源受到威胁的感觉，直接影响了他们融入粤港澳大湾区的心态。

## 五、粤港澳大湾区综合社会协同指数

根据上述分析，结合粤港澳大湾区社会融入心态与融合指标体系，可以计算粤港澳大湾区内地 9 市 2018 年的综合社会协同指数。由于指标体系的社会融合子系统中，香港与澳门缺乏根据大湾区内地城市的数据，难以纳入指数计算中，因而暂时不能与政策融合、经济协同子系统一起计算得到社会融入心态与融合综合指数，故此节实际讨论的是大湾区内地 9 市的综合社会协同指数。具体的综合指数如表 22 - 1 所示。

表 22 - 1  2018 年粤港澳大湾区综合社会协同指数（大湾区内地城市）

| 城市 | 社会融合 | 政策融合 | 经济协同 | 综合指数 | 排名 |
| --- | --- | --- | --- | --- | --- |
| 广州 | 0.3410 | 0.9481 | 0.5573 | 0.6155 | 1 |
| 深圳 | 0.4359 | 0.7920 | 0.4961 | 0.5747 | 2 |
| 江门 | 0.5321 | 0.5238 | 0.2507 | 0.4355 | 3 |
| 肇庆 | 0.6314 | 0.5033 | 0.1647 | 0.4331 | 4 |
| 佛山 | 0.3678 | 0.5925 | 0.2025 | 0.3876 | 5 |
| 珠海 | 0.3525 | 0.5852 | 0.2240 | 0.3873 | 6 |
| 中山 | 0.3060 | 0.5496 | 0.2209 | 0.3588 | 7 |
| 惠州 | 0.3620 | 0.4902 | 0.2100 | 0.3541 | 8 |
| 东莞 | 0.1619 | 0.5205 | 0.1717 | 0.2847 | 9 |

从表 22 - 1 可以看出，大湾区内地 9 市的综合社会协同指数大致可以分为 3 个层次：第一层次为广州、深圳，这两个城市的综合社会协同指数较高，均大于 0.5000，这与它们在 3 个子系统中指数均较高有关。其中，广州的综合社会协同指数在 9 个城市中排名第一，为 0.6155；深圳位居第二，其综合指数为 0.5747。广州与深圳在过去 30 多年来一直与港澳，尤其是香港保持着密切的联系，经贸往来密切，社会网络也相互通达。同时，两地也出台了相较大湾区其他城市更多的促进大湾区融合与发展的政策，因而两地的综合指数较高。第二层次为综合社会协同指数高的城市，其指数值

介于 0.4000～0.4999,分别有江门和肇庆。这两座城市均处于粤西,反映出粤西地区人民对大湾区发展的积极态度,也表现出粤西城市接受港澳居民融入的程度高。这也表明未来进一步推动大湾区西部城市与港澳的密切合作,很可能成为将来大湾区经济增长和整合的新的增长点及发力点。第三层次的城市为佛山、珠海、中山、惠州和东莞。这些城市的综合社会协同指数水平一般,其值均小于 0.4000,其中,社会融合子系统指数相对较低是这几个城市综合指数偏低的主要原因。此外,还可能与近十年来区域经济合作产业的变化有关。金融和离岸经济合作的日益增强,实体产业的经济合作却渐弱,曾经香港多在中山、惠州、珠海等地设厂,如今广东地区产业升级改变了这一局面,也改变了港澳与大湾区内地这几个城市的互动交流方式,因而对这几个城市的综合指数产生影响。

## 六、讨论:共同市场、区域整合与社会协同

上述分析和推论基本上集中在港澳居民与大湾区内地城市居民的关系上。但粤港澳大湾区共同市场和区域整合不仅仅包含港澳与大湾区内地城市的关系,也包含大湾区内地各城市相互间的关系。

遗憾的是我们从各地市的统计资料和调查资料中,都难以看到描述粤港澳大湾区各城市之间消除边界和内部整合的数据。除了广深等个别城市,在各地市的统计年鉴中,难以找到与港澳合作与交流的数据。本研究所使用的香港与内地经济合作数据,多数来自香港特别行政区政府统计处。在研究过程中,课题组难以找到证明珠三角城市间相互开放的政策和数据。以现有的数据,只能集中讨论港澳与珠三角区域的合作和整合。但这可能带来一种视野上的偏误,粤港澳大湾区的区域整合只突出了港澳与大湾区内地城市的整合,而忽略了消除珠三角各市之间的行政壁垒,形成共同市场的必要性。各城市之间的行政壁垒实际上是社会政策协调的主要阻碍因素,是粤港澳大湾区建设不可忽略的层面。

当然,"一国两制""三区"是粤港澳大湾区最突出的特性,跨越港澳与内地边界的合作为人瞩目可以理解。但共同市场建设,消除城市与城市之间的行政壁垒更为切实有效,广佛同城建设是范例之一。自 2009 年两市

签约、正式启动广佛同城化开始，双方做到了交通互通、产业协同、政务和公共服务共享，实现双赢，齐头并进，提升整体实力和全球影响力。在粤港澳大湾区区域整合中，若将关注点从宽泛的粤港澳合作，聚焦于大湾区各城市的合作，在城市之间平等的互动交流中，推动切实可行的合作，更可能达成减弱或消除行政壁垒，构建大湾区共同市场，推动粤港澳大湾区区域整合的目标。

经济整合、政策协同和社会融合三方面的指数，都说明粤港澳大湾区的城市合作内部差异大。整体来说，支持大湾区整合的制度建设仍处于较为零散的状态，亟须系统性的制度供给。学界或者从"新区域主义"治理理论视角，或者从"广域连携"的日本经验出发，提出了设立"一地、双层、三级"协调机构，处理跨境合作事务的建议。但这些建议是否可行，大湾区居民尤其是港澳居民对此的理解和接受程度如何，仍需更多实证资料才能深入探讨。

粤港澳各地市间地缘相近、人缘相亲、文化同源，进一步发挥岭南文化作为社会融合桥梁的作用，将逐渐突破制度、信息和交通壁垒，推动粤港澳大湾区的区域整合，引领居民共同富裕，增强国际竞争力与影响力，建设成宜居宜业宜游的国际一流湾区。

本研究分别采用了单维度指数方法和常规的综合指数方法进行粤港澳大湾区社会协同指数计算。这种方法的优越性是能够多维度反映大湾区内部，尤其是港澳与内地9市之间的社会整合状况，同时，对3个维度进行独立的指数测算，也能够更有针对性地满足不同意图的评估。但其局限性也很明显，各个维度基于其测量的意图，只能使用不同来源和类型的数据、不同的赋值方法，这样，各维度指标不能直接应用于综合指数计算，其意义有限。今后的研究可以考虑选择单维度方法，例如，只使用时间序列的社会跨境流动指标，使指数计算更加简明，指标更易统一，也更便于进行区域间比较。同时，作为区域合作的评估指标，指数计算需要连续进行并互相比较才有意义，因此粤港澳大湾区社会协同指数的研究有必要持续下去，不断优化，使之真正成为粤港澳大湾区的可持续发展指标。

**参考文献：**

[1] 张铠麟，王娜，黄磊瑛，等. 构建协同服务信息化：政府信息化顶层设计方法研究［J］. 管理世界，2013（8）：91-100.

[2] 朱金海. 论长江三角洲区域经济一体化［J］. 社会科学，1995（2）：11-15.

[3] 孟庆民. 区域经济一体化的概念与机制［J］. 开发研究，2001（2）：47-49.

[4] 王珺. 珠三角经济一体化的动力机制与实现标志［J］. 学术研究，2009（8）：8-10.

[5] 刘君德，舒庆. 论行政区划、行政管理体制与区域经济发展战略［J］. 经济地理，1993（1）：1-5.

[6] 封小云. 粤港澳区域经济一体化前景展望［J］. 特区与港澳经济，1997（7）：31-33.

[7] 施源，邹兵. 体制创新：珠江三角洲区域协调发展的出路［J］. 城市规划，2004（5）：31-36.

[8] 程永林. 粤港澳经济一体化的利益规制研究［J］. 阴山学刊（社会科学版），2009，22（5）：109-112.

[9] 毛艳华. 珠三角产业集群成长与区域经济一体化［J］. 学术研究，2009（8）：20-22.

[10] 姚华松，许学强. 诸侯经济、一体化经济还是不完全一体化经济？——论珠三角区域发展之路［J］. 热带地理，2009，29（3）：241-244，279.

[11] 王小彬. "一带一路"建设中推进粤港澳区域经济一体化问题研究［D］. 长春：吉林大学，2018.

[12] 毛艳华，杨思维. 粤港澳大湾区建设的理论基础与制度创新［J］. 中山大学学报（社会科学版），2019，59（2）：168-177.

[13] 刘云刚，侯璐璐，许志桦. 粤港澳大湾区跨境区域协调：现状、问题与展望［J］. 城市观察，2018（1）：7-25.

[14] 张琳. 内地城市开放港澳"自由行"对香港经济的影响［J］. 天水行政学院学报，2014，15（1）：23-28.

[15] 李晓晨. 港澳自由行政策及变化对澳门旅游业的影响 [J]. 旅游纵览（行业版），2012（1）：64.

[16] 曹建云. 粤港澳大湾区建设对跨境养老的影响研究：基于福利可携性视角 [J]. 华南理工大学学报（社会科学版），2020（1）：1-10.

[17] 蔡秋茂. 粤港澳大湾区：共建共享谋发展 [J]. 中国卫生，2019（9）：93-94.

[18] 陈广汉，刘璐. 澳门特别行政区长者定居内地的趋势、原因和特征 [J]. 华南师范大学学报（社会科学版），2013（4）：77-84.

[19] 丁立. 粤港澳大湾区乡村休闲养老产业探析：以江门市为例 [J]. 广东开放大学学报，2019，28（2）：25-28.

[20] 侯东栋. 多功能农业视角下粤港澳大湾区生态养老模式探索 [J]. 广东开放大学学报，2019，28（2）：20-24.

[21] 新华社. 京津冀协同发展领导小组办公室负责人就京津冀协同发展答记者问 [EB/OL].（2015-08-24）. http://www.ce.cn/xwzx/gnsz/gdxw/201508/24/t20150824_6297142.shtml.

[22] 李国栋，李琳. 为大湾区基层医疗建"新高地" [N]. 健康报，2019-04-11（7）.

[23] 林贡钦，徐广林. 国外著名湾区发展经验及对我国的启示 [J]. 深圳大学学报（人文社会科学版），2017（5）：25-31.

[24] 林至颖. 香港青年赴粤港澳大湾区创业的机遇、挑战及应对 [J]. 港澳研究，2018（1）：55-62.

[25] 刘凯. 论互联网医疗与跨境医疗结合的法律风险：以粤港澳大湾区为例 [J]. 中国全科医学，2019，22（31）：3809-3814.

[26] 刘志永. 促进粤港澳大湾区健康和老年友好型城市发展过程中政府与市场的作用研究 [J]. 工程技术研究，2019，4（9）：222-223，233.

[27] 马丽萍. 加快粤港澳大湾区健康与养老服务合作 [J]. 中国社会工作，2019（8）：40.

[28] 潘冰心，等. 粤港澳大湾区跨境养老服务提升的质性研究 [C]//北京大学研究生院. 第四届北京大学老龄健康博士生论坛论文集. 武汉：

武汉万城云文化传媒有限公司，2019：16．

［29］田新朝．跨境养老服务：粤港澳大湾区的协同合作［J］．开放导报，2017（5）：109－112．

［30］涂敏霞．穗港澳台青年创业的意愿、动机及机制的比较研究［J］．青年探索，2013（3）．

［31］王海英，梁波．国家抑或市场：日本与香港养老服务政策变迁及模式比较：基于历史制度分析的视角［J］．理论导刊，2015（3）：80－86．

［32］吴伟东，帅昌哲．粤港澳大湾区的退休保障衔接方案研究［J］．港澳研究，2018（4）：66－74，93．

［33］谢宝剑．基于区域协同创新视角下的粤港澳大湾区研究生教育合作机制［C/OL］//第一届粤港澳大湾区高等教育论坛暨"高等教育、区域创新与经济增长：粤港澳大湾区建设中大学的角色与作用"2018年学术研讨会．http://static.nfapp.southcn.com/content/201805/22/c1190068.html？from＝singlemessage．

［34］谢宝剑，胡洁怡．港澳青年在粤港澳大湾区发展研究［J］．青年探索，2019（1）．

［35］于有银．抢抓粤港澳大湾区机遇，珠三角生物医药产业发展如何？［EB/OL］．（2019－06－20）．https://med.sina.com/article_detail_103_2_67467.html．

［36］张光南．港澳青年内地创业：企业案例·创业者故事·政府政策［M］．北京：中国社会科学出版社，2018．

［37］朱建成，王鲜萍．粤港澳高等教育一体化研究［J］．战略决策研究，2011，2（3）：69－85．

［38］祝尔娟，何晶彦．京津冀协同发展指数研究［J］．河北大学学报（哲学社会科学版），2016，41（3）：49－59．

［39］ANTHONY E K, AUSTIN M J. The role of an intermediary organization in promoting reaserch in schools of social work: the case of the Bay Area social services consortium［J］．Social work research，2008（4）：287－293．

［40］ASIAN DEVELOPMENT BANK. Asian economic integration report 2017: the era of financial interconnectedness: how can Asia strengthen financial resilience? Manila [EB/OL]. https://aric.adb.org/aeir.

[41] DREHER A. Does globalization affect growth? Evidence from a new index of globalization [J]. Applied economics, 2006, 38 (10): 1091 – 1110.

[42] DREHER A, NOEL G, PIM M, et al. Measuring globalization: opening the black box. A critical analysis of globalization indices [J]. Journal of globalization studies, 2010, 1 (1): 166 – 185.

[43] HUI E C M, YU K H. Second homes in the Chinese Mainland under "one country, two systems": a cross-border perspective [J]. Habitat international, 2009, 33 (1): 106 – 113.

[44] FENG D, BREITUNG W. What makes you feel at home? Constructing senses of home in two border cities [J]. Popul space place, 2018 (24): 2116.

[45] HUH H S, PARK C Y. Asia-Pacific regional integration index: construction, interpretation, and comparison [EB/OL]//ADB Economics Working Papers Series No. 511. https://www.adb.org/publications/asia – pacific – regional – integration – index.

[46] LEHNING A J. Local and regional governments and age-friendly communities: a case study of the San Francisco Bay Area [J]. Journal of aging & social policy, 2014 (1): 102 – 116.

[47] WORLD BANK. The LPI Methodology [EB/OL]. https://wb – lpi – media.s3.amazonaws.com/LPI%20Methodology.pdf (accessed September 2017).

[48] BALASSA B. Towards a theory of economic integration [J]. Kyklos, 1961, 14 (1): 1 – 17.

[49] VINER J. The customs union issue [M]. New York: Carnegie Endowment for International Peace, 1950.

[50] BEHRENS K. International integration and regional inequalities: how important is national infrastructure? [Z]. CORE Discussion Paper, 2004.